식품위생법 및 세법 등의 법령 개정에 따른

외식창업실무

김헌희 · 이유경 공저

백산출판사

머리말

1999년 본서가 발간된 지 어언 15년이 지났다.

그간 2000년과 2002년에 각각 개정판과 개정증보판이 발행되었고 2008년 2월에 개정증보판이 발간된 후 상당히 많은 시간이 경과했다. 이 기간 동안 국제적으로 정치 · 사회 · 경제적인 변화가 많았고 국내적으로도 많은 사건사고와 경제 · 정치적인 변화가 있었다.

특히 북한의 정치적 변화와 핵실험을 둘러싼 문제 및 미국, 중국, 일본, 러시아를 둘러싸고 일어나는 정치적 변화는 우리의 위치를 정확히 가늠하기 어려운 여건을 만들기도 하였다.

정보화사회로 진입하면서 우리의 정치 · 문화 · 사회경제적 환경은 감히 예상할 수 없는 빠른 속도로 변화를 거듭하고 있다.

우리나라 외식산업도 이제 전환기를 넘어 패러다임을 바꾸지 않으면 산업 자체의 존립이 위태로워지는 환경을 맞이하고 있다.

최근의 외식창업에 관한 통계와 현황을 보면 창업 후 6개월 내지 1년 이내에 거의 40%가 실패하거나 전업을 하고 있으며, 거의 80%가 2년 이내에 폐업을 하는 참담한 현상을 보이고 있다. 이런 여건이 향후 단기간에 해결될 수 있는 상황은 오지 않을 것이기 때문에 창업에 임하는 창업희망자는 특히 사회 · 경제 · 문화 환경의 변화를 잘 읽어야 한다.

이러한 여건을 감안하여 이번 책에서 주로 다룬 항목은 사회여건의 변화와 미래사회에 전개될 새로운 변수들에 대한 내용이며 그 외 식품위생법이나 세법 등 법령 개정에 따른 내용을 전면 수정 · 보완하였다.

점포개발이나 운영 인력관리 등은 실무에 관한 내용이므로 거의 변화가 없다.

지금까지와 마찬가지로 동학 선후배 여러분들의 아낌없는 지도 편달을 기대하며 본서를 내도록 도와주신 백산출판사의 진욱상 대표님과 편집진 여러분의 노고에 감사드린다.

2014년 1월
신림동 우거에서
저자 씀

차례

제1장 외식산업의 환경인식

제2장 점포개발

제3장 점포 건설

제5장 메뉴운영

제6장 인원구성과 교육

제8장 원가계산과 손익계산서 작성방법

제9장 외식업에서 사용하는 각종 장표류

제10장 개점 최종 체크리스트

제 1 장

외식산업의 환경인식

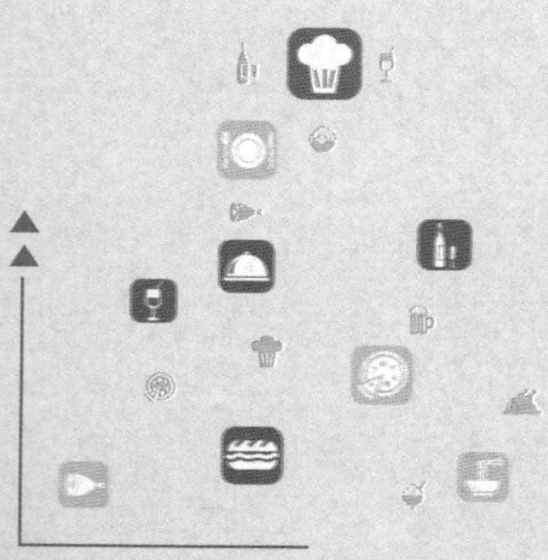

제 1 장 외식산업의 환경인식

제 1 절 20세기 산업화사회의 외식산업과 21세기 정보화사회의 외식산업

우리나라 정치, 사회, 문화의 제반현실은 시각에 따라 관점을 달리할 수도 있겠으나 큰 그림에서는 모든 부문에서 방향감각을 상실한 혼란스러운 모습을 보이고 있다. 그중에서도 우리는 분단국가의 한계점을 가지고 있다는 점을 간과하고 있다는 것이다.

교육의 잘못이든 지도자들의 잘못이든 우리는 이미 낡은 것이 되어버린 이념의 틀 속에 갇혀서 미래에 대한 청사진과 꿈을 제대로 만들어가지 못하고 있다. 특히 젊은 세대의 사고방식은 놀라울 정도로 TV나 매스컴의 무책임한 과장, 왜곡, 날조 보도에 매도되어 중심을 잃고 방황하는 모습을 보이고 있다.

어느 방송기자가 우리의 20대를 이렇게 평가하고 있다.

우리의 20대들은 우리 사회에서 일어나고 있는 여러 형태의 촛불집회가 폭동으로 변질되어왔다는 것을 모른다. 시위대의 폭력이 발생한 것은 경찰의 강경대응과 과잉진압의 결과라고 알고 있다. 심지어 허가받지 않은 노조의 불법 파업집회에 정치지도자라는 사람들이 나타나 그들을 응원하는 모습도 보여주고 있다. 많은 수는 아니나 이승만, 박정희 대통령이나 김일성, 김정일이 비슷한 수준의 독재자라고 인식하고 있다.

또 많은 수의 젊은 세대가 6 · 25전쟁이 남침(南侵)이 아니고 북침(北侵)이라고 주장하는 종북 세력의 주장에 동조하는 현상도 보여주고 있다. 이 나라의 국방을 책임질 간부양성기관인 육군사관학교 일부 초급반 학생도 북한의 남침주장이 옳은 것으로 알고 있을 정도로 역사교육의 심각성을 나타내고 있기도 하다.

상당수가 효순이, 미선이의 미군 탱크압사사건을 통해 미군은 한국 국민을 괴롭히는 존재라고 알고 있으나 왜 주한미군이 한국에 주둔하고 있어야 하는지를 전혀 이해하지 못하고 있다. 90년대 이북독재자 김정일의 소위 고난의 행군이라는 통치하에서 300만 명의 북한동포가 굶어죽었다는 비극적인 사실도 잘 모르고 있다. 6 · 15 선언과 10 · 4선언이 무슨 내용인지 알고 있는 젊은 세대가 거의 없다는 것이다.

단순하게 평화, 화해, 경제협력 같은 단어는 알고 있으나 이북정권이 주장하는 연방제라는 것이 어떤 정치체제인지를 거의 대다수가 모르고 있다. 이것이 우리 교육의 현주소다.

국가지도자 중에는 “대통령 못해 먹겠다” 등의 상식 이하의 비속한 언어를 쓰며 국민을 우롱하는 사람도 있었고 신성한 국회의사당에 최루탄과 폭력이 난무하는데도 누구 하나 그것을 시정하기 위한 노력을 하지 않고 방관하는 듯한 한심한 사회가 되고 말았다.

일부 지식인이라 자처하는 무리들과 일부 정당에서는 이북의 천안함 폭침사건이나 연평도 포격으로 많은 시민이 사망한 사건을 두고도 이것은 정부의 조작이라 말하고 있다.

1960년대 초 세계 최빈국(最貧國)의 하나였던 우리는 새마을운동과 목숨을 건 월남파병, 어렵고 힘든 일을 과감히 해냈던 파독 광부와 간호사, 중동의 열사지역에서 열심히 일한 중동근로자, 국내의 생산현장에서 근무한 노무자들의 피땀과 국민의 일치단결된 노력으로 1995년 국민소득 10,000달러를 넘어서는 큰 발전을 이루어 “한강의 기적”이란 말로 대한민국을 세계에 알렸다. 그러나 그때부터 19년이 지났지만 아직도 국민소득 20,000달러 수준에서 머물고 있다. 다른 나라는 국민소득 2만 달러에서 3만 달러까지 달성하는 데 평균 5~10년밖에 걸리지 않았지만 우리는 그 이후 아직도 겨우 22,000달러 수준에 머물고 있다.

이는 경제성장에 따른 정신문화 및 서로 화합하고 상대를 존중하는 역지사지(易地思之: on your point)의 민주시민정신이 동반 성장하지 못하였기 때문이다. 독선과 아집, 지역이기주의, 정파이기주의만이 판치는 어지러운 세상이 되고 만 것이다.

OECD 국가 중 자살률 1위, 교통사고 사망률 1위, 산업재해사망률 1위, 행복지수 꼴찌라는 부끄러운 나라가 된 것이다. 또 세계 거의 대다수 국가가 청년층의 실업으로 어려움을 겪고 있는데도 우리의 일부 지도층과 젊은 세대는 오직 우리나라만 청년실업률이 높은 것으로 오해하고 있거나 국민을 오도하고 있다.

이웃 일본의 경우를 보자. 일본에서는 취업을 하지 않고 사회활동도 하지 않으며 부모의 경제력에 의지하여 사는 젊은이들을 은둔형 폐인(히키코모리)이라고 하는데 그 수가 70만 명에 이르고 있다. 또 히키코모리가 될 예비군도 155만 명에 이른다고 한다. 이것은 사회적 병리현상으로 나타나 친족살인이나 묻지마 살인과 같은 범죄의 증가로 나타나고 있는데 최근 우리 사회에서도 부모를 살해하거나 아무 이유 없이 길 가는 행인을 살해하는 비슷한 범죄사건이 자주 일어나는 것은 일본의 히키코모리 같은 좌절한 젊은 세대의 증가현상과 무관하지 않은 것으로 보이니 참으로 안타까운 일이 아닐 수 없다.

젊은 세대가 이런 암담한 현실에서 자기미래에 대한 꿈을 갖지 못하고 방황하고 있는데도 정치지도자나 특히 국회의원들의 작태는 이들에게 어떤 희망도 보여주지 못하는 안타까운 현실 속에서 우리는 어떤 직업과 생업으로 생계를 이어나가야 할지 고민하고 있으며 외식업 창업을 희망하는 사람도 예외 없이 이러한 고민을 해야 할 것이다. 산업사회의 인구팽창으로 이룩한 외식산업의 성과는 인구축소현상이 심화되는 미래사회에서는 전혀 새로운 모습으로 나타날 수도 있기 때문이다.

미국의 인구통계국이 발표한 세계인구의 변화예측 자료에는 한국의 인구가 36년 뒤인 2050년에는 2010년 남한 4,864만 명(세계 26위), 북한 2,433만 명(세계 48위)에서 남한 4,337만 명(세계 43위), 북한 2,697만 명(세계 64위)으로 변화될 것으로 보고 있다. 더구나 최근 여러 가지 언론보도나 정책당국의 조사분석 자료를 보아도 젊은 세대가 주택확보나 경제적인 문제로 결혼을 못 하는 경우가 많아지고 결혼을 해도 자녀교육비 문제 등으로 출산하지 않겠다는 젊은 주부가 거의 40%에 육박하는 것으로 나타나고 있다.

또 하나 우리가 인식해야 할 문제는 직업에 대한 프레임을 바꾸지 않으면 안된다는 점이다.

1997년 IMF사태가 발생하여 많은 젊은 직장인들이 조기퇴직하거나 직장을 잃었다. 평생직장의 개념은 이미 없어진 지 오래되었고 직장사회는 불안의 연속이었다. 이런 불안감으로 인해 나타난 현상의 하나가 30대의 젊은 나이에 직장을 그만둔 젊은이들 중에서 직장보다는 안정적인 직업을 선호하는 현상이 강해져 당시 인기 직업인 한의사가 되기 위해 한의대에 다시 지원하는 사례가 많았다. 그러나 불과

10년이 지난 뒤 이 꿈은 물거품이 되었다. 3년 전 발표된 통계를 보면 일 년간 한의원을 폐업하는 수가 200개를 넘어섰다고 한다. 지금도 일부를 제외한 많은 한의사들이 취업이나 개업하기 어려운 여건에 놓여 있다. 과거 젊은이들이 선호하였던 의사, 약사는 물론 변호사 등 전문직종도 고소득을 보장받지 못하고 실업 중인 사람이 많다. 연간 1,000명 이상의 사법시험 합격자가 수년간 배출되었고 로스쿨 출신도 연간 2,000명이나 배출되고 있어 이들의 취업경쟁은 가히 상상을 초월하고 있다.

외식산업과 관련된 식품조리학과나 외식경영학과 출신자도 연간 수천 명씩 배출되어 과거에는 조리사자격증과 경력만 있으면 큰 어려움 없이 취업이 가능했으나 지금은 자격증과 경력자가 넘쳐나고 있고 더구나 연간 수만 개의 외식점포가 창업과 폐업을 되풀이하고 있어 이들의 취업도 상당히 어려운 상황이다.

얼마나 다급했으면 (사)외식업중앙회 중심으로 음식점의 신고제를 허가제로 바꾸자는 의견이 제기될 정도이다.

물론 아직 결론이 나지 않은 상태이지만 인구비례로 보아 우리나라의 외식 점포수는 미국, 일본 등 선진국에 비해 훨씬 많은 편이다. 태생적으로 외식업은 경영 자체가 어려운 여건이다. 그렇다고 이를 허가제로 변경시킨다면 어떤 조건으로 허가내용을 변경할 것인지도 결코 쉬운 문제가 아니다. 인구중심으로 할 것인가, 지역중심으로 할 것인가 하는 문제와 지역중심으로 몇 개의 허가숫자를 규정할 것인지는 단순하게 결정할 문제가 아니다. 그렇잖아도 시장포화상태인데 허가제로 전환되면 허가 자체를 받을 수 없는 상황이 올 수 있게 되어 젊은 세대가 창업할 공간이 거의 없어지는 여건이 초래될 수도 있으며 직업선택의 자유가 보장되는 우리 헌법의 정신에도 위배될 수 있다.

앞으로 설명할 각 장에서 세부항목별로 외식창업에 필요한 내용을 다루겠지만 우리가 여기서 한 번 더 짚고 넘어가야 할 것은 미래사회의 변화에 대응하는 직업관을 정립하고 직업에 대한 낡은 프레임을 바꾸지 않으면 안된다는 점을 다시 한 번 강조한다.

더구나 우리나라는 이제 산업사회로부터 정보화사회로 이전되는 시점이다. 무수한 변화와 새로운 변수가 우리를 둘러싸고 있다. 이러한 시대변화 속에서 외식산업을 창업하려는 자는 우리의 경제현실을 정확하게 분석할 수 있어야 실패 없는 창업을 할 수 있다. 최근 우리나라 경제사회에 나타난 여러 가지 용어를 살펴보면 사회의 격심한 변화를 실감할 수 있다.

약간 오래된 용어로 성숙화사회, 경제성장의 둔화, 장기불황, 디플레이션, 불확실성, 고령화사회, 기부접대비의 감소, 정의사회실현, 역사바로세우기, 주가하락, 러시아 루블화의 기능상실 등의 용어가 국내외에서 생겨난 것들이다. 마치 어두운 터널 속에서 들려오는 듯한 음산한 느낌을 주는 용어들이다.

최근에는 폭우, 엘리뇨와 라니뇨 현상, 금연지역의 확대, 쓰나미, 레저문화의 다양화, 잔업거부, 단신가족의 증대, 성인병, 코드정치, 퓨전(fusion), 안티에이징(anti-ageing), 다이어트, 성형, 유기농산물(오가닉: organic), 요가, 그린서플라이(green supply), 트레이시어빌리티(traceability), 감농약, 정크 푸드, 슬로 푸드(slow food), 다이어트, 체내정화(體內淨化), 생태환경보호, 생태관광, PL(product liability)법, 지리적 표시제, 아로마, 스파, 종교전쟁, 글로벌 경영, ISO 인증, HACCP 인증, 사오정, 오륙도, 와인세대(WINE : well integrated new elder : 사회적 · 개인적으로 통합되고 성숙된 중년세대), 노무족(NOMU : no more uncle : 더 이상 아저씨가 아니고 자기관리를 통해 나이와 상관없이 자유로운 사고와 생활을 추구하는 중년), 줌마렐라(아줌마+신데렐라 : 경제적인 능력이 있어 패션에 민감하고 사회적 성공을 중시하는 중년 여성), 연하남(여)과의 결혼증가, 국제결혼 증가 등의 용어가 나타나고 있다. 이러한 용어에서 감지할 수 있는 것은 사회, 경제환경이 너무나 빠른 속도로 변한다는 것과 이제 우리라는 말은 우리 국민만을 의미하는 내용이 아니라 세계의 모두를 합쳐서 말하는 우리라는 의미로 생각하여야 한다는 점이다. 이것이 바로 세계화라는 것이다. 외식산업을 이해하는 것도 이러한 기초 위에서 시작하여야 한다.

1. 20세기 산업화사회의 외식산업

산업화사회의 일반적인 현상은 외식산업에도 예외 없이 나타나고 있다. 산업화사회에서의 외식산업 특징을 정리하면 다음과 같은 내용이 된다.

첫째, 대량생산 · 대량소비를 기반으로 한 프랜차이즈 체인사업의 확대

산업화사회는 물자의 풍부함과 소비가 미덕이라는 풍조에 의해 대량소비가 이루어졌으므로 유명 전문점이나 단일점포보다는 단기간에 전국적인 프랜차이즈 체인

망을 구축하여 사업을 운영할 수 있었던 패스트푸드나 패밀리레스토랑이 외식산업을 리드하였다.

둘째, 경쟁우위 전략에 의한 시장지배 마케팅

아직까지는 외식시장이 성숙화 단계까지 이르지 않았고 대단위 소비집단에 의한 대량소비가 이루어질 수 있었으므로 타사보다 먼저 시장을 선점하여 경쟁에 이기는 것이 기업의 핵심전략이었다.

이때의 기업의 기본전략을 보면 자기체인기업의 1점포평수×점포 수=전체 점포평수/시장 규모=시장점유율(시장지배율)이라는 의식이 강하게 작용했다.

셋째, 기업의 콘셉트를 구성하는 전략적 수단인 Q(quality : 품질), C(cleanliness : 위생청결), S(service : 서비스), V(value : 가치감)라는 보편적이고 통일된 관리기법에 의해 점포를 운영하였다. 미국을 중심으로 한 외식기업에서 위의 요소를 기업콘셉트의 핵심전략수단으로 하여 통일화, 전문화, 단순화된 작업룰과 시스템을 구축함으로써 통일적인 점포 운영을 가능케 하였고 이것이 다른 나라의 외식기업 경영기법에도 영향을 주었다.

넷째, 효율성과 편의성 스피드 중심의 점포운영

외식산업은 서비스산업이지만 대량생산 · 대량소비를 위해서는 모든 작업이 효율성과 편의성 중심으로 그리고 스피드가 높게 이루어지도록 하였다. 그러나 이것은 뒤에 고객에게 무개성적인 점포이미지를 갖게 하고, 성의없는 서비스를 한다는 오해를 불러오게 하여 고객으로부터 불신을 당하는 원인이 되기도 하였으나, 이 시대는 모든 작업이 위의 조건을 만족시키는 방향으로 진행되었음을 부인할 수 없다.

다섯째, 획일적인 식자재 사용과 저가 중심의 메뉴운영

체인의 통일성과 작업의 단순화, 효율성 증진 내지 특수한 맛의 비밀 유지 등을 위하여 또는 식자재의 안전성이나 원활한 공급을 위하여 통일된 규격의 식자재를 센트럴 키친(central kitchen ; 보통 줄여서 CK라고 말한다)에서 생산 공급하는 경우가 많았고 이렇게 하여 코스트다운이 된 식자재를 사용한 메뉴는 가능한 저가 중심으로 고객에게 제공하여 시장에서 우월적 지위를 누릴 수 있게 하였다.

여섯째, TV, 신문, 잡지 등 대중매체에 의한 광고 홍보활동

경쟁이 격화되어 집중적인 고객관리를 하는 시장이 아니고 대량소비가 가능한 시장여건이었으므로 이를 뒷받침하는 불특정다수 집단에게 특별한 이벤트나 점포 자

체의 판매촉진활동보다는 TV나 신문 등 대중매체를 이용한 광고 선전이 더 효과적이었다.

일곱째, 외식의 중요한 형태는 가족 단란(團欒)이 주류를 이루고 있다.

가정주부의 사회적 활동이 증가되고 또 가정생활 못지않게 각종 사회활동이나 스포츠 활동 등 가족 외의 많은 다른 집단과 관계를 유지해야 하는 현대인의 외식은 가족 외의 타인과 연계되어 많이 이루어지는 면이 없지는 않았으나 토·일요일, 휴일, 평일의 오후에는 주로 가족과 함께하는 외식이 대종을 이룬다.

여덟째, 베이비붐 세대라는 대형 소비집단에 의해 패스트푸드와 패밀리레스토랑이 급성장하였다.

산업사회의 가장 큰 특징이 대량생산·대량소비이며 이는 외식산업뿐만 아니고 식품, 주택, 의류, 교육 등 모든 분야에서도 동일한 경향을 나타내었다. 특히 산업사회의 큰 소비집단인 베이비붐세대는 모든 산업분야에서 대형수요를 유발하여 대량소비사회를 창출할 수 있었다.

이들은 편리성을 중심으로 패스트푸드를 선호하였고 가정의 행복한 생활을 위하여 패밀리레스토랑을 이용함으로써 이들의 지지에 힘입어 이들 업종이 크게 성장하였다.

〈베이비붐세대〉

베이비붐세대는 산업사회의 소비를 말할 때 빠질 수 없는 요소이므로 이에 대한 설명을 추가하기로 한다.

이들의 생성배경을 미국, 일본, 우리나라의 경우에서 살펴보자. 미국과 일본의 인구는 1945년 제2차 세계대전이 끝난 후 전장에 나갔던 많은 젊은이들이 귀향함으로써 결혼과 출산이 대폭 증가하였는데 전후에 탄생한 이들 집단을 흔히 베이비붐세대라고 말한다.

[미국]

1946년부터 1964년 사이에 태어난 약 1,700만 명의 신세대이며 전 클린턴이나 부시 대통령도 1946년생으로 이들 세대에 속한다. 이들은 미국 전 산업의 핵심소비층을 형성하였고 미국 금융시장의 75%가 이들의 지배하에 있었다.

2006년부터 이들의 첫 주자가 60세가 되어 연간 200~400만 명 정도가 고령화로 은퇴를 시작하고, 은퇴 후에도 충분한 가처분소득을 보유하고 있어 이들을 타깃으로 한 새로운 외식산업이 탄생하고 있다.

[일본]

1947년부터 1949년 사이에 태어난 제1차 베이비붐세대는 약 700만 명으로 일본 경제성장의 주역이었다. 일본에서는 이들을 단괴(團塊)의 세대라고 부른다.

2007년부터 이들의 은퇴가 서서히 시작되고 있다. 일본은 이들의 축적된 기술과 경력이 뭉텅이로 산업계에서 빠져나가는 경우 국가적으로 막대한 손실을 가져올 수 있다고 염려하는 사회적인 인식이 확산되고 있으며, 기업의 정년이 65세로 연장되고 정년제 폐지 등이 이루어지는 사회환경 속에서 임금피크제 등의 실시로 정년 이후에도 직업을 가질 수 있어 이들은 더욱더 안정적인 노후생활을 즐기고 있다.

최근 우리나라에서도 해외 건설분야에 퇴직기술자가 재취업하는 경향이 있으나, 일본은 이러한 재취업률이 높아 사회안전망 구축 면에서도 중요한 요소가 되며, 이들의 안정적인 소득은 제2의 소비집단을 형성하여 내수 진작에 크게 작용하고 있다고 한다. 언제부터인지 오륙도, 사오정이라는 말이 유행하는 우리 사회의 우울한 현상과는 정반대되는 환경이어서 그저 부러울 뿐이다.

[한국]

6 · 25전쟁 휴전 후 1955년부터 1963년도에 출생한 약 810만 명이 이들 세대에 속한다. 당시 모든 가정에서는 평균 5~6명의 어린이를 출산한 상태였다. 이들 세대의 인구팽창으로 초등학교 2부제 수업이 만들어졌고 입대 인구의 과다로 이를 처리하기 위한 방위병제도가 탄생하기도 하였다. 또한 식품, 주택, 건설, 의류 등 모든 분야 산업의 급신장과 산부인과 · 소아과 의원이 번창하는 계기가 되기도 하였다.

현재 이 세대는 386세대에 밀려 서서히 현역에서 은퇴하는 운명에 처해 있고 가정적으로 자녀교육비 등 많은 지출이 필요한 세대이나 모든 직장에서 퇴출의 불안을 안고 살아가고 있다. 그들의 후세대인 젊은 세대가 결혼을 기피하는 풍조를 보이는 것도 이들 세대의 사회적인 입지를 보고 직장생활에 불안감을 갖게 됨으로써 초래된 현상이 아닐까 생각한다. 이는 국가사회의 안전을 위하여 참으로 불행한 일이 아닐 수 없다.

더욱 한심한 것은 이들이 현직에서 물러남으로써 유능한 경험과 기술을 소멸시키는 결과가 되어 국가적으로 큰 손실이 발생할 것임에도 불구하고 어느 정권에서도 이에 대한 근본적인 대책을 강구하는 것을 보지 못하였다는 점이다. 젊은이들이 일할 직장도 없는데 무슨 이야기냐고 반문하는 계층도 있지만, 구조조정을 하는 경우에도 미국의 노동시장과 우리 노동시장이 다른 점을 알아야 할 것이다. 미국은 구조조정을 해도 다른 곳에서 일할 수 있는 노동시장을 형성하고 있으며 경험이 많은 사람은 기업의 인적 자원이기 때문에 기술수준이 낮은 신입사원부터 구조조정을 하는 데 반해 우리는 무조건 고급인력부터 퇴출시키는 경향이 많다.

그리고 우리의 노동시장은 중년의 나이에 직장을 퇴직하면 기술이나 실력에 관계없이 특수한 사람을 제외하고는 거의 직장을 구할 수 없다는 게 현실이다. 그런데 이들을 퇴출시키는 변명이 가관이다. 특수한 기술이 없는 고급 노령층부터 퇴출시키는 것이 인건비관리 측면에서 어쩔 수 없는 일이라는 논리는 기업이 그만큼 직원의 능력 향상을 위한 교육훈련에 거의 투자하지 않았다는 것을 반증하는 것이다. 사람에 대한 투자 없이 기업경영을 하다 보니 어려운 여건이 도래하면 다른 대응책을 강구하지 못하고 가장 손쉬운 방법인 사람부터 정리하는 것은 문제가 아닐 수 없다. 우리는 외국의 경우 불황기에 구조조정을 한 기업이 경기가 회복되어도 거의 회생되는 사례가 적다는 것을 반면교사로 삼아야 할 것이다.

결론적으로 20세기 외식산업은 오일쇼크 등의 변수에 의해 일시 성장이 주춤하기도 했지만 베이비붐세대라는 막강한 소비집단의 지지에 의해 확대일변도로 성장하였고 해외진출도 가장 활발하게 이루어졌다.

2. 21세기 정보화사회의 외식산업

우리는 농경사회에서 산업사회로 다시 정보화사회로 경제적 환경변화를 이루며 살아왔다. 학자에 따라서는 농경사회경제를 지본주의경제(地本主義經濟), 산업사회경제를 자본주의경제(資本主義經濟), 정보화사회경제를 뇌본주의경제(腦本主義經濟)라고 말하기도 한다. 그만큼 지금은 인간의 두뇌를 중심으로 모든 경제사회문제가 창조되고 발전해 간다는 의미일 것이다.

산업사회의 일반적인 현상은 다음과 같다.

첫째, 정보의 신속한 전달로 기업의 지적자산이나 신기술의 보유기간이 단축되어 기업과 제품의 라이프사이클이 짧아졌다.

신제품이 개발되면 정보전달이 빠르게 이루어져 전 세계가 거의 동시에 이 정보를 접수할 수 있고, 그 신제품에 관한 정보도 쉽게 노출되어 당초 그것을 개발한 기업에서 새로운 기술을 활용하여 장기간 수익을 확보할 수 없는 여건이 되었다.

더구나 기업이 개발한 신제품은 개발과 동시에 경쟁업체에서 이와 유사한 제품을 바로 복사하여 판매함으로써 제품의 라이프사이클도 단축되는 현상을 보게 된다.

둘째, 기업이 개발한 제품은 정보의 공개가 촉진되어 거의 기업별 특성이 없어졌다.

예컨대, 대한항공과 아시아나항공의 항공료나 서비스는 거의 차이가 없다. 삼성전자나 LG전자의 제품은 성능이나 기능 면에서 큰 차이가 없다.

외식기업에서 개발한 각종 메뉴도 품질이나 맛에서 큰 차이를 찾을 수 없다. 그만큼 빠른 정보전달에 의해 맛의 평준화현상이 일어난 것이다. 즉 맛이 좋다는 것은 이미 외식업에서는 자랑할 것이 아니고 당연한 것이며 맛으로 고객을 흡입시키는 시대는 지나간 것이다.

셋째, 대기업의 침몰이 증가하고 있다.

정보화시대의 특징은 모든 경제사회적 여건이 초스피드로 변화한다는 점이다. 이 와중에서 대기업은 일반적으로 조직의 경직성 때문에 이 변화의 물결을 제때에 올라타지 못하여 침몰하는 사례가 증가하는 것이 선진국 외식산업에서 흔히 나타나고 있는 현상이다. 이는 마치 거대한 공룡이 생태환경변화에 적응하지 못하여 지구상에서 소멸한 현상에 비유할 수 있다.

산업화사회에서 흔히 나타났던 기업의 흡수 · 합병은 대체로 대기업이 중소기업을 흡수 · 합병하는 경향이 많았으나, 정보화시대에는 오히려 변화에 발빠르게 적응한 중소기업이 경영을 견실하게 하여 대기업을 흡수 · 합병하는 사례가 증가하고 있다.

넷째, 소비의 주축이 된 베이비붐 2세들이 그들의 부모세대와 전혀 다른 소비패턴을 보이게 됨으로써 외식수요가 크게 늘었고 이것이 시장 전체를 변화시켰다.

산업화사회에서는 오피니언 리더의 권장이나 타인을 모방한 소비가 상당한 비중을 차지하였으나 베이비붐 2세들은 그들의 부모세대와 전혀 다르게 감각적이고 자기중심적이며 개성적 · 감성적인 기준으로 외식메뉴를 선호한다.

그들의 부모세대가 선택하였던 패스트푸드나 체인점포에서 제시하는 메뉴는 개성을 중시하는 이들에게 거부당하기 시작하였다. 이러한 여건 때문에 무개성의 체인점보다는 개성 있는 전문점들이 더 성장하는 여건이 되었다.

다섯째, 기업의 광고홍보 형태가 일방통행식 정보전달수단인 대중매체보다는 고객과 쌍방통행이 가능한 이벤트 혹은 캠페인을 위한 다이렉트 메일이나 이메일 혹은 휴대폰 메일 쪽으로 바뀌었다.

21세기 외식시장은 불특정 다수를 대상으로 하는 전략이 이미 통하기 어려운 여건이므로 TV, 라디오 등 대중매체를 통하여 기업의 의지와 고지내용을 일방적으로 전달하는 방식은 새로운 소비자집단에게 수용되기 어려워졌고, 기업이 고객과 상호 정보를 교환하면서 실시하는 이벤트나 캠페인이 훨씬 더 고객의 접근을 용이하게 하였다.

그래서 이러한 전략을 trade mark up 전략에서 trust mark up 전략으로 이동하였다고 말하기도 한다.

현대의 고객은 폭주하는 정보의 홍수 속에 놓여 있으므로 기업이 일방적으로 전달하는 대중매체의 정보에 의해 제품을 구입하지 않으며 자기의 감성과 개성에 맞는 점포를 찾거나 그러한 제품을 선호하는 경향이 강하므로 이벤트나 초대 캠페인 등이 광고선전보다 고객과의 관계설정을 부드럽게 하는 것이 오히려 효과적인 마케팅전략이 되고 있다.

여섯째, 지구생태환경보호를 위하여 여러 가지 형태로 외식산업에 대한 규제가 강화되고 있다.

지구생태환경 오염을 방지하기 위하여 국제적으로 또는 국내적으로 외식산업에 대하여 여러 가지 규제가 강화되고 있으며, 우리나라도 예외 없이 식품위생법과 그 시행령에 식품첨가물 사용규제, 오가닉 제품의 범위, 상품이력제, 에너지 사용에 관한 규제, 음식 찌꺼기와 음식물 제조에 따르는 각종 냄새 발생 억제, 하천 오염 금지 등에 관한 여러 가지 규제가 시간이 갈수록 더욱 강화되고 있다.

일곱째, 식품의 안전성 확보를 위한 규제가 강화되고 있다.

유전자변형식품 사용금지, 광우병파동으로 인한 쇠고기 수입제한, 트레이스어빌리티(traceability)의 강화, 원산지 표시 의무제, 감염(減塩)식품의 권장 등 생활관습병의 요인이 되는 식생활의 방법까지 국가차원에서 지도 교육하는 실정이므로 외식시장은 더욱더 환경관리를 철저히 해야 한다.

여덟째, 식(食)에 관한 테마는 '건강+맛'에서 '건강+요양'이 될 것이며 이를 중심으로 새로운 음식문화가 등장할 것이다.

단순히 배를 불리거나 맛이 있어서 외식한다는 차원이 아닌 건강과 요양, 그리고 맛을 중심으로 하는 새로운 관련 산업이 여러 분야에서 성장하고 있다.

이 중 몇 가지를 소개하면 건강과 관련된 것으로는 요가, 댄싱, 서킷 트레이닝, 계곡트레킹 등이며, 치유나 요양에 관련된 것으로는 아로마, 스파, 암반욕, 휴양림 워킹 등이다. 다이어트와 미용뷰티에 관련된 사업으로는 에스테틱, 메이크 네일, 헤어사롱, 주름살 제거, 발 마사지, 스포츠 마사지 사업 등이다. 그 외 메디컬 계통으로는 메디컬 스파산업, 실버타운 사업 등이 있다. 외식산업은 이 모든 산업과 밀접한 관계를 맺으며 새로운 시장을 창조하고 있다.

아홉째, 수명연장과 장수와 관련된 키워드로는 다음과 같은 용어가 외식산업 속에 깊이 있게 침투할 것으로 본다.

오가닉, 무농약, 감농약(減農藥), 유전자 변형식품, green supply, 자연식, 무첨가식품(無添加食品), 동안산업(童顔產業), slow food, 신토불이, 체내정화 등이다.

열째, 서비스에 대한 근본적인 변화가 일어날 것이다.

웃는 얼굴, 따뜻한 마음, 깨끗한 몸가짐 등이 외식업의 서비스를 말할 때 거론되는 용어였으나, 이제는 이러한 차원을 넘어서서 인간의 평등한 삶에 대한 새로운 인식이 외식업의 서비스 영역에도 도입되고 있다.

건강하고 평균적인 정신과 육체를 가진 사람들만이 아니고 언어장애자, 시각장애자, 노인층, 임산부 등 누구나 외식점포를 편리하게 이용할 수 있는 배려가 외식업에 필요한 시대가 된 것이다.

이미 앞선 경영을 하는 외식점포는 맹인을 위한 점자(點字) 메뉴북을 비치하고 있으며 언어장애자를 위하여 수화(手話)교육을 실시하고 있다. 또 외국 관광객을 위하여 기초적인 외국어 교육을 실시함은 물론 노인과 임산부 어린이들을 대동하고 오는 고객을 위하여 테이블 사이의 통로를 확장하거나 유모차의 준비, 실버층을 위한 특수 의자 테이블의 준비, 지체부자유자의 휠체어가 이동하기 쉽도록 통로를 확장하거나 화장실 출입구의 단차(段差)를 없애거나 슬로프 통로를 만들고 있다.

21세기 외식산업은 위에서 설명한 내용대로 산업사회의 그것과는 거의 단절되는 듯한 환경 속에서 기본과 원론에 충실하며 전문화의 길로 나가지 않으면 안될 것이다.

제2절 외식산업의 새로운 환경인식

앞에서 설명한 바와 같이 20세기 산업화사회와 21세기 정보화사회는 여러 가지로 큰 차이가 있다.

특히 21세기 경제, 사회, 문화 환경의 큰 변화를 다시 한 번 정리하면 다음과 같은 변수들이 있다.

첫째, 휴가문화의 현격한 변화가 온다.

지금 직장이나 각종 조직의 근무형태는 주 5일제가 일반적이다. 그러나 인터넷 시스템의 초현대화는 재택근무나 직장의 근무환경을 새롭게 변화시킨다. 즉 일주일간 on day(근무일) 4일, off day(비근무일) 3일로 변화될 것이며 경우에 따라 2일 근무 1일 휴무의 형태로도 변화될 수 있다.

둘째, 새롭게 등장하는 인생설계

이제 우리 사회도 100세 시대에 접어들었고 소위 신중년, 신노년 사회로 진입하고 있다. 일반적으로 65세까지 정년이 연장될 수도 있으며 70대 후반까지 일하는 노동사회로의 변화도 이루어질 수 있다.

앞으로는 보통 65~70세 정년 후 사망 시까지 30년의 장기간이 소요되므로 이 기간 중에 인간다운 삶을 살아가기 위해서는 새로운 인생설계를 해야 한다. 자녀교육을 위해 올인하던 시대는 끝난 것이다. 민법상 상속에 관한 법률이 부부중심으로 비중을 두는 내용으로 변경되는 입법예고를 보아도 앞으로의 생활변화를 예측할 수 있을 것이다.

셋째, 경제사회문화의 글로벌화가 확대된다.

이제 정치적 · 지리적 국경은 큰 의미가 없어졌다. 경제, 문화가 국가의 범위를 넘어 상호 교환되고 발전된다. 각국 간 비자면제 범위가 넓어져 자유로운 왕래가 가능해지고 자동번역기의 개발로 국제교류와 소통이 자유롭게 되고 경제교류의 범위가 국가, 기업의 범위를 넘어 개인 간에도 자유롭게 이루어진다. 국제펀드에 국경을 넘어 자유롭게 투자가 이루어지고 지구 전체가 하나의 경제문화권으로 연결된다.

넷째, 생활의 24시간화가 이루어진다.

전 세계가 경제, 문화적으로 연결됨으로써 일자변경선에 의한 생활의 구분이 이루어지던 종래의 지구인의 생활은 거의 24시간 지속적으로 밤낮의 구분 없이 이루어진다. 즉 경제활동의 영역이나 시간이 확대됨으로써 세계인의 부(富)는 더욱 축적되고 전 세계적으로 백만장자의 수는 급격히 증가하게 된다.

다섯째, 통근한계선상에 대단위 생활단위 전원도시가 출현한다.

현재 충청남도 천안은 이미 서울생활권에 포함되고 있다. 천안에서 서울로 출퇴근 혹은 통학은 서울시내의 그것과 거의 동일한 시간에 이루어지고 있다. 진학이나 쇼핑, 문화생활 역시 서울시 거주자와 천안 거주자는 시간차이 없이 같이 이루어진다. KTX 등 고속철도 외에 지하철이 대전까지 연결되고 동부지역의 원주, 강릉까지 고속철도가 운행된다면 이들 지역을 중심으로 대단위 주거지나 전원도시가 형성되며 역시 서울생활권으로 연결될 것이다. 굳이 인구밀도가 높고 교통이 복잡하며 여러 가지 공해물질이 많이 발생하는 대도시를 고집할 이유가 없게 된다. 탈도시화(脫都市化) 현상이 미국, 유럽 등 선진국에서는 이미 오래전에 유행되었으나 지금은 새로운 형태의 탈대도시화(脫大都市化)현상이 가속적으로 이루어질 것이다.

여섯째, 로봇이 가족의 일원이 된다.

청소, 아이 보기, 취사 등의 모든 일은 인간화된 로봇에 의해 이루어질 것이다. 향후의 인간생활에 대한 고도정보시스템의 미래상은 이미 여러 모습으로 정보시스템에서 우리에게 비주얼로 제시되고 있다. 더 진화된 로봇은 인간의 감정까지 읽고 거의 인간에 가까운 모습으로 인간가족의 일원이 될 것이다.

일곱째, 남자 전업주부가 탄생하고 그 수가 증가될 것이다.

이제까지 가정의 일상 업무는 전업주부(專業主婦)의 몫이었다. 그러나 최근 TV 드라마 등에서도 이미 나타나고 있지만 남성이 과거 여성의 영역이었던 가사업무를 도맡아 하고 여성이 직업전선에서 일하는 수가 점점 증가하고 있다. 이것은 앞에서도 설명한 바 있지만 직업에 대한 종전의 프레임이 크게 변화되어야 함을 방증하는 내용이 된다. 즉 앞으로는 전업주부(專業主婦)가 아닌 전업주부(專業主夫)가 많은 수로 증가할 것이다.

여덟째, 인간의 죽음과 관련된 산업이 성장한다.

인간의 수명이 100세까지 연장되는 것은 이미 실현되고 있다. 인간수명의 연장에 따라 이제까지의 가족생활이나 주거환경이 크게 변하고 여러 가지 질병에 대한 국가 및 사회의 관리방법이나 가족의 관리방법이 크게 변하게 된다.

예컨대 3대가 서로 독립생활이 가능한 공동주택의 개발이나 인간의 마지막을 향기롭게 마감할 수 있는 케어문화와 장례문화가 새로운 산업분야로 떠오르게 된다.

아홉째, 세계경제의 다극화현상이다.

21세기의 두 번째 10년이 시작되면서 신흥국의 경제가 급성장하게 됨으로써 세계경제는 강대국의 독점체제에서 여러 가지 다극화현상이 진행되고 있다.

예컨대 1995년 신흥국이 생산, 무역, 금융 분야에서 차지하던 비율은 세계경제의 30% 수준이었으나 2010년에는 이것이 45% 수준으로 상승했으며 향후에도 지속적으로 상승이 예상된다. 즉 세계경제의 축이 산업혁명 당시에는 서유럽국가가 세계경제의 동력을 제공하였고 제2차 세계대전 후에는 미국이 세계경제의 견인차 역할을 하고 일본과 독일이 주도적인 역할을 해왔다. 그러나 21세기로 진입하면서 한국, 브라질, 러시아, 인도, 중국 등이 향후 20년간 세계경제를 이끌어갈 것으로 전망하고 있다. 세계은행은 이들 신흥국이 2011년부터 2025년까지 평균 4.7%의 경제성장을 전망하고 있으나 동 기간 동안 선진국은 평균 2.3%의 성장에 머물 것으로 전망하고 있다.

열째, 인류에서 신인류로 진화한다.

인간의 뇌가 칩으로 채워지고 손끝에는 키보드 칩, 눈에는 디스플레이 칩, 귀에는 이어폰 칩, 입 안엔 마이크 칩 등을 이식하고 손목에는 휴대전화를 문신으로 착용한 신인류가 등장하게 된다. 슈퍼지능을 가진 미래의 신도 등장한다. 창조가 신의 고유영역에서 벗어나 인간이 만든 로봇, 사이보그 등 다양한 종(種)이 인간의 범주로 인정받게 된다.

열한째, 앞으로 사람들은 사이버 세계시민, 직업유랑자(job nomade)가 된다.

이들은 한 직장, 한 직업, 한 지역에 묶이지 않는다. 그들에게는 집이 없다. 단지 노트북, 스마트폰, 여권만이 있을 뿐이다. 그들은 승진전쟁에 뛰어들지도 않고 회사를 위해 목숨 바쳐 일하지도 않는다. 그들은 자신의 가치를 정확히 분석하고 자신의 노동력을 자유롭게 사용할 줄 아는 현대인이다.

그 외 다음과 같은 여러 가지 사회적 변화가 일어난다.

예컨대 젊은 세대의 퇴직현상이다.

억만장자의 부모로부터 유산을 상속받은 젊은 세대는 굳이 일을 하지 않고 요트와 여행으로 취미생활을 하고 모험으로 인생을 보내기 위해 젊은 나이에 퇴직하고 자유로운 삶을 살아가게 된다. 또 인재파견업은 종래의 개인 파견업무에서 이제는 프로젝트 전체를 관리할 수 있는 팀을 구성하여 이를 집행하는 프로젝트파견업으로 변환될 것이다.

미국이나 일본 등 일부 기업에서는 우수인재를 확보하여 기업의 성장과 발전을 기도한다는 개념을 넘어 아예 우수인재집단에게 기업의 운영을 전담시키는 업무형태가 발전하고 있다. 즉 대형 기업이 컨설팅 팀이나 컨설팅전문회사에 회사운영을 위임하고 있는 사례도 발견되고 있다.

'세계 미래사회'가 2008년에 공개한 미래사회를 예측한 내용은 참으로 흥미진진하다. 이를 소개하면 다음과 같다.

① 2025년에는 전 세계적으로 백만장자의 수가 10억 명을 넘게 된다.
② 기술과 취향이 크게 달라져 직물과 패션산업이 유선화된다.
③ 미국, 중국, 러시아 국가 간의 관계에서 냉전이 재현될 수 있다.
④ 위조 통화 때문에 현금이 사라진다.
⑤ 많은 생물의 멸종이 우려된다.
⑥ 연료로써 기름보다 물이 더 많이 사용된다.
⑦ 인간수명이 크게 연장된다.

위에 소개된 내용 중 일부는 이미 실현되고 있거나 실현가능성이 있다. 또 일부는 실현가능성이 적을 수도 있으나 변화의 범위나 속도가 우리 인간의 상상을 초월하게 될 것임은 분명하다.

우리는 위에서 향후의 경제, 사회, 문화의 변화현상을 공부하였다. 따라서 외식업을 창업하려는 사람들은 이러한 제반 변화현상을 예상하면서 창업에 임하는 연구 자세가 필요할 것이다.

다음은 외식시장의 변화현상을 살펴보자.

1. 외식시장 축소경향의 심화

이것은 여러 가지 요인에 의해 이루어지고 있다. 경쟁의 격화, 점포 수의 증가, 인구의 감소, 출생률 저조, 경기불황 등 외부적 요인과 점포 또는 기업의 비전과 철학부재, 변화대응 능력부족, 사람부족 등에 의한 점포운영의 미숙, 고객의 삶의 방식에 대한 깊은 이해부족, 종업원의 정신적 · 물리적 대응능력 부족에서 오는 원인 등 무수한 원인이 있을 것이다. 이 중 몇 가지 요인을 예로 들어 살펴보자.

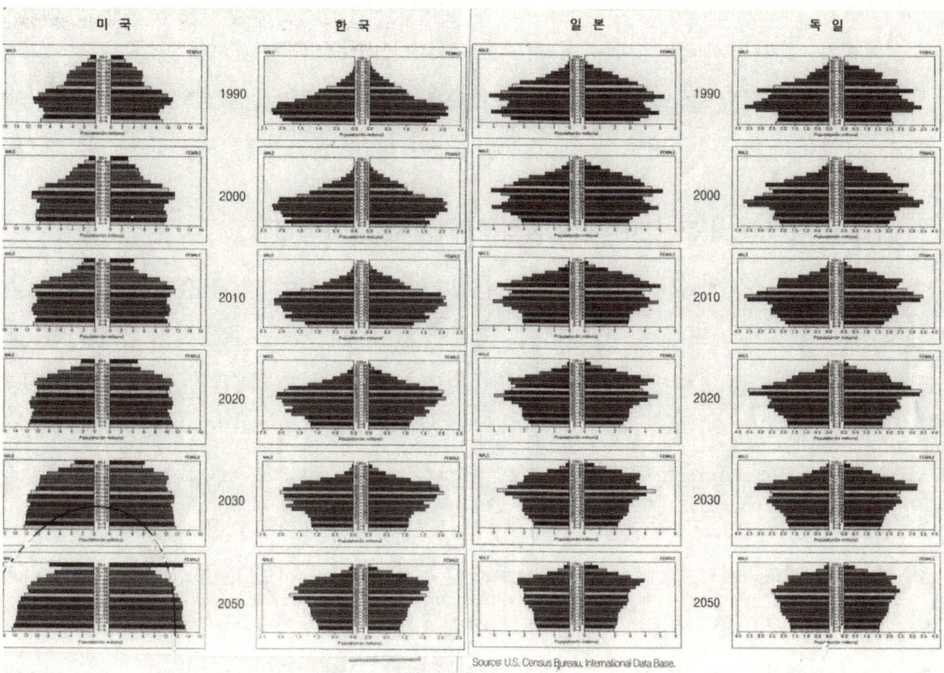

그림 1 4개국의 인구연령구조변화의 추이비교(1990~2050)

① 인구의 절대감소가 외식시장을 축소시킨다

위 그림은 재정포럼55에 발표된 것이다. 이 그림은 미국과 일본의 고령화 정책과 시사점을 설명하는 자료에서 나온 것으로 미국, 한국, 일본, 독일 등 4개국의 변화될 연령별 인구구조를 1990년부터 10년 단위로 나타낸 것이다.

놀랍게도 미국을 제외한 한국, 일본, 독일의 인구구조가 10~80대까지 피라미드형이 아니라 이상한 오각형을 나타내고 있다. 이것은 저출산과 고령화의 가속화로 사회경제문화의 커다란 변환이 올 것을 예고해 주는 자료이다.

일본은 초고령사회로 이미 진입하였고 우리도 고령화사회로 급속히 진행되는 양상을 보이고 있다. 이러한 인구구조의 변화는 인구 자체의 감소뿐만 아니라 연령별 계층 간에 많은 변화를 일으켜 오늘의 가장 좋은 고객도 얼마 뒤에는 소리 소문 없이 사라지고 만다는 것을 의미한다.

이것은 다른 말로 표현하면 오늘의 외식시장에서 우월적 지위를 누리는 기업이나 점포가 최단기간에 고객의 급격한 변화로 소멸해 버릴 수도 있다는 것이다.

나라에 따라서는 외식산업 전체는 약간의 신장이 있을지 모르나 업종 · 업태에 따라 기업이나 점포는 확보할 수 있는 시장이 극히 협소해진다는 것을 의미한다.

② 우리나라와 일본 인구의 노령화와 외식시장 축소경향

최근 발표된 통계조사에 의하면 우리나라 가정주부 39%가 결혼은 해도 아이를 낳지 않겠다는 마인드를 갖고 있으며, 미혼여성 40% 이상은 결혼하지 않겠다는 응답을 보여주었다고 한다. 그래서 나타난 것이 산부인과 병의원과 산후조리원의 경영이 어렵게 되고 어린이 출산이 줄어들게 되자 백화점의 어린이용품은 매출축소를 보충할 대응전략으로 어린이용품을 최고급으로 제작하여 판매하고 있다. 실제로 통계청에서 발표된 인구증가율에 대한 조사에서는 2018년 우리나라 인구는 65세 이상이 전체 인구의 14%를 초과하여 고령화사회로 진입하고 2026년에는 20% 이상이 되어 초고령사회로 진입한다고 한다. 특히 2050년에는 65세 인구가 38.2%에 달하여 세계에서 고령인구가 가장 많은 나라가 될 것으로 분석하고 있다. 문제는 프랑스나 일본처럼 고령사회로의 이전이 30년 혹은 100년이 소요되었다면 국가의 인구정책이 장기간에 걸쳐 충분한 대비가 이루어졌겠지만 우리의 경우는 최단시간에 초고령사회로 진입하였기 때문에 문제가 심각하다는 점이다. 더구나 최근 삼성경제연구소가 밝힌 인구구조와 기업들의 고령화에 대한 연구는 아주 심각한 내용을 담고 있다. 즉 우리나라 기업들의 고령화로 접어드는 시기가 2009년부터라는 분석이다. 전체 사회가 고령화로 접어드는 시기가 2018년인 데 비하여 기업이 활용 가능한 연령대인 25~54세 인구가 2009년부터 감소할 것으로 전망하며 이들

연령층이 줄어듦에 따라 인력관리 전반에 변화가 초래되고 고용비용이 증가할 것으로 예상하고 있다. 인구 고령화가 반드시 대폭적인 생산성 하락을 초래한다고 볼 수는 없지만 효율적인 자본 활용과 기술개발 등 대비가 필요하다고 지적하고 있다. 고령사회는 소비할 기간이 늘어나는 만큼 나눠 써야 한다는 강박관념이 강해져 기간별 소비규모가 줄어들 것으로 보고 있다. 이것은 다른 산업은 물론 외식시장에 직접적인 영향을 줄 것으로 보인다. 이런 인구구조는 사회보장제도의 하나인 연금제도의 기본틀을 흔들리게 하고 산업의 황폐화가 예상되는 것이지만, 역대 정부에서는 이의 심각성을 거의 인식하지 못하여 왔으므로 앞으로는 이에 대한 대책이 가장 긴급한 국정과제가 되어야 할 것이다. 더구나 동 연구가 지적한 내용은 2047년이 되면 국민연금기금이 고갈될 것을 예상하고 있다는 점이다.

이것은 심각한 직장사회의 혼란을 초래하게 되고 국민의 노후대책정책을 근간부터 흔들리게 하는 요인이 될 것으로 생각된다. 국토 면적이 좁고 사회구조가 우리와 약간은 비슷한 이웃 일본의 경우도 2005년 사망률이 출생률을 앞섰다고 발표하고 있다. 2006년 일본 통계청이 발표한 자료에 의하면 65세 이상 인구가 2,640만 명으로 전체의 20.7%, 75세 이상은 1,208만 명으로 전체 인구의 9.5%가 되는 초고령사회로 진입하였음을 나타내고 있다. 65세 이상 인구가 이탈리아 19,5%, 독일 18.6%, 프랑스 16.2%, 미국 12.4%와 비교해도 훨씬 앞서는 숫자이다. 결국 고령화사회는 생활활동영역을 축소시키고 그것이 외식시장의 성장에도 영향을 준다. 단순히 인구문제만이 아닌 장기불황의 요인도 있었으나, 일본의 외식시장이 1999년 약 29조 엔을 정점으로 2005년에는 24조 엔으로 축소된 것은 인구의 노령화와 연계시켜 볼 때 시사하는 바가 크다.

③ 경쟁격화가 외식시장을 극도로 축소시키고 있다

외국의 어떤 통계에 의하면 외식점포의 평균적인 고객 이탈률은 연간 약 60%라고 한다. 이것은 산술적으로 표현하면 2년 후 자기 점포의 고객 100%가 바뀌어질 수 있다는 것을 의미한다.

실제로 도시인구의 이동은 연간 약 20%라고 하는데 이를 평균적으로 대입시키면 5년 뒤에는 현재의 자기 점포 고객이 거의 바뀐다는 것을 의미한다.

빌 게이츠는 이런 말을 하였다.

"우리는 앞으로 2년 뒤에는 도산할 수도 있다는 마인드로 기업경영을 하지 않으면 안된다" 그만큼 고객의 니즈(needs) 변화가 격심하기 때문에 작년에 우리 기업에 이익을 준 요소 중 금년에도 유효한 영향을 주는 요소는 불과 몇 %에 불과하다는 미래학 학자들의 주장은 충분히 음미할 만한 내용이다.

또 경쟁이 심하지 않았던 산업화사회에서는 일정시장에서 한식, 양식, 일식, 중화식 중에서 일등만 하면 점포경영이 가능하였지만, 지금은 그 일정시장에서 모든 업종 · 업태 중에서 유일한 점포(only one store), 일등점포가 되어야 계속적인 경영이 가능하다. 이를 두고 외식산업은 이제 race시대에서 game의 시대로 접어들었다고 말하는 학자도 있다. 따라서 외식경영자는 금년의 자기 점포 1일 평균고객이 100명이면 내년 후년에는 그 수치가 90명, 80명으로 축소될 수도 있다는 전제 아래 점포의 장기경영전략을 수립하여야 한다.

이제는 고객 한 사람을 낱알 줍듯이 관리하는 고객관리전략이 필요하다. 이것을 고객 flow시대에서 고객 stock시대로 접어들었다고 말한다.

더구나 오늘의 외식시장에서 중요한 비중을 차지하고 있는 베이비붐 2세들의 생활패턴은 금전절약(save money), 시간의 효율적 관리(save time), 편리성(convenience) 추구가 중심이 되므로 외식점포도 이들의 이런 행동패턴에 맞추는 경영전략이 필요하다. 개성과 자기주장이 강한 이들은 굳이 전통 있는 식당이나 유명식당을 찾지 않는다는 점도 인식할 필요가 있다. 오늘날 충청지역이나 호남지역의 유명 한정식이나 한식전문점이 쇠락의 길을 걷고 있는 현상은 이러한 소비패턴의 변화에서 오는 결과일 것이다.

2. 새로운 마케팅전략이 필요한 시대

(1) 입소문 마케팅의 중요성이 강조되고 있다

최근 buzz마케팅이란 용어가 마케팅관련 자료에 많이 등장하고 있다. 이는 소비자들이 자발적으로 메시지를 전달하게 하여 상품에 대한 긍정적인 입소문을 내게 하는 마케팅기법이다. 꿀벌이 윙윙거리는(buzz) 모양처럼 소비자들이 상품에 대하여 말하는 것을 기법으로 하는 마케팅으로서 입소문마케팅 혹은 구전(口傳)마케팅

(word of mouth)이라고도 한다. 상품의 모양이나 기능이 특수하고 편리하게 사용할 수 있으며 효율성과 가격 면에서도 타 상품에 비해 유리하며 사람들의 눈에 잘 띄는 상품이 중요대상이 된다.

일방통행식 매스미디어에 의한 마케팅기법보다 비용이 저렴하며 기존의 채널로써 도달하기 어려운 소비자에게 인터넷 등으로 쉽게 접근할 수가 있다.

여론형성에 주도적 역할을 하는 오피니언 리더(opinion leader)를 적극적으로 활용해야 하고 상품의 공급수량을 제한하고 커뮤니티를 잘 활용해야 효율성이 높아질 수 있는 마케팅기법이다. 우리의 경우는 이 입소문마케팅에 관한 연구 자료가 많지 않아 구체적인 사례를 제시할 수 없으나 일본 등에서 여러 분야의 상품판매전략에 많이 이용되고 있다.

최근 자료가 없어 약간 오래된 자료를 들어보면 1998년 일경(日經)레스토랑이라는 월간지에서 아주 재미있는 자료를 발표하였는데 그 내용은 다음과 같다. 즉 고객이 어떤 점포의 정보를 입수하는 방법 중에서 입소문에 의한 것이 59.6%, 거리를 지나다가 점포를 발견한 것이 40.4%, 잡지 17.2%, 전단지 및 DM(Direct Mail) 12.0%, TV 및 라디오 11.6%, 유명요리소개 책 9.4%, 신문 5.4%, 기타 8.0%로 최초로 외식점포를 아는 데는 입소문이 가장 큰 비중을 차지하고 있음을 보여주고 있다.

그러면 이러한 입소문은 어떻게 하여 일어나는 것일까?

말할 필요없이 일단 점포를 이용한 고객들이 자기가 기대한 이상의 어떤 점을 그 점포에서 발견하였을 때 입소문은 발생한다.

즉 점포직원의 서비스에 감동을 받았다, 음식차림에 감탄사가 저절로 나왔다, 가격이 생각 이상으로 저렴하거나 음식내용에 알맞고 적당하였다, 새로운 제품정보가 있었다, 안심하고 이용할 수 있고 편리하였다, 느낌이 좋았다, 이미지가 아주 좋았다, 점포에서 식사를 마치고 나올 때 마치 여왕이나 임금이 된 것 같은 기분이 들었다.

이런 경우 점포를 한번 이용한 사람은 자기만이 그 점포를 안다는 우월감에서 지인이나 친지에게 그 감동을 전달하려는 욕구가 일어난다. 여기서 입소문이 발생한다.

점포에 대하여 좋은 입소문을 내게 하는 것은 점포의 노력에 의해서 이룩할 수 있다. 그러나 점포에 대한 나쁜 입소문은 상상 이상으로 점포영업에 악영향을 준다.

미국의 어떤 통계(자료)를 보면 보통 100명의 고객이 와서 클레임을 정식으로 제시하는 수는 약 4명이라고 한다. 어떤 면에서는 클레임을 제시하는 4명의 고객은 점포로서는 대단히 고마운 고객이다. 자기 점포의 결점과 잘못을 지적해 주는 고객이야말로 자기 점포를 사랑하는 고객인 것이다. 그런데 말없이 돌아간 96명의 불만을 가진 고객 중 약 30%인 28명은 1인당 20명에게 그 점포를 악평하는 입소문을 낸다(전부 합쳐서 약 560명), 나머지 68명은 한 사람당 약 7명에게 나쁜 입소문을 전달한다고 한다(476명). 이렇게 보면 96명의 말없이 돌아간 불평객이 약 1,000명의 지인이나 친지에게 불만을 품었던 점포를 나쁘게 입소문을 낸다는 것이다. 그만큼 입소문의 영향은 크기 때문에 외식점포로서는 이를 연구할 필요가 있다. 일본의 후쿠오카(福岡)에는 여성들로 구성된 입소문 마케팅전문회사가 있다. 필자가 만나본 그 회사 임원의 말을 들어보면 회사의 전체 구성원이 여성이며 회원은 PC를 보유한 가정주부들로 구성되어 있는데 회사의 이름이 아주 재미있었다. 필자가 만난 동사의 임원은 신문사의 여기자 출신이었다.

이제까지 역사는 남자들이 만들어왔다. 그래서 우리는 역사(history)를 he+story로 조어(造語)했다. 그러나 이제부터는 여성이 새로운 역사를 만들어야 한다는 의미에서 회사의 이름을 her+history를 합성하여 her story로 하였으며 수만 명의 여성회원을 확보하고 있다. 일본의 전 산업체에서 생산하는 모든 제품에 대하여 철저한 검증과 시장조사를 하고 만약 부실한 제품이나 불량식품을 판매한다고 판단되면(물론 전문가의 진단과 명확한 증거를 기준으로 한다) 회원들이 전국적으로 이메일을 통하여 제품의 부실과 불량함을 알린다.

예컨대 50,000명의 회원이 1인당 100명의 지인이나 친지에게 입소문(메일)을 보낸다면 500만 명의 고객에게 이를 고지하는 것이 된다. 따라서 "우리에게 발각된 기업은 결코 일본 국내에서는 살아남을 수 없다. 우리는 우리 가정과 우리 자신을 지키기 위하여 이런 사업을 전개하는 것이다". 입소문은 인터넷의 악플과 마찬가지로 파괴력이 엄청남을 실감할 수 있는 이야기였다. 외식산업은 국민의 건강을 책임지는 사업이며 오늘의 소비자는 식품의 안전성에 대하여 많은 고통을 겪어왔기 때문에 식품에 대하여는 생각 이상으로 민감하다. 외식산업은 이런 점을 향후의 마케팅에서 유의하지 않으면 안 될 것이다.

(2) 외식산업의 주역은 상품과 서비스가 아니라 사람이라는 관점에서 점포를 운영해야 한다

모든 산업에서 인재의 중요성이 강조되고 있다. 그래서 people business라는 말을 듣는 외식산업은 인재(人材)를 인재(人財)로 생각할 만큼 사람이 중요하다.

오늘의 외식시장은 성숙화되어 상품(메뉴)은 거의 맛의 평준화에 의해 점포나 기업의 오리지널성이 사라져 간다. 따라서 맛이 좋아서 점포를 찾아간다는 것은 고객의 입장에서 필요조건은 될 수 있으나 필요충분조건은 아닌 것이다. 즉 음식점에서 맛이 있다는 것은 당연한 것이며 오늘날과 같은 점포 포화상태에서 맛이 없는 메뉴를 제공한다는 것은 가격의 고하를 막론하고 점포로서의 존재가치가 없는 것이다.

그 다음 흔히 인테리어 등의 환경문제가 남는다. 오늘날은 각종 건축자재가 개발되고 그 시공기술도 발전되어 많은 전문인테리어 전문시공사가 있으므로 점포 내외장의 분위가 거의 비슷한 수준으로 되어 있다. 간판의 배색(配色)이나 제작도 높은 수준에 와 있어 어느 정도 규모의 점포는 거의 같은 이미지를 만들어서 고객에게 제시한다. 그리고 냉난방 공조시설도 절전형 제품이 많이 나와 어느 점포에서든 쾌적한 환경을 고객에게 제공하고 있으므로 이제까지 음식점의 주역이었던 제품과 인테리어 환경 등의 부대적 서비스 요소는 음식점 경영에서는 당연히 갖추어야 할 요소가 되었으며 그 자체가 점포의 특징이 되는 것은 기대하기 어렵게 되었다.

그 다음에 남는 것은 무엇일까? 종업원의 서비스 수준이 음식점 마케팅 믹스의 중요한 요소가 된 것이다. 서비스 수준은 결국 사람(직원)의 수준이다.

음식을 먹을 때 인간의 감각은 예민하기 때문에 음식의 맛도 중요하지만 식사할 때 점포 직원이 제공하는 따뜻하고 정감 넘치는 서비스행동과 미소는 고객을 만족시키는 가장 중요한 요소가 되는 것이다.

어떤 점포 경영자는 서비스의 가치는 제로라고 말한다. 원가가 없다는 의미일지도 모른다. 그러나 이 말은 크게 잘못된 사고에서 나온 것이다. 종업원의 인건비는 메뉴가격에 전가되기 때문에 고객이 지급하는 음식에 대한 대가에는 종업원의 서비스가격도 엄연히 포함된다. 접객서비스는 무료가 아니며 대단히 고가의 상품이다.

그래서 서비스의 차별화가 연구되고 종업원의 정착률을 높이는 연구가 마케팅전략적 차원에서 필요하다. 우리 주변을 살펴보면 장기 불황에도 영업이 어느 수준을 유지하는 점포를 보면 종업원의 얼굴이 바뀌지 않는 점포이다.

사례 1

서울 방이동에 위치한 B갈매기살 구이 전문점의 종업원 근무기간은 짧으면 5년 길면 10년을 넘고 있다. 필자의 고교 동기동창의 부부모임을 매월 이 점포에서 갖는데 10년이 넘어도 거의 종업원 얼굴이 바뀌지 않는다. 동창모임이 되면 종업원과 친숙한 대화도 할 수 있어 마치 이웃집에 온 듯한 편안함을 느끼게 한다. 같은 값이면 다홍치마라고 친지나 가족모임 그리고 회식도 자연히 이 점포를 선택하게 된다.

사례 2

서울 강남 C점포 사장의 말

"철없는 일부 종업원들이 세상물정 모르고 월급 몇 푼 더 올려준다고 하여 아무 생각 없이 다른 점포로 갔다가 얼마의 시간이 지난 후 다시 우리 점포로 옵니다. 그래서 한 번은 용서하고 우리 점포에서 장기근속하겠다는 약속을 받고 재고용을 합니다. 물론 이들에게 인간적인 대우를 해주지요. 제 경험으로 보아 점포에 오래 근무하는 종업원을 많이 확보하면 할수록 인건비가 약간 올라가는 것은 사실이지만 그 이상으로 단골고객이나 고정고객을 많이 확보할 수 있는 방법이 없는 것 같습니다. 오늘날처럼 경쟁점포가 수없이 나타나고 고객 수가 점점 축소되는 시장여건에서 고정고객을 확보하는 방법은 바로 장기근속자를 많이 보유하는 것 이상 좋은 방법이 없는 것 같아요. 인건비도 0.8의 능력을 가진 신진 5명의 노동효율이 4라면(0.8×5=4) 1.3의 능력을 가진 4명의 고급 장기근속자의 노동효율은 5.2(1.3×4)이기 때문에 오히려 노동효율로 보아 인건비가 절감되는 효과도 가져옵니다."

사례 3

일본의 유명한 화식(和食)전문점, 간고스시의 인재육성시스템

이 회사는 매년 고교를 졸업하는 젊은이들을 35명 정도 선발하여 두 가지 방법으로 인재를 양성한다. 즉 이들 그룹을 2개 부분으로 나누어 한 팀은 앞으로 동사의 간부가 되는 코스를 택하게 하고 또 한 팀은 어느 정도 회사에 근무하다가 독립하여 동사의 체인점의 오너로 양성하는 코스를 택하도록 한다. 교육과정은 인성교육, 기술교육, 상식과 교양교육 등으로 나누어 장기적으로 회사의 간부가 되고 창업하는 경영자로 성장할 수 있는 인재양성코스를 만들고 있다. 이 인재양성 시스템은 회사의 경영이념을 이해하고 점포 경영에 관한 기본지식과 기술을 갖고 있으며 외식인으로서 기본 소양을 갖춘 인재를 확보할 수 있어 어떤 마케팅전략보다 기업의 경영이념을 한 치의 실수 없이 고객에게 전달할 수 있어 어떤 마케팅전략보다 기업의 경영이념을 한 치의 실수 없이 고객에게 전달할 수 있는 훌륭한 전략이라고 볼 수 있다.

향후 외식업을 창업하려는 자는 이 점을 충분히 인식해야 한다고 생각한다. 후문이지만 이들은 회사 근무 틈틈이 시간을 내어 야간의 전문교육과정을 이수하기도 하는데 우리처럼 외식경영자들 중 상당수가 무슨 대학원에서 석사학위를 받았다, 박사학위를 받았다 하고 뽐내는 것과는 전혀 다른 외식경영자를 보게 되는 것이다.

학벌 중시 사회가 빚은 코미디와 같은 최근의 학벌위조 사건과 이들의 건전한 생활방식을 비교해 보면서 많은 것을 생각하게 한다.

구미(歐美)에서는 직원의 정착률을 높이고 발랄하고 생동감 넘치게 근무할 수 있는 환경을 만들기 위해서 몇 년 전부터 HRM(Human Relation Management) 시스템을 도입하고 있다. 이는 모티배이션과 리더십을 어떻게 조직적으로 강력하게 만들어가야 하는 문제와 기업 내부에 있는 사람과 관계가 있는 여러 가지 기능을 확실하게 정비하는 경영기법이다. 우리말로 표현하면 인적자원경영이라고 할 수 있을까? 이 HRM이 원활하게 정착되기 위하여서는 가장 중요한 것이 커뮤니케이션이다. 이 커뮤니케이션은 점장이나 오너로부터 톱다운 방식으로 나오는 일방통행식 커뮤니케이션이 아니고 모든 사람의 의견과 사고방식을 공유하기 위한 내용이 되어야 한다.

사례 4

대전광역시에 영업본부가 있는 배달전문점 c체인의 식자재공장

이 공장에서는 아침 출근 후 약 3~5분간 직원들끼리 웃기기 시간이 있다고 한다. 처음에는 어색한 분위기도 있었으나 이 운동을 시작한 수일 후부터 공장직원들의 얼굴이 밝아지고 수작업(手作業)중심의 작업수율(作業收率)이 크게 향상되었다고 한다. 웃음에 의한 커뮤니케이션은 이런 결과를 가져온다.

사례 5

어느 제과점 여자 종업원의 이야기

어느 시인이 제과점의 여자 직원에게 시집 한 권을 주었는데 거기에는 이런 글귀가 적혀 있었다.

"조그만 점포임을 부끄러워하지 말라. 이 조그마한 점포에 당신의 인정과 사랑을 가득 채워라."

이 여자 종업원은 이 시에서 감명을 받아 그대로 행동하였다. 어느 늦은 밤 점포영업이 거의 끝나서 문을 닫으려는 시간에 눈을 가득히 뒤집어쓴 자동차 한 대가 멈춰서면서 어떤 남자가 나타났다.

"저는 눈길에 하루 종일 운전하며 왔습니다. 지금 제 어머니는 암으로 병원에 입원해 있는데 의사의 말이 앞으로 이틀밖에 살지 못한답니다. 어머니께 만나고 싶은 사람이나 먹고 싶은 음식이 있으면 말해달라고 했더니 옛날에 어느 도시의 제과점 과자를 먹고 싶다고 말씀하시어 오늘 아침 일찍 출발했으나 눈이 오고 길도 잘 몰라 이제 막 도착했습니다. 시간이 지났지만 어떻게 안되겠습니까?"라고 하소연하였다. 고객의 말을 들은 이 여자 종업원은 안으로 들어가 등을 켜고 난로를 켠 다음 그 손님을 안으로 들어오게 한 후 노인에게 소화가 잘되는 부드러운 과자와 빵을 직접 골랐습니다.

"값이 얼마입니까?"라는 손님의 말에 "돈은 받지 않겠어요. 이 세상에서 마지막으로 저의 가게 과자를 잡숫고 싶다는 분께 돈을 받고 싶지는 않군요."

손님을 배웅한 뒤 그 여자 종업원은 자기 주머니에서 과자 값을 꺼내어 점포 현금박스에 넣고 매상에 추가시켰다. 정직한 모습이란 이런 것이다.

그날 저녁 묘하게도 얼굴을 알 수 없는 그 남자의 어머니가 꿈에 나타났는데 과자를 먹다가 목이 메어 매우 고통스러워하고 있었다. 어떤 예감을 느낀 이 아가씨는 이튿날 출근하자마자 어제의 손님으로부터 받은 명함의 전화번호로 전화를 하였더니 어제의 그 손님이 담담한 목소리로 전화를 받았다.

"집에 오는 길에 눈으로 길이 막혀 예상보다 늦게 도착했는데 도착해 보니 어머니는 제가 도착하기 30분 전에 운명하셨습니다. 그러나 운전 중에 휴대전화로 어머니에게 아가씨의 점포 이야기를 하였더니 어머니께서 맑은 정신으로 마지막 숨을 거두면서 한 말은 '돈도 받지 않고 과자를 준 그 가게 참으로 좋은 가게로구나!' 하셨습니다."

그 여자 종업원은 장례식 일자를 물어보고 사장에게 휴가를 낸 뒤 장례식에 가져갈 과자를 자기 돈으로 구입하고 포장도 예쁘게 했습니다.

아가씨가 과자 꾸러미를 들고 장례식에 나타난 것을 보고 그 남자는 깜짝 놀랐습니다.

아가씨는 마음속으로 이렇게 축원했습니다.

"처음 뵙는 손님, 이 세상에서의 마지막 순간에 우리 가게의 과자가 먹고 싶다고 말씀한 분이 결국 과자를 못 드시고 가셔서 서운하셨지요? 그래서 이렇게 좋아하시는 과자를 가져왔습니다. 부디 떠나시는 길에 가지고 가시기 바랍니다."

비록 조그마한 가게이지만 그 제과점 아가씨의 모습에서 앞치마 두른 천사의 모습을 느낄 수 있는 것이다. 외식 점포에 종사하려는 사람은 경영자든 직원이든 이런 순수한 마음가짐이 필요하다. 과자보다 점포의 인테리어보다 종업원의 마음씨 즉 사람이 외식업의 중심이 되는 것이다. 우리는 과연 이런 마음가짐의 여자 종업원을 얼마나 만날 수 있을까?

슈퍼나 대형점포에 가면 종업원들이 거의 기계처럼 무신경하게 행동한다. 인정과 친절함은 느낄 수 없고 단순히 돈과 물건을 교환하는 기계인간처럼 야박하고 삭막해 보인다.

상인의 길은 인간의 길이다. 외식업 종사자는 경영자든 종업원이든 이것을 잊어서는 안될 것이다.

(3) 첨단산업과 연계된 마케팅전략이 필요하다

정보화시대는 이제까지 외식시장에서 보지 못했던 무수한 정보기기가 개발되어 다른 산업과 마찬가지로 정보화전략을 과감하게 실행하지 않으면 살아남지 못한다.

지금까지 기업이나 점포에서는 주로 경영정보를 다루어왔다. 시장이 계속 확대되고 기업이 성장하기 때문에 합리적인 관리만 하면 기업 내부에 어떤 문제점이 발생할 수 없었던 환경이었다. 즉 매출관리, 원가관리, 제품별 판매개수관리, 고객의 세대별 분류, 시간대별 매출관리 등을 철저히 하고 또 그것이 물류시스템과 연결되어 재고관리, 배송관리를 철저히 하면 전국적인 체인관리는 큰 문제없이 이루어질 수 있었다. 이것이 가능하였던 것은 POS시스템과 같은 정보기기가 개발되었기 때문이었다. 또 점포 내부의 핸디 터미널에 의해 주문표를 하나하나 주방에 전달할 필요없이 객석에서 바로 주문받아 주방에 전달할 수 있었다.

또 택배영업을 중심으로 하는 점포에서는 콜센터시스템을 활용하여 보다 편리한 수주작업(受注作業)을 할 수 있게 발전하였다. 이 모든 것은 첨단화된 정보기기의 개발로 가능한 것이다. 그러나 이러한 정보의 한계성은 기업 혹은 점포 내부에서 발생하는 각종 데이터를 정보화한 것이라는 점이다. 일부는 고객과 직접 연결되는 정보이나 대부분이 점포영업의 결과로 얻어지는 정보인 것이다. 중요한 정보자료이지만 변화가 격심한 현대외식 시장에서는 경영정보 못지않게 시장의 흐름, 고객정서의 변화, 고객의 욕구변화 등을 수시로 파악하고 분석하여 이에 발 빠르게 대응하는 마케팅전략을 창출하기 위하여 보다 신속한 고객정보가 필요하다. 앞에서도 설명했지만 지금은 무한경쟁시대, 시장축소시대, 제로성장시대라는 말을 할 정도로 외식산업 경영환경이 어려워졌기 때문에 고객의 마인드를 파악하는 것이 가장 중요한 마케팅전략의 하나가 되고 있다.

앞에서 설명한 입소문 마케팅에서 예시한 사례와 마찬가지로 현대인은 정보의 홍수 속에 살고 있으므로 대중매체인 TV나 신문의 광고나 선전을 보고 자기가 필요한 제품을 선택하는 예는 적으며 자기의 기분과 자기개성에 맞는 대상과 제품을 선택하는 경향이 강하기 때문에 대중과의 관계설정이 중요하다. RM(Relation Marketing)이란 용어는 이런 환경에서 탄생한 내용이라고 생각된다. 고객과의 세밀한 관계설정이 현대 외식마케팅에서 중요하므로 이를 위한 첨단산업과의 연계된 마케팅전략은 외식경영자의 중요한 과제가 된다.

하나의 예로써 사이트(홈페이지) 활용마케팅, 휴대전화 마케팅이 이러한 사례에 해당된다고 볼 수 있다. 이에 대한 자세한 내용은 생략하나 다른 나라의 예를 들어보면 우리가 개발하여야 할 분야가 여기에도 존재한다는 것을 알 수 있다.

우리나라의 경우는 야후, 네이버, 기타 무수한 정보 사이트가 존재하며 여기에 대부분의 회사나 기업이 자기의 홈페이지나 블로그를 개설하여 자기 점포 정보를 고객에 전달하는 형태를 취하고 있다. 그런데 일본의 경우를 보면 그루메 사이트라고 하여 식품이나 외식사업을 전문으로 하는 사이트가 있어 여기에 각 외식기업이나 점포의 홈페이지를 등재하여 고객이 손쉽게 점포의 위치나 내용을 검색할 수 있도록 하고 있다.

분류	내용	사례 사이트 URL	비고
레스토랑 검색 사이트	유료 등록형 사이트 여러 기업이 독자적인 스탠스로 사이트 운영. 크게 나누어 인터넷 전문사이트와 출판사 등이 기존 네트워크를 살려서 운영하는 사이트가 있다. 큰 사이트는 다른 포털사이트에 레스토랑 정보제공도 행하며 이 경우는 한 개 회사에 등록함으로써 복수의 검색사이트를 이용할 수 있다.	http://www.asku.com/rgj/ http://www.gour-con.com/ http://www.dining.rakuten.co.jp/	등록 점포 수 1등 지명도 1등
기타 포털 사이트		http://gourmet.yahoo.co.jp/gourmet/ http://gourmet.msn.co.jp/home.armx	
레스토랑 평가 사이트		http://gourmet.zubapita.com/ http://www.jibaran.com/	

그루메 사이트는 하나의 명칭이지만, 요컨대 인터넷 이용자가 음식메뉴나 조사하고 싶은 음식점을 찾고자 할 때 이용하는 사이트인 것이다. 우리나라의 경우에도 야후 사이트에서 거기를 클릭하여 외식점포 등을 검색하나 음식점만을 전문으로 하는 사이트는 아직 없다.

이와 같은 레스토랑 검색사이트는 기본계약에 의해 월별 사용료를 지불하는 유료서비스이나 이용자가 매년 증가한다고 한다. 이 사이트는 예약대행기능도 갖고 있으므로 충분히 이용이 가능하며 또 음식점의 판매촉진에 관한 사이트도 있다.

이 같은 전문 사이트에 등록하는 요령과 외국의 사례 등 전문적인 내용은 졸저 『외식사업 판매촉진 이렇게 하면 성공한다(백산출판사)』의 수정판에 자세히 정리하여 내놓을 생각이다. 그래서 여기서는 일본에 존재하는 몇 개의 검색사이트만을 소개하기로 한다.

그 다음 휴대폰 메일도 현대의 마케팅에서 빼놓을 수 없는 툴(tool)이므로 충분한 연구가 필요하다. 이 전략도 무조건 메일을 보낼 것이 아니라 몇 가지 존(zone)을 설정하여 실행해야 한다. 즉 바로 보내는 오리지널 메일 콘텐츠, 계절별 메일 콘텐츠를 구분하여 실행할 필요가 있을 것이다.

예컨대 앞부분에 해당하는 것으로는 월요일 50% OFF를 하여 여성고객에게 알리는 경우, 귀하에게만 살짝 알리는 세일(예를 들어 여성고객에게만 반액! OO레스토랑), 생일기념 메일, 비오는 날의 메일, 신 메뉴 세일 메일, 시간대별 서비스 메일, 이벤트안내 메일 등이 있고, 뒷부분에 해당하는 예로는 예약촉진 세일, 밸런타인데이 메일, 골든위크 메일, 크리스마스 메일, 망년회 메일, 신년회 메일 등이 있을 것이다.

(4) 마케팅 접근방식이 총론적인 내용에서 각론적인 형식으로 변화되고 있다

고객에게 친절하자. 최고의 서비스를 하자는 식의 구호는 이제 통하지 않는다.

성숙화된 시장에서 개성과 특성이 없는 일반론적이고 총론적인 서비스나 전략이 현대 외식시장에서 더 이상 통할 수 없게 되었다.

예컨대 서비스의 형태에서도 시간대별 차이가 있는 서비스가 필요하다.

아침, 점심, 저녁 시간대별 서비스는 그 형식과 서비스 속도·방법이 당연히 달라야 한다. 이것을 어떻게 관리할 것인가를 이제부터 연구할 필요가 있을 것이다.

또 나이 든 고객에게도 젊은 사람과 같은 서비스 용어나 서비스가 이루어져서는 안될 것이다. 어떤 지역에 젊은이들이 주로 이용하는 캐주얼 레스토랑이 있었다. 어느 날 초로의 손님이 나타났다. 점장이 메뉴를 바라보며 주문을 받으려고 한즉 이 고객은 이상한 표정을 지으며 "우유를 한 잔 먹고 싶다"라고 말하였다. 눈치 빠른 점장은 "예, 잘 알겠습니다." 하고 대답하면서 "따뜻한 것과 찬 것이 있는데 어느 쪽으로 하실까요?"라고 물은즉 그 고객은 "따뜻한 것으로 주어요." 하고 주문을 마쳤다. 점장은 재빨리 밀크를 가져왔다.

"따뜻한 우유를 가져왔습니다. 설탕은 여기에 있습니다. 맛있게 드십시오." 하면서 자리를 떠났다. 실은 메뉴북에는 밀크라는 이름만 기재되어 있고 더운 것과 찬 것이라는 구분은 없었다. 더운 밀크를 제공한 것은 점장의 기지로 이루어진 것이다.

식사를 마치고 돌아갈 때 그 초로의 손님은 점장에게 이렇게 말하였다.

"요즈음은 어디에 가도 서양글자뿐이야. 자네는 정말 기분 좋게 손님을 대접할 줄 아는군." 하면서 기분 좋게 점포를 떠났다. 그 후 이 노인은 아들, 며느리, 손자와 함께 그 점포를 자주 방문하면서 고정고객이 되었다고 한다. 이에 이름을 붙여 각론적인 서비스 방식이라고 말하고 싶다.

사례

어느 날 4명의 가족이 외식을 하였다. 그런데 동반한 어린이 중 차남은 아주 심한 알레르기 체질로 우유, 계란, 과일 등을 먹을 수 없어서 외식할 때는 늘 어린이용 도시락을 별도로 준비하지 않을 수 없었다. 장남이 이탈리아 음식이 먹고 싶다고 하여 외식을 하기로 하고 적당한 레스토랑을 선정하여 미리 사정을 말하고 차남의 도시락을 갖고 갔다.

점장은 괜찮다고 하면서 도시락을 달라고 하였다. 얼마 뒤 가족이 주문한 메뉴가 나오고 차남의 식사가 나왔는데 놀랍게도 차남의 도시락이 점포의 아름다운 런치 접시에 담아서 나오는 것이었다. 밥 위에는 앙증맞은 깃발까지 꽂혀 있고 "맛있게 외식을 즐기세요!"라는 글자까지 쓰여 있었다. 정말 감동받지 않을 수 없었다.

여기서 우리가 알아야 할 것은 위 두 가지 서비스 내용은 이 점포나 회사의 서비스 매뉴얼에는 나타나지 않은 내용이라는 점이다.

외식비의 지출도 점심시간대, 저녁시간대별로 차이가 있을 것이며 또 평일과 휴일의 식사내용, 생일이나 기념일의 외식에 선호하는 레스토랑도 차이가 있을 것이다. 고객의 외식점포 동기가 이렇게 다양한 점을 안다면 막연히 앉아서 기다리는 접객자세를 수정하여야 할 것이다.

(5) 감성마케팅, 정서마케팅, refresh, natural 이미지 마케팅의 필요성을 인식해야 한다

이제까지 마케팅전략을 구사할 때 사용되어온 마케팅 요소는 주변시장의 인구, 인구의 남녀성별, 연령별 분포, 소득수준, 점포 앞 통행량, 주변의 상업시설 이용인구, 주변 소매점의 매출동향, 학교 수, 학생 수, 지하철 · 버스정류장의 승하차 인원 수 등 다분히 계수적인 자료 즉 정량적(定量的) 요소로 이를 활용하여 필요한 전략을 수립하였다.

그러나 이제는 기본적으로 시장이 좁아졌고 주축을 이루는 고객층의 기본 성향이 자기 개인의 개성과 감성, 자기주장에 의해 제품을 선택하는 경향이 현저해졌으므로 마케팅전략도 이 여건변화에 맞추어 실시하지 않을 수 없다.

오늘의 고객은 시장의 분위기, 거리의 유행, 간판의 감각성, 고객의 유행감각, 핵심고객의 복장과 핸드백 모양, 오락성 시설의 유무, 거리의 무드 등 개인의 감성적인 요소에 의해 점포를 선택하는 경향이 강하다.

쉽게 말하면 압구정이나 홍익대 인근의 외식점포가 맛만으로 승부하여 고객을 흡수시킬 수는 없다는 것이다.

오늘날의 고객은 대부분 흑백 TV시대를 모르고 컬러 TV시대에 태어나서 이의 영향을 받고 자란 세대이다. 이들의 정서나 감각은 흑백시대의 사람들보다 예민하며 다양하다.

또 하나 현대 외식시장에서는 하나의 이미지 마케팅전략으로서 점포가 사용하는 식자재의 신선함과 자연산임을 내세우고 있다.

특히 우리의 경우 매일 보도되는 매스컴 뉴스는 식자재에 대한 불안감을 증폭시키고 고객들로 하여금 거의 신경질적인 반응을 일으키기에 충분하다.

국산 칡냉면의 면(麵) 재료가 칡이 아니고 녹차 잎이나 다른 식재를 사용하여 가공한다는 뉴스나, 미국산 수입쇠고기에 광우병 발생 위험이 많은 뼈가 발견되었다든가, 식당에서 사용되는 각종 식자재는 거의 80% 이상이 제조과정을 믿을 수 없는 중국산이라는 보도는 우리의 식생활을 질식상태로 몰고 가는 것과 같다.

최근에는 식자재의 원산지 표시제, 농림축산식품부에서 제정한 지리적 표시제, 유기제품의 규정 등 식품의 안전성 문제가 외식산업에도 중요한 과제로 떠오르고 있다.

옛날의 김치파동은 아무것도 아니다. 물론 중국산 식자재가 다 나쁜 것은 아니며 일부는 우수한 생산공정과 위생상태에서 제조한 것이 없는 것도 아니다. 필자가 방문한 중국 칭따우(靑道)의 어떤 식품공장은 위생시설, 종업원관리 및 비치된 기기류가 미국, 일본 등 선진국의 식품공장과 별다른 차이를 느낄 수 없었고 해당회사의 제품을 유럽에까지 수출하는 것을 본 적이 있다.

일본의 한 대기업에서도 식자재의 상당부분을 중국에서 수입하여 사용한다고 한다. 이때는 물론 자기회사의 담당 직원을 현지에 파견하여 식자재의 수확 · 구매에서부터 검수를 철저히 하고 제조공정 관리도 위생적으로 철저히 하여 아무런 문제없는 식자재를 구입함으로써 원가다운을 실현할 수 있다는 것이다.

우리나라 외식업체에서도 이러한 업무방식을 연구하여 실행할 필요가 있을 것이다.

식자재의 신선함 그리고 내추럴성은 앞으로 외식점포 마케팅의 기본 화두가 될 것이 확실하다.

최근 이러한 식품의 불안에 대한 반동으로 떠오른 것이 유기제품(有機製品 · organic)의 선호현상이다.

그런데 유기제품을 사용하면 원가가 오르고 고객이 잘 이해해 주지 않는다고 말하는 외식경영자가 많다. 이것은 이런 유기제품을 사용하는 기본전략을 이해하지 못하는 데서 발생하는 잘못이다.

유기원료를 사용하여 메뉴를 만들 때에는 충분한 준비가 필요하다.

유기식자재를 사용하는 전문점의 이미지화를 위한 마케팅전략 포인트는 식자재의 안전성과 고객의 안심감을 높일 수 있는 전사적인 의식제고와 환경 만들기가 필수적이다.

경영층과 간부진에서는 유기식자재를 사용함으로써 일시적으로 메뉴가격 면, 코스트 면에서 문제가 약간은 있을 수 있다는 것을 처음부터 알고 이를 감내할 수 있는 마음의 자세가 필요하며 전 종업원은 모든 정보수단을 동원하여 산지직송, 오가닉 및 내추럴한 식자재 사용을 대외적으로 적극 홍보하는 자세가 필요하다.

이것은 단순하게 이루어지는 것이 아니고 그에 따른 준비가 필요하다.

오가닉 제품, 내추럴한 식자재를 고객에게 제공한다는 것은 점포로서는 어떤 자세와 각오를 가져야 하는 것일까?

첫째로 이 제품에 대한 전문적인 지식과 현장체험을 통한 자신 있는 자세가 필요하다.

단순히 점포 내 POP나 점포입구에 우리는 오가닉 식자재를 사용한다는 문구를 부착한다고 하여 고객이 그것을 그대로 신용하지는 않는다.

경영자 및 전체 직원이 오가닉 제품을 생산하는 생산현장에 가서 생산체제에 문제가 없는가를 24시간 감시하고 체크하는 자세를 가져야 하고, 이 농장이나 이 공장에서 생산하는 제품을 나와 우리 가족이 안심하고 먹을 수 있다고 확신하는 마인드를 가져야 한다.

오늘의 고객은 식품으로 인해 발생하는 여러 가지 공해병에 대하여 당대는 물론 자식대까지를 생각하며 식생활을 하고 있다. 더구나 어린이 출생이 한집에 한 명 정도인 우리의 경우 식품의 안전성에 대한 관심은 더욱더 고조될 것으로 보아 지금까지의 식생활에 대한 관념으로 이 유기제품을 설명할 수는 없을 것이다. 선진국에서는 앞에서 말한 traceability제도를 심화시켜 제품의 라벨이나 제품에 부착된 칩을 컴퓨터에 연결하면 제품의 생산지, 생산자, 생산과정, 유통과정 등 일체의 제품 정보를 확인할 수 있다.

오늘의 식(食)에 대한 관심과 불안감이 이 정도로 높아진 점을 인식한다면 전 직원이 어느 고객이 질문해도 자기 점포 식자재의 생산지, 생산시기, 안전성 등을 자신있게 설명할 수 있는 자세를 갖는 것이 오가닉 제품 전문점이 해야 할 일차적 준비 자세이다.

그 다음 가격문제의 고정관념에서 벗어나야 한다.

오늘의 고객은 자기 몸에 좋은 것, 자기와 가족의 건강유지에 유익한 식품에 대하여는 값의 고하를 크게 문제시하지 않는다. 메뉴가격이 약간 높아도 자기에게 유익한 제품이면 상당한 가격을 지불한다. 염가가 잘 팔리고 염가에 고객이 모인다는 이야기는 극히 제한적으로 통용되는 사정이기 때문에 오가닉 제품을 사용하여 코스트가 좀 높아져도 크게 구애받지 말고 그냥 집행하는 용기가 필요하다. 우리나라 외식경영자들이 오가닉 식자재가 좋다는 것을 알지만 그것을 활용하지 못하고 망설이는 이유는 이 코스트문제에 있다고 본다.

그러나 이제 시장은 어떤 방향으로 흘러가고 있는가를 알게 된다면 용단을 내릴 수도 있을 것이다.

세 번째 오가닉 점포의 주역은 오가닉 식자재인 점을 인식해야 한다.

일반 서비스업 일반 외식점포의 주역은 물론 고객이다.

그러나 오가닉 전문점포의 주역은 오가닉 야채나 오가닉 식자재다. 모든 점포의 역량을 여기에 집중하여야 오가닉 전문점으로 성공할 수 있다.

마지막으로 오가닉 전문점으로 성공하기 위하여 오가닉 제품을 도입하는 경우 직원교육에 철저하여야 한다.

오가닉 식자재를 도입하면 여기에 연계하여 메뉴를 조리한다. 그러나 시간이 경과하여 매상이 기대대로 오르지 않거나 이익률이 떨어지면 불안한 경영자는 코스트다운을 지시하고 안전부절하는 모습을 보이기 시작한다. 그러면 실무자들은 불안하여 점포의 기본 콘셉트가 흔들리는 메뉴를 개발하여 조리하기 시작한다. 이렇게 되면 결국 오가닉 제품을 도입한 전략이 큰 실패를 가져오게 된다.

따라서 처음부터 오가닉 제품을 왜 사용하는가에 대한 철저한 교육을 실시하고 전사적으로 이 식자재 사용의 시대적 당위성과 필요성을 인식시키고 장기적으로는 고객이 이 제품을 반드시 수용한다는 의지를 심어주어야 직원이 중도에 흔들리지 않고 버틸 수 있다.

물론 이런 제품을 도입할 수 있는 점포는 일정수준의 규모나 일정수준의 메뉴를 조리할 수 있는 중규모 이상의 점포일 것이다.

(6) 타임 매니지먼트 시대를 인식해야 한다

이제 세계는 점점 단일화되어 가고 있다. 유럽에서는 1999년 초 유럽단일통화인 유로화가 출범함에 따라 앞으로 단일 통화경제체제를 시도하고 있으며 WTO체제 하에서 모든 국제적 규제가 완화 내지 철폐되는 양상을 보이고 있다. 소위 세계화 시대가 된 것이다. 우리는 야간이지만 미국은 대낮이다. 미국상사로부터 한국의 거래처에 심야시간대에도 fax와 인터넷정보가 유입되고 있다. 경쟁이 격심하고 남보다 빠른 정보를 활용하기 위하여 밤과 낮이 따로 없는 24시간 비즈니스 시대가 된 것이다. 이제 외식업도 24시간 가동체제를 갖추어야 한다. 물론 한 식당이 24시간 영업을 하는 의미도 있으나 심야 근무자를 위한 식사공급처가 필요하다는 것이다. 심야 우등버스 정류장, 심야극장, 심야 뮤직홀 주변의 식당가는 이들 심야근무자를 고객으로 하여 메뉴개발과 운영시스템을 연구하지 않을 수 없다.

이제 우리나라도 밤 12시 이후에 자유롭게 영업할 수 있는 심야영업금지조치가 해제되었으며 이에 대응하는 마케팅전략 수립이 필요한 때가 되었다. 특히 심야근무자의 확보, 심야에 제공되는 메뉴의 연구 등 종전의 아침, 점심, 저녁 시간대 중심의 식당영업에 커다란 변화가 올 것으로 본다. 예들 들면, 낮에는 영업을 하지 않고 오후 5시부터 다음날 새벽 4시까지 영업하는 디너 레스토랑이 지금도 계속 등장하고 있다. 도심지의 임대료가 고가인 점포에서는 밤과 낮의 점포분위기와 관리자 및 근무자를 완전히 교대하여 주간 영업과 야간 영업을 할 수 있는 이모작(二毛作) 점포의 연구도 필요하다.

(7) 새로운 머천다이징의 인식

머천다이징(merchandising)은 상품화계획이며 결정되어진 상품정책을 기초로 해서 구체적인 메뉴구성을 결정하는 작업이다. 머천다이징이란 말하자면 점포의 생명이다. 왜 그러냐 하면 아름다운 디자인으로 점포를 만들고 질 높은 직원을 확보해도 점포에서 고객에게 제공하는 것은 상품(메뉴) 그 자체이며 점포디자인이나 접객서비스는 보완적 입장에서 상품을 두드러지게 하는 역할을 하는 것이기 때문이다.

이 기본정책은 모두 고객의 입장에서 시행되어져야 한다.

외식점포의 머천다이징에서 흔히 발견되는 예이지만 점포는 화려하게 만들어지고 조리사도 일류의 기술자며 서비스도 톱 클래스의 호텔경험자로 하여 아름다운 점포를 개장하였으나 초기에는 호기심으로 찾아오던 고객이 일정기간이 지나면 발길이 끊어진다.

이것은 고객을 중심으로 한 메뉴계획과 가격결정을 하지 않고 점포가 자기중심적으로 이를 행하였기 때문이다.

머천다이징의 전략에는 타임 머천다이징, 에이지(age) 머천다이징, 스페셜(special) 머천다이징이 있다.

타임 머천다이징은 예컨대 24시간 영업의 패밀리레스토랑의 경우에 하루의 영업 중에서 고객이 내점하는 동기가 여러 가지이므로 아침이면 계란요리, 토스트, 커피를 조합하여 브렉퍼스트를 만들고 점심에는 일품요리에 라이스, 커피, 저녁시간에는 수프, 전채요리, 일품요리, 디저트, 커피가 일반적이다. 타임 머천다이징이란 이와 같은 여러 가지 고객의 내점동기를 만족시켜 주는 머천다이징이다. 미국 패밀리레스토랑에서는 아침, 점심, 저녁, 심야별로 별도의 메뉴를 보여주는 것이 대부분이며 메뉴 선택이 아주 풍부하다. 이것이 고객의 입장에 서서 행하는 메뉴 만들기이다.

에이지 머천다이징은 말 그대로 고객의 여러 계층에 맞추어 남녀노소 누구에게라도 받아들여질 수 있는 메뉴구성을 하는 것을 말한다.

어린이용 메뉴, 실버층 메뉴, 가족용 메뉴, 주부층 대상 메뉴 등이 여기에 속한다.

스페셜 머천다이징은 회식이나 파티용 메뉴, 테이크아웃 메뉴, 홈 델리버리 메뉴 등이 여기에 속할 것이다.

(8) Co-branding, multi-branding, cyber-branding시대의 도래 인식

최근 선진국의 외식산업은 도심지 점포임대료의 등귀 및 점포확보 경쟁 격화로 신규점포 개발이 어려운 여건이다. 이러한 난제를 해결하기 위한 점포 개발전략이 co-branding전략과 multi-branding개발 전략이다.

Co-branding 마케팅전략은 한 개의 중심이 되는 브랜드가 비중이 비슷한 다른 브랜드와 연합하여 한 장소에서 동시에 운영되는 영업형태다. 예를 들면, 아이스크림 체인점과 케이크 전문점이 연합하여 아이스크림+케이크 메뉴 전문점을 운영하는 경우와 커피메이커와 주류메이커가 연합하여 커피+칵테일 등 음료전문점인 카페레스토랑을 운영하는 경우 등이 co-branding전략에 의한 출점이라고 말할 수 있다. 이것은 한 개 점포에 두 개의 브랜드가 같이 혼재하는 것이 아니고 완전히 별개의 독립된 브랜드를 만들어 하나의 독립된 점포로 운영되는 형태이다.

Multi-branding은 외식업종과 전혀 다른 산업과 연합하여 동일 장소에서 각각의 특성을 살리면서 운영되는 출점전략이다. 예를 들면, 오일스탠드와 패스트푸드가 동일 장소에 출점하여 상호보완적으로 운영하는 경우와 패밀리레스토랑과 은행 현금 출납코너가 같은 장소에서 출점하여 동시운영을 하는 경우가 이런 형태의 영업에 해당할 것이다.

이 co-branding이나 multi-branding전략은 지가상승으로 점포확보가 어려운 점을 감안하여 투자효율성을 높이려는 발상에서 나온 것이며, 고객흡입력에 있어서도 단독운영보다는 훨씬 유리한 점이 있어 선진국의 외식시장에서 많이 보여지는 출점형태이다.

또 새로운 점포형태는 최근에 나타난 사이버점포이다.

이것은 이제까지 점포의 영업이 eat-in과 택배, 그리고 테이크아웃 중심으로 이루어져 왔으나 인터넷의 발달로 무점포영업의 형태도 나타나기 시작했다. 즉 외식업 전문 사이트에 홈페이지를 개설하여 사이버 영업을 하는 점포형태가 그것이다. 이것은 자기 점포의 홈페이지를 인터넷사이트에 등재하여 영업하는 것을 말한다. 즉 한식, 일식, 양식, 이탈리아식 메뉴를 작성하여 공급가격을 제시하고 전화주문이나 인터넷으로 주문을 받고 식사를 배달하는 영업형태이며 개인주택이든 단체회식이든 어떤 형태의 주문도 수용할 수 있는 시스템을 갖추고 있다. 이 사이버점포는 별도의 조리시설 없이 앞에서 말한 한식, 양식, 일식 전문점과 메뉴납품계약을 맺고 인터넷 주문을 받으면 해당 계약점포에 요리의 내용과 수량을 말하고 필요한 곳에 배달하게 하는 것이며 고도의 사이버시스템에 의해 이루어지는 영업인 것이다. 사무실도 없이 가정에서 가정주부가 어린이용 옷이나 장난감 등을 인터넷을 통하여 판매하는 것처럼 외식메뉴도 충분히 사이버마케팅이 가능한 시대가 된 것이다.

3. 판매촉진전략의 핵분열시대

앞에서도 설명했지만 새로운 시대의 마케팅전략은 총론적 · 일반적인 어프로치 방법에서 각론적이며 미세한 분석기법을 필요로 하는 시대가 되었다. 따라서 세밀하게 분화시켜 실시하여야 효과의 극대화를 기할 수 있다. 이것을 판촉전략이 마치 원자의 핵분열과 같이 미세한 분자로 분열되는 양상으로 바꾸어진다는 뜻에서 외식업판촉전략의 핵분열시대라고 말하는 것이다. 세밀하게 분석된 타깃별로 세밀하게 진행되는 판촉 핵분열의 예를 들어보자.

(1) 단계별로 실시되는 고정고객화 전략

점포의 잠재고객을 개발하여 신규고객화하고 이 신규고객이 점포에 자주 오게 됨으로써 고정고객이 되고 이 고정고객은 이 점포의 팬이 되어 일생을 두고 찾아오게 되는 과정을 전략화한 것이다. 따라서 이런 단계별로 만들어지는 고객에 대해 천편일률적인 판촉전략을 구사해서는 안될 것이다.

비용측면과 효과측면에서 구분해 보아도 처음 오는 고객이나 여러 번 내점한 고객에게 똑같이 10% 할인가격을 적용하거나 가격파괴로 동일한 가격을 적용하는 것은 우수한 판촉방법이 될 수 없다. 자기 점포에 자주 오는 고객에게는 그만큼 메리트를 주어 장기적으로 점포의 팬이 되게 하는 전략이 필요하다.

이 단계별 판촉과 판촉 Tool(도구)을 예로 들면,

① 예상고객 또는 잠재고객을 신규고객화하는 판촉수단 : 초대권 발행, 시식권 발행

② 신규고객을 repeat고객이 되게 하기 위한 판촉수단 : 상품권, 포인트카드의 발행

③ Repeat고객을 고정고객(client)으로 하기 위한 판촉수단 : 디스카운트권 발행, VIP카드 등의 발행

④ Client(고정고객)를 자기 점포의 팬(fan)으로 만들기 위한 판촉수단 : ID카드 발행 또는 창립기념일, 고객의 기념일, 연말연시에 초청회 개최 또는 특별선물 제공 등의 물질적 측면보다는 고객의 마인드쉐어를 확보하는 대응이 필요하다.

(2) 기능별 판촉

판촉의 목적에는 여러 가지가 있는데 그것은 아래와 같다.

① 매출증대를 위한 판촉

③ 신제품을 고지하기 위한 판촉

③ 경쟁점포와의 경쟁에서 이기기 위한 판촉

④ 자기 점포를 고객에게 알리기 위한 판촉

그러나 이 모든 판촉을 동시에 실시하기는 어려우며, 또 모든 목표를 함께 달성하기도 어려운 것이 시장여건이다.

예컨대 객단가도 높이고 객수도 확대하는 효과를 동시에 달성시킬 수 있는 판촉방법은 결코 찾을 수 없을 것이다.

여기서 우리는 객단가 Up과 객수 Up 판촉을 별도로 나누어 실시함으로써 하나의 목표를 달성할 수 있는 방법을 찾아야 한다. 이것이 각 기능별로 실시되는 판촉인 것이다.

예를 들어 객단가 Up전략을 기능별로 나누어보면 다음과 같다.

매상고＝객수×객단가

$\text{객단가} = \dfrac{\text{매상고}}{\text{객수}}$ 여기에 또 다른 매출요소인 판매개수를 도입한다.

$$\text{객단가} = \frac{\text{매상고}}{\text{객수}} \times \frac{\text{판매개수}}{\text{판매개수}}$$

$$= \frac{\text{매상고}}{\text{판매개수}} \times \frac{\text{판매개수}}{\text{객수}}$$

$$= \text{1품목당단가} \times \text{1인당구매개수}$$

이 되어

결국 객단가 Up전략 ＝×	고객이 더 비싼 고가 제품을 구입하게 하는 판촉기능	한 사람이 구매개수를 많게 하는 판촉 기능

이 되는 것이다. 이러한 판촉기능을 점포별로 어떻게 연구해서 고객에게 대응하느냐가 기능별 판촉의 핵심이 될 것이다.

(3) 요소별 판촉

이것은 영업시간대별로 고객의 need를 파악하여 각 시간대별로 판촉전략을 구사한다는 전략이다. 아침시간대, 점심시간대, 티타임, 저녁시간대 및 심야시간대, 그리고 평일, 토 · 일 · 휴일에는 각각 고객의 이용목적도 다르고 객단가도 차이가 있다. 이렇게 각각 다른 요소를 체크해서 그 요소별로 적절한 판촉을 해야 효과가 크다.

(4) 업태별 판촉

점포의 규모, 점포의 위치, 객단가의 차이, 서빙방법의 차이에 따라 각각의 세분화된 판촉전략이 시행되어야 함은 당연한 이야기이다. 여기서 우리는 남의 흉내내기 판촉이나 자기 점포의 특성을 살리지 못하는 판촉은 어떤 효과도 기대할 수 없음을 이해해야 한다. 이벤트도 열심히 하고 무료시식권도 열심히 배포했지만 매출신장에 별 효과를 보지 못했다면 그 이유는 무엇일까?

그 대답은 앞에서 설명한 자기 점포의 개성과 특성에 맞는 판촉전략을 구사하지 않았기 때문이며 다른 이유는 없는 것이다. 같은 업종이라도 객단가형(客單價型) 점포인가, 회전형(回轉型) 점포인가를 파악하여 자기 업태에 맞는 판촉을 집행하여야 한다. 점포의 특성과 입지에 따라 다른 영업정책이나 판촉방법이 필요하다는 사례를 소개한다.

사례

R패밀리레스토랑은 중소도시에 개점하였다. 서울의 대형 패밀리레스토랑과 차이 없는 인테리어와 객석배치를 하고 메뉴도 일류호텔의 주방장인 후배를 초청하여 동업하는 형태로 점포를 개점하였다. 초기에는 많은 친지와 동창생 그리고 고객들로부터 폭발적인 반응을 얻어 영업에 자신을 갖게 되었다. 그런데 시간이 지날수록 가장 기대했던 런치타임에 주부층의 발길이 뜸해지기 시작했다

경영자와 주방장은 아무리 해도 그 원인을 찾지 못하였다. 그래서 전문가에게 의뢰하여 이 문제를 해결하려고 하였다. 초빙된 전문가도 인테리어, 음식의 맛 수준, 직원의 훈련정도와 자세 어느 것 하나 나무랄 곳이 없었다. 그래서 최종적으로 근처의 아파트와 주택가 주부층을 대상으로 설문조사를 실시하였더니 사소한 부분이지만 놀라운 원인을 발견하였다.

즉, 그것은 좌석배치를 서울의 일반 패밀리레스토랑처럼 오픈형으로 한 것이 원인이었다.

중소도시에서는 런치타임에 주부들끼리 모여서 대화하며 장시간 점심을 하는 것이 이웃의 눈도 있고 하여 그렇게 자유스럽게 이루어지지 않는다는 것이다.

그래서 5~10여 명이 별도의 공간에서 장시간 대화할 수 있는 환경이 만들어졌으면 좋겠다는 희망사항을 알게 되었다. 놀랍게도 이 점포는 별도의 룸을 만든 이후 주부층의 고객이 많이 증가하여 매출을 오픈 초기처럼 회복할 수 있었다. 이처럼 극히 사소한 것 같지만 점포위주가 아닌 고객위주의 제반 설정이 외식점포 마케팅의 성공요인임을 다시 한 번 알 수 있게 한다.

4. 고객의 개념이 달라지는 시대

(1) 컬러 TV시대의 신세대 증가는 고객의 성향을 근본적으로 변화시켰다

현재의 인구 중 20대와 30대 초반까지는 전혀 흑백 TV시대의 감각을 갖지 않고 있으며 완전히 컬러 TV시대의 감각으로 생활을 영위하고 있다.

즉 감각적 · 개성적이며 자기표현주의가 강하게 작용하는 의식주생활을 하고 있다.

이것은 컬러 TV라는 매체가 다양성 있는 광고 선전을 컬러에 의해 행함으로써 이에 수반된 소비생활을 근본적으로 과거와 다르게 변화시키고 있다. 대중식당, 대중 음식점식의 종합형적인 식당메뉴나 운영방식으로는 이들 감각파 고객을 흡입시킬 수 없다. 즉, 초개성화 전략의 필요성을 요구한다. 더구나 IT산업의 발전으로 여러 가지 정보를 폭넓게 단시간 내에 접할 수 있게 되었다.

SNS정보시스템에 의한 광범위한 정보와 신속한 정보를 접하게 되는 신세대는 외식 점포에 대한 선택의 폭을 다양하게 행할 수 있게 되었다. 실체가 없는 듯한 고객이 점포 주변에 무수히 존재한다는 여건을 무시해서는 안된다.

(2) 고객의 범위에 대한 기본 사고방식을 바꾸어야 한다

이제까지 외식점포의 고객은 점포에 오는 고객을 의미했다. 고객의 성별, 연령별, 구매금액별, 그룹의 인원구성 등으로 분석하는 것이 일반관례였다. 그러나 이러한 관점은 경쟁격화시대에서는 통용하기 어렵다. 즉 점포에 오시는 고객만이 고객이 아니며 점포에 오지 않고 있는 많은 잠재고객이 '진정한 의미의 고객'으로 기본개념을 변경시켜야 한다. 따라서 점포의 영업전략이나 판매전략이 '점포에 아직 오지 않은 고객'을 주대상으로 전개되어야 할 것이다.

(3) 외식점포 고객은 식사고객에만 국한되지 않는다

외식점포에 찾아오는 고객에게 맛있는 메뉴로 정성껏 서비스하고 깨끗한 환경을 제공하면 어느 정도의 성공은 보장할 수 있었던 게 이제까지의 음식점 경영이었다.

그러나 이제는 식사메뉴 판매만으로는 점포손익을 쉽게 맞추어갈 수 없는 경쟁시대다. 즉, 主메뉴의 판매 외에 여러 가지 조리용 식자재 판매, 각종 식품(토산품) 판매, 선물용 식자재(포장된 규격품 등)의 판매, T/O(Take Out) 판매, 메뉴 Home Delivery(택배영업)으로까지 그 상품영역을 확대해 가야 생존이 가능한 시대가 되었다.

고객영업의 확대, 신규고객의 창출, 신규고객의 고정고객화 전략을 끊임없이 행하여야 살아남는 시대가 된 것이다.

사례

서울 관악구 신림동의 H 한식 점포는 우수한 메뉴와 종업원의 친절한 자세 그리고 계절적으로 변화 있는 메뉴와 밑반찬의 변화 등으로 인근 주민의 점심식사는 물론 각 가정의 회갑연, 돌잔치, 그리고 주변 공공기관이나 대학 등 대단위 직장인들의 저녁회식장소로 활용되어 많은 매상고를 올리는 우수한 점포이며 서울 및 지방의 외식경영학과나 조리학과 학생들의 견학대상으로도 이용되는 점포이다. 점포는 전체 4층으로 구성되어 있는데 1층은 안내소와 계산대 그리고 지방특산물 판매대로 구성되어 있다. 지방특산물 판매대는 그냥 형식적인 진열이 아니고 서울지역에서는 흔히 접할 수 없는 예컨대 상주곶감 상등품, 영광굴비 상등품, 돌산 갓김치, 강릉특산 약과, 영양 두부과자, 고금도 돌김, 장흥 한우세트, 계절특산품 등을 진열해 두고 진열대 주변에는 의자와 탁자 등 쉴 수 있는 공간도 마련하여 식사 전 동행을 기다리는 손님이나 식사 후 손님이 귀가할 때 충분히 진열대를 보고 상품을 선택하도록 하여 매상고를 올리고 있다. 그 가격도 산지 생산자와 직접 거래하여 타 전문점에 비하여 높은 가격이 아니다.

⑷ 가족단위의 식사는 줄어들고 새로운 생활그룹 형태로 외식고객의 형태가 바뀌고 있다

이제까지 외식점포의 중요대상은 가족고객이었다. 즉 가족단위의 식사가 외식점포의 중요한 매출을 형성해 온 것이 사실이었다. 그러나 이제는 가족구성원이 달라지고 있어 이러한 가족단위의 식사현상은 현저히 축소해 갈 것으로 보인다.

통계청이 발표한 우리나라 장래가구추계를 보면 2020년 우리나라 10가구 중 4가구는 자녀 없이 부부만 살거나 혼자 살게 될 것으로 전망한다. 가족 수도 2000년 가구당 평균 3.1명에서 2010년 2.9명 2020년에는 2.7명으로 감소할 것으로 전망하고 있다. 또 현재 부부만 사는 가구는 12.3% 수준이지만 2020년에는 18.9%로 급증할 것으로 전망하고 있다. 단독가구도 21.5%로 비중이 늘어난다고 전망하고 있다.

이러한 가족구성원의 변화와 주부들의 취업증가, 어린이 없는 가족세대의 증가는 가족 외식의 틀을 변화시키고 있으며, 더구나 부부가 함께 직장생활을 하는 DINK족(Double Income No Kids; 아이 없는 맞벌이 부부)의 증가로 부부가 각각 다른 사회생활을 영위하게 된다. 따라서 부부가 각자의 취미, 서클활동 등을 따로 따로 하게 되고 외식도 이런 사회생활 그룹 중심으로 많이 이루어지게 된다. 이런 의미에서도 외식고객은 변화가 계속된다고 볼 수 있을 것이다.

⑸ 고객이라는 개념에서 개별객(個別客)의 개념으로 변화한다

이전에는 한 가족 3명이 외식을 하는 경우 메뉴결정권자에 의해 메뉴와 방문할 레스토랑이 결정되는 예가 일반적인 현상이었다. 그러나 고객의 욕구가 개성화되는 현실에서는 이러한 개념에서 영업전략을 구사할 수 없게 되었다. 고객이라는 어떤 집단적인 개념으로 메뉴나 서비스를 할 수 없으며 고객 한 사람씩을 개별적으로 관리하는 시장여건이 되었다.

예컨대 햄버거점포에서는 점포에서 조리 가공한 햄버거의 경우 이제까지는 모든 고객에게 천편일률적으로 똑같은 햄버거를 제공했으나 앞으로는 어린이의 경우나 개인의 취향에 따라 햄버거 내용물 중 머스터드나 케첩을 제외하거나 치즈를 싫어하는 경우에는 치즈를 뺀 햄버거를 고객이 요구하는 경우 그 개별적인 요구에 하나하나 대응해 가야 하는 시대가 된 것이다.

외식시장의 발전과정이 차별화전략에서 경쟁우위전략으로 그 다음에 개성화전략으로 바뀌어가는 경향은 바로 이러한 소비자의 욕구가 초개성화, 개인화, 개별화되어 가기 때문으로 보며, 고객이라는 집단개념보다는 개별객이라는 관점에서 마케팅전략이 필요해졌다는 점을 알게 해준다. 더구나 같은 어린이 세대고객이라도 0~1세, 2~3세, 4~5세의 니즈와 선호가 상당한 편차로 차이가 있음을 알 수 있는데, 이러한 현상도 고객세분화전략의 필요성과 개별객에 대한 인식을 새롭게 하는 하나의 현상으로 보아야 할 것이다.

(6) 외식산업은 이제 가치경영시대에 접어들었다

가치경영이란 그 시대 사회문화가 추구하는 가치와 경제가치가 일치하는 방향으로 기업경영을 해가야 한다는 의미일 것이다. 이제까지 기업은 성장과 외형중심의 경영을 해왔다. 상품서비스가 제공하는 여러 가치 중 불필요한 거품을 제거, 오직 이윤확보를 중심으로 경제활동을 해왔다. 자본주의 경제체제에서는 자본가 혹은 자산가가 경제활동의 중심이 되었으나, 오늘날 21세기 정보화사회는 뇌본주의(腦本主義) 사회로서 지식, 정보기술, 문화중심의 지식자산가(정보, 기술, 문화 자산가)가 경제활동의 중심이 되고 있다. 따라서 인간이 추구하는 가치도 변화하고 있다.

이전에 인간이 추구하여 왔던 하드웨어가치가 소프트웨어로 이동되고 이는 다시 휴먼웨어로 변화하였으며 최종적으로 마인드웨어로 변화한 것이다. 인간이 추구하는 새로운 가치를 모든 기업경영의 중심가치로 하지 않으면 오늘의 고객으로부터 지지를 받지 못한다.

오늘날 세계 곳곳에서 발생하는 여러 가지 자연재해는 인간이 만든 것이라는 공감대가 확산되고 있으며, 기업의 마케팅활동도 인간에게 위해를 주는 이러한 요소를 제거하는 방법으로 진행하지 않을 수 없는 환경이 되었다. 이것이 오늘날 경영학에서 말하는 윤리경영이다.

기업의 이익을 최대화하는 것이 목적이었던 기업마케팅시대에서 기업은 사회시스템 속에서 이익의 일부를 사회에 환원하는 사회적 마케팅시대를 뛰어넘어 자연과 인간, 기업의 이익과 자연과 사회가 공존하는 마케팅시대로 변화한 것이다.

오늘날 기업의 경제활동으로 인한 자연생태환경의 파괴로 지구상의 동식물이 소멸되고 있다. 소위 종(種)의 파괴가 매일 200여 종씩 이 지구상에서 일어나고 있으며, 이런 결과는 결국 인류의 파멸까지 초래하게 되므로 기업은 위에서 말한 자연생태보호와 기업이익의 공존 그리고 사회복지환경에 대한 책임을 더 강화하는 마케팅활동을 하지 않을 수 없게 되었다.

특히 외식산업은 음식찌꺼기가 자연생태환경을 오염시키는 가장 큰 주범이 되고 있으므로 음식찌꺼기를 줄이거나 제거하는 운동, 재활용 또는 각종 자재를 재사용하는 운동(Reduce, Recycle, Reuse의 3R운동)을 적극적으로 시행하여야 하는 시대가 되었다.

외식산업이 추구해 온 가치의 변화는 무엇인가?

우리의 경우 주택사정이 좋지 않았던 50, 60년대는 모든 서비스업종의 점포가 추구한 것이 하드웨어적인 가치였다. 즉 점포의 외관, 인테리어, 식품자재의 질, 냉난방 시설, 음향, 조명 시설 등이 우수하면 고객이 모여들 수 있었다. 이런 하드웨어적 가치는 자금만 있으면 해결되는 가치이다. 그 다음 단계는 70, 80년대 아파트 붐과 주택시설의 현대화로 주거환경이 달라졌기 때문에 외식 점포는 단순히 하드웨어적 가치만 갖고는 고객을 유입시킬 수 없게 되어 다른 측면을 부각시키게 되었다. 즉 고객에게 좀 더 빠르게, 기분 좋게 메뉴를 제공하는 기술적 가치가 중요하게 된 것이다. 조리기술, 칵테일기술, 식기세척기술, 오더 처리의 신속화, 퇴식처리의 합리화, 조리시간의 합리화 등이 여기에 속한다. 이 기술적 가치는 교육과 훈련에 의해 향상시킬 수 있고 또 시간이 경과하면 해결될 수 있는 가치다.

그 다음에 기업이 추구해야 하는 것은 정신 면의 가치로서 고객에 대한 친절, 성실성, 점포의 명예, 직원들에 대한 배려, 거래처에 대한 배려, 경영이념, 감동서비스 등 고객의 정신적 측면에서 만족하는 가치를 중시하게 된 것이다. 맛만 좋으면 고객이 오게 되어 있다는 속설은 이제 더 이상 통하지 않게 되었다. 음식의 맛 못지않게 고객을 감동시키는 다른 요소가 성공의 요인이 되고 있는 것이다.

예컨대 메뉴의 맛도 물리적인 맛 못지않게 처음 점포에 왔을 때의 좋은 기분, 음식을 먹을 때의 즐거운 기분, 그리고 음식을 먹고 대가를 계산하고 점포를 나갈 때까지의 모든 과정에서 즐거움을 느끼는 것이 음식의 진정한 맛이라는 것이다.

이것을 전미(前味), 본미(本味), 후미(後味)라고 표현하기도 한다.

이제 외식산업의 서비스에 대한 새로운 가치창조의 필요성은 인간의 평등한 삶에 대한 본질적 이해를 필요로 하는 수준까지 와 있다.

즉 인간은 누구나 성별, 인종, 학력, 재력, 종교, 빈부격차, 신체상의 차이에 의해 불이익을 받아서는 안되며 평등한 삶을 누릴 권리가 있다는 것을 유엔헌장에서도 정하고 있다.

외식 점포는 건강한 생활인만 이용하는 것이 아니고 지체부자유자, 노인층, 어린이, 임산부 등 신체활동이 약간 어려운 사람들도 이용할 수 있도록 특별한 배려가 필요하다.

테이블배치, 의자배치, 휠체어 통로, 화장실이나 점포입구의 단차 없애기와 언어장애자를 위한 수화가능자 배치 및 시력장애자를 위한 점자 메뉴 북(menu book)의 구비, 실버층을 위한 특수 의자나 테이블 등의 비치도 외식산업의 새로운 가치경영에 의해 탄생한 것이다.

(7) 외식산업에 대한 각종 규제의 강화를 알아야 한다

1996년 여름, 일본에서 발생한 O-157사건, 1997년 광우병 파동, 최근 문제가 되고 있는 다이옥신 파동, 유전자변형 식품에 대한 찬반 양론 등 지구생태계 파괴 등에 대한 범세계적인 규제가 강화되고 있다. 이러한 규제조치는 외식업에도 그대로 반영될 것이다. 관광학에도 생태적으로부터의 접근을 의미하는 '생태관광'이라는 상품이 등장할 정도다.

1992년 브라질의 리우데자네이루에서 개최된 '환경과 개발에 관한 국제회의'에서 논의된 항목은 다음과 같은 것이었다.

① 열대림 감소
② 지구의 사막화
③ 지구온난화에 의한 엘리뇨현상
④ 산성비
⑤ 해양오염
⑥ 오존층 파괴
⑦ 야생동식물의 종(種)의 소멸
⑧ 개발도상국의 공해문제 등이었다.

지구의 생태계를 근본적으로 파괴시키는 소위 무분별한 개발에 대한 규제의 필요성을 범세계적으로 새롭게 인식한 것이다.

최근 우리나라에서도 난개발(亂開發)이라는 용어가 신문지상을 채운 바와 같이 무원칙한 개발로 인한 자연환경파괴를 국가경영의 핵심과제로 삼아야 하는 환경이 된 것이다. 이러한 환경규제 측면의 문제는 외식업 환경에도 많은 영향을 주게 될 것이다.

각종 에너지 사용규제(음식점에서 사용하는 전기, 가스, 배송차의 유류사용문제 등), 식자재 조달로 인한 환경파괴규제(산림파괴, 산림벌채, 하수오염 등), 식품 폐기물 처리규제(수질오염, 폐유처리, 복합정화조 설치의 의무 등), 농약사용한계, 일회용기 사용규제, HACCP의 적용강화 등 국제적인 규제가 강화되고 있다.

외식업은 내부경쟁의 어려운 환경 외에 새로운 외부규제에 직면하고 있다. 이러한 환경문제에 대한 규제는 더욱 강화될 것으로 보며, 외식사업이 해결해야 할 과제는 더욱 해결하기 어려운 국면을 맞이하게 될 것이다.

최근 국제 인증의 하나인 ISO 9,000시리즈(품질문제에 관한 국제규격) 및 ISO 14,000시리즈(생태환경보호에 관한 국제규격)를 강화하여 이 규정이 정한 내용을 위반하였을 때는 제조 또는 유통업은 설자리를 잃게 될 정도로 이제는 기업이 새로운 가치를 추구해야 살아남는 경제환경을 맞이하고 있다.

음식업에 대한 규제는 최근 우리나라에서도 여러 가지로 나타나고 있다. 음식점 규모가 100m² 이상인 경우 금연구역을 설정해야 하고 겨울철에는 에너지 절감대책의 하나로 문 열고 난방 영업하는 경우는 규제를 받게 된다.

제 3 절 직장인들의 외식창업

본 절을 특별히 별도로 설정하여 설명하는 이유는 간단하다. 최근 많은 직장인들이 구조조정 혹은 명예퇴직 등으로 한창 일할 나이에 직장을 떠나는 경우가 많은데, 가족의 생계를 위하여 생업으로 창업을 생각하는 가장 많은 경우가 외식업이다. 단독 점포든 프랜차이즈 가맹점이든 철저한 준비 없이 또 철저한 검증 없이 외식업을 창업하였다가 실패하여 가정파탄까지 오는 경우를 너무나 많이 보아왔으므로 안타까운 마음에서 우선 설명하려는 것이다.

학교에서 2년 혹은 4년간 외식경영이나 조리부분을 전공한 사람도 시장환경을 잘 몰라 창업에 실패하고 있으며 직장생활 경험이 많은 사람은 나름대로 이전의 직장 경력에서 쌓아온 경험이나 전문지식이 외식업 창업에 도움을 줄 수도 있고 경우에 따라 실패의 원인이 될 수도 있다. 일반 직장에서 관리부분이나 마케팅부분 등 전문분야에 종사한 직장인은 그 직장경험이 외식업 창업에 도움을 일부 줄 수도 있다. 그러나 그것이 전적으로 긍정적으로만 작용하지 않는다는 점을 알아야 한다.

과거 어느 직장에서 최고의 엘리트로 활동한 경험이 있는 사람도 일단은 제로포인트에서 외식업창업을 생각해야 한다. 흔히 연예인 등 인기인들이 쉽게 외식업을 창업하였다가 실패하였다는 이야기를 많이 하는데, 그것이 바로 연예인으로서 인기가 식당경영에 긍정적으로 작용할 수 있는 충분조건은 될 수 있으나 필요충분조건은 아니다. 준비 없이 시작하면 그 연예인의 인기가 외식창업에 전혀 도움이 될 수 없는 경우가 많다. 인기 연예인인 C씨가 외식업을 창업하여 대성공을 거두고 있다는 신문기사를 읽어본 적이 있다. 그런데 C씨의 창업 준비 작업을 들어보고 바로 그것이 성공의 요인이었음을 확신할 수 있었다. C씨는 자기 점포의 주 메뉴를 연구하기 위하여 전국적으로 같은 메뉴를 팔고 있는 점포를 수십 점포 방문하여 맛을 비교하고 새로운 맛내기를 1년 이상 준비하였다.

점포의 인테리어 공사가 완료되고 주방기기를 테스트하는 단계에서도 친지나 핵심고객이 될 연령층을 점포에 초대하여 맛을 평가받고 수정작업을 거듭하였고 또 그 메뉴의 권위자인 요리학원 강사를 초청하거나 일류 호텔의 주방장을 초대하여 맛 테스트를 한 결과 이만하면 되겠다는 판정을 받고 개업일자를 정하였다고 한다. 이와 같은 철저한 준비가 있었기에 성공한 것이지 C씨가 단순히 인기 연예인이기 때문에 성공한 것은 아니다. 철저한 준비가 바탕이 되고 그 위에 인기 연예인의 인기가 긍정적 요소로 작용한 것이다.

여의도에서 한식점을 운영하는 K씨는 증권맨 출신이다. 그는 재직 중의 관리경험과 대인관계를 잘 살려 대성공을 거두고 지금은 미국에 분점을 내어 해외에까지 진출하고 있다.

K씨가 얼마나 철저한 준비를 한 것인지는 필자와 거의 일 년간 창업업무를 의논하고 협의하는 과정에서 직접 보았기 때문에 잘 알 수 있었다.

'나는 적어도 그 분야에서는 최고였는데 이것(외식업) 하나 성공시키지 못하겠는가?' 라는 생각을 하고 외식창업을 하려는 직장인에게 필자는 이런 충고를 하고 싶다.

"귀하는 지금 최고의 능력을 발휘하고 있는 그 분야에서 끝을 보라!" 그것이 어려워 사직하고 부득이 외식업을 창업하려면 이 말을 들려주고 싶다. "외식업은 귀하가 갖고 있는 과거 그 분야의 최고 실력을 살릴 틈이 거의 없다. 그 경험과 실력은 외식업 창업에 필요한 준비와 계획을 함에는 거의 보탬이 되지 않으며 나중에 혹시 기회가 오면 약간의 보탬이 될 수 있을지는 모른다."

이제부터 구체적인 내용을 설명해 보기로 한다.

1. 직장인들의 외식창업 실패원인

첫째, 조직체계 속에서 한 분야의 기능에 숙달되어 온 직장인들은(예를 들면, 공장생산부분에서 장기간 근무해 온 경력자는 자기분야의 생산라인에서는 최고의 전문기술을 가진 사람이다) 자기의 경력에서 얻은 경험이 식당업 운영에도 그대로 적용되는 것이라 착각하고 식당 창업을 만만하게 생각하기 쉽다.

그러나 부분적인 전문능력은 경리, 구매, 영업, 조리, 서비스 등 종합관리를 요하는 식당영업에서는 극히 일부분만 활용될 수 있다는 점을 간과해서는 안된다. 예를 들면, 문방구류 부분업종에서는 최고능력의 영업사원이라 할지라도 식당영업에서는 초등학교 학생과 같은 수준이라는 점을 쉽게 인정하지 않는 점이다.

둘째, 대접받던 입장에서 고객을 대접해야 하는 입장으로 변화된 점을 잘 이해하지 못하기 쉽다. 이제까지는 식당에서 주문만 하면 언제든지 '자기의 기호'에 맞는 메뉴가 제공되었기 때문에 식자재 준비에서 요리제공 시까지의 여러 가지 복잡한 업무를 간과하기 쉽고 외부에 드러나 있지 않은 감추어진 식당업무를 쉽게 생각하기 쉽다. 그리고 '자기의 기호'에 맞는 것이 아니고 '고객의 기호'에 맞는 요리맛이 필요하다는 인식전환이 필요하다. 상당히 성공했다고 생각되는 식당경영자들도 '나의 맛'을 기준으로 영업을 계속하다가 실패하는 경우를 가끔 보는데 이제 식당창업에 임하는 초심자는 이제까지 식당업에 대해 가졌던 생각, 즉 '나의 것'은 전부 버리는 자세가 필요하다.

셋째, 음식점경영을 낭만적으로 생각하는 경향이 있다.

식당업을 해보려고 마음을 정한 뒤 대부분의 직장인들의 제일차 행보는 자기직장 주변의 자주 갔던 번성하는 식당을 연상한다. 그리고 여러 곳의 영업이 활성화되고 있는 점포, 맛있는 유명식당을 찾아 고객의 흐름과 맛을 체크한 다음 이런 유의 점포경영을 해보고 싶다는 생각을 갖게 된다. 여기서 일단 문제가 되는 것이 '영업이 잘 되는 식당', '맛이 우수한 식당'은 '자기가 구상해서 시작하는 식당'과는 별개의 것이라는 것을 생각지 못하는 일이다. 그 위치에서 몇 년간 인지성을 높이기 위해 노력해 온 그 점포경영주의 노력이나 점포의 역사는 생각하지 않고 단순하게 자기 점포의 구도를 생각하기 쉽다. 그렇게 생각하기 때문에 식당을 하면 언제나 고객이 많이 모이고 불황 없이 영업이 잘된다는 너무 희망적인 생각을 갖게 된다. 지나치게 낙관적인 생각을 갖게 되면 준비업무가 철저하지 못하게 되거나 갑작스럽게 창업결정을 하게 되어 실패할 확률이 높은 것이다.

넷째, 식당업의 영업이익률이 높기 때문에 많은 마진이 있는 업종으로 착각하기 쉽다. 외식업의 중요 원가는 식자재와 인건비다. 표준적인 원가율은 식자재와 인건비 평균 60~65% 수준이며 이를 FL코스트라 한다. 즉, Food Cost와 Labour Cost의 합계다.

여기에 직접제조경비가 약 5~10%로 직접조리제공원가는 70~75%가 되어 점포 순마진율은 30~25%까지 높게 나타날 수 있다. 제조업의 경우 보통 이것이 15~20%라면 우수한 업종에 해당될 것이다. 여기서 오해가 발생한다. 식당업 자체원가 중에는 위에 설명한 직접원가 외에 체인인 경우는 본부경비분담금, 점포관리비, 광열용수비 등이 별도로 필요하고 매출이 저조하면 이러한 표준적인 원가율은 아무 의미가 없이 큰 폭의 적자가 발생하기 쉽다.

또한 식당업은 제조업에 비해 매출규모가 작다. 따라서 영업이익률이 높아도 매출규모가 작기 때문에 전체이익은 제조업에 비할 수 없는 것이다. 제조업에서는 1개당 원가가(표준생산량을 기준으로 제조간접비를 부과하기 때문에) 같다. 그러나 식당업은 변동비와 고정비 부분이 너무나 확연하게 구분되므로 단순한 표준에 의해 계산된 원가율은 판매액의 다소에 따라 크게 달라질 수 있는 것이다. 예를 들면, 광열용수비는 메뉴 10개의 매출 시나 100개의 매출 시나 똑같이 발생하므로 판매개수 차이로 인한 양자의 이익률은 엄청난 차이가 있다.

다섯째, 점포 외부에 나타난 내용만 보고 투자금액이나 업무내용을 쉽게 생각하기 쉽다.

필자의 사무실을 찾아 창업상담을 의뢰해 오는 분들의 상당수가 겉모습만 보고 "식당업에는 큰 자금을 투자하지 않아도 되지 않겠는가?"라는 질문을 하는 분이 많다. 예를 들면, 40평 규모의 햄버거 전문점도 주방이 12평, 화장실, 창고 3평 정도를 제외하면 외부에 나타나는 것은 객석부분 25평 정도뿐이다. "H햄버거 체인점을 개점하려고 하는데 약 25평 정도면 충분하지요?"라는 질문이 위에 설명한 내용을 그대로 나타내는 예가 될 것이다. 감추어진 부분에는 주방기기, 주방비품, 화장실, 기타 보조기능 등 점포투자의 약 65~70%에 해당되는 내용이 숨어 있다. 이것을 모르고 밖에 나타난 25평 정도의 넓이에 의자, 테이블과 천장과 벽체에 투하된 인테리어 공사내역만 보고 식당창업에 많은 금전이 필요없는 것처럼 착각하는 예가 허다하다.

여섯째, 식당업은 어쨌든 고객이 있기 마련이다. 더 많은 고객을 오게 하는 게 문제지, 평균적인 고객은 쉽게 모을 수 있다는 착각을 하기가 쉽다.

"아무리 불경기라도 직장인들이 점심식사는 해야 할 것이고, 아무리 불경기라도 과거 나의 경험으로 보아 최소 2개월에 1회 정도는 가족외식을 해왔으니까 평균고객은 있기 마련이다." 이렇게 쉽게 고객을 모을 수 있다는 생각을 하는 창업자가 상당히 많다.

그러나 이것을 새롭게 인식하자. 외식업 전체로는 아무리 불경기라도 경제성장이 마이너스가 아닌 한 시장규모가 확대한다. 그런데 이 시장을 구성하고 있는 업태·업종에 따라서는 확대하는 종류도 있고 멸망하는 종류도 있다. 또 새로운 업종·업태가 나타나서 기존 업태·업종에 도전을 해오기도 한다. 더더구나 외식산업군 중 성장하는 업태가 있어서 나의 점포가 그 성장업태에 속해 있어도 그것은 그 업종·업태의 성장이지 나의 점포의 성장과는 별개의 문제라는 것이다.

예를 들면, 현재 냉면전문업종이 대단히 성장을 하고 있는 여건이고 나의 점포가 냉면전문점이라고 해도 '냉면전문점을 찾는 고객'이 '나의 점포도 찾는 고객'이라고 착각하기 쉽다. 고객은 노력과 정열을 갖고 꾸준히 개발해야 모아질 수 있으며 가만히 있는데 찾아오지는 않는다. 이 점을 다시 한 번 생각하지 않으면 안된다.

일곱째, 근무시간에 대한 준비부족을 들 수 있다.

이제까지 직장생활은 아침 9 : 00 출근, 저녁 6 : 00 퇴근이 정상이었다. 토요일 오후와 일요일은 특별한 사정이 없는 한 쉬게 되어 있었다. 또 여름이나 가을에는 연간 7일 정도의 휴가를 보낼 수 있었다. 그런데 식당경영자에게는 이것이 통용되지 않는다. 경영주는 식당이 영업을 하는 한 다른 누구보다 일찍 출근해야 되고 가장 늦게 퇴근해야 하며 토요일과 일요일에도 영업을 하는 한 휴식은 없다. 또 휴가란 당분간 생각할 수 없다.

창업 후 점포영업이 활성화되고 점포가 안정적인 관리상태에 들어가기까지는 최소 1년에서 2년 이상의 기간이 소요된다. 이 기간 중에는 철저한 자기관리가 필요하며 직장생활에서 향유해 온 거의 모든 개인 취미생활이나 친구와의 교제가 어려운 것이다. 직장에서는 몸이 불편하면 병가를 내거나 오후에 출근할 수도 있다. 그러나 식당경영주는 점포의 모든 업무를 관장하고 소수 인원으로 운영되는 조직이기 때문에 한 사람이 빠지면 그 공백을 바로 자기가 메워야 한다.

아침에 출근하여 창고를 열어주어야 하고 식재료를 구입할 수 있게끔 자금지출도 결제해 주어야 한다. 경리과장, 구매과장, 창고과장이 따로 있어 부장이 결근해도 업무가 진행되는 회사체제와는 전혀 다른 것이다.

이런 환경이 자기에게 찾아올 것임을 뚜렷이 인식하지 못하고, 다만 현재의 직장에서 다른 직장으로 이동한 것으로 착각하고 식당업을 시작하는 직장인이 의외로 많다. 적어도 1년간은 직장동료, 학교친구들과 담을 쌓고 성공을 위해 업무에 매진하여야만 성공의 가능성이 경영자 앞에 놓이게 된다.

꽤 성공하다가 어떤 성공실패의 분수령에서 나락으로 떨어지는 직장인의 실패담을 예로 들어보자.

사례

A씨는 중견기업에서 차장까지 진급했다. 국문학을 전공했으나 전공과 크게 관계없는 영업부문에서 착실히 근무해 왔다. 성실하고 우직스럽게 일해 왔으나 사교성이 약간 부족했고 끊고 맺음이 불분명해서 상사들로부터 "사람은 좋은데 부서장을 시키기에는 리더십이 부족하다"는 평가를 받게 되었다. 차장으로는 동기생들과 같은 대열에 1, 2년차로 끼일 수가 있었으나 그 이후부터 입사 동기생들은 부장, 이사로 성장하고 있는데 자기는 만년 차장으로 50대 초반을 맞이하게 되었다. 동기생이 직속상사로 오게 되어 부득이 지방의 공장으로

전출을 가게 되었다. 여기서 A씨는 나름대로 생각 끝에 힘들지만 이 직장에서는 더 이상 기대할 것이 없다고 판단하고 동료들과 의논하고 가족과 협의하여 사직을 하였고 일정기간의 준비 끝에 식당업을 개점했다.

A씨는 식당 개점 후 6개월간 정말로 열심히 점포운영을 해왔다. 새벽 일찍부터 농수산물시장으로 신선한 원자재를 구입하러 다녀서 어느 정도 원료를 선별할 수 있는 지식도 얻었고 점포영업 시에도 손수 손님에게 음식을 날라주고 주방장과 수시로 의논하면서 좋은 메뉴, 맛있는 메뉴를 개발하기 위한 노력도 했다. 직장생활에서 얻은 영업경험을 토대로 판촉전략도 구사함으로써 개점 후 약 6개월 정도가 되자 이익도 발생하고 점포운영에 대한 전반적인 지식도 많이 습득할 수 있었다. 비록 직장생활에서는 뒤진 인생을 살아왔으나 이제부터의 인생승부에서는 내가 이겨야 한다는 결심으로 열심히 점포운영을 해왔다.

그런데 개점 후 6개월이 지나면서 몸도 차츰 피곤해지기 시작하고 점포도 어느 정도 안정권에 들어갔기에 옛날의 동료들 생각이 나기 시작해서 서로 전화를 하기도 하고 때로는 일요일에 옛 직장동료들과 낚시도 가고 등산도 하게 되었다. 이렇게 시작한 친구들과의 모임이 더 잦아지게 됨으로써 식당업무에 자연히 전력을 다할 수 없게 되었다. "설마 그런 일이야 일어나지 않겠지. 이 정도 성공했는데…"라는 안이한 생각으로 4개월이 지나자 이 점포는 걷잡을 수 없는 상황에 빠지고 말았다. 이제 성공의 초입단계에서 좀 더 인내하였더라면 더 큰 영광이 찾아왔을 텐데 중도에 너무 안이하게 대처한 결과 두 번째의 인생실패를 맞이한 것이다.

"식당업은 구정물에 손을 담가 돈을 버는 직업이다. 식당업에 휴식은 없다. 식당업에서 손을 떼기까지는 언제나 긴장하고 전력투구하여야 생존이 가능하다.

이제 이만큼 하면 되겠지 하는 순간에 패망의 길이 시작된다. 식당업 40년에 돈은 벌었으나 나에게 남은 것은 골병뿐이다. 식당업은 그렇게 어려운 사업이다(옛날 성공한 식당업자의 얘기).

지금은 훌륭하고 성능 좋은 주방기기가 개발되어 그렇게 힘든 노동을 하지 않아도 식당운영이 가능하다. 다만, 경영자의 정신자세가 문제될 뿐이다."

2. 이런 준비부터 하고 외식업 창업을 하자

첫째, 우선 가족의 동의 특히 배우자의 동의가 필요하다.

가정주부들은 누구나 안정적인 것을 희망한다. 불안한 사업을 하는 것보다는 안정적이고 정기적인 급여생활을 더 좋아한다. 개중에는 같은 계통의 다른 직장으로 전직하는 것조차 불안해 하는 경우도 많다. 사업에 대한 불안감 못지않게 식당업에 대한 사회적 평가 때문에 식당창업을 좋아하는 경우가 많지 않은 것 같다.

물론 IMF 외환위기 등으로 실직을 하여 어쩔 수 없이 시작하는 경우에는 별개의 문제이지만, 동창회나 친구모임이 있을 때에는 남편직업과 자기신분을 연계시켜 생각하는 감정상의 문제도 있으므로 쉽게 동의하지 않는 경우가 있다.

우선 외식업을 창업하기 전에 가족과 충분한 대화를 하여 동의를 얻고 시작해야 한다. 더구나 가족의 노동력을 필요로 하는 경우는 더더욱 가족의 동의가 필요한 것이다. "꼭 식당업이 아니더라도 생계를 꾸려갈 수 있지 않느냐"라고 주장하는 배우자를 설득하지 못해 식당 창업 후 가정파탄이 오는 예도 있기 때문에 특히 유의해야 할 사항이다.

둘째, 음식업 경영기술은 가능한 한 본인 스스로 습득하고 또 상당한 기간을 두고 기술연마를 해야 한다.

물론 식당경영자가 조리, 구매, 서빙, 재고관리, 인원선발 등 모든 식당관련 업무에 전문가의 경지에까지 정통하라는 얘기는 아니다. 그러나 무턱대고 조리는 주방조리실장에게 맡기고 서빙업무는 홀 담당책임자에게 맡기면 된다는 생각은 곤란하다는 얘기다. 적어도 식당경영자는 준(準)전문가 정도의 기초지식은 습득해야 하고 또 그 일이 그렇게 어려운 일도 아니다. 원료에 관한 내용이면 원자재 이름, 중요 메뉴에 사용되는 용도, 생산시기 및 중요 산지 등에 대한 지식을 사전에 확보해 두어야 한다는 의미다.

지금 서울 및 지방의 큰 서점에 가보면 한식, 양식, 일식, 중화식, 이탈리아 및 프랑스의 유럽요리, 타일랜드요리 등 많은 요리전문서적에는 깨끗한 사진과 함께 레시피 및 조리법이 자세히 소개되어 있다. 조금만 연구하면 요리의 기본적 사항은 알 수 있다. 또 식당운영에 관련된 월간잡지, 전문서적이 다수 출간되어 있고 신문이나 경제지에도 외식에 관한 기사가 종종 실리곤 한다. 이들을 잘 스크랩해 두면 아주 좋은 창업의 길잡이가 될 것이다. 여력이 있다면 요리학원에서 수강하여 요리사 자격증을 획득하면 더 좋을 것이지만, 대형점포 경영자라면 이렇게까지 하지 않아도 될 것이다.

필자의 소견은 창업하기 전 최소한 6개월 정도의 준비기간을 가지라고 권하고 싶다. 우수한 외식 컨설턴트와의 상담, 전국 유명식당 연수, 각종 외식관련 세미나 참석 등 적극적인 연구 자세를 가져야 한다. 필자의 사무실을 찾은 모건설회사 L이사는 본인도 우수한 관리자지만 필자의 지도 아래 철저한 준비를 마치고 음식점을 개점한 뒤 성공의 길로 치닫고 있다. L이사는 필자가 주관한 2회의 세미나에 참석하였고 필자의 사무실에서 시행하는 전국 유명식당 연수회에 참가하였을 뿐만 아니라 식당관련 월간지를 1년간 구독하는 등 철저한 준비를 한 뒤 필자와의 컨설팅 계약에 의해 창업업무를 진행했다. 이러한 준비자세가 성공을 보장하는 좋은 사례가 될 것 같아 여기에 소개한 것이다.

셋째, 자신의 건강을 재점검해 보라.

식당경영은 사무실 근무와는 전혀 다른 업무이다. 장시간의 근무, 휴식 없는 근무에 견딜 수 있는 건강한 몸과 건전하고 합리적인 정신력이 필요하다. 전문지식이 필요함은 당연한 얘기지만 건강한 체력 없이는 그러한 힘든 업무를 집행해 갈 수 없다. 우수한 두뇌와 야심을 갖고 있어도 이를 실행에 옮길 수 없는 체력이라면 아무 의미가 없는 창업이 될 것이다. 지금은 몸으로 때우는 식당경영은 하지 않지만(우수한 주방기기의 개발로), 다른 직종에 비해 정신적 · 육체적으로 심한 노동을 필요로 하는 업종인 것만은 확실히 인식해야 한다.

대부분의 고객이 제멋대로다. 이들 고객에게 신경 쓰는 문제는 대단한 인내를 필요로 하며 정신적 피로를 가져온다. 또 아침 일찍부터 저녁 늦게까지 근무해야 하며, 영업 중에는 휴식시간 몇 분을 제외하고는 계속 서 있어야 하는 중노동이므로 육체적 피로가 쉽게 올 수 있다. 그렇기 때문에 육체적 · 정신적 건강이야말로 식당경영자의 커다란 자산인 것이다.

인천에서 분식집으로 성공한 어느 연로한 경영주의 얘기를 기록해 보자.

"식당업을 열심히 운영해 왔다. 배고픔을 참으려고 무던히도 열심히 분식점을 운영해 왔다. 열심히 일해서 돈 버는 재미로 세월 가는 줄 모르고 살다 보니 어느덧 인생의 황혼기에 이르게 되었다. 이제 좀 쉬어 보려고 자식 놈에게 점포운영권을 물려주고 보니 돈은 많이 모았으나 몸은 병들어서 이 모양일세…"

넷째, 다시 한 번 생각해 보자. 나는 왜 식당업을 경영해야 하는가에 대한 뚜렷한 답을 찾아야 한다.

나는 어떤 이유로 식당업(외식업)을 창업하려 하는가? '직장생활의 매너리즘에서 벗어나려는 생각에서일까?' 아니면 '이제 직장에서의 승진이나 장래에 대해 한계가 왔기 때문인가?' '직장을 그만두었으니 무엇인가 해보려고 하는데, 누구한테 이야기를 들어보니 그래도 먹는 장사가 된다고 하더라…'는 등의 막연한 상태로 식당 창업을 하려는 것은 아닌가에 대하여 생각해 보아야 한다. : 옛날부터 식당 창업을 생각해 왔으며 오랫동안 준비해 왔으니까, 선대로부터 경영해 온 설렁탕전문점을 현대적 감각에 맞추기 위해 대학에서의 전공도 식품영양학을 선택했다, 설렁탕부문에서만은 세계 최고의 명품을 만들어볼 계획이다, 나는 식당업으로 성공하기 위하여 배우자까지도 식품조리전공자를 선택했다, 외식산업으로 한번 크게 성공해 보고 싶어서 식당 창업을 하는 것이다, 오랫동안 직장생활을 해왔으나 나의 아까운 인생을 조직의 틀에 매어둘 수 없어 식당 창업을 하는 것이다 등등.

위의 예를 든 어떤 내용이 나의 식당 창업의 변인가? 나의 외식업에 대한 기본이념은 무엇인가? 반드시 내가 시작하는 외식업을 성공시키려는 신념(信念)이 있어야 한다. 외식업에 대한 뚜렷한 신념과 이념정립 없이 단순한 생계유지를 위한 식당 창업이라면 굳이 외식업을 시작할 필요가 없다. 힘이 들더라도 다른 업종을 택하거나 새로운 직장을 얻기 위해 기술습득을 하는 편이 나을 것이다.

해마다 2, 3월의 인사철(人事時期)이 되면 필자의 사무실을 찾는 직장인이 갑자기 많아진다. "더러워서 직장생활을 더 이상 할 수 없습니다. 진급인사고과가 정실에 흐르고… 친인척만 우대하고… 식당업이라도 해서 독립하려고 하는데 좋은 방법이 없으신지…." 대충 이런 말을 하는 사람이 많다. 이렇게 해서 시작한 식당 창업이 성공할 것인가? 천만의 말씀이다.

식당업은 꽃을 가꾸듯 일생을 두고 가꾸어야 하는 직업이다. 인내하며 사랑하며 아끼며 가꾸어가는 사업이다. 일시적 충동에서 시작한 사업이 성공할 수 없는 것은 유독 식당업뿐만이 아니겠지만, 적어도 직장생활을 중도에 포기하고 외식업을 창업하려는 사람은 어떤 꿈을 갖고 이 사업에 뛰어드는지 충분히 검토하고 마음의 준비가 끝났다면 그때 시작할 것을 권하고 싶다.

다섯째, 자기실력을 냉정히 재분석해 보라.

자기가 갖고 있는 외식업에 대한 전문지식 외에 자금력, 친지 등의 인맥, 부동산 등 금융대출에 필요한 자산규모, 판단력, 결단력, 경영능력, 근성, 건강, 호기심, 이론, 연령, 인재육성능력, 섭외력, 센스 등 외식업에 필요한 인적·물적 요소를 냉정히 분석해서 자기의 현재위치를 정확히 파악한 뒤 외식업창업에 임할 것을 권하고 싶다. 이를 좀 더 풀이해서 요약하면 인맥은 학창시절의 선후배, 직장생활할 때의 상사, 후배, 동료, 거래처의 고객 및 친인척 등 친지들일 것이다. 이들의 명단을 작성하여 자기가 외식업을 창업할 때 어느 정도의 지적 도움을 받을 수 있을 것이며 좋은 정보를 얻을 수 있을 것인지를 점검해야 한다. 또 그 자체가 목표가 되어서는 안되겠지만, 경우에 따라서는 이들 예비소비군을 자기 점포의 신규고객화할 가능성이 있는지도 검토해 보아야 한다.

그 다음 물적 자산항목으로는 집과 토지 그 외의 부동산자산과 영업경험(제조업이나 상사회사의 근무경력, 유통업체 근무경력, 관광회사 근무경력 등은 시장파악에 도움이 될 수 있다), 인생경험, 여행경험 등과 개인의 체력 등이 해당된다.

그 다음 현금자산으로는 예금액, 주식, 유가증권, 회원권 등 즉시 현금화가 가능한 것 등이 있다.

제 4 절 음식점 경영자의 자질과 자격

1. 식당업에 대한 고정관념

먼저, 식당업에 대한 막연한 상식을 깨뜨려버려라.

(1) 어떤 시기, 어떤 특정지역에 특히 잘되는 업종이나 점포가 있다는 고정관념을 깨라

예를 들면, 서울 강남에는 주점이 잘된다, 명동에는 냉면이 잘된다, 최근에는 돼지고기(삼겹살, 목살, 갈매기살)집이 잘된다, 일본에서 이탈리안 파스타집이 최고의 인기다, 우리나라도 아마 곧 그렇게 될 것이다 등의 이러한 가설은 이제까지의 식당환경에서 나올 수 있는 내용이다. 그러나 지금부터 이러한 가설은 통용되지 않는다. 식당업메뉴의 라이프사이클이 너무나 짧아지고 있고 고객의 선호도가 너무 빠르게 바뀌고 있기 때문에 '어떤 업종이 어떤 지역에서 계속적으로 우월적 지위를 누릴 수 있는 시대'는 있을 수 없다. 항상 변화하고 빠르게 변화하는 고객의 욕구에 맞추어 가는 업종 · 업태만이 살아남을 수 있다는 것을 명심해야 한다.

"창동에 가니 냉면전문점이 기가 막히게 영업이 잘되던데 김 선생, 우리 건물도 냉면전문점으로 개점하면 틀림없겠지요?"

"1층은 한식 고기전문점으로 하고 2층은 냉면전문점으로 하면 많은 고객을 흡수할 수 있지 않을까요?"

학원을 경영하는 어떤 창업희망자가 '냉면'이라는 메뉴에서 벗어나지 못하는 단적인 예다.

(2) 지금까지 운영되어 오는 영업형태를 식당운영기술의 전형인 것처럼 생각하는 오류는 범하지 말자

일반적으로 중국식당은 붉은 색깔을 많이 사용해야 하고 기둥에는 용(龍)이 몸을 틀며 올라가는 모양의 실내장식을 하는 것이 좋다라든가, 한식집은 입석 테이블보다 좌석식 테이블이 어울리고 인테리어도 천장은 시골집의 천장대들보가 보이는 식으로 하며, 벽은 한지(韓紙)상태의 옛날 서적의 글씨나 나무껍질이 드문드문 보이는 모양으로 도배를 하는 게 일반적이다. 그리고 일식집의 경우는 카운터가 있어 조리장이 스시(초밥)나 김밥, 또는 생선회를 직접 작업하여 고객에게 서빙하고 객석의 일부는 입석 테이블, 일부는 룸으로 설정해야 한다는 식의 고정적인 틀도 깰 필요가 있다.

물론 극단적인 변화가 문제되는 점도 있으나 '식당은 이렇게 해야(인테리어를 꾸며야) 한다.'는 발상은 이제부터는 곤란하다는 점이다. 한식전문점의 경우 입석테이블을 옛날 시골장터의 목재평상으로 한 뒤 그 위에 상차림을 하는 인테리어를 꾸미는 점포도 있으며 좌석룸도 응접실 분위기를 연상케 하는 분위기로 꾸민 점포도 있다. 일식집을 양식 레스토랑식으로 꾸민 점포도 있고 아예 카운터를 없앤 점포도 있다.

앞에서 21세기 마케팅을 설명할 때 나온 얘기지만, co-branding 점포나 multi-branding 점포도 고전적인 점포이미지로 생각한다면 불가능한 아이디어에 해당될 것이다. '식당은 이렇게 꾸며진다'는 고정관념에서 '식당은 업태 · 업종의 구분 없이 새로운 고객이 요구하는 분위기로 변화시켜야 하고 그런 분위기로 꾸며져야 한다'는 새로운 개념의 도입이 필요하다.

(3) 우수한 주방장만 있으면 요리는 얼마든지 만들어낼 수 있다는 사고방식을 버려야 한다

식당을 개업하고 몇 가지 종류의 메뉴로 영업을 한다고 가정해 보자. 영업이 기대대로 이루어지면 이루어지는 대로, 영업이 부진하면 부진한 대로 경영주의 욕심에 의해 영업이 잘되면 더 많은 매출을 올릴 수 있다는 생각에서 "이런 메뉴도 만들어 보자", "어디 가보니 이런 메뉴가 인기가 있으니 이것도 만들어 팔아보자"고 독촉이 심해진다. 영업이 부진하면 반대로 "이런 메뉴는 판매중지하고 저런 메뉴를 내일부터 팔아보자", "강남에 가보니 이런 메뉴가 맛이 있다고 많은 손님이 오더라. 우리도 빨리빨리 메뉴를 바꾸어보자"라는 독촉이 성화 같다. 한결같이 단기간에 목표에 이르려는 조급함에서 비롯되는 현상이라 할 수 있다.

우리는 여기서 간과해서는 안되는 부분이 있음을 알아야 한다.

① 아무리 우수하고 경력이 많은 조리사라도 한식, 양식, 일식 등 무슨 메뉴든 조리할 수 있는 기술자는 없으며

② 한식에 경험이 많은 주방장이라 해도 육류전문조리사가 냉면을 잘 만드는 일류 조리사가 쉽게 될 수는 없으며, 또한 징기스칸 요리의 전문가도 쉽게 될 수 없는 것이다. 설령 모든 부문요리에 경험이 있다 해도 그 전문요리만을 취급하는 식당의 기술수준까지는 쉽게 달성할 수 없다.

③ 요리(메뉴)가 제공되려면 그러한 요리를 조리할 수 있는 주방기기가 있어야 하며, 주방장의 기술로 요술방망이처럼 아무 요리나 만들어낼 수 있다고 착각해서는 안된다.

④ 구이전문점으로 맛을 내려면 숯불로스타나 가스로스타가 테이블에 설치되어야 요리의 맛을 제대로 낼 수 있는데, 그까짓 것이 무슨 큰 문제냐, 부루스타

(이동식 부탄가스 구이기기)로 구우면 안되겠느냐는 식의 우격다짐도 곤란하다. 부루스타로는 열관리상 육류가 제대로 구워질 수 없다.

위에서 든 예와 같이 '기술 좋은 주방장'을 너무 믿는 식의 메뉴관리는 곤란하고 '기술 좋은 주방장의 기능을 훨씬 효율적으로 돕는 주방기기의 도입'이 필요하며, 이 효율적인 주방기기를 도입하기 위해서는 '적정한 규모의 주방 스페이스'가 필요하다는 점을 이해해야 한다. 80평 규모의 대형 점포에 주방은 6평, 전부가 객석으로 된 어떤 지하점포 사장에게 "괜찮아요, 요리가 대순가요. 주방장의 기술만 있으면 되는 거지…"라는 말만 되풀이하는 어느 부동산소개업을 하는 분의 딱한 모습이 생각난다.

(4) '식당업은 현금 장사니깐 개점하자마자 수익금으로 투자원금과 이자도 반제하고 생활비도 확보할 수 있다'라는 생각을 버려라

식당업을 창업함에 있어 투자자들은 자기가 투자한 자금을 생각해서 최소한의 매출을 생각하게 된다. 이것이 합리적이고 과학적으로 산출된 범위라면 큰 문제가 안되겠지만, 단순히 '기대매출'이 될 공산이 크기 때문에 문제가 심각해진다. 내가 총 5천만 원을 투자했으니까 개점하면 하루 평균 600,000원의 매상을 올려야 한다, 또는 올리게 될 것이라는 기대매출을 중심으로 자금계획을 세우다 보면 큰 낭패를 보기 쉽다.

외식업은 문을 열자마자 매출이 오르는 것은 아니다. 고객에게 점포가 알려지는 시간도 필요하고 점포직원의 작업능률이 향상되어 깔끔하고 스피드하게 요리제공(서비스)이 이루어지려면 일정한 시간이 경과해야 한다. 업태 · 업종에 따라 다르겠지만, 평균적으로 개점 3개월 후에 도산분기점에 도달하면 성공적인 개업으로 볼 수 있으며, 개점 6개월 후에 손익분기점에 도달하면 대단히 성공한 점포라고 말하고 있다(도산분기점과 손익분기점은 후술하겠음). 따라서 개점 초기에는 최소한 2~3개월분의 원료구입비 및 생활비, 자녀학자금 등은 별도 보유하고 있어야 하며, 모든 자금을 개점 전에 모두 투하해 버린 뒤 영업이 부진하여 원료사입까지 못하게 되면 개점 후 2~3개월 만에 점포문을 닫아야 하는 경우가 발생할 수 있다. 그래서는 안되겠지만 최악의 경우, 월세는 보증금에서 공제하면 되고 인건비는 1~2개월 동안 일부분씩 지급하면서 영업을 지속할 수는 있으나, 원료는 현금으로만 구입할 수 있기 때문에(최근의 사정이 그렇게 되었다) 이에 필요한 자금확보가 별도로 필요하다는 얘기다.

그러나 이것은 내용을 명확히 하기 위한 가설적인 설명이지 정상적으로 운영되고 있는 식당의 경우는 아니라는 점을 밝혀둔다.

(5) 매뉴얼 신봉주의를 버려라

일본이나 미국에서 상륙한 F.F.나 F.R.의 기업체에서 근무한 경력이 있거나, 특히 일본에서 상륙한 업체에서 근무한 경력의 소유자가 점포현황분석이나 신규사업계획을 수립할 때 흔히 사용하는 전문용어 중에는 ㅇㅇ콘셉트이니 ㅇㅇ매뉴얼이라는 말이 있다. 또한 확실하게 외식업을 연구하지 못한 분들 중에는 마치 매뉴얼을 식당경영의 바이블처럼 생각하는 경향이 많은데 이는 크게 잘못된 것이다.

필자가 M신문사가 주관하는 창업세미나의 강사로 참석했을 때의 경험인데, 창업의 업무진행방법에 대해 나름대로 경험과 성의를 다하여 강의를 함으로써 참석자들로부터 큰 호응을 얻어 내심 조금은 기분 좋은 상태에서 "마지막으로 질문하실 분 있으시면 말씀하십시오."라고 말한즉, 한 참석자가 말하기를 "선생님의 강의는 참 유익했는데 식당관리 매뉴얼에 관한 내용이 언급되지 않아 아쉽습니다"라고 말하는 것이었다. 매뉴얼에 대한 기본인식이 매뉴얼의 존재 이유와 전혀 다르게 받아들여진 상태의 질문으로 느껴졌다.

매뉴얼은 분명히 식당경영의 한 Tool인 것은 사실이다. 또 그것은 시장확대시대, 대량생산시대, 체인확대의 가장 유효한 수단으로 활용되기도 했다. 즉, 전국적인 점포망을 통일 관리하기 위하여 '최소한 지켜야 할 규범'으로 필수적인 존재였다.

그러나 지금은 어떤 시대인가? 개성 없는 보편적인 관리기법으로는 개성 있는 신세대 고객을 맞이할 수 없다. 매뉴얼은 보편적인 식당관리기법이므로 이제는 이러한 수준의 관리기법은 통하지 않게 된다. 만약 매뉴얼에 의한 점포서비스 관리를 해온 식당이라면 그것은 다른 점포와 같은 수준의 서비스밖에 제공할 수 없다는 말과 같다.

따라서 이제는 일반적인 서비스보다 더 뛰어난 초일류의 서비스, 무한수준의 서비스를 필요로 하는 시대가 된 것이다. '매뉴얼 매뉴얼' 하고 입버릇처럼 외우던 모(某)기업의 경영주를 안타깝게 생각하면서 기록해 본다.

2. 창업의 결심과 음식점 경영자의 마음가짐

식당업을 창업하려면 식당경영자로서 마땅히 가져야 할 마음가짐이 필요하다. 어떤 마음가짐을 가져야 하는지 그 내용을 살펴보자.

(1) 식당경영자는 음식점 경영 자체가 즐겁고 신나는 마음가짐이 있어야 한다

식당업뿐만 아니라 다른 모든 직업에서 성공하려면 자기가 종사하는 직업 자체에 보람을 느껴야 하며, 그 직업에 종사하는 일이 즐거워야 된다는 것은 누구나 잘 알고 있는 내용이다. 아무 즐거움도 주지 않는데 단순히 생계유지를 위해 억지로 식당창업을 하고 이를 경영한다면 그것은 본인에게는 지옥과 같은 생활이 될 것이며 고객에게는 불쾌한 감정만을 주게 된다.

음식을 조리하는 데 즐거움을 느끼며 남과 대화하는 것을 즐기고 사람을 사귀고 남에게 봉사하는 것을 즐거워하는 성격이라야 식당경영에 성공할 수 있다. 시켜서 억지로 행하는 '노예의 일'이 아닌 즐겁고 자발적으로 행하는 서비스가 식당업의 기본이다.

중국의 속담에 이런 말이 있다고 한다.

"인생 겨우 70인데 하고 싶은 일을 하고 살아도 짧은 인생으로는 다하지 못하는데 하물며 하기 싫은 일하면서 왜 한 번뿐인 인생을 살아야 하는가!"

최근 직장과 직업에 대한 프레임이 크게 변화되면서 부모들이 강권하여 선택한 의사나 법관, 약사보다는 본인이 즐기는 음악이나 연극, 디자인 등의 전문직을 선택하는 젊은 세대가 증가하고 있다. 본인이 즐겁게 할 수 있는 일을 하는 것이 직업 선택의 기준이 되어간다는 의미이다. 그러므로 외식업에 종사하는 것이 정말로 즐거운 일인지 아닌지를 생각한 뒤에 창업을 결심하여야 한다.

(2) 식당업의 가장 중요한 상품은 사랑의 마음이다. 고객에게 가슴 가득히 사랑의 마음을 전달하려는 사람만이 식당업을 운영할 수 있는 자격이 있다

음식업의 중요한 상품은 요리와 서비스, 점포의 환경이다. 그러나 이러한 중요한 상품도 사랑과 정성이 깃들어 있지 않으면 그 가치를 발휘할 수 없다. 자신의 점포를 찾아주고 계속해서 번창하게 해주는 것은 고객이다. 감사와 사랑의 마음을 가져야 하는 것은 당연하다. 그러나 이것을 의무로 생각해서는 안되며 고객 역시도 감동을 느끼지 못한다. "어서 오십시오", "안녕히 가십시오"라는 한마디 말 속에서도 고객은 따뜻한 사랑의 마음을 느낄 수가 있는 것이다. 이 사랑의 마음은 외부에서 오는 고객에게나 자기 종업원에게나 똑같이 전달되도록 해야 한다. 이러한 마음을 갖게 되면 내 점포가 아름답고 사랑스럽게 된다. 주방기기가 귀하게 느껴지고 주방비품이 귀엽고 친하게 느껴진다. 항상 밝은 마음을 갖게 되니 이러한 경영주의 마음이 종업원에게 그대로 전달되면 종업원의 즐거운 마음이 그대로 고객서비스로 연결된다. 자기 식당에 관련된 모든 사람에게 사랑을 주는 것, 이것이 식당경영자들의 마음가짐이어야 한다.

(3) 음식점 경영자의 또 하나의 덕목은 겸손한 마음씨다

어떤 분야에서고 겸손함이 없으면 더 이상 발전은 없다. 항상 부족함을 느끼며 삼가는 마음만 있다면 부족함을 보완하기 위한 노력이 뒤따르게 된다. 힘들고 어려운 일은 종업원에게 미루고 밖으로 드러나는 일, 자기영화에 도취된 행동을 일삼는 경박한 경영자는 성공할 수 없을 것이다.

예를 들면, 이런 상황도 겸손한 마음으로 풀면 되는 것이다. 보통 40~50대의 주부들은 시끄러운 분위기를 자주 연출한다. 식당이 혼잡해도 개의치 않으며 식사가 끝난 후에도 계속해서 객석에 앉아서 시시콜콜한 얘기를 하며 시간 가는 줄을 모른다. 그냥 객석에 앉아 있는 것뿐만 아니라 시끄럽게 떠들기도 하며 자기의 기분에 조금만 비위가 상해도 바로 이의를 제기하며 의문을 나타낸다. 매일 똑같은 규격의 빵을 제공하는데도 "오늘은 이 빵이 왜 이렇게 작게 보여요?"라는 등의 의심스런 질문도 아무 거리낌 없이 하곤 한다. 이때 "아닙니다, 저희 점포에서는 언제나 똑같은 규격으로 빵을 구워내기 때문에 규격에 차이는 있을 수 없습니다"라고 대답하면 금방 감정을 폭발하며 점포에 대한 감정이 좋지 않은 이미지로 자리 잡게 된다.

이때 곤경을 해결하는 방법은 무엇인가? 그것은 겸손함이다. 아마 고객이 잘못 볼 수도 있을 것이다. 아니면 만에 하나라도 점포의 빵 규격이 극히 이례적인 경우에는 조금 작게 구워질 수 있을지도 모를 일이 아닌가? 고객은 무조건 옳으며 고객에게 No란 말은 있을 수 없다. "예, 알겠습니다. 죄송합니다. 바로 바꾸어 드리겠습니다." 하면서 다른 빵으로 교환해 주는 자세가 바로 겸손한 미음의 표현이다. 아마 새로 나온 빵도 바꾸어준 빵과 규격이 같을 것이다. 그래도 우리 점포는 고객의 소리를 하늘의 소리로 알고 겸손한 자세로 고객을 응대한다는 식당경영자의 마음 자세가 중요한 것이다. 우리의 잘못이 없고 손님의 판단착오라는 주장으로 자기를 정당화시키는 데만 주력한다면 식당업을 경영할 생각을 처음부터 가져서는 안될 것이다.

3. 성공한 경영자의 자격조건

외식경영자의 자격은 무엇일까?

그것은 외국어 실력도, 단거리를 12분에 달리는 체력도 아니다. 인간에 대한 사랑, 그리고 겸손한 마음씨, 폭넓고 원만한 인간성 그리고 밝은 성격 등이다. 음식점 경영에는 기계적이고 또 조직적인 경영도 당연히 필요하다. 그러나 경영주의 개인적인 자질이나 능력에 의해 성공이 좌우되는 예가 허다하다.

일본 경제신문 벤처 북에서는 외식업 경영자의 자질과 자격을 다음과 같이 규정하고 있다.

성공한 외식업 경영자들의 자질(통계자료에 의하여 정리)

1. 왕성한 지식욕 : 타인과의 대화 중에 한 가지라도 중요한 내용은 기록하고 주의한다.
2. 조그만 일이나 사소한 일도 그냥 지나치지 않는다 : 사소한 일도 중요하다거나 좋다고 생각하면 곧바로 실행에 옮긴다. 남들이 '그것이 뭐 대단한 것인가'라고 생각하는 문제도 그냥 지나치지 않고 바로 실행에 옮김으로써 항상 남보다 일보 앞선 결정을 할 수 있다.
3. 여러 가지 외식업 또는 자기업종에 관한 자료를 많이 갖고 있다 : 끊임없이 외식업에 관한 정보수집을 하고 있으며 필요한 경우 언제라도 사용할 수 있는 여러 자료를 많이 확보하고 있다.
4. 말을 아낀다 : 모든 것을 신중히 생각한다. 말을 많이 하기보다 남으로부터 말을 많이 듣는다. 가장 중요한 대화의 기법을 구사하는 셈이다. 그러나 신중하게 생각하고 결정한 일은 단김에 계속해서 밀어붙인다.
5. 시대를 읽는 눈이 밝다 : 미래의 변화를 예견하여 장기적인 대책을 강구한다. 이것은 단순한 감각적 판단으로 얻어질 수는 없으므로 끊임없는 노력, 각종 세미나 참석, 각종 자료를 숙독하고 공부하는 자세를 가짐으로써 얻어질 수 있는 자질이다.

① 강력한 체력과 정신력을 단련할 것
② 통찰력을 연마할 것
③ 코스트(원가)에 대한 세밀한 지식을 가질 것
④ 위기관리능력을 양성할 것
⑤ 판단력과 의사표시능력을 양성할 것

위의 예를 기초로 음식점 경영자의 자격조건을 정리해 보자.

첫째, 체력과 정신력이 뛰어나야 한다.

식당업은 규모가 극히 작은 영세성 영업이라고 볼 수 있지만 다양한 기능이 필요한 업종이다. 개업 초기의 점포확보, 시장조사, 자금조달, 인력채용 및 교육, 자문회사 방문협의, 친지와의 의논, 가족의 의견통일, 기존 식당경영주와의 면담, 체인점의 경우는 체인본부와의 상담, 각종 인허가업무, 인테리어업자 선정, 주방기기 및 각종 비품의 선정 · 구매, 원자재납품업체의 개발 등 수많은 업무가 경영주의 손을 기다리게 된다.

또 새로 시작하는 사업이므로 사업의 성공 여부에 대한 불안감 등으로 심신이 극도로 피로하게 된다. 기업체의 간부 중에는 이러한 스트레스를 이기지 못해 중도에 포기하는 사람도 있다. 특히 경영주가 외식산업을 이해하지 못할 경우에는 암담한 기분이 들 때도 있다. 필자의 사무실을 찾는 대부분의 외식기업 간부의 하소연은 "업무진행은 전체 업무의 10%밖에 안됩니다. 상사를 설득하고 이해시키기가 무척 어려워요. 때로는 의심까지 하니 기가 찰 노릇입니다. 예를 들면, '소스 10L로 제품을 만들 때 한 개 제품에 소스 1L가 소요되니 10개의 제품이 생산되어야 한다고 생각하며, 생산과정 중의 로스(loss)는 생각하지 않고 너희들이 뭐 잘못하는 것이 아니냐'라고 의심할 때에는 당장 그만두고 싶습니다. 김 선생님께서 저희 사장님을 만나서 설득해 주실 수는 없으신지요?"라는 내용이다.

원자재의 생산수율을 이해하지 못한 데서 오는 결과이다. 경영자든 경영간부든 개업 초기에는 이런저런 이유로 심신이 피곤하게 되는데 이를 견디고 이겨나가야 하는 체력과 정신력은 절대적으로 필요하다. 식당경영자는 일생을 두고 하루 단 3분이라도 자기건강관리를 위해 계속할 수 있는 운동을 하나쯤은 개발할 필요가 있다.

둘째, 정보수집능력이 뛰어나야 한다.

식당경영은 한정된 공간 속에서 극히 한정된 인원과 매일 반복되는 업무를 집행하는 것이므로 자기 자신도 모르게 매너리즘에 빠지기 쉽다. 아침부터 저녁 늦게까지 원자재 사입, 출고업무, 직원관리, 현금관리, 소모품관리에 골몰하다 보면 세상의 변화에 전혀 안테나를 세울 수 없어 자기만의 성에 갇히고 만다. 새로운 업태가 개발되고 고객이 선호하는 메뉴가 새롭게 선보이며 자기 점포 인근에 강력한 경쟁점포나 대기업의 점포가 6개월 후 또는 1년 뒤에 개점되는 줄도 모르고, 우연히 지나가다 어느 날 아침 대대적인 개점캠페인이나 개점이벤트를 실시하는 것을 보고 깜짝 놀라는 경영자도 있다.

식당업은 열심히 일만 한다고 하여 성공하는 것은 아니다. 고객이 변하면 식당도 변해야 하며 식당이 변하려면 식당경영주의 사고방식도 변해야 할 것이다. 식당경영주의 사고방식은 누가 바꾸어줄 것인가? 누가 명령한다고 해서 바뀔 수 있는 성격은 아니므로 경영자의 사고방식이 바뀔 수 있도록 항상 새로운 정보를 주입시켜야 할 것이다.

극단적인 예를 보면, 자기 점포의 기사가 기재되어 있는 월간지도 잘 보지 않는 경우도 있으며 자기가 필요한 주방기기에 관한 자료가 자기 점포에 대한 기사 옆에 기록되어 있는데도 필자의 사무실에 전화를 걸어 그런 주방기기를 어디서 구입할 수 있느냐고 묻는 경영자도 있다. 이렇게 정보감각이 없는 경영자는 결국 도태하고 만다.

식당경영자는 최소한 식당경영전문지 하나는 정기 구독하여 업계현황을 읽을 수 있어야 하고, TV 보는 시간이 없다면 신문지상에 기사화되어 있는 외식 관련 자료는 어떤 것이든 스크랩하여 정보자료로 활용할 수 있어야 한다. 때로는 경영주간담회, 외식경영세미나 등에도 적극 참석하여 새로운 외식정보를 수집하여야 한다.

부하가 미덥지 못하여 24시간 점포를 떠나지 못하는 경영자는 결국 우물 안 개구리가 될 수밖에 없다. 최근에는 많은 외식기업이나 개인점포가 인터넷 홈페이지 회원으로 가입하여 자기 점포를 홍보하거나 외식업에 관한 많은 정보를 얻고 있다. 한국에 앉아서 미국이나 일본의 외식에 관한 정보를 인터넷을 통하여 바로 찾아낼 수 있는 정보화시대의 미아가 되어서는 안될 것이다.

셋째, 항상 마음을 열어두라. 상대가 사원이든 고객이든 남의 이야기를 열심히 경청하는 자세를 가져라.

어느 앙케이트조사를 보면 다음과 같은 내용이 있다. 식당경영자가 반드시 참고해야 할 사항이라고 생각된다. "왜 직장을 옮기려고 하는가? 직장에서 가장 큰 불만은 무엇인가?"라는 물음에 대한 대답은 "하루 종일 또는 일주일 내내 사장과 말 한마디 나누지 못한다. 아무리 좋은 의견이 있어도 사장에게 의논할 기회가 없다. 사장이 나에게 관심을 갖지 않으니 이 점포에서는 나를 중요하게 생각하지 않는 것 같다. 그러니 떠나고 싶다. 급료? 물론 그것이 직장을 떠나게 하는 원인의 일부는 될지도 모른다. 그러나 급료가 약간 적어도 좋다. 사장과 의견을 나눌 수 있고 그러한 기회가 자주 주어지는 직장환경이라면 급료가 조금 적어도 충분히 감내할 수 있다. 숨이 막힐 것 같아서 이 점포를 떠나고 싶다." 가장 많은 불만 쪽에 응답한 것이 위에 요약된 내용과 같았다.

또 외식업 경영자는 어떤 경우에도 고객이 불만을 자연스럽게 나타낼 수 있는 분위기를 만들어주어야 한다. 어느 학자는 이렇게 말하고 있다. "조용하고 멋진 고객이 당신의 점포를 망치고 있다." 이것은 점포에 대해 잘잘못을 말하는 고객, 질책을 아끼지 않는 고객이야말로 진정 고마운 고객이라는 뜻이다. 점잖게 말없이 나가는 고객은 결코 고마운 고객이 아니다. 그런데 90%의 침묵하는 고객에게 불만이나 불평할 수 있는 여건과 기회를 만들어주는 것은 경영주의 열린 마음이며 남의 얘기에 귀를 기울이려고 노력하는 경영주의 자세에 달려 있다. 예컨대 고객의 조용함이 '만족의 고요함인지, 아니면 분노를 삼켜버린 침묵인지'를 경영주는 알아야 한다.

고객의 소리에 진심으로 경청하려는 사례를 소개한다.

K씨는 큰 저택의 정원사로 일하고 있었는데 항상 자기가 하는 일이 주인에게 만족을 주는지 어떤지를 세심하게 살피며 집주인이 만족하는가 어떤가를 중간점검하기도 하였다. 일이 끝나고 밖으로 나와서 자기의 목소리를 변성하여 주인에게 전화를 건다. "나는 정원가꾸기 전문가다. 귀댁의 정원을 우연히 볼 기회가 있었는데 그런대로 정리를 잘한 것 같았다. 현재 근무하는 정원사가 일을 열심히 하는가, 그 정원사의 업무자세에 만족하고 있는가, 그를 계속 고용할 생각인가?"를 묻는다. 만약 저택의 주인이 "만족한다"라고 대답하면 계속 남아서 일하고, "아니다"라고 대

답하면 즉시 그 집의 정원사일을 그만둔다고 한다. 남에게 자기를 비평할 수 있는 기회를 만들어주는 것, 서비스업 경영자가 필수적으로 가져야 할 기본자세다.

음식점 경영자에게는 3개의 귀가 있어야 한다고 한다. 즉,

① 고객이 말하는 것을 듣는 귀를 가져야 하고(肉聲),

② 고객이 말하지는 않지만 무엇을 말하려는가를 들을 수 있는 귀를 가져야 하며(心聲),

③ 고객이 말하려고 해도 그 자리에서 말할 수 없는 것을 듣는 귀를 가져야 한다(衆聲).

이는 결국 고객이나 직원에게 항상 마음의 문을 열어두고 남의 얘기를 존중해서 들어주는 자세가 필요함을 강조한 것이리라. 카네기도 이런 말을 하지 않았는가. "진정으로 말을 잘 하는 것은 남의 얘기를 성실하게 들어주는 것"이라고.

넷째, 용기와 결단력, 인내심을 가져야 한다.

음식점경영을 20년이나 해왔고 때로는 음식점창업에 대한 컨설팅을 다년간 해왔다는 사람도 막상 자기 점포를 개점하려고 할 때는 많은 불안감을 갖게 되며 자기가 생각한 대로 일이 진행되지 않아 고민을 하는 예가 허다하다. 개점 스케줄을 잡아서 인테리어와 주방기기, 설비업자와 공사계약을 맺고 일을 진행해도 공사일정 대로 공사가 진행되는 예는 극히 드물다. 이럴 때 자기를 컨트롤할 수 있는 지혜가 필요하다. 자기의 꿈을 실현하고 자기 점포의 콘셉트를 지켜가기 위해서는 우리 현실을 어느 정도 인정하고 참을 수 있는 용기도 필요하다.

인테리어업체와 주방기기 납품업체와 공사일정 차질 등을 이유로 송사를 벌일 수도 없다. 초심자에게는 힘들고 기가 찰 일이 아닐 수 없다. 또 일정기간까지는 생각대로 매출이 오르지 않는다. 이때 조급한 마음에 중도포기하려는 마음이 생길 수도 있다. 그러나 개점 후 2~3개월이 가장 중요한 시기이므로 이때를 어떻게 현명하게 견디며 인내하는가에 따라 점포의 성공여부가 결정되기도 한다.

초심자가 창업업무를 집행할 때에는 불안한 마음에서 여러 사람의 이야기를 듣게 되는데, 100인 100가지의 의견이 제시되면 당연히 판단이 흔들리게 된다. 자기 혼자서 결정한 내용이든 유능한 컨설턴트와 협의해서 결정한 내용이든 일단 결심한 내용에 대해서는 주위의 이런저런 얘기에 귀 기울일 필요없이, 또는 과민반응을

보일 필요없이 과감하게 밀고 나가는 용기가 필요하다.

조직의 간부일 경우에는 조직 내에서 독불장군이니 제멋대로 결정하느니 하는 오해를 불러일으킬 수도 있겠으나, 당초에 결정된 사항은 과감하게 추진하는 용기가 필요하다. 식당업에 관한 전문지식도 없으면서 직위가 높은 사람은 모두 나름대로 일가견이 있는 것으로 착각하기 때문에 "한식은 이렇게 해야 되고 양식은 본바닥 맛의 기준에 맞추어야 하고" 등 한마디씩 하게 마련인데 그런 얘기에 일일이 대응할 필요가 없다는 것이다.

그렇다고 다른 사람의 충고나 의견을 무조건 무시하고 자기 멋대로 하라는 것과는 다른 얘기일 것이다. 특히 이러쿵저러쿵 비평을 하는 간부일수록 막상 "그러면 어떻게 하는 것이 좋겠습니까?" 하고 자문을 청하면 "당신이 알아서 할 일을 왜 나에게 묻느냐?"는 식으로 답하는 부류가 대부분이다.

매상고 목표를 달성하기 위해서도 인내와 용기가 필요하다. 예상대로 매상이 오르지 않으면 다른 방법을 강구해서 전력투구하는 용기와 인내가 필요하다.

식당매출에는 Eat-in매출(점포 내의 식사에 의한 매출), Take Out(점심시간대 등에 점포 앞 일부 스페이스에 도시락 형태의 메뉴를 비치하고 고객이 구매해서 자기의 사무실이나 인근공원 등에서 먹거나 혹은 저녁시간대에 구매해서 자기주택에서 식사를 할 수 있도록 하는 제품에 의한 매출), 그 외 Delivery매출(배달판매에 의한 매출로 여기에는 Home Delivery와 Office Delivery 등이 있다) 등이 있다.

식당매출은 Eat-in매출이 고객을 모으는 데는 가장 우선적인 영업이지만, 이것이 제대로 이루어지지 않을 때에는 Take Out매출을 위한 배식대나 적절한 제품의 연구도 해야 하고, 또 하루에 단 10개, 20개를 배달판매하는 어려운 업무를 집행해도 용기를 잃지 말고 인내로써 초기영업의 어려움을 극복해 가야 한다.

일본 오사카 지역의 양식점 프랭크 · 아베뉴는 개점 후 3년간 계속 적자를 나타내었다. 우리나라 식당영업의 경우 3년간 적자를 계속한다면 누구라도 영업을 중지하고 폐점하였을 것이다. 그러나 이 점포의 사장은 Eat-in영업이 부진하였기 때문에 오토바이 3대와 Delivery직원(아르바이트) 3명, 그리고 사장 자신이 앞장서서 점포반경 0.5km 이내의 가정과 사무실에 열심히 Delivery영업을 하면서 3년간 점포를 유지해 왔다. 일부는 T/O영업도 병행하였다. 개점 당시 전체매출 중 Eat-in은 30%, Delivery매출은 70%였다. 사장의 인내와 점포를 살리겠다는 집념을 엿볼 수 있는 매출상황이다. 현재는 Eat-in매출 70%, Delivery매출 30%로 전환되어 동 지역에서 우뚝 선 우수점포로 활발하게 영업을 계속하고 있다.

초기 부진에 지나치게 낙심하지 말 것이며 돌파구를 열심히 찾아내려는 용기, 흔들림 없이 목표를 향해 돌진하는 인내는 식당경영자에게 요구되는 필수적인 자질이다.

다섯째, 종업원에 대한 투자를 아끼지 말아야 하고 종업원이 경영주의 대리인임을 인식해야 한다.

어떤 고객이 이런 불평을 했다. "나는 내가 생각해도 그 점포에 2개월에 1회 정도는 식사하러 간다. 그러면 상당히 자주 가는 게 아닌가? 가정주부의 입장에서 보면 그 점포로서는 최고의 고객이 아닌가? 그런데 그 점포의 서빙 담당직원은 아는 체도 하지 않고 기계적으로 '어서 오세요'란 인사만 한다. 섭섭하기 그지없다. 앞으로는 예의바르고 싹싹하게 인사를 하는 B점포로 자주 갈 생각이다."

왜 이런 말이 고객의 입에서 나왔을까? 그것은 직원의 근무기간이 짧았기 때문이다. 그 점포직원의 평균 근무기간은 2개월 정도였다. 서비스자세가 숙달되기는 고사하고 2개월마다 직원이 바뀌니 새로 입사한 직원이 이 부인을 알아볼 리가 없었던 것이다. 만약 모든 직원이 계속해서 근무를 하였다면 적어도 3번 이상 찾아오는 고객은 아무리 기억력이 나쁜 사람이라도 충분히 기억해서 저절로 반가운 얼굴로 고객을 맞이할 수 있었을 것이다.

여기서 우리는 불평을 듣게 되는 그 점포경영자의 직원에 대한 교육부재, 투자부재 현상을 엿볼 수 있다. 직원에게 교육투자를 계속했다면 쉽사리 직장을 옮기지는 않았을 것이다. 이 경영주는 직원의 수준향상을 위한 교육(그것이 꼭 외부강사를 초청하고 외부교육기관에 파견교육을 시키는 것만은 아니다. 교육은 평소의 대화 속에서 또는 아침조회시간의 인사를 통해서 간단한 몇 마디로도 효과가 나타날 수 있다)은 일체 실시하지 않고, 오직 직원은 부려먹어야 하는 존재라 생각하고 질책과 지시, 업무의 강요, 장시간 근무만을 요구한 것이었다. 자기의 욕심만 강조하는 경영주 밑에 누가 무슨 기대를 갖고 근무하겠는가? 이러한 이기적인 경영자일수록 이런 말을 한다. "교육을 시키면 뭘 하나? 금방 그만두어 버리는데……. 쓸데없이 금전과 시간만 낭비할 뿐이다"라고.

그러나 식당경영주는 다시 한 번 생각해야 할 내용이 있다. 즉, 과연 경영주가 종업원교육에 얼마나 관심을 갖고 있었으며 경영주가 만약 종업원교육을 어떤 형태로든 실시했다면 그 목적이 종업원의 수준향상과 점포의 수준향상을 위해 투자하는 것으로 생각했느냐, 아니면 더 부려먹기 좋게 기술수준을 향상시키려고 교육을 시킨 것이냐 하는 두 가지 중 어느 하나일 것이다. 앞에서 말한 이기적인 경영자는 말할 것도 없이 후자 쪽의 직원교육을 생각했을 것이다. 그렇지 않다면 그는 종업원교육을 그렇게 간단히 생각하지는 않았을 것이다.

종업원은 연령과 사회경험이 많이 다를 수 있고 학력과 체력이 다를 수 있다. 즉 20代, 30代, 40代는 여러 가지 측면에서 많은 차이가 있다. 직원교육에 관심있는 경영자라면 의당 그들의 정신연령, 육체연령, 학력과 경력에 따라 자체교육을 실시하거나 직원의 능력에 따라 외부위탁교육도 실시했을 것이다. 필자의 사무실에서는 매년 4회의 외식사업 중간관리자 교육 세미나를 실시하고 있다. 놀랍게도 매회 2~3명의 직원을 선발하여 세미나에 참석시키는 점포가 있는데 남녀 구분없이 홀서빙과 조리요원을 번갈아가며 세미나에 참석시키고 있으며, 7개의 직영체인만 운영하는 한 식당으로 그 회사의 점포를 방문해 보면 항상 밝고 활기에 찬 모습을 볼 수 있다. 영업이 잘되지 않을 수 없는 것이다.

경영자가 직원에 대하여 교육투자마인드를 갖게 되면 자연히 종업원에 대한 장기적인 인생목표를 생각하게 되고 이 인생목표를 함께 설정해 가는 과정에서 그들의 애로사항, 가정생활, 인생관 등을 알게 되어 인간적 교감을 더 깊게 할 수 있다. 외식업 경영자는 앞으로 닥쳐올 인재부족시대를 인식하며 어쨌든 우수 직원을 오랜 기간 점포에 근무토록 하는 방법을 연구해야 한다.

여섯째, 사리사욕을 버려야 한다.

필자가 알고 있는 R사장의 이야기를 소개한다. R사장은 상당히 재력도 있고 사교성도 있어 지방중소도시에서 꽤 알려진 인사였다. 운동도 만능이고 취미생활도 다양하여 교우관계가 상당히 넓은 편이었다. 그런데 어찌된 일인지 R사장과 부인, 두 사람은 유독 자기가 경영하는 레스토랑의 직원에게는 인색한 편이었다. 급여도 다른 점포에 비해 높은 편이 아니었고 직원들의 복리후생에도 큰 관심을 갖지 않았다. 단, 좋은 점이 있다면 점포환경이 좋았고(시설이 지방도시에서는 최고급으로 되어 있었다) 교통이 편리하여 출퇴근하기가 쉬운 점이었다.

그런데 R사장에게는 아주 나쁜 습관이 하나 있었다. R사장은 1주일에 3일 정도는 점포에 출근하는데 출근시간은 거의 오후 6시 이후였다. 그는 매일 운동과 사교로 지친 몸을 사우나에서 풀곤 하는데, 오후 시간대는 매일 사우나에 가서 목욕을 하고 충분히 휴식을 취한 뒤 출근한다. 그리고 출근한 날은 손님이 있든 없든 매일 밤 12시가 넘어야 퇴근한다. 사장이 점포에 남아 있는데 직원이 퇴근할 수는 없을 것이다. 직원들 사이에는 사장이 출근하는 날은 '죽었다 날'이라는 말로 통하게 되었다. 사장은 밤이 되어 피곤에 젖어 잠시 의자에 쉬고 있는 직원을 질책한다. "젊은 놈이 왜 그렇게 힘이 없어? 그렇게 허약해서 어떻게 열심히 일하겠는가?"

이 점포는 결국 평균적인 직원근무월수가 겨우 1개월밖에 되지 않았다. 이 점포의 주방장을 필자가 소개해 주었기 때문에 자세한 소식을 듣고 R사장과 면담할 기회가 있어 직원컨트롤문제를 얘기한즉, "그놈들을 그냥 두어서는 안돼요. 틈만 나면 쉬려고 하고 게으름을 피우려고만 하고 있어요. 그래서 계속해서 질책을 해야 점포가 돌아갑니다. 제가 알아서 합니다."라고 불쾌한 표정까지 지으며 간섭하지 말라는 투였다.

이 점포는 어떻게 되었을까? R사장은 갑자기 닥친 IMF 외환위기로 인해서 어려운 여건에 처하게 되었고 결국 점포는 폐점하게 되었다. 아마 IMF사태가 오지 않았어도 이 점포는 오래 지탱할 수 없었을 것이다. 자기이익만을 생각하고 자기직원을 존중하지 않는 마음으로 이기심을 갖고 있는 한 서비스업 운영은 곤란하다. 사장의 이기심은 직원에게 전파되고 결국 사장에게 불신을 갖고 있는 직원의 서비스자세는 매끄럽게 이루어질 수 없어 고객에게 불쾌감만 줄 것이 아닌가?

또 하나의 예는 좀 다른 것이지만 이것도 이기심으로 인한 실패사례다.

사례

경기도 P시에서 상당히 큰 규모로 식당을 경영하다 실패한 L사장의 일화는 유명하다. L사장은 자기가 가진 부(富)를 기초로 90년대 후반에 경기도 P시에 꽤 큰 규모의 식당을 창업했다. 위치도 좋았고 점포건물이나 인테리어도 일류 설계사에 의해 설계하고 시공을 했으므로 주변에서는 단연 돋보이는 점포가 되었다.

또 아는 사람을 통해서 오랫동안 H호텔 주방에서 근무하던 주방장을 스카우트해서 영업을 시작했다. 주방장의 급여도 월 3백만 원선이었다. 개점하자마자 광고판촉 및 각종 Event(필자가 Event기획에 참가했다)를 실시하고 주방장의 조리 솜씨도 탁월하여 개점 초기부터 고객이 몰려오기 시작했다. 개점 후 6개월 동안 매월 15% 이상 매상고가 신장되니 L사장은 그야말로 기고만장하게 되었다. '이거 식당경영 별거 아니네…' 하는 생각을 하게 되어 주방장에게 지급되는 월 급여 3,000,000원이 아깝게 생각되었던 것이다. 그것도 그럴 것이 당시 P시에서는 어떤 직급에서도(타 산업에서도) 이 점포의 주방장만큼 높은 수준의 급료를 받는 사람은 없었다.

드디어 6개월 후 L사장은 봉급이 낮은 주방장을 선발한 뒤 문제의 주방장을 퇴직시켰다. 이 퇴직한 주방장이 필자에게 와서 하소연하는 얘기는 이렇다. "당초 2년간 근무하기로 약속했다. 직장을 못 구해서 이러는 것은 아니지만, H호텔의 좋은 여건을 그만두고 실력 한번 발휘하려고 직장을 옮겼고 개점 초부터 정말 열심히 일했는데, 김 선생님, 이것이 이 사회에 있어서 될 일입니까? 너무 분하군요…."

그 후 이 점포는 어떻게 되었을까? 고객들의 불평이 계속되었다. "왜 쌈장 맛이 전과 달라졌어요", "김치 맛이 왜 이렇게 형편 없어요", "소스 맛이 전혀 달라요." 이 점포는 먼저 주방장이 그만둔 후 6개월 만에 매상고가 종전의 절반으로 떨어졌다. 급하니까 필자를 찾아온 L사장은 우수 주방장을 추천해 달라고 하였다. 아무리 욕심이 있어도 이런 철면피는 흔하지 않을 것이다. 이것은 결국 지나친 이기심(욕심) 때문에 일어난 일일 것이다.

성공한 식당경영자는 대부분 어렵게 자수성가한 사람들이 많다. 고생을 체험했기 때문에 자기 종업원에게는 후한 대우를 해주고 있다. 위에서 설명한 L사장은 극히 예외적인 사람일 것이다. 식당경영주가 가져야 할 마음가짐은 '나와 직원과 고객 그리고 거래처 사람들이 함께 살아가는 점포를 만드는 것'이다.

일곱째, 직원의 아픔을 몸소 체험하여 스스로 느껴보는 마음이 필요하다.

필자는 20년 전 최초로 외식산업에 관한 연수를 위하여 일본에 갔었다. L그룹의 운영본부 간부로 있으면서 그룹 내에서 발탁되었기 때문에, 또 해외에서 새로운 분야를 공부할 수 있다는 기대에서 외식업이 무엇인지도 모르고 해외연수의 길을 떠난 것이다. 솔직히 말하면 필자가 연수하고 온 Fast Food를 일본어 표기만 보고 First Food라고 오인할 정도로 외식산업에 대한 지식이 아주 없는 상태였다. 1970년도 후반기에 우리나라에서 '외식산업'이라는 용어는 사용되지도 않았으며 식품제조업체에 근무하였던 필자는 Fast Food를 First Food로 읽을 수밖에 없었던 것이다. 그런데 장기간의 연수 중에 필자가 배운 말이 있는데 지금까지 외식산업계에 근무하면서 직원교육과 부하 통솔 때 금과옥조처럼 생각하고 있다.

"On your point" 상대방의 입장에서 생각해 보자는 말이다. "On your point"는 나의 입장에서 상대방을 생각하는 게 아니고 '상대방의 입장에 서서 상대방을 생각한다'라는 의미이다. 이것은 결국 "부하의 입장에서 부하를 생각한다", "고객의 입장에서 고객을 생각한다", "경영주의 입장에서 경영주를 생각한다", "거래처의 입장에서 거래처를 생각한다"라는 구체적인 방법론으로 승화될 수 있는 것이다.

20여 년 동안 비교적 원칙에 충실하면서 또 약간은 깐깐하다는 소리를 들어오면서 직장생활을 해왔지만, 여러 분야의 사람들과 인간관계를 계속해 올 수 있었고 같이 근무하던 부하 · 동료들과는 직장을 떠난 뒤에도 교제를 계속할 수 있었던 것은 위에서 말한 '상대방을 이해하는 기본자세'를 견지할 수 있었기 때문이 아닌가 생각한다. 이것은 장기간의 해외연수에서 얻은 귀중한 자산이다.

1979년도 그룹 회장의 지시로 부하직원 4명과 함께 6개월의 장기간 연수를 갔었는데 그때의 교관들이 유독 책임자인 나에게는 특별교육을 시켰다. 1개월간의 기초교육을 이수한 후 다른 부하직원들에게는 실무교육을 시키고 유독 필자에게만은 별도의 교육스케줄을 제시했다.

필자가 처음 실무교육을 한 과목은 일본의 30대, 40대 주부들을 대상으로 한 음료제공서비스업무였다. 30명 이상의 주부들이 있는 점포에서 콜라, 사이다를 컵에 담아 1회에 5명분, 8명분씩 직접 트레이(운반용 쟁반) 위에 올려서 고객이 앉아 있는 테이블로 이동해 가면서 "오래 기다리셨습니다", "음료를 가져왔습니다", 일본어로 "도오조(영어의 please에 해당될 것이다)"를 말하면서 3시간 내지 4시간을 꼬박 서서 서비스 업무만을 하게 했다.

솔직히 처음에는 얼굴이 화끈거리고 말도 제대로 나오지 않았다. 필자의 나이 40대 초반, 한국의 명문대(?)를 나왔고 엘리트로 자처하던 내가 이 짓(?)을 해야 한단 말인가 하는 회의로 중도포기하고 귀국하려는 생각도 했다. 그러나 부하들도 있고 해서 꾹 참고 이 훈련을 1주일 계속하니 차츰 분위기도 익혀가고 또 Mr. 김이라는 이름표가 이상한지 주부들도 미소로 대해주어 1주일을 무사히 넘어갈 수 있었다.

1주일 후의 다음 과제는 화장실 청소였다. 기가 찰 노릇이 아닌가. 화장실을 매 30분마다 들어가서 깨끗이 청소하라는 것이다. 청소할 것도 없는데 말이다. 일본인들은 비교적 공공시설을 깨끗이 사용한다. 특별히 청소할 것 없이 준비된 세제로 변기를 닦고 화장실 거울에 튄 물방울이나 세면대 주변의 물을 깨끗이 닦는 일이 전부였고, 바닥(비오는 날은 약간 지저분해진다)을 마포걸레로 닦거나 화장지를 보충하는 일이 화장실 청소업무의 전부였다. 그래도 매뉴얼대로 매 30분마다 화장실에 가서 청소를 일주일간 했다. 다른 하릴없이 1주일간 이 일만 해보라. 정말로 고통스런 일이 아닐 수 없다. 이쯤 되니 오기가 발동해서 1주일간을 명랑한 얼굴을 하면서 일과를 마쳤다.

2주일 후 본사 연수센터 책임자와의 면담을 하게 되었다.

"Mr. 김(그들은 긴상이라 부른다), 기분이 어떠세요. 아마 처음에는 어려웠을 것입니다. 그러나 Mr. 김은 앞으로 외식업의 최고 간부가 될 위치에 있습니다. 대부분 책임자급은 사업계획이나 사업전망 등 큰 항목만 배우면 되는 것으로 알고 있고 세부문제는 부하들이 배우고 계획하는 것으로 알고 있지만, 외식서비스업은 최고 책임자가 부하들이 느끼고 배우는 세부문제까지 알고 있어야 합니다.

첫째, 처음 입사한 신입사원이나 아르바이트 학생들이 고객을 처음 대했을 때 어떤 기분이 들고 어떻게 당황한 상태가 되는지 본인 말고는 알지 못할 것입니다. 그러나 Mr. 김은 실제 그것을 경험했기 때문에 그들의 심리상태를 파악할 수 있을 것입니다. 따라서 이들을 교육시킬 때 유의해야 할 사항, 특히 그들의 감정상태를 부드럽게 할 수 있는 교육과목을 만들어갈 수 있을 것입니다.

화장실 청소도 마찬가지입니다. 다른 일을 다 두고 왜 나만 이것을 시키는지 불만이 생길 수도 있지 않겠습니까? 그러면 교육 시 업무배정(화장실청소, 객실청소, 주방청소 등)을 적절히 행함으로써 초심자의 불만이 생길 여지가 없는 교육이 가능한 것이 아니겠습니까? 우리는 Mr. 김이 이것을 감지할 수 있도록 하기 위하여 2주간의 교육스케줄을 별도로 마련한 것입니다. 책임자의 입장에서 부하를 관리하거나 점포관리를 하다 보면 일선의 소리를 들을 수 없고 일선의 감정을 느낄 수 없습니다.

우리 기업의 교육이념의 하나인 'On your point'가 바로 이것입니다. 귀국 후 점포 운영 시 항상 염두에 두어야 할 것입니다. 마지막으로 아마 4시간 일하고 20

분간 휴식을 하도록 트레이너가 지시했을 것입니다. 이것은 Mr. 김같이 건강한 사람도 서서 4시간 정도 일하면 피로가 온다는 사실을 깨닫게 하기 위한 것입니다.

높은 지위에 있는 사람들은 이것을 알지 못합니다. 일선 점포에서 일하는 직원이 피곤하면 그것이 그대로 얼굴에 나타납니다. 귀국의 백화점에 오후 시간대에 가보면 여자 판매원들이 한결같이 피곤한 모습을 보이고 있으며 몇 달 후에 같은 매장을 찾아가 그 판매원을 찾으면 사직했다고 합니다. 이것이야말로 일선직원의 사정을 모르고 근무표를 작성하는 일부 인사관리책임자의 무지에서 온 소치일 것입니다.

외식점포근무는 육체적 · 정신적으로 피곤한 업무를 해야 합니다. 우리는 Mr. 김이 교육 중 시간이 지날수록 피로가 쌓여가는 모습을 알 수 있었습니다. 중간휴식이 있었는데도 말입니다(실제 필자는 이 2주일 동안 코피를 한 번 쏟았다). 일선점포 근무자들의 상태를 확실히 파악하는 책임자만이 외식서비스업 경영자가 될 수 있습니다." 지금도 이 교육센터 책임자(지금은 퇴직하여 다른 업종에 근무하고 있으나 필자와는 20년 이상 친구로 사귀고 있다)의 말이 귀에 쟁쟁하게 울리고 있다.

사례 1

직원을 아끼는 경영자

서울 화곡동에 있는 C점포는 오후 3시부터 5시까지는 무조건 휴식시간이다. 점포 내 모든 불을 끄고 전원 휴식한다. 점포입구에 "저희 점포는 오후 3시부터 5시까지는 영업을 하지 않습니다."라고 표시하고 있다. 단체주문이 그 시간대에 들어와도 이 철칙은 지켜지고 있다. 필자와 관계가 있어 3년간 이 점포를 가끔 찾아가도 주방요원, 서빙요원 어느 누구도 퇴직한 사람이 없이 소규모 점포인데도 항상 생기 넘치는 직원과 고객들로 붐비는 점포였다.

식당경영자는 식당업무의 모든 분야를 체험으로 느끼고 그 업무의 쉽고 어려운 점을 몸소 찾아보려는 마음자세가 중요하다. '지시, 명령, 질책하는 경영자'가 아닌 '이해하고 공감하고 도와주는 경영자'로 시작하여야 한다.

여덟째, 외식업 종사자는 끝까지 최선을 다하는 마음가짐이 필요하다.

외식업은 물론 어느 직업에 종사하든 자기가 맡은 일에 끝까지 최선을 다해야 한다.

사례 2

이 글은 어느 인터넷사이트에 올려져 있는 내용을 간추려 정리한 것이다.

어느 직장의 은퇴할 나이가 된 목수가 자기 인생과 가족의 새 삶을 위하여 사직하겠다고 하여 훌륭한 일꾼을 잃게 된 고용주는 안타까운 마음이 들었지만 마지막으로 집을 한 채 더 지어줄 수 있는지 물었더니 목수는 그렇게 하겠다고 대답했으나 마음은 이미 직장의 일에서 거의 멀어진 상태였다.

그 목수는 이미 멀어진 마음가짐으로 실력 없는 일꾼들을 모으고 질이 나쁜 건축자재를 사용하여 건성건성 집을 완성하였다. 집이 완성되었을 때 그 고용주는 집을 보러 와서 집의 건축모양을 보는 대신 그 목수에게 현관 열쇠를 주면서 "이 집은 이제부터 당신의 집입니다. 오랫동안 저를 위해서 열심히 일해준 보답입니다"라고 말하였다.

목수는 커다란 충격을 받았다. 처음부터 자신을 위한 집을 짓는 것으로 알았다면 아마 지금의 집과는 완전히 다른 방식으로 집을 건축하였을 것이다. 100년이 지나도 수리할 필요가 없는 튼튼한 집을 지었을 것이며 그 집에서 편안한 노후를 보낼 수 있었을 것이다.

우리의 인생은 대부분 이런 경우로 이루어지는 것이 아닐까? 자기가 선택한 일에 최선을 다하지 않고 자신이 만들어놓은 대충 지어 놓은 집에서 살아야 하는 것 같은 삶이 우리의 일상이 아닐까?

만약 우리가 인생이라는 집을 나의 집이라고 처음부터 알고 있었다면 우리는 전혀 다른 방식으로 집을 지었을 것이다.

"인생은 당신이 만들어가는 것이다."

외식창업을 희망하는 사람의 생각도 위의 목수와 같이 대충대충하는 자세로 창업에 임한다면 결코 성공할 수 없을 것이며 처음부터 끝까지 최선을 다하는 마음가짐이 무엇보다 중요하다.

제 2 장

점포개발

제 2 장 점포개발

제 1 절 업태 · 업종 선정

업태 · 업종 선정에는 계획적 선정과 실천적 선정의 두 가지 방법이 있다. 계획적 선정은 예를 들면, 유명체인점에 가입하여 가맹점으로 출점하는 경우 또는 우수한 외국상표를 기술 도입하여 체인점조직을 운영하려고 하는 경우, 단순히 한식점을 운영하고 싶다는 생각으로 입지선정 전에 미리 업종을 선정하는 경우 등이며, 실천적 선정은 입지가 결정되면 그 입지의 시장여건이나 구매패턴과 식생활양태에 따라 적절한 업태 및 업종을 선정하는 경우가 이에 해당된다.

그러나 식당경험이 많은 사람이든 또는 경험이 적은 사람이든 간에 업태 · 업종 선정은 쉽게 결정하거나 단순하게 결정할 수 있는 내용이 아니다. 그것은 그 시대의 식생활 여건 및 경제사정에 따라 선택한 업태 · 업종이라도 성공하거나 실패하는 두 가지 경우는 있기 때문이다. 더구나 초심자의 경우 대부분 '인기 있는 메뉴'나 '성업 중인 점포'를 찾아다닌 경험을 기초로 그 점포와 유사한 업종이나 메뉴를 선택하려는 경향을 많이 보이고 있다.

이 결정이 적절하냐의 여부는 별개의 문제다. 식당업은 잘되는 업종이나 업태가 따로 있을 수 없고 단지 잘되는 점포나 영업을 잘 운영하는 경영자가 있을 뿐이다. 우수 경영자가 운영하는 점포는 비록 대부분의 점포가 사양화하는 업종이라도 영업실적이 우수한 점포는 얼마든지 있기 때문이다. 그러나 일반적인 산업의 경향을 무시할 수는 없다. 평균적인 경영능력을 가진 경영주에게는 산업의 경향이 성공과 실패의 중요한 요소가 될 수 있기 때문이다.

여기에서 업종 · 업태 선정에 대한 참고사항을 살펴보기로 한다.

첫째, 모든 업태 · 업종은 반드시 사양기(斜陽期)가 있다는 것을 인식해야 한다

어떤 업종이 영원토록 나의 생계를 보장해 줄 것으로 생각하는 오류를 범하지 말아야 한다. 외식업메뉴나 업태 · 업종도 일반생산제품과 마찬가지로 라이프사이클(life cycle)이 있다. 예를 들면, 전국 메뉴의 법칙(내용이 달라도 메뉴이름 자체는 전국적으로 알려진 제품, 예를 들어 불고기 등)이 적용되는 된장찌개도 매년 맛과 조리법, 원자재가 달라지고 있다. 우렁된장찌개, 참치된장찌개, 멸치된장찌개, 버섯된장찌개 등 다양하게 변화해야 살아남는다. 이것을 옛날식 조리법 그대로 두었다면 이 메뉴는 아마도 외식업계에서 사라졌을 것이다.

최근 '가정식 백반'이 중소규모의 식당에서 직장인을 상대로 중식메뉴로 등장하고 있는데, 기실은 20년, 30년 전에 '백반'이라는 메뉴가 있었으나 다른 좋은 메뉴가 개발됨으로써 이 '백반메뉴'는 종적을 감추었던 것이다.

어떤 음식업종이나 어떤 메뉴에도 사양기는 오기 때문에 꼭 성업 중인 업종만을 생각할 필요는 없다. 특히 음식업이 사양기에 들어서도 이익이 발생하는 예가 허다하기 때문에 이익이 발생하는 데만 집착하다 보면 엉뚱한 업종을 선정하기 쉬운 것이다.

앞에서도 설명했지만 음식점은 숙명적으로 사양기가 있다. 그것이 3년 또는 5년이냐 혹은 10년이냐 하는 것은 별개의 문제지만, 반드시 사양기는 오게 마련이다.

매상고의 추이는 도입기 → 성장기 → 성숙기 → 정체기로 연결되며 매상이익고의 추이는 도입기 → 성장기 → 성숙기 → 정체기 → 사양기로 이어진다.

문제는 이 사양기에도 개별점포로는 이익이 발생한다는 것이다. 경우에 따라서는 이 사양기에 순이익이 더 크게 나올 수도 있다. 그 이유는 무엇일까?

① 감가상각비를 정률법으로 계산한 경우 사양기에는 감가상각을 사업개시 초 2~3년에 60~70% 계산했으므로 1년간 감가상각비 계산액은 아주 적기 때문이다.

② 원금반제도 몇 년 동안 영업과실로 상당액을 환급했으므로 금리부담도 극히 적다. 따라서 점포의 매출추이를 명확히 분석하지 않고 이익만 따지다 보면 어느 날 아침 매출저조로 침몰하는 업종이나 점포도 허다하다. 물론 매출이 점차 감소한다고 생각한다면 어떤 시기에 전면적인 점포개선작업을 할 것인

가를 가정할 수 있다. 그 결정시점은 적어도 1년 전에 결정하여 개수작업을 실시함으로써 계속기업으로서 존속할 수가 있다.

이 점포 수정작업은 ① 메뉴의 수정, ② 시대여건에 맞는 이미지 개선, ③ 신규고객 창출을 위한 Event계획 및 적절한 진행, ④ 서비스방법의 수정 등이 포함된다.

따라서 신규 창업 시에는 그 업종의 매출추이, 이익고 추이, 사양기에 진입했는지 여부 등을 면밀히 조사한다. 이 경우에는 해당업종 경영자 및 종사자, 전문컨설턴트의 조언을 듣는 것이 좋다.

97년도부터 칡냉면을 각지의 한식전문점에서 우후죽순처럼 메뉴로 채택하여 영업을 했으나, 그것이 98년도 후반기부터 서서히 퇴조의 기미를 보이고 있다. 그런데 98년도에 신규창업 희망자가 칡냉면이 이제까지 인기가 있었으니 그것을 메뉴로 선정하려고 결정했다면 그것은 잘못된 결정이다. 물론 예외적으로 우수한 경영자는 칡냉면으로 영업이 계속 가능할 수도 있으나, 일반적인 경향에 휩쓸려야 하는 초심자로서는 사양메뉴가 된 칡냉면으로 성공하기 어려운 것은 자명한 일이 아닐까?

둘째, 될 수 있는 한 경영주가 스스로 좋아하는 업종 · 업태를 택해본다

경영주가 너무 잘 알고 오랫동안 몸담아 온 업종을 선택하여 독립했을 때 이제까지의 고정관념 때문에 새로운 Idea 창출이 어렵다고 말하는 학자도 있다. 그러나 이것은 외식업이 아닌 타 산업의 예가 될 것이다.

필자의 경험으로 볼 때 외식업에 관한 한 경영자가 한식을 좋아하면 한식 쪽으로, 일식을 좋아하면 일식 쪽으로, 또는 양식(洋食)을 좋아하면 양식 쪽의 업태 · 업종을 선정하는 것이 편리하고 유리한 점이 많다고 생각한다.

일본 오사카에는 정통 일본식 요리(그들은 和食이라고 말한다)전문점으로 유명한 '간꼬스시'라는 체인기업이 있다. 400년 된 일본식 고가(古家)를 구입하여 일본식 정원과 전통있는 객실에서 일본 전통요리를 대중가격으로 판매하여 경기불황에도 불구하고 대성공을 하고 있는 기업이다. 이 간꼬스시는 96년도에 오사카 중심의 영업에서 벗어나 도쿄에 진출하여 도쿄외식업계를 뒤흔들 정도로 대성공을 거둔 바 있다. 도쿄 유락조에 있는 점포를 2회나 찾아가서 식사한 적이 있다.

필자의 사무실에서 매년 실시하는 도쿄 및 오사카의 음식레스토랑전시회에 많은 회원사와 함께 견학연수를 실시하고 있으며 매회 꼭 한 번은 저녁시간대에 간꼬스시 점포를 방문한다.

이 회사의 경영자는 그때마다 반드시 찾아와서 자기의 점포 성공담과 실패담을 비롯하여 현재 일본의 외식산업현황 등을 자세히 설명하고 자주 방문하는 필자의 회원사 경영자들과 개인적인 친교도 맺고 있다. 이 간꼬스시 사장의 경영철학의 일부를 여기에 소개한다.

"나는 어릴 때부터 간꼬스시를 경영하기 이전부터 화식(和食)을 좋아했다. 직장생활도 화식전문점에서 근무했을 정도로 화식을 좋아한다. 무슨 특별한 이념이 있거나 철학이 있어서가 아니고 아주 단순하지만 '화식이 맛이 있고 먹기 편하기 때문에' 화식을 좋아하는 것이다."

하루 3식 중 두 끼는 우리 점포에서 식사한다. 그러나 한 점포에서 식사하는 것이 아니고 점심은 A점포, 저녁은 B점포에서 식사한다. 고객접대 및 친구와의 교제시에도 특별한 사유가 없는 한 우리 회사 간꼬스시에서 식사한다. 너무나 맛이 있기 때문이다. 그리고 아침식사는 집에서 하기는 하지만 우리집 메뉴에 사용하는 원자재는 우리 간꼬스시에서 사용하는 원자재와 똑같은 것이다.

그래서 나는 자연히 우리 점포 원자재의 선도나 물성(物性)을 매일 체크할 수 있다. 구태여 점포에 나가서 확인하지 않아도 자연스럽게 원자재의 좋고 나쁨을 찾아낼 수 있다. 나쁘다고 생각되면 바로 구매담당에게 의견을 이야기하여 즉시 시정토록 한다. 따라서 나는 매일 품질검사를 하는 셈이다. 또 "하루 두 끼를 매일 당신의 점포에서 식사하면 식상하지 않으냐?"라고 많은 분들이 질문하는데 그 물음은 상당부분 맞는 말이다. 그러나 나에게는 해당되지 않는다. 나는 화식을 너무나 좋아하기 때문에 나의 점포에서 식사하는 것에 하등의 불편을 느끼지 않는다. 만약 내가 양식을 좋아하는 사람이라면 우리 점포 메뉴를 1주일에 한 번 정도 식사하기도 어렵겠지만 내가 화식을 좋아하기 때문에 식상하는 일은 거의 없다. 따라서 나는 여러분에게 될 수 있는 한 자기가 좋아하는 쪽의 메뉴를 판매하는 업종을 선택해서 영업하는 편이 유리하다는 것을 주장한다."

필자는 이런 간꼬스시 사장의 말에 전적으로 동의한다. 체인가맹점을 선택하는 등 특별한 경우는 어쩔 수 없겠지만, 가능한 한 자기가 즐기는 메뉴를 조리 · 판매하는 업종을 우선적으로 선택할 것을 권하고 싶다.

셋째, 독립점포로 개점할 것인가, 체인점의 일원으로 개점할 것인가를 생각해 본다

말 그대로 자기의 성격이나 외식업에 대한 연구, 자금의 범위 등 모든 부문을 검토해 보고 개인독립점포로 개점하든가 체인점의 일원으로 개점하든가를 결정해야 한다. 독립점포가 좋으냐? 체인기업의 일원으로 창업하는 것이 좋으냐의 문제는 서로 장단점이 있으므로 어느 쪽이 좋다고 말할 수는 없다.

또 개인 독립점포로 창업할 때도 조직을 개인으로 할 것인가, 아니면 법인으로 할 것인가는 처음부터 생각하고 조직을 구성해야 한다. 단순히 한 개 점포만을 생각하고 그 한 점포로 생계를 꾸려가려고 생각했다면 말할 것도 없이 개인사업자로 시작하면 된다. 체인기업의 가맹점으로 창업해도 마찬가지다. 그러나 외식산업에 대한 큰 꿈을 갖고 장차 중견기업으로 육성할 계획을 갖고 외식업을 창업했다면 처음부터 법인으로 시작해야 할 것이다.

개인으로 시작했다가 법인으로 전환할 경우 출자구성문제, 주주구성문제, 주식배분문제, 자산취득에 따르는 취득세 · 등록세 등 세무문제가 뒤따르기 때문이다. 체인가맹점으로 시작할 때도 장래 점포망을 확대하려는 계획이 있다면 법인으로 시작하는 것이 좋다.

일본의 다니자와푸드(주)는 법인(法人)으로써 롯데리아 체인가맹점 30점포, 미스터 도나츠 체인가맹점 40점포, KFC 30점포를 운영하는 기업이다. 반드시 체인본부를 운영하지 않아도 순수하게 체인가맹점을 여러 점포 거느리는 법인도 나름대로 장점이 있기 때문이다. 여러 체인가맹점을 운영하는 지주회사의 성격을 갖고 있다고 보아야 할 것이다. 필자와 다년간 친교가 있는 K사장은 롯데리아 점포 7개를 운영하고 있는데 별도 법인을 설립하여 그 업무를 관장하고 있는 한 예이다.

개인이냐 법인이냐는 장래에 업체를 확대시키려는 계획여부에 달려 있으며 본인의 개성과도 관계가 있다. 남과 더불어 같이 사업을 운영할 수 없거나 개성이 강하여 자기의 경영철학을 뚜렷이 하여 외식업체를 운영하려고 생각한다면 체인가맹점을 운영하는 것은 피해야 한다. 체인본부의 여러 가지 업무제약이 많아서 자기의 능력을 자유롭게 발휘할 수 없는 경우가 많기 때문이다. 물론 위험부담이나 손익의 향수문제는 전혀 별개이다.

개인 독립점포는 투자에 따르는 모든 위험부담을 혼자서 감당하는 대신 영업이 활성화되어 이익이 증가되면 그 모든 이익이 경영주 개인에게 귀속되는 장점이 있으며 영업전략이나 신제품개발 등 자기의 개성을 얼마든지 발휘할 수 있는 자유스러움이 분명히 있다.

그러나 메뉴개발, 판촉전략의 구사, 종업원교육 등의 힘든 업무를 혼자서 처리해야 하는 어려움도 있는 것이다. 또 앞에서 설명했지만 영업이 부진하면 그 모든 손실을 경영주 혼자서 처리해야 하는 어려움도 있는 것이다.

반대로 체인가맹점으로 개점하는 경우 그 체인본부가 경영능력이 있고 우수하게 체인점을 관리하고 있으며, 다년간 좋은 실적이 있고 신제품 개발 등 계속기업으로써 확대 · 발전의 제반요소를 갖추고 있다면 위험부담은 훨씬 줄어든다. 그러나 자기 점포의 이익 중 일부를 어떤 명목(예를 들면, 로열티, 상호 · 상표의 사용료, 교육비 등)으로든지 본부에 지급해야 하므로 모든 점포이익을 독점할 수 없는 부분도 있다. 또 본부가 경영부실로 도산하는 경우 체인 점포는 독립적으로 이 위기를 관리할 능력이 없으므로 동반 도산하는 위험이 없는 것은 아니다.

따라서 개인점포가 유리하냐? 체인가맹점이 유리하냐? 하는 문제는 단언해 말할 수는 없다고 본다. 오직 자기 스스로 또는 전문가의 조언을 받아서 판단할 수밖에 없는 것이다.

넷째, 자기가 직접 조달 가능한 자금의 범위 내에서 점포를 구상한다

타인의 자금을 사용하거나 금융기관의 융자에 의해 외식점포를 개점하는 것은 위험천만한 발상이다. 필자의 경험으로 보면 자기자금보다 많은 타인자금을 차용하여 창업한 경영주치고 성공한 예는 극히 드물었다.

음식업경영은 현금장사니 어느 정도 매출만 이루어지면 원리금상환이 가능하니까 은행 또는 타인으로부터 자금을 융자받아 좋은 위치의 점포를 확보하여 개점하려는 생각이 전혀 틀린 발상은 아니다. 그러나 여기에는 다른 전제가 따른다.

외식업을 창업하여 다년간 경험이 있고 여러 점포를 운영하는 경우 각 점포에서 이룩한 판매고가 별도로 확보되어 있다면 좋은 입지의 점포를 확보하여 (비록 금융권의 융자에 의한 개점이라도) 개점하는 것은 오히려 바람직한 영업정책이 될 수도 있다.

그러나 1호점 창업 시 또는 음식점경영 경험이 없는 초심자의 경우는 많은 타인의 자금을 창업자금으로 이용하는 것은 너무나 위험한 일이다.

음식점 매출은 개점 즉시 쉽게 많은 실적을 올릴 수 없다. 그 점포의 인지성(認知性)을 높이려면 어느 정도의 시간이 지나야 하고 많은 판촉 이벤트와 광고선전을 하여야 한다.

영업이 활성화되고 있는 번성하는 점포는 바로 창업한 점포는 아니다. 다년간의 영업활동을 통하여 전통이 쌓이고 지역고객으로부터 음식과 서비스환경 등을 검증받아 우뚝 선 점포들이다. 이들 점포의 영업실적을 보고 나도 곧 저런 실적을 올릴 수 있을 것이라는 기대는 버려야 한다.

대부분의 신규창업자는 자기가 투자하는 자금이 있으므로 "적어도 이 정도의 매출은 올려야 한다"고 생각하며 그것이 과학적 근거나 어떤 분석에 의해서 얻어진 추정치가 아닌 '기대매출'인데도 마치 실현될 수 있는 '과학적 근거에 의해 계산된 매출'로 착각하는 경우가 많다.

이러한 착각 때문에 예비자금 없이 전 자본을 투자하여 창업에 임하다 보니 개점 후 2~3개월 안에 자금이 바닥나서 원료구입도 못하고 직원의 급여도 지급치 못하여 차츰 영업실적이 호전되고 있는데도 거래처의 납품중단 및 직원의 이탈로 업무가 마비되어 문을 닫게 되는 경우도 있는 것이다. 자금계획에 대해서는 후술할 기회가 있겠지만 어떤 경우에도 창업초기 투자자금+예비자금의 범위 내에서 가장 알맞은 규모의 점포를 구상할 것을 권한다.

다섯째, 유능한 외식전문 컨설턴트의 자문을 반드시 받아야 한다

이제는 전문가시대가 되었다. 치밀하게 연구하고 철저하게 조사하여 작성한 계획도 차질을 빚게 되는 경우가 허다하다. 자기 혼자서 생각하고 판단하여 행한 결정으로 인하여 실패하기보다는 다년간 외식업에 경험이 있는 컨설턴트의 자문을 받아보는 것이 창업업무의 실패율을 줄이는 한 방법이다.

컨설턴트에게 지급되는 자문료가 부담이 되는 것은 사실이다. 그러나 자기 독자의 판단으로 투자한 수천만 원 또는 수억 원의 점포가 폐업되면 막대한 손실을 보게 된다. 그런데 자기와 가능한 의견이 다른 컨설턴트의 자문을 받아 개점해서 성공했다면 오히려 수천만 원 또는 수억 원의 이익을 챙기는 결과가 될 것이다. 최근 사회적 여건이 기업체의 구조조정으로 많은 실업자를 양산하고 있고 이들의 불안하고 초조한 심리를 이용하여 여러 형태의 창업컨설턴트들이 활약하고 있다. 그런데 필자가 알기로는 외식산업의 전문컨설턴트는 그렇게 많아 보이지 않는 것 같다.

TV프로나 각종 매스컴에 소점포창업이니 SOHO창업이니 하고, 많은 컨설팅업체가 등장하고는 있으나, 실제 외식업창업 컨설팅업무에는 우수한 업체가 많은 것 같지는 않다.

필자의 주장은 간단하다. 외식업은 학문이 아니며 학론(學論)도 아닌 실천과학이다.

실제 점포경영 경력이나 경험을 갖지 않고 컨설팅이 어떤 것이다라고 말하는 것은 일부 어리석은 초심자에게 통하거나 지극히 한정적인 분야에는 통할지 모르나, 이들이 제대로 창업업무를 집행한다는 것은 무리한 일이다.

외식업컨설팅업무는 해당분야에서 적어도 10년 이상 근무경력이 있어야 가능하다고 생각된다. 식당경영의 겉으로 드러나지 않는 속내는 점포운영을 직접 해보지 않고는 알 수가 없다. 솔직히 말해서 외식업에 20년 이상 근무하고 또 해외의 우수한 기업체에서 외식산업에 관한 공부를 한 필자 자신도 재주가 없어서 그런지는 잘 모르겠으나 아직도 모르는 것 투성이라고 생각하기 때문에 감히 이렇게 주장하는 것이다.

안타까운 것은 오늘날 우리 사회에서 법률상 쟁송사건이 일어났을 때(그 사건이 민사든 형사든 관계없이) 변호사를 선임하게 되는데, 이때 의당 변호사 수임료는 지불하여야 한다고 생각하면서도, 자기재산을 지키고 잘 운영하여 더 큰 이익을 확보하는 데 필요한 전문지식을 구하기 위하여 외식컨설팅기관을 찾아 자문을 받는데 필요한 비용지불은 아까워하는 게 일반적인 것 같다.

실물구입의 대가지불에는 익숙하면서도 지식산업에 대한 반대급부에는 인색한 것 같다. 이것은 필자가 수년간 컨설턴트로 일해오면서 부닥쳐온 환경이다. 물론 열심히 의논하고 컨설턴트의 의견을 존중하면서 창업한 결과 좋은 실적을 올리고 있는 경영주도 상당수 있다. 그러나 그 반대의 경우가 많은 것도 사실이다. 불신이 팽배한 사회여건이나 유능한 컨설턴트를 발견하지 못하였기 때문에 무모한 창업을 하면서도 컨설턴트에게 자문을 의뢰하지 않는 것인지는 잘 모르겠으나 미국이나 일본 등 선진국과는 많은 차이를 느낄 수 있다.

그러나 최근에는 많이 달라지는 현상을 보이고 있는데 준비없이 창업한 뒤 실패했거나 영업이 상당기간 좋은 상태였으나 갑자기 매출이 저조하여 점포경영상태가 악화되면 컨설턴트의 사무실을 찾아온다. 최근 필자의 사무실을 찾는 의뢰자가 많아지는 것은 좋은 현상인지는 모르겠으나, 그것이 컨설턴트를 신뢰해서 찾아온 것인지, 아니면 너무나 답답한 마음에 해결할 방도가 없기 때문에 찾아온 것인지는 확실히 알 수 없다. 어떻든 방문자 수가 증가한 것만은 사실이다.

컨설턴트를 찾아갈 때에는 다음의 점에 유의해야 한다.

① 자기가 생각하는 방향을 말하지 말고 주장하지도 말고 주로 듣는 자세를 취한다

컨설팅을 의뢰해 오는 사람들 중에는 자기가 생각하는 어떤 업종이 있으면 거기에 집착해서 컨설턴트의 이야기는 귀담아 들으려 하지 않는 경우가 있다. 다행히 컨설턴트가 제시하는 내용이 자기가 생각하는 메뉴나 업종과 일치하면 희색이 만면하여 그대로 창업을 시행한다. 그러나 이런 식으로 창업한 사람 중에 성공한 예는 별로 보지 못했다. '자기의 생각과 컨설턴트의 생각'이 일치해도 그 창업절차나 업무집행방법, 또는 업무집행의 수준차가 있는 것을 깨닫지 못한 결과이다.

또 일부 사람들은 컨설턴트의 이야기를 듣는 중에 자기 생각과 틀리면 자기 의견을 강력히 주장하면서 때로는 감정표출까지 하는데 필자 자신도 당황할 때가 한두 번이 아니었다. 아까운 시간을 내어 상담료를 지불하면서 자기 생각만 관철시키려는 사람들의 본심을 도저히 이해할 수가 없는 것이다. 컨설턴트와 상담할 때에는 어떤 경우든 조용히 의견을 청취하고 자기의 생각과 다른 의견을 컨설턴트가 제시할 때에는 그것을 깊이 새겨 듣고 돌아온 뒤에 몇 번이고 곱씹으면서 왜 컨설턴트가 그러한 의견을 제시했는지를 분석한 뒤 최종결정을 하여야 한다. 필자의 생각으로는 가능한 한 컨설턴트의 의견을 존중하는 것이 실패율을 줄이는 방법이라고 보고 있다.

② 컨설턴트의 실력을 의심하거나 실력이 없다고 생각되면 당연히 컨설팅 집행계약을 체결하지 말아야 하겠지만, 일단 컨설팅 계약을 했다면 이러쿵저러쿵 다른 이야기를 하지 말고 또 제멋대로(?) 자기 의견을 말하는 타인의 얘기에 귀 기울이지 말 것을 권하고 싶다

필자의 경험에서 보면 성공한 업체와 그렇지 못한 업체의 차이를 분석한 결과, 컨설턴트의 의견을 전폭적으로 수용한 경영주는 대체적으로 성공한 경우가 많았고, 컨설팅업무 진행 중에 메뉴는 이렇게 바꾸면 좋겠다, 디자인을 이렇게 바꾸면 좋겠다고 주장하며 억지로 그것을 강행한 경영자는 실패한 경우가 많았다고 본다.

심지어 컨설턴트가 제시한 메뉴가 잘 안될 것이니 경영주가 이런 메뉴를 추가하자고 주장한 결과 개점후 불과 1~2개월 만에 확연하게 경영주가 추천한 메뉴는 실패하고 당초부터 시장조사에 근거하여 제시한 컨설턴트의 추천메뉴가 인기리에 판매되자 컨설턴트가 방문할 때마다 부끄러운 표정을 하는 경영자도 있었다. 물론 영업실적이 좋아서 컨설턴트나 경영주 모두가 기분 좋은 관계를 유지하기는 했으나 경영주가 주장한 메뉴만 채택했더라면 이 점포는 분명히 실패했을 것이다. 그러면 그것은 경영주만의 실패가 아니고 컨설턴트의 자존심에도 치명타를 주는 것이다.

"컨설턴트를 믿지 못하겠으면 절대로 컨설팅계약을 하지 말 것이며, 일단 컨설팅계약에 의해 업무를 맡겼으면 무조건 컨설턴트를 믿어보는 것이 성공의 지름길이다. 맡겼으면 믿어본다. 또 계약을 하자마자 극히 단기간에 어떤 업무가 진행되기를 조급하게 요구하지 말자."

③ 확실한 계약에 의해 컨설팅을 의뢰한다

컨설턴트의 사무실을 방문하여 자문을 의뢰할 때에는 명확한 업무집행명세, 보고서 작성방법, 작업일정표, 단계별 집행내역, 중간보고서 제출, 컨설턴트 투입인원수 및 작업일수 등의 세부업무를 기록한 업무집행제안서를 요구하고 또 작업일정별 컨설팅수임료, 지급일자 등을 명확히 정하도록 하며 그 외에 이러한 업무를 정히 집행할 것을 약속하는 컨설팅집행계약서를 작성하여야 한다.

④ 컨설턴트가 제시하는 컨설팅 실적보고서를 무조건 믿지 말고 반드시 해당점포를 찾아가서 사실 여부를 확인한다

컨설팅사무실을 방문해 보면 연도별로 많은 업무를 집행한 실적표나 유명 대학교수의 이름이 나열된 컨설턴트 프로필을 제시하며 자기 회사의 실적과 능력을 과시한다. 물론 전적으로 이것을 믿지 말라는 것은 아니다. 외식컨설턴트로 일하는 필자의 입장에서 이렇게 말할 수는 없겠지만 상당수 믿지 못할 자료를 나열하는 컨설턴트가 있는 것도 사실이다.

심한 경우 대기업의 창업업무에 3일 정도의 서비스교육을 실시한 실적을 두고 전체 창업컨설팅업무를 집행한 양 과시하는 예를 직접 목격한 일도 있으며, 현장경험이 없는 대학교수를 컨설턴트로 나열해 두고는 있으나 1개월 1회 정도밖에 컨설팅사무실에 출근하지 않는 경우도 있다. 그렇기 때문에 컨설팅사무실에서 제시하는 실적을 살펴본 뒤 직접 해당점포를 찾아가서 컨설턴트의 실력을 확인해 보는 것이 좋을 것이다.

훌륭한 컨설팅업무를 지도받았다면 두말없이 해당 컨설팅회사에 대하여 좋은 평가를 내릴 것이며, 그 반대인 경우에는 더 말할 필요는 없는 것이 아닌가. 이런 점포를 두세 군데 찾아가서 확인해 보면 모든 것을 확실하게 알 수 있게 된다.

⑤ 컨설턴트의 사무실에 비치하고 있는 각종 자료나 실적보고서의 부피를 확인해 본다

이미 설명한 바 있지만 컨설팅 간판을 내걸고 영업하는 컨설턴트들이 모두 우수하다거나 훌륭한 스태프진을 구성하고 있는 것은 아니다. 따라서 이들의 능력을 객관적으로 증명할 수 있는 자료는 컨설턴트들의 외식업체 근무경력, 그들의 학력, 연구논문이나 저서, 그리고 컨설팅한 업체의 영업실적, 컨설팅집행보고서, 컨설턴트사무실에 비치되어 있는 각종 국내외 정보자료의 내용 등일 것이다.

컨설턴트의 사무실을 찾아 업무를 의뢰할 때에는 그들이 비치하고 있는 각종 자료의 양, 비치목록, 자료관리방법의 치밀성과 합리성, 직원이 고객을 맞이하여 어프로치하는 자세 등을 우선적으로 체크해야 될 것이다. 그리고 컨설턴트들의 외식업 경력사항을 가장 주의깊게 관찰해야 한다. 적어도 외식기업체의 임원급으로 10년 이상 현장업무 경험이 있고 한두 권의 전문서적을 집필하고 많은 연구논문을 발표한 정도라면 믿어도 좋을 것이다.

이상 컨설턴트의 자문필요성, 그들의 선정방법에 관해서는 이것으로 설명을 마치기로 하고 업종선정의 마무리를 지어보기로 한다.

여섯째, 일반적인 판단을 중시할 필요는 없으나 그래도 초심자의 경우는 대규모 투자는 피하는 것이 좋다고 생각한다

대부분의 식당경영을 시작하려는 사람들은 “처음 시작하는 사람은 우선 소규모

영업부터 시작하여 식당업의 본질을 배운 뒤에(경험을 얻은 뒤에) 큰 투자를 하는 게 좋다"고 생각하는 쪽이 많은 것 같다.

어느 정도는 합리적인 생각이라고 볼 수 있다. 그러나 논자에 따라서는 이것을 고정관념의 하나라고 주장하는 사람도 있다. 경험이 없는 사람의 판단은 대개 이와 같으나 식당업에는 최소한 업종 · 업태별로 적정규모가 있다.

자금이 없어 소규모 점포로밖에 개점할 수 없다면 어쩔 수 없겠으나, 최소한 15~20평 규모의 점포라야 영업을 할 수 있는 업종이라면(예컨대 Eat-in형태의 카레전문점) 그 정도의 규모는 확보되어야 하는데, 만약 8평이나 10평 규모로 영업을 한다면 좋은 성과를 기대할 수 없다. 또 점포가 작기 때문에 내장공사비의 평당 단가가 높으며 주방기기도 아무리 규격을 축소해서 제작해도 기본사양이 있으므로 점포가 작을수록 단위당 단가가 높아지게 된다.

기타 비품이나 필요한 기구는 조리를 하는 경우 점포가 아무리 작아도 있을 것은 있어야 하므로 단위당 기준으로 볼 때에는 작은 점포의 투자액이 높을 수 있다. 즉, 전체 투자액수는 적으나 평당 투자액은 높기 때문에 감가상각이나 투자이자를 계산할 때에는 자연히 큰 점포보다 부담이 크므로 흑자전환기간이 길어질 수밖에 없다. 또 경영주가 직접 요리를 담당하지 않고 요리사를 채용해야 할 경우는 작은 점포일수록 인건비 부담률이 상대적으로 높아 작은 점포가 반드시 유리한 것만은 아니다.

상당히 일리 있는 얘기며 참고할 만한 내용으로 볼 수 있다. 너무나 작은 점포인 경우에는 고객을 흡입하기가 훨씬 어렵다. 규모가 협소하고 냉방시설도 불충분한 점포에 기분 좋게 내점할 고객은 많지 않기 때문이다.

따라서 처음 시작하는 초심자가 쉽게, 우선 작은 규모의 투자부터 시작하자는 생각은 다분히 문제점이 있다고 본다. 물론 식당운영 경험이 많고 일정분야의 조리에 숙달되어 있다면 소규모 전문점도 얼마든지 가능하지만 그것은 초심자의 여건과는 다른 얘기다.

위에 설명한 내용을 기초로 초심자의 업종선정 시 생각해야 될 몇 가지를 정리해 보자.

① 가능한 메뉴 수를 적게 하는 단품 또는 전문점 쪽을 택해본다.
② 외식점포를 경영하는 이상 그 업종 · 업태의 적정규모에 가까운 점포를 확보하여 영업하여야 한다.
③ 자금이 적기 때문에 소규모라도 영업할 수밖에 없다는 생각으로 창업하는 것은 좀 더 신중히 생각한 뒤 결론을 내린다.
④ 우선 중저가 메뉴를 채택할 수 있는 업종을 선정한다.
⑤ 여성고객이 핵심이 되는 메뉴 쪽이 유리하다.
⑥ 자금이 아주 소규모일 때에는 T/O(Take out)점포나 택배점포(Home Delivery 점포, 소규모 중화식 또는 Pizza배달점포)를 구상해 본다.
⑦ 적정규모 이하 점포는 경영자 스스로 조리할 수 있는 업종(메뉴)을 선택한다.
⑧ 자금의 여유가 있고 관리능력이 우수한 경영자는 우수한 컨설턴트의 자문을 받아 특수한 점포를 개점하여 승부수를 띄우는 용기도 필요하다.
⑨ 유명점포, 유명식당의 메뉴나 경쟁을 너무 의식하지 말고 자기 점포의 특성을 살리는 쪽으로 분위기나 메뉴를 구상해 본다.
⑩ 일단 결정된 업종 · 업태는 중간에 결심이 변경되어 우왕좌왕하는 모습을 보여서는 안된다.
⑪ 일단 창업 후 3개월 실적, 6개월 실적을 분석한 뒤 업종의 전면수정, 일부수정, 계속 그 상태로 영업을 계속하여야 할지를 결정해야 하며, 조급히 업종 · 업태를 바꾸는 우를 범해서는 안된다.
⑫ 요리에 전문지식이 있는 경영자는 그 전문요리가 받아들일 수 있는 위치에 점포를 개점해야 하며, 자기 요리는 어떤 시장에서도 통할 수 있다고 생각하는 자만심을 버리는 자세가 필요하다.

제 2 절 입지조사방법

1. 입지조사의 목적

신규창업을 위하여 점포 후보지를 선택하고 그 후보지 안에 있는 점포를 선정한다. 따라서 보통의 경우 입지와 대상건물을 함께 조사하는 것이 일반적인 조사형태다. 왜냐하면 이미 어떤 업종 · 업태를 운영할 것인가를 결정했으니까 이제는 그에 가장 적합한 위치(입지)와 건물을 선택하는 것이 포인트가 된다.

그러면 입지조사는 왜 하는가? 그 목적을 명확히 해야 한다.

그 목적은 여러 각도에서 검토되어야 한다. 외식업의 경험 유무와 관계없이 자기가 희망하는 업종 또는 업태가 가장 활성화될 수 있는 장소의 선택이기 때문에 막연한 조사가 아닌 분명한 목적을 갖고 입지조사를 해야 할 것이다.

그러나 일반적으로 입지조사, 상권조사, 현지조사 등을 실시하면서도 그 구체적 목적이 명확하지 않고 단지 보고서작성을 위해서나 형식적인 업무집행의 하나로서 입지조사를 하는 경우도 있다. 더 나쁜 것은 의뢰받은 업무를 구체적으로 시행한다는 것을 보여주기 위하여 억지 춘향이식으로 시장조사를 하는 경우도 있다. 그러나 입지조사는 분명한 목적을 갖고 실시되어야 한다. 그것은,

① 나의 점포의 명확한 판매목표를 산출하기 위한 기초자료를 수집하기 위하여
② 자기 점포가 확보할 상권의 범위를 파악하기 위하여
③ 자기가 생각하는 상권의 범위 내에 어떤 유명점포가 있으며 자기와 경쟁할 점포를 조사하여 개점 시에 그 점포에 대한 대응책을 마련하기 위하여
④ 현재의 시장 혹은 장래의 발전가능성을 확인하기 위하여
⑤ 현재의 상권에서 가장 인기있는 메뉴가 무엇이고 그 가격대는 어떻게 형성되어 있는지를 조사하여 자기 점포의 메뉴구성에 참고하기 위하여

등일 것이다.

입지조사의 기본목적은 이러한 내용을 종합하여 결국 자기 점포 영업이 잘될 것인지, 매상고는 얼마나 달성할 수 있을 것인지를 예측하기 위한 기초자료의 확보인 것이다.

2. 현장을 발로 뛰면서 입지를 조사한다

모든 식당 창업희망자는 입지조사 시 반드시 자신이 현장을 발로 뛰면서 업무를 집행하여야 한다. 필자는 이 방법론으로서 '운동화 두 켤레론'의 신봉자다.

단순히 현장을 돌아보거나 현지 부동산 중개인의 말만 믿고 점포를 선정하거나 오랜 기간 점포를 찾아 헤매다 보니 지쳐서 졸속으로 점포 후보지를 결정해 버리는 실수를 범하지 않는 대책으로 이 방법을 권한다. 즉 식당을 창업하려는 사람은 입

지조사나 시장조사를 시작할 때에는 우선 신발판매점에서 운동화 두 켤레를 구입한다. 그리고 그 신발 두 켤레의 밑바닥이 다 떨어져 구멍이 날 때까지 열심히 현장을 뛰며 세밀하게 조사에 임해야 한다는 것이다.

자기가 창업을 희망하는 입지에서 가장 영업이 활성화되고 있는 점포와 고객이 잘 오지 않는 점포의 차이점 등을 직접 현장확인하며 분석하는 방법이다.

점포의 바깥모양, 점포 전면의 길이, 점포 내부의 꾸밈, 종업원의 접객자세, 화장실의 청소상태, 점포 출입문의 청소상태, 간판의 규격 및 글자모양, 버스 정류장과의 거리, 지하철역과의 거리, 고객유인 집중시설과의 거리, 메뉴의 종류와 품질 그리고 중심 가격대, 점포 앞 인도의 넓이 등을 매일매일 찾아가서 기록해 본다.

물론 이외에도 조사항목이 많다. 자세한 것은 후술하기로 하고 앞에서 설명한 내용을 점포규모별로 A, B, C 등으로 구분하여 나름대로 우수점포, 중간정도의 점포, 부진점포의 3단계로 구분해 가면서 대학노트에 기록한다.

만약 컴퓨터 워드프로세스가 가능하다면 위에 든 항목을 전부 기재한 일정양식을 만들어 기록해 가는 것도 좋은 방법이 될 것이다.

아침, 점심, 저녁, 심야 시간대별로 조사해 보면 실제 많은 수의 점포를 확인할 수 없어 기간이 많이 소요된다. 그리고 식당 위주로 조사를 하되 그 외 사무실, 영업소, 학원, 학교, 병원 그리고 아파트나 주택 등의 지번(地番)도 조사하여 기록해 간다.

3. 입지조사의 중요항목

자기 점포의 입지가 결정되기까지는 여러 항목으로 그 입지의 현황을 조사한다. 앞에서 운동화 두 켤레를 다 닳도록 조사하는 방법은 우선 기초적인 조사에 머물 수밖에 없다. 그러나 체인기업 등은 입지를 조사하기 위해서 각 기업체별로 별도의 더 구체적인 노하우가 정립되어 있다. 여기서는 개인점포를 중심으로 입지가 결정되기까지 초심자가 알아야 할 일반적인 항목을 기록해 본다.

시장조사 보고양식

년 월 일 시 날씨( )

<table>
<tr><td colspan="2">점 포 이 름</td><td>업 종</td><td colspan="3">주 소</td></tr>
<tr><td colspan="2"></td><td></td><td colspan="3"></td></tr>
<tr><td colspan="2">조 사 기 간</td><td colspan="4">년 월 일 ( ) 時부터( ) 時까지</td></tr>
<tr><td rowspan="2">영업시간</td><td colspan="5">시부터 시까지</td></tr>
<tr><td colspan="5">피크타임 시부터 시까지( )시간</td></tr>
<tr><td>객 수</td><td colspan="2">보통 영업시간
명</td><td>피 크 타 임
명</td><td colspan="2">직 원 수
명</td></tr>
<tr><td></td><td colspan="2">명</td><td>명</td><td>주방 명</td><td>홀 명</td></tr>
<tr><td rowspan="2">점포규모</td><td colspan="2">점 포 규 모</td><td>객 석 수</td><td colspan="2">설 비 개 요</td></tr>
<tr><td colspan="2">객 석( )평
주차장( )대</td><td>ROOM 개
TABLE 2인석 개
4인석 개</td><td colspan="2"></td></tr>
<tr><td>중요메뉴 및 단가</td><td colspan="5"></td></tr>
<tr><td>판촉내용</td><td colspan="5"></td></tr>
<tr><td>특기사항</td><td colspan="5"></td></tr>
</table>

(1) 입지조사의 항목

대상점포가 있는 위치, 지형(地形), 가장 가까운 거리에 있는 기차역, 지하철역, 버스정류장, 또 이들 역이나 정류장을 이용하는 승하차 객수, 입지의 특성이나 환경, 그 입지에 거주하고 있는 상주인구 및 세대 수, 그 지역의 상업시설 내 근무인원, 중요 간선도로의 통행량, 통행방향, 시간대별 이동고객의 흐름, 소득층의 분류, 시장상점가 현황, 경쟁관계가 예상되는 점포현황, 점포의 생김새(건물의 생김새), 도로망의 형태, 점포의 주변환경, 건물의 외형, 점포 앞 통행량, 점포 앞 통행차량 대수 등을 조사한다.

(2) 소비구조 조사항목

지역의 문화수준, 식음료 소비성향(예를 들면, 슈퍼 등에서 주로 판매되는 식음료 자료를 파악하면 알 수 있다), 양식화의 경향, 자가용 보급률, 가계소비지출, 소비구매력, 외식률, 과자나 빵의 소비성향, 도시화 진전도 등을 조사한다.

(3) 경쟁점 조사항목

주력 메뉴 및 가격대, 중요 객층구조, 객수, 객단가 및 매상고 흡인요인분석, 경쟁 정도, 경영상황, 접객태도, 중요판촉 이벤트, 객석 수, 객석구성(테이블석, 2인석, 4인석, 10인석, 룸구성) 등을 조사한다.

(4) 장래성 조사항목

지역개발계획(도시개발과), 도로, 철도, 지하철, 고속도로의 신설, 대규모 시설계획, 인구의 이동변화, 도시계획, 도시구획 및 정리, 상권의 확대 및 축소, 대형기관의 이동, 주택계획, 공장설립계획, 대단위 전자단지 조성, 대단위 아파트단지 조성, 상점가의 구조변화 등을 조사한다.

(5) 경제성 조사항목

지가(地價), 건물임대 보증금, 월 임대료, 건축공사현황, 지역의 음식업, 인건비

수준, 지역 타 산업의 인건비 수준, 건축비, 인테리어 단위당 단가, 원자재 구입방법 및 원자재 비용 등을 조사한다.

(6) 지역 건물의 조사항목

지목(地目), 지종(地種), 평수, 지형, 건패율, 지상권, 임차권, 전세권, 저당권, 소유권자, 도시계획 확인 등을 조사한다.

이 중 조사자들이 가장 관심을 가져야 할 항목으로서는 주변의 보증금, 월세금의 현황, 소방·방재상(防災上)의 규제에 관한 조사, 도시계획심의지구 설정에 관한 조사, 환경규제에 관한 조사, 수질오염방지법상의 규제(복합 정화조시설지역 설정 여부 등), 점포 예정지를 둘러싸고 있는 주민의 성향(보수적이거나 집단농성항의 등의 사회문제가 자주 발생하는 지역인지 여부), 건물의 지상권, 임차권, 저당권, 전세권 설정여부 등을 조사한다.

비교적 관심이 낮은 조사항목으로서는 건물상속인의 신용상태, 기존 상점가와의 의견조정문제(집단적으로 기존 상점이 식당업 개점을 거부하는 경우도 있다), 교육위원회, 학교 등과의 교육적 마찰(학교 등에서 오후에 F.F.나 F.R.이용을 금지하는 등의 학생단속을 하는 경우도 있다) 등도 자세히 조사해야 한다.

4. 입지에 대한 잘못된 고정관념

(1) 좋은 입지와 나쁜 입지가 따로 있다

일반적으로 통행인구가 많고 주변에 대형건물이 많으며 지하철역에서 가깝고 통행인의 눈에 잘 띄는 점포는 좋은 입지라고 말한다. 그런데 이 관념은 통상적인 의미에서 좋은 입지라는 점을 이해해야 한다. '좋은 상업성 입지'가 '자기 점포에 알맞은 입지'는 아니라는 점에 유의해야 한다. 예를 들면, 서울의 명동은 위에서 설명한 내용에 거의 해당되는 입지다.

그런데 명동의 경우는 점포임대 보증금이 높으며 월세금이 높고 점포권리금도 많다. 그런데 창업자가 경영하려고 하는 업종이 칼국수, 만두전문점이라면 그 점포는 명동에서는 번성하기 어려운 조건이라고 판단했을 때 일반적으로 좋은 상업성 입지인 명동은 '나의 점포의 입지'는 아니라는 점이다.

또 부동산소개소가 말하는 좋은 입지는 그들이 음식업에 대한 전문성이 없기 때문에 적절한 입지라고 말할 수도 없다. 그래서 통상적으로 말하는 입지는 자기의 자금여력, 자기가 선택하려는 업종 · 업태와 일치하지 않을 때 그것은 좋은 입지가 될 수 없다는 점을 인식해야 한다. 자기자금, 자기업종, 자기업태에 가장 알맞은 입지가 좋은 입지이다.

패밀리레스토랑 입지(상권)조사 사례

상권의 범위	상권거리	도보객	자전거객	자동차객	기타	합계
도보(5분) 도보(10분), 자전거(5분)	0.5km 1km	5.5% 3.5%	1.0% 1.5%			11.5%
도보(15분), 자전거(10분) 도보(20분), 자전거(15분) 자동차(5분)	2km 3km	1.0%	0.5% 0.5%	11.0%		14.0%
도보(20분), 자동차 10분 자동차 15분 자동차 20분	5km 7km 10km			19.5% 13.5% 8.0%		1.0%
자동차 20~30분 자동차 30분 이상	15km 15km 이상			9.0% 21.0%		30%
TOTAL		12.0%	5.0%	82.0%	1%	

	도보 10분권	자전거 15분권	차 10분권	
자택에서, 친지집에서	5.4%	2.3%	18.2%	
근무처에서	2.5%	0.6%	6.8%	
	7.9%	2.9%	25.0%	35.8%
	도보 10분권 자택, 지인, 근무처에서	자전거 15분권 자택, 지인, 근무처에서	차 10분권 자택, 지인, 근무처에서	5km 권내에
주 1회 이상 이용객	2.6%	1.0%	8.4%	12%~안정적
월 2회 정도 이용객	2.1%	0.8%	6.7%	9.6% 고정객

〈내점이유〉

주차장이 있어서 45%
점포 가까이 있어서 38% — 편리성

분위기가 좋아서 20%
기분 좋고 마음이 안정되므로 21% — 점포 내의 환경

아침부터 문을 열므로 16%
밤늦게 심야에도 문을 열므로 10% — 영업시간

간판이 눈에 뜨이므로 10%, 가끔 자주 지나가는 참에 13%,
가족과 함께 갈 곳이므로 15%, Group으로 갈 수 있으므로 10%

◎ 상권은 넓지 않다!!

★ 1km 권내(도보, 자전거)
내지 3km 권내(차) 등→ 25%로
내점객의 1/4

※ 차를 포함해서 10분 권내→ 45%
- 5km권
- 차를 포함해서 20분권에는 67%

★ 1km권(도보, 자전거) 내지 5km권
(차)의 사람은
- 자택, 지인댁에서 26%
- 근무처에서 점의
→ 36%
가까운 곳의 사람이
이용도가 높다. 10%

★ 특히 편리성 점내의 환경, 영업시간이 고객 흡인력의 커다란 point
free객의 흡인력 point는 간판sign pole

① 도보, 자전거상권(1km권), 차상권(3km권 또 5km권)의 표준화, 기준 설정 필요

② 상권의 자기 점포 경쟁을 고려하는 경우 동일 도로연장선상에 있어서 점포배치는 10km 간격이 가능자(표준으로서의 고려할 점)

① free객, 고정객의 고객을 위해 효과적·효율적인 간판류의 설치 내지 기존물 수정수리의 check가 필요
- 점포, 주차장의 approach간판의 위치와 수량(시계성)
- 간판의 종류, 색 등의 재검토도 필요

② 점포 Interior는 가족적(서민적)으로 가벼운 분위기 필요
- row cost 점포건설, 디자인, 조명, 의장 등
- 신형점포 건설도 동일함

(2) 나쁜 입지이기 때문에 장사가 잘 안된다

위에서 말한 대로 일반적으로 좋은 입지와 나쁜 입지가 있는 것은 사실이며 좋은 입지에 개점하면 나쁜 입지에 개점하는 것보다는 단기간에 고객을 흡입시킬 수 있는 장점은 분명히 있다. 그런데 이 생각을 바꾸어보자. 좋은 입지에 개점한 모든 점포가 성공하는 것도 아니고 소위 나쁜 입지에 개점한 점포가 다 실패하는 것도 아니다. 결국 이것은 무엇을 의미하는 것일까.

일반적으로 말하는 좋은 여건의 점포는 '성공의 필요조건'은 될 수 있으나 '성공의 필요충분조건'은 아니라는 점이다. 경영주의 의지와 노력, 새로운 고객의 창출, 젊은 세대를 흡입시킬 수 있는 환경조성, 신메뉴의 개발 등으로 얼마든지 좋은 입지로 바꿀 수 있다. 물론 깊은 산속, 외딴 섬 등 극단적인 위치는 별개의 문제다. 그것은 상식적으로 판단할 수 있기 때문이다. 목이 좋아야 한다. 목이 나빠서 장사가 안된다고 하는 생각은 극히 한정적으로 적용되는 고정관념이다.

(3) 좋은 입지는 언제나 좋은 입지다

"어떤 특정지역에서 계속적으로 우월적 지위를 누릴 수 있는 점포도 없으며 언제나 인기를 누릴 수 있는 메뉴도 없다"라는 말의 의미는 오늘 번성하는 지역이 계속적으로 번성하는 외식업의 금성탕지(金城湯池)가 될 수는 없다는 뜻이다. 예를 들어, 종로 2가의 경우를 보자. 지금 40대 이상 세대는 분명히 학생시절 종로 2가 지역의 낙지골목을 기억할 것이다. 젊음의 한때를 매운 낙지볶음과 막걸리, 아니면 소주를 마셔가며 국가와 민족의 장래, 미래에 대한 꿈을 토로하며 밤을 지새던 추억을 갖고 있을 것이다.

그 당시 이 지역의 주점은 무척 번성했다. 그러나 그로부터 20년이 지난 지금 이 지역은 한두 집의 낙지집을 제외하고는 거의 소멸하고 말았다. 물론 도시계획 등의 영향도 있었지만 젊은이가 찾는 음식은 낙지에서 간단한 꼬치, 돼지삼겹살, 부대찌개, 오징어볶음, 닭갈비로 바뀌고 맥주와 소주로 바뀌었다. 그리고 새로운 젊은이의 모임장소로 관철동에서 대학로로, 그리고 명동에서 신촌 대학가로, 서울 시내에서 교외지역으로 바뀌고 있다. 또 지금의 대학로도 언제 젊은이의 발길이 끊어질지 모른다. 대학로에 있는 각종 점포가 차츰 매상고가 하락하고 있는데 그것은 IMF 외환위기 훨씬 전부터 시작된 현상이다.

새로운 인테리어를 시공한 업체, 새로운 콘셉트의 점포에 고객이 몰린다. 1~2개월 후 기존의 점포보다 더 새로운 테마의 점포가 나타나면 그 점포로 고객이 몰린다. '진부화 현상', '변화현상'이 너무나 빨리 전환되기 때문이다.

오늘의 최고의 입지는 내일에는 일반적인 입지로 변화될 수 있다는 것도 알아야 한다.

(4) 큰길 옆 시계성(視界性)이 좋은 점포가 좋은 입지다

큰 길 옆 점포는 분명히 통행하는 사람이나 자동차 고객의 눈에 뜨이기 쉽고 시계성도 좋은 점포인 것은 틀림없다. 따라서 고객의 흡입률도 높을 수 있다. 그러나 다른 한 면을 보자. 지나치게 사람이 많이 이동하고 자동차 이동량이 많은 대도로변에 유명식당이 있었는지….

필자가 알기로는 종로 도로변이나 남부순환도로변에 위치한 외식업 점포는 그렇게 많지 않으며, 대도로변에 위치한 점포가 번성점으로 활성화된 곳은 그렇게 많은 것 같지 않다.

그 이유는 극히 간단하다. 나날이 증가하는 자동차의 흐름이 너무 많아 이들 점포에 입점하는 고객이 식사를 마치고 주차장을 빠져 나오기가 너무나 힘들고 위험하기 때문이며 이 사정은 갈수록 악화될 것이다. 또 지나치게 정체가 심한 도로도 좋은 입지가 될 수 없다. 대도로변은 도로교통법상, 도시미관상 여러 가지 제약을 받아야 하기 때문에 간판의 설치, 테마성 있는 점포의 외부꾸미기, 외부장식물 등의 설치가 어렵다. 유명식당 군집지나 유명식당이 있는 입지는 대도로보다는 오히려 이면도로인 경우가 많다. 자동차나 사람의 통행에 약간은 여유를 가질 수 있기 때문에 주차장이나 점포주변에 테마성 있는 연출이 가능한 것이다. 아름다운 조경, 특이한 간판, 어린이 놀이시설 등을 갖출 수 있어 가족고객이나 테마성을 선호하는 젊은이들에게 수용될 수 있는 분위기 창출이 가능한 것이다.

이면도로는 통행인의 눈에 잘 띄는 곳은 아니지만 테마성 있는 연출은 가능한 입지이다. 도심지에서 벗어난 한 수림(樹林) 속에 어떤 유명점포가 있다고 가정해 보자. 처음 찾아온 고객의 탄성은 이렇다. "아! 이런 조용한 곳에 이런 훌륭한 점포가 있을 줄이야…." 이러한 점포를 육성해 가는 것은 또 하나의 입지전략이 될 것이다.

(5) '토요일은 즐거워'일까?

이제까지 직장인들은 토요일은 오전 근무만 해왔기 때문에 토요일 오후부터 레저나 휴식을 위한 프로그램을 만들었고 이에 따라 심야극장, 심야식당, 관광지의 유락시설이 토요일 오후부터 영업을 해왔다. 불황으로 어려운 국면에 처해 있는 우리나라 경기가 계속 이런 상태에 머물지는 않을 것이며, 우리의 경제적 잠재력이나 기업들의 노력으로 볼 때 가까운 기간 내에 이를 극복하고 다시 국민소득 $20,000, $30,000 이상의 선진국형 경제패턴으로 바뀔 것으로 본다.

외식산업을 이런 장기전망으로 생각해 보면 소득수준의 향상에 따라 선진국형의 생활형태인 토요일 휴무는 현재 기업체나 공무원 조직에서 실시되고 있다. 따라서 직장인들은 '토요일은 즐거워'에서 '금요일은 즐거워'라는 여가생활을 즐기고 있다. 이렇게 되면 심야영업, 휴일의 양태, 레저의 양태가 근본적으로 변화하게 된다. 외식업도 당연히 그 운영형태가 바뀌게 될 것이다. 월 평균 20일밖에 영업할 수 없는 도심지 점포는 생존의 방법을 근본적으로 바꾸지 않으면 안될 것으로 본다.

반대로 유원지지역, 가족위락지의 점포는 이제까지 천편일률적인 구각에서 벗어나지 않으면 고객으로부터 외면당하게 될 것이다. 도심지 점포는 평일의 런치메뉴, 저녁시간대 메뉴운영의 기본틀을 바꾸고, 또 점포환경도 토 · 일요일 등 휴일에 인근의 사무실 근무자가 자기 가족과 함께 내점할 수 있는 분위기로 만들어가야 할 것이다.

(6) 식사는 아침, 점심, 저녁 시간대 중심으로 이루어진다. 또 이러한 수요창출이 손쉽게 이루어질 수 있는 입지가 최고의 입지다

'지금까지는 아침 일찍 출근하는 직장인을 위한 조식메뉴, 점심시간대 메뉴, 저녁시간대 메뉴, 그 위에 토 · 일요일 가족고객 메뉴를 많이 판매할 수 있는 입지가 최고의 입지'라고 생각해 왔다. 그러나 이러한 여건도 변화하고 있다. 현대는 세계화시대가 되었다. 심야시간대 근무자가 증가하고 있으며 24시간 편의점이 증가하고 있고 심야버스가 운행되고 있다. 심야극장이 상영되고 있다. 금융기관의 근무형태도 바뀌고 있다. 낮 근무, 밤 휴식이라는 고전적인 근무형태도 차츰 바뀌게 될 것이다.

유럽블록경제, 아시아블록경제, 아메리카블록경제 등 대지역 경제권이 단일화되고 있으며, 크게는 세계경제의 단일화까지 예견하는 학자도 있다. 미국의 본사에서 보내온 FAX를 이튿날 아침에 출근하여 확인하고 대응하는 것은 이미 정보화시대에서는 경쟁에 뒤지는 영업이 된다. 전통적이던 은행근무형태도 심야영업까지 하고 있으며 이러한 각종 상업시설의 근무형태 변화는 식당업의 영업형태까지 변화시키게 된 것이다.

(7) 남성고객이 많은 지역이 좋은 입지다

식당 이용고객은 F.F.점포나 Pizza전문점 등 여성고객이 남성고객보다 많은 몇개 업종을 제외하고는 대부분 남성고객이 많다고 볼 수 있다. 저녁시간대 매출도 주로 남성고객에 의하여 이루어져 왔다. 음주도 주로 남성 중심으로 이루어져 온 것도 사실이다.

그러나 이제 이런 양상은 많이 변화될 것이다. 핵가족 중심에서 DINK족이 양산되는 사회로 변화되고 하루 3식의 식관습에서 두 끼 이상은 가정 밖에서 이루어지고 주택에 주방이 필요없는 시대가 되고 있다. 더구나 현대 경제사회에서는 여성의 능력이 개발되어 모든 부분에서 남성을 압도하고 있고 남성전유물인 것처럼 생각되던 건설부문, 정치부문에도 여성의 진출이 증가되는 양상이다.

따라서 중식시간, 저녁시간대 여성의 외식이 많아지게 된다. 또 직장생활을 하는 여성의 경우도 이제까지 주로 주택 근처의 슈퍼 등에서 식음료 원자재를 구입하는 경향이었으나, 일과가 끝난 후 저녁식사를 한 뒤 다음날 아침식사용 식품과 원자재를 직장 근처의 슈퍼나 백화점 식품가에서 구입하게 되므로 직장 인근의 슈퍼나 백화점의 이용이 높아지고 이 지역에 있는 식당이용률이 남성 못지않게 많아지게 된다.

어린이가 없고 부양가족이 거의 없는 신세대 여성의 경우는 아침 한 끼만 간단히 취식하는 HMR제품을 이용하며 그 외는 거의 외식을 하게 되므로 이들 주부층 고객을 단순히 주택가 식당의 고객만으로 계속 붙들어 둘 수는 없을 것이다. 식당의 중심고객이 남성 위주에서 서서히 여성 쪽으로 이동하고 있는 선진국의 외식패턴을 눈여겨볼 필요가 있다.

5. 입지의 변화가능성 조사

앞서의 몇 군데서 설명한 바 있지만, 입지는 고정적인 것이 아니고 현대사회가 급격히 변화하기 때문에 그에 따라 입지여건도 변화한다. 이런 점에서 시야를 넓혀 입지의 변화를 미리 알아보는 지혜와 사전조사가 필요하다.

기술적인 문제의 하나지만 도시이용계획 확인서를 발급받아 보면 ① 국토이용, ② 도시계획, ③ 군사시설, ④ 농지, ⑤ 산림, ⑥ 자연공원, ⑦ 수도 등으로 구분되어 있다.

그리고 위 각 항목 중 용도지구는 풍치지구, 도시설계지구, 미관지구(1, 2, 3, 4, 5종), 아파트 고도제한지구(최고 및 최저), 기타 지구로 구분되어 있는데, 이 중 미관지구 4종지로서 대도로 인접지구는 건축물을 구축할 수 없는데 이에 대한 전문지식이 없는 경우에는 토지임대계약을 완료하고 건축허가 신청 시에 이러한 사실을 알고 낭패를 보게 되는 경우도 있었다. 4종지를 5종지로 바꾸는 계획은 구청(시, 군, 구) 도시정비과에 문의하면 변경예정시기 등을 알 수 있으므로 사전조사를 철저히 하면 업무진행 차질은 예방할 수 있다.

또 하천이 도시 인근을 흐르고 있을 때에는 복합정화조설치 의무지역을 설정하고 있는데 최근에 제정된 법률이기 때문에 건축회사 관계자들도 잘 모르는 경우가 있다. 건축기간이 장기간에 걸쳐 시행될 때 건축허가 시에는 이 문제가 발생하지 않았으나 건축준공검사 시 문제가 되어 영업허가 취득에 곤란을 당한 일도 있었다. 법령의 경과규정 적용이 애매하여 건축주만 시간적인 손실을 본 것이다. 복합정화조설치규정은 업무용 정화조 외에 하천유입 폐수처리 정화조까지 설치할 것을 의무화하고 있다. 물론 이런 기술적인 문제까지 신규창업자가 알 수는 없겠으나 식당이 아닌 타 업종을 영업하던 점포, 신축건물에 식당업을 개점하려고 할 때에는 가급적 전문가의 조언을 들어야 한다.

그 외에 사전에 체크하여야 할 몇 가지 항목을 기술하면 다음과 같다.

(1) 자기가 확보한 점포 인근지역에 지하상가, 또는 지하철 공사를 실시할 계획이 있으면 착공시기와 준공시기를 조사해야 한다

지하상가 공사나 지하철 공사는 아무리 짧아도 3년 또는 5년 이상의 장기공사가 대부분이다. 이러한 공사가 시작되면 공사소음, 먼지, 교통불편, 통행통제 등으로 해당지역의 상가는 상당한 기간 동안 폐업하거나 점포를 이동해야 한다. 이런 공사계획을 모르고 개점했다가 개점 후 3개월에 공사를 개시하는 바람에 막대한 자금손실을 본 지방점포가 있었다.

또한 완공시기가 1년 남았다, 또는 6개월 남았다는 얘기를 그대로 믿어서는 안된다. 필자가 아는 한 완공시기를 그대로 지키는 공사를 아직까지 본 적이 없다. 따라서 지하철 또는 지하상가 공사가 완공되고 그것이 접객요인이 되어 대단한 상권이 형성된다고 해도 최소한 완공예정일부터 1년간은 매출부진으로 어렵기 마련이며 이 기간을 견딜 수 있는 영업전략과 자금준비는 필수적이라는 점을 알아야 한다.

또 하나 유의해야 할 것은 이 공사가 완료되면 오히려 교통이용량의 패턴변화(지상교통량보다 지하이동 교통인구가 많아질 수 있다)나 지하상가의 활성화로 시장여건이 더 악화될 수 있다는 점도 유의해야 할 요소다.

(2) 대학캠퍼스, 중고등학교, 대그룹 기업의 본사 또는 대형공장의 이동 등을 사전에 탐지해야 한다

신규창업자나 기존 점포경영자 모두 항상 정보수집을 게을리하지 말아야 한다. 대형시설, 예를 들면, 대학캠퍼스의 이동은 이동계획이 발표된 지 수년이 지난 뒤에야 이런 작업이 구체화되기 때문에 평상시에는 잊고 지나치는 예가 허다하다. 계속 밀려오는 고객 때문에 항상 느긋하게 있다가 어느날 아침 깨어보니 참담하더라는 옛 서소문 법원 주변의 어떤 식당경영주의 말이 생각난다.

최근 도시개발계획이나 대학캠퍼스의 확장 등으로 지방으로 이동하는 학교가 많고 중 · 고교 캠퍼스도 외곽지역으로 이동하는 경우가 있다. 또 대그룹이 이제까지 임대하던 건물을 비우고 그룹사옥을 신축하여 이동하는 사례도 많다.

관악구 보라매공원에 있던 공군사관학교와 그 부속시설이 청주로 이동한 뒤 인근의 식당들이 한때 초죽음상태에 이른 적이 있었다. 신문이나 언론에 지방으로 이동한다는 기사가 나왔지만 몇 년씩 연기되어 왔기 때문에 무심히 지나왔고 또 공군사관학교 이동 후 닥쳐올 영업에 대한 타격을 깊이 생각하지 않았기 때문에 불어닥친 사건 앞에서 당황스럽기만 했을 것이다. 이 지역의 D점포는 공사 이동 10일 전에 점포를 확장하였다고 한다. 공사이동 후 고객이 급격히 감소하자 당황하여 필자에게 어떻게 하면 좋을지를 상담해 왔다. 필자는 공사가 이동되었으나 더 큰 상업시설이 입주할 것이며 많은 고층건물이 공사를 시작하게 되면 많은 건축관계자들과 건물관리부서가 사무실을 개설할 것이니 이들의 식사나 회식이 많아질 것으로 본다. 조금만 참으면 이전에 못지않게 영업이 활성화될 것으로 생각한다. 그러니 염려 말고 직원들을 잘 훈련시켜 두라고 충고하여 주었다. 이 점포는 이 지역에서 규모가 가장 큰 점포였기 때문에 예측대로 각종 회식, 식사 등으로 대단위 고객을 흡수할 수 있었으므로 지금은 이 지역에서 가장 번성하는 점포가 되었다. D점포는 그래도 운이 좋았다고 볼 수 있지만, 대형건물 입주자들의 이동은 사전에 약간의 주의만 기울인다면 파악할 수 있다고 본다.

(3) 점포후보지 인근에 백화점, 쇼핑센터, 대형 F.R.이 개점할 여지가 있는지를 조사한다

백화점, 쇼핑센터 등은 분명히 CG(Customer Generater : 고객흡입요소)로써 대단히 중요한 요소가 된다. 그러나 이러한 건물이 점포 인근에 건축되면 유 · 불리한 점이 동시에 생길 수도 있고 어느 한쪽만 영향을 미칠 수도 있다. 유리한 측면은 많은 고객이 집합되므로 이들 고객을 자기 점포에 어떻게 유입시키느냐의 문제만 연구하면 번성점으로 성장할 수 있다는 것이다.

그러나 반드시 유리한 측면만 있는 것은 아니다. 이제까지 이동고객이나 차량에 대해 우수한 시계성(視界性)을 확보할 수 있어 영업이 활성화되었으나, 갑자기 대형건물이 전면에 건축됨으로써 마치 이면도로 한 구석에 치우쳐 버리는 듯한 점포로 전락되어 고객의 시야로부터 멀어지는 경우도 있고, 또 이들 대형건물 내에 우수한 식당이 개점하게 되면 환경 면이나 메뉴의 다양성에서 뒤지게 되어 점포영업이 어려워질 수도 있다.

또 점포 인근에 대형 F.R.이 입점하기 쉬운 유리한 지형의 나대지가 있어 이들 용지에 건축물이 세워지면 자기 점포의 시계성이나 이동통로에 어떤 지장을 받을 수 있는지 등도 연구하여야 한다. 예를 들면, 나대지의 규모가 100~200평 정도되면 큰 문제는 없겠으나 1,000~2,000평 규모의 나대지라면 문제가 있을 수 있다.

만약 나대지에 정부기관이나 많은 인원을 수용하는 기관이 입주할 건물예정지이고 현재 공사가 진행 중이라면 A점포의 평수가 35평이며 현재의 고객에게는 적정규모라고 생각해도 6개월 뒤 공사가 완료되어 2,000명의 인원이 입주한다면 적어도 6개월 전에 옆 점포 25평까지 확보하여 점포를 60평까지 확보하는 방안을 연구할 필요가 있다. 공사가 완료되어 입주가 시작되면 옆 점포의 건물 보증금이 2배 이상 상승할 수도 있을 것이기 때문에 수요예측에 의해 처음부터 점포를 확장할 필요가 있다.

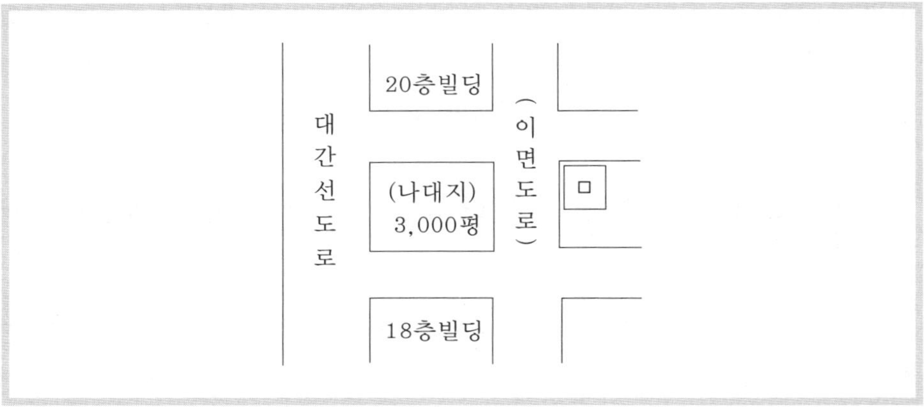

※ 위 나대지에 10층 건물이 건축되면 A점포의 시계성은 나빠진다.
그러나 반드시 불리한 면만 생기는 것은 아니다.

(4) 도로확장의 가능성도 조사한다

반대의견이 있을 수 있겠지만, 도심지 입지의 경우 자동차왕래가 너무 심하거나 정체가 심한 대도로보다는 오히려 이면도로에 위치한 점포가 더 유리한 경우도 있다. 이면도로의 경우는 테마성 있는 점포건설이 용이하고 녹지대나 여유있는 공간 확보도 가능한 경우가 많기 때문이다. 그런데 이면도로는 도시계획 때문에 묶여 있는 구역이 많아 생각지도 않은 도로가 확장되어(소방도로 또는 연결도로) 점포가 철거되는 예가 종종 있다.

따라서 점포를 계약하기 전에 부동산 소개소의 말만 믿고 그대로 계약할 것이 아니라 도시계획확인원 등을 발급받아 도시계획 또는 지역개발계획 등을 확인할 필요가 있다(부동산 중개업자에게는 아무런 법적 책임을 물을 수 없으며 점포가 철거되어도 누구에게 재산상 손실을 보상받을 수 없다. 건물주가 보증금 등은 반제해 준다 하더라도 인테리어나 건축물에 투자된 자금은 회수할 수 없다).

가능한 도로가 좁은 지역이 폭이 넓은 도로보다 유리하다는 데는 몇 가지 이유가 있다(물론 3m 이하의 좁은 도로는 아니어야 한다). 노폭이 50m, 80m 등 넓은 경우에는 길 건너편에서 횡단하여 오기가 어렵다. 점포 바로 앞에 횡단보도가 있어도 건널목 신호가 짧아서 길을 건너오는 데 심리적 부담이 크기 때문에 10m에서 15m 안팎의 중간 정도 폭의 도로가 식당업에는 유리하다고 볼 수 있다.

또 하나 도로변에 있는 점포를 선정할 때 유의할 사항은 전면 도로의 자동차통행이 쌍방이냐 일방이냐도 큰 문제가 된다는 점이다. 간단히 결론지으면 쌍방통행이 더 유리하다(단, 정체가 심하지 않은 조건에서). 왜냐하면 일방통행은 자동차가 2차선, 3차선의 노폭을 일방으로 질주하므로 이동속도가 빠르기 때문이다. 교통사고가 많은 지역은 일방통로이기 때문에 길 건너기가 힘들며 신호등의 파란 불 켜지는 시간도 회전이 느린 경우가 많다. 경우에 따라 10m 이하 도로는 교통신호 등이 없는 도로도 많다.

(5) 특수영업점포나 유흥가가 형성된 지역은 곤란하다

점포 후보지에 나이트클럽, 카바레, 디스코장이 새롭게 개점되거나 일부 개점되어 있으면 가족고객이나 사무실고객, 그룹고객, 데이트족, 청소년 고객의 유입을 어렵게 한다.

오후 시간대의 밴드소리, 유흥업소 종사원들의 요란한 옷매무새 등과 현란한 네온사인 간판 등이 조용한 식사분위기 연출에 장애요인이 될 수 있다.

그리고 풍속사범 단속지역이나 성인용 물품(예를 들면, 섹스숍) 판매점이 있는 지역도 식당업 후보지로는 부적합하다. 또 옛날에 퇴근길 직장인들의 발길이 잦았던 먹자골목의 식당진출도 신중을 기해야 한다. 대부분의 직장인들이 자동차를 보유하고 있으며 또 예전처럼 술을 많이 마시지도 않는다. 음주단속 등의 제재도 있겠지만 건강생활을 지향하는 생활태도 때문에 간단한 식사만을 하는 회식이 많아지고 있다.

그런데 먹자골목은 대부분이 주차장을 보유하고 있지 않으며 식당운영기술도 미숙한 경영자가 많아 메뉴의 참신성도 부족하여 고객의 발길이 멀어져서 쇠퇴해 가는 상업지대가 되고 있다.

(6) 자기 점포와 경쟁이 예상되는 점포의 치밀한 조사가 우선시되어야 한다

자기가 출점하려는 지역에 가보면 고객이 항상 붐비고 있고 매출규모도 크게 느껴지는 점포들이 있다. 이들 번성점은 업종이나 규모에 관계없이 자기 점포의 강력한 경쟁자들이다. 이들의 상황을 철저히 조사해 둠으로써 자기 점포의 개점 시 대응전략을 사전에 수립할 수 있을 것이다. 대응전략은 1단계, 2단계, 3단계 등으로 시뮬레이션(가상연습)에 의해 수립이 가능하다.

• 객단가 추정

객단가는 고객 1인당 평균주문개수×1품당 평균단가라고 설명할 수 있으나 점포직원이 아닌 사람은 잘 파악할 수 없다. 따라서 대략적인 객단가를 알기 위해서는 테이블 위에 가장 많이 놓여 있는(식사하고 있는) 메뉴를 3~4개 선정하여 그들 메뉴의 단순평균치를 산출해도 무방하다.

예를 들면, 생선찌개 @6,000원, 전골 @8,000원, 모듬찌개 @9,000원, 부대찌개 @7,000원, 합계 30,000원이면 30,000÷4품목 = @7,500원을 평균객단가로 산정해도 좋다.

• 객수 추정

저녁 영업시간 종료 30분 전에 고객을 가장하고, 입점하여 마지막 주문을 한 뒤 영수증을 받아 보면 금전등록기 기종에 따라서는 당일의 총판매객수가 일련번호로 추출되므로 당일의 총판매객수를 알 수 있다. 이를 평일 2회, 토 · 일요일 2회 정도 실시해서 평균하면 하루의 평균객수를 알 수 있다. 만약 금전등록기에 일련번호가 기록되지 않으면 점포에 입점하여 중식시간 11시 50분부터 13시 30분까지 계수기로 출입고객을 30분 단위 또는 1시간 단위로 조사한다. 보통은 30분단위로 조사하여 2배수하면 1시간의 입점고객 수를 파악할 수 있다. 이 계수를 근거로 해서 종업원에게 점심과 저녁시간대의 객수가 대략 40 : 60 혹은 50 : 50인지 물어서 개략적인 객수를 추정할 수가 있다.

예를 들면, 12:00~12:30까지 입점인원이 60명이면 12:00~13:00까지 입점인원은 60명×2=120명, 13:00~13:30까지 입점고객이 60명이면 중식시간대 총입점객수는 180명이 된다. 중식시간과 저녁시간대의 고객비율이 40 : 60이라면 저녁시간대 고객 수는 180×60%=108명이 되어 1일 총입점인원 수는 180+108=288명이 될 것이다.

• 매상고 추정

총입점객수×추정 객단가로 간단히 계산한다. 그렇치 않으면 객석 수×만석률로 매상고를 추정한다. 예를 들면, 객석 수 60, 만석률 65%, 1일 회전 수가 중식 1, 5회전, 석식 1회 전이면 1일 회전 수 합계는 2, 5회가 된다.

- 1일 매상고 추정 : 60석×만석률 65%=38석

  38석×2, 5회전=95명(회전)

  95명×@7,500원=712,500원
- 종업원 수 : 정사원 주방 3명, 서빙 2명, 아르바이트 5명
- 객층 : 직장인 20%, 가족층 35%, 어린이 15%, 젊은 여성 30%, 20대 34%, 30대 25%, 40대 25%, 50대 이상 25% 등으로 기록한다
- 메뉴의 질 : 메뉴의 이름, 맛, 선도, 볼륨감, 고객의 만족도, 가격의 폭(최고가격과 최저가격대와의 차이), 식사제공시간, 상차림 모양 등
- 점포 내외부 환경 : 차량출입구, 안내판, 화장실, 외부간판, 녹지대 등 특수환경조사
- 기타 : 음료류, 드링크류, 지방 특산주류, 각종 민속주

경쟁점포 조사항목표

20○○년 월 일

<table>
<tr><td>점포명</td><td colspan="2">업종 · 업태</td><td colspan="2">소재지</td><td colspan="2">점포형태</td><td colspan="2">일 기</td><td colspan="2">기 타</td></tr>
<tr><td></td><td colspan="2"></td><td colspan="2"></td><td colspan="2"></td><td colspan="2"></td><td colspan="2"></td></tr>
<tr><td rowspan="2">점포
규모</td><td colspan="2">총면적</td><td colspan="2">객실면적</td><td colspan="2">객석구성</td><td colspan="2">총수용인원</td><td colspan="2">주차대수</td></tr>
<tr><td colspan="2">평</td><td colspan="2">평</td><td colspan="2">입석 석
좌석 석</td><td colspan="2"></td><td colspan="2"></td></tr>
<tr><td rowspan="3">영업
현황</td><td colspan="2">영업시간</td><td colspan="8">아침 시부터 저녁 시까지</td></tr>
<tr><td colspan="2">계산방법</td><td></td><td></td><td></td><td></td><td></td><td></td><td></td><td></td></tr>
<tr><td colspan="2">추정매상고</td><td colspan="2">평일 원</td><td colspan="2">휴일 원</td><td colspan="4">추정 객단가 원
1일 객수 원</td></tr>
<tr><td rowspan="2">영업
장비</td><td colspan="2">샘플케이스</td><td colspan="2">메뉴북</td><td colspan="2">오더시스템</td><td colspan="2"></td><td colspan="2"></td></tr>
<tr><td>유</td><td>무</td><td>유</td><td>무</td><td>유</td><td>무</td><td>유</td><td>무</td><td>유</td><td>무</td></tr>
<tr><td rowspan="2">종업원</td><td colspan="2">정규사원(홀)</td><td colspan="3">정규사원(주방)</td><td colspan="2">P/A</td><td colspan="3">합 계</td></tr>
<tr><td>남</td><td>여</td><td>남</td><td colspan="2">여</td><td>남</td><td>여</td><td colspan="2">남</td><td>여</td></tr>
<tr><td>고객층</td><td colspan="10"></td></tr>
<tr><td>서비스
수준</td><td colspan="10"></td></tr>
<tr><td>청소
청결
상태</td><td colspan="10"></td></tr>
<tr><td>메뉴</td><td colspan="10">총메뉴 수
주메뉴
기타 메뉴</td></tr>
<tr><td>총평</td><td colspan="10"></td></tr>
</table>

주 : 총평에는 인테리어, 냉난방시설 상황도 기록한다.

(7) 신규개발단지는 좋은 입지가 아닌 경우가 많다

분당이나 일산 등 베드타운은 장래성이 그렇게 많은 도시가 아닐 수도 있다. 도시계획에 의해 합리적인 주거공간과 공원 등의 시설은 잘 갖추었으나 발전에 대한 지나친 기대감 때문에 업종·업태 구분없이 백화점, 쇼핑센터, 전자상가, 일반상가 등이 총수요를 초과하여 난립하고 있으며 기대수치가 너무 크기 때문에 개발초기에는 너무나 활기에 찬 모습을 보이지만 점포 임대보증금이 고액이며 월세도 고액이기 때문에 투자한 것만큼 과실이 생기지 않을 수도 있다.

또 이런 입지는 강력한 경쟁상대끼리 경쟁적으로 점포 개점을 기도한다. 점진적인 인구증가나 학교시설, 복지시설의 입주에 맞추어 투자를 해야 하는데, 이런 기초생활인구 및 소비인구가 정착하기도 전에 대부분 과잉투자를 하게 된다. 따라서 개발의 중도에 부도사태 등이 많이 발생한다. 활성화되는 듯한 점포도 상당한 기간 동안 적정이윤을 확보하지 못하고 있는 경우가 많다. 분당지역에는 백화점만 10여 개가 되는데, 이들 백화점들이 활성화되려면 적어도 300만 인구가 거주하고 있어야 한다고 한다. 과당경쟁에서 오는 출점의 본보기가 아닐까?

이와 같이 붐이 일어나는 지역은 안정적인 상권을 형성하는 데 적어도 5~10년은 소요되며 대도심지에 신축한 대형건물이 정상적인 영업을 하려면 최소 5년은 소요된다고 한다.

서울 동대문에 위치한 의류 전문상가인 ××빌딩, 강변로 지역의 Y상가, 강남 서초구의 H전자상가 빌딩에 입주한 점포 중에 활성화되고 있는 점포는 거의 없다는 점을 초심자들은 유의해야 할 것이다. 이들 도심지 대형건물에 입주한 점포는 적어도 향후 3~4년이 지나야 일정 수준의 매상고를 확보할 수 있을 것으로 판단된다.

일반적으로 베드타운에는 고급점포보다 중저가 메뉴점포가 적당하다는 마케팅 이론이 있다. 따라서 대규모 식당의 투자에는 신중을 기해야 할 것이다.

(8) 자가용 차량의 증가는 입지의 개념을 변화시킨다

지금은 대도시 생활에서 자동차는 필수품이다. 자동차 수의 증가는 모든 상업시설의 입지를 근본적으로 바꾸어 버렸다. 아직은 서울에 대형 할인점포가 몇 개에 불과하지만, 외국에서 상륙한 '월마트'나 국내에서 개발한 'E마트' 등은 도심지에서 점포확보가 어렵기 때문에 어느 시점에서는 교외지역으로 옮겨지게 될 것으로 본다.

서울 중심으로 안양, 의정부, 수원, 여주, 양평, 이천 등지에 대단위 소매시설이 건설될 경우 대량구매 인구가 오후 시간대, 토 · 일 · 휴일에는 이 지역으로 이동하게 될 것이며, 이 지역을 중심으로 새로운 형태의 외식점포가 개점할 수도 있게 된다. 자동차는 아직은 한 가구당 1대이지만, 향후에는 성년 1인당 자동차 1대의 생활양태가 된다. 이때 주차장 규모가 500대, 1,000대의 대형점포가 아니면 자동차 생활 문화시대의 고객욕구를 수용할 수 없을 것이다.

제3절 입지선정 요령과 매상고 구성요소

1. 상권과 입지의 개념

(1) 상권

상권이란 점포에 내점하는 고객의 80%가 주거하는 범위의 인구 또는 세 대수, 단독 또는 집합적인 상업시설이 고객을 흡입시킬 수 있는 지리적 범위를 말한다. 그러나 이 내용은 애매한 표현이며 불명확하고 구체적으로 수치화하기도 어렵다. 또 하나의 방법으로 상품의 특성을 중심으로 일용상품권과 원거리 구매품 상권으로 구분한다. 일용상품권은 일상적으로 가정에서 사용하는 식음료, 부엌용품, 육류, 곡물, 생선 등을 구매하는 상권이다. 주택가 인근의 재래시장이나 슈퍼마켓 등이 이에 해당될 것이다. 원거리 상품권은 고객이 품질, 디자인, 가격 등을 비교 선택해서 구매하는 상권을 말한다. 여성용 유행상품, 특수가구, 혼수용품, 고급 가전제품 등을 구매하는 상권이 여기에 속하며 용산 전자상가, 동대문 의류상가 등이 이에 해당될 것이다. 고객층의 주거지역과의 거리, 점포에 도달하는 시간을 중심으로 구분하여 제1차 상권, 제2차 상권, 제3차 상권으로 나누는 방법도 있다. 도심지의 경우 점포에서 반경 0.5km 이내를 1차 상권, 반경 1km 이내를 2차 상권, 반경 2km 이내를 3차 상권으로 나누며 1~3차 상권 이외의 지역으로 교통수단의 편리성과 특수 생활 집단과의 연결이 가능하면 이 지역의 상권을 영향권이라 한다. 약간 거리가 멀어도 지하철과 직접 연결되어 있거나 집단주거지역에 영향을 주는 경우가 여기에 속한다.

(2) 입지

입지란 그 업종, 업태 또는 해당점포의 메뉴, 가격대, 규모, 이미지에 가장 합리적인 성과를 달성할 수 있는 지역과 건물형태를 합친 개념이다. 입지의 형태에는 입지의존형으로는 도시형, 교외형, 인스토어(in store)형이 있고 상권 의존형으로서는 도시형과 교외형이 있다. 상권과 입지개념을 쉽게 이해하기 위하여 명동을 예를 들어 설명해 보자.

'명동'은 우리나라 최고의 상권을 형성하고 있다. 이는 누구도 부인할 수 없다. 그런데 지가가 워낙 높아 주차장 확보가 어렵다. 영업에 주차장이 절대 필요한 고급 한식당이나 패밀리레스토랑이 개점하기는 어렵다. 그래서 명동은 상권으로서는 우수한 곳이나 한식당, 패밀리레스토랑의 입지로서는 부적격 지역이 되는 것이다. 따라서 외식점포의 건물을 조사할 때는 상권조사라는 말보다 입지조사라는 말이 더 적절한 것이라고 생각한다.

2. 입지조사

(1) 실사(實査)의 의미

실지조사를 줄여서 쓴 말이다. 이는 점포입지를 확보하기 위하여 현장에서 고객들이 해당점포를 자연스럽게 지각해서 거기에 도달하는 어떤 필연성이 있는지 어떤지를 살펴보는 것이다. 그것은 또한 점포를 개점하였을 때 달성 가능한 매상고 예측을 위한 현지조사이며 동시에 어떤 의미에서는 매상고 예측 그 자체이다.

2) 실사의 5원칙

① 매상고 예측의 원칙

실사의 초기단계에서부터 이 건물에 어떤 매력이 있는가? 얼마의 고객이 방문하여 매상고를 어느 정도 달성할 수 있는가 등을 가장 중요하게 생각하여야 한다는 원칙이다. 예컨대 현장에 도착하여 보니 주변에 사람이 적다. 겨우 1일 500,000원 정도 매상고를 달성할 수 있을까? 그러면 월간 매상고는 얼마일까?를 추정해 본다. 다시 한 번 주변을 살펴본다. 그중 A건물이 있는 장소는 교통중심지다. 이 건물에 개점하면 1일 120만 원 정도의 매상고는 달성 가능하지 않을까? 그래서 월간 매상고는 36,000,000원 정도는 가능하지 않을까?를 추정한다. 그리고 다시 한 번 현장을 방문하여 보니 어느 정도 기대치가 보인다. A건물 옆의 경쟁대상 점포는 거의 식사목적 고객뿐이며 1일 매상고는 1,000,000원 수준이다.

몇 번이고 주변조사를 한다. 그리고 더 깊이 생각한다. 특별한 여건으로서는 우선 가까운 거리에 외식점포가 적다. 경쟁이 적은 편이다. '식사+기타 메뉴'로 승부하면 1일 매상고 1,2000,000원 달성은 가능할 것으로 추정된다. 그러면 월간 매상고는 36,000,000원 수준이 안될까?

정확한 데이터는 없으나 우선 감각적으로 매상고가 이 정도는 달성 가능할 것이다. 이것이 매상고 예측의 원칙이다.

② 5감(感) 우선의 원칙

기존의 정보(지도상의 오류, 도로 크기의 오류, 과장, 오식, 각종 통계자료의 오류)로 판단하는 것은 현재의 시장여건과 전혀 맞지 않을 수 있다. 예컨대 통계데이터상에는 OO동 인구는 3,300명으로 나와 있으나 현장에 가보니 새로운 아파트와 맨션이 많다. 최소한 인구 10,000명의 단지로 추정된다. 인구의 집계방법 착오 혹은 인구통계가 오래된 것이 아닌가를 조사한다.

실제로 인근 역의 승하차 인원 수를 조사해 본다. 승하차 인원은 1990년 1일 13,000명이었으나 1997년도는 1일 19,000명으로 무려 46% 증가된 상태였다.

이때 시각, 청각, 취각, 미각, 촉각 등 인간의 5감을 풀가동하여 관찰한다. 역시

인구증가가 확실하다. 실사에서 본 것을 기준으로 통계를 수정한다. 이것이 5감 우선의 원칙이다.

③ 수치화의 원칙

감각적으로 확인한 통계정보가 정확하다면 그것을 그대로 사용해도 좋다. 그러나 택지조성, 대형건물 건축 등이 돌출하므로 통계정보가 현장사정과 맞지 않는 경우가 많다. 따라서 조사에 가장 적합한 수치를 고안해야 한다.

예컨대, 일정한 거리에서 일정한 목선(目線)이면 운전자의 시야에 들어오는 간판의 크기는 간판의 시계성(視界性)이 된다. 간판이 보인다. 이것을 보통의 운전자도 볼 수 있는가?

보통의 운전자의 목선과 시야에 들어오는가? 시야를 4도씩 구분해서 본다. 건물은 7도 정도의 목선(目線)에서 밖으로부터 시계성(視界性)평가를 4/7로 해서 본다.

5감에서 얻어지는 정보는 본인의 감각에 지나지 않는다. 이것을 수치화하여 타인과 정보를 공유하여 시계성 평가, 동선(動線) 평가 등의 기준을 만들어 수치화해야 객관적 자료가 된다.

이것이 수치화의 원칙이다.

④ 비교의 원칙

시계성 평가도 단순 평가만으로는 언제나 현장사정과 차이가 발생할 수 있으므로 조사대상건물의 자료와 타 건물의 그것을 비교해야 의미가 있다. 예컨대, 아래 표를 보면 대상건물의 매상고는 A와 B점포의 중간인 1,000만 원이 된다. 이와 같이 단순한 인구 수에 의한 매상고 추정은 오류일 수가 있다. 왜냐하면 A점포, B점포의 매상고와 인구의 관계가 바뀌어 있기 때문이다. 이때에는 A점포와 B점포의 매상고를 결정하는 별도의 요인을 찾아야 한다.

구분	대상건물	A점포	B점포
인구	17,500명	15,000명	20,000명
매상고	1,000만 원	1,200만 원	800만 원

구분	대상건물	A점포	B점포
환경	인근에 중견 클래스의 슈퍼가 있다.	인근에 대규모 상업시설이 있다.	가까운 곳에 상점이 있다.
	연매상고 21억 원	연매상고 40억 원	연 매상고 2억 원
매상고	1,000만 원	1,200만 원	800만 원

※ A점포 주변은 인구는 15,000명이나 인근에 연간 매상고 40억 정도의 상업시설이 있다. B점포는 인구는 20,000명이나 인근 상업시설의 연간 매상고가 2억 정도의 소규모이다. 인구 이외의 요소인 인근의 상업시설을 분석해서 비교하면 대상건물의 매상고 1,000만 원 추정이 어느 정도 합리적이다. 이와 같이 수치의 객관성을 위해 비교표를 만들어야 한다. 비교표, 점포의 사진 등도 필요하다. 이것이 비교의 원칙이다.

⑤ 가설검증의 원칙

교통량이 매상고와 관계 있다는 것은 하나의 가설이다. 그러나 교통량이 거의 없는 장소에서도 매상고가 높은 점포가 있다. 교통량과 매상고의 사이에는 일반적인 상관관계는 보이지 않는다. 이런 교통량은 가설이며 검증되지 않았다. 교통량 이외에 매상고에 관계되는 입지상의 요인이 있을 것이다. 이것을 실사에서 찾는 것, 가설의 진위를 찾는 것이 가설검증의 원칙이다.

3. 입지별 실사의 포인트

(1) 주택지 입지의 실사

① 건물에 관한 데이터 수집

상권의 질 파악이 핵심이다. 즉 인구총수, 연령별 인구, 취업자 총수, 재학생 총수, 세대 총수, 주민의 주택소유 관계별 세대 수, 소매 연간 판매액 및 일반음식점 연간 판매액 등의 데이터를 수집한다.

② 실사내용

내점 수단의 확인(자전거, 도보, 자동차, 대중교통), 교통유발요인의 확인, 교통유발요인으로부터 시계성 평가, 동선 평가, 상권의 크기를 확인한다.

③ 데이터와 실사에 의해 매상고를 예측한다

④ 통행인구 대상의 입지에서 중요한 것은 왜 사람이 모이는가?

그 점포에 도달하는 필연성이 높은 장소인가를 확인하며, 대규모 단지, 집합주택의 가까운 장소의 한곳에 사람이 공통으로 모이는 경우 사람들의 동선은 멀리 돌아가도 이 길을 선택하는 경향이 강하므로 이 장소가 좋은 입지이다.

⑤ 주택가의 쓰레기 봉투에도 정보가 있다(구매하는 상품의 질을 안다)

⑥ 보수적 상권

오래된 길이 있고 단층집이 많고 노상까지 뻗어 나온 나뭇가지가 많으며, 전주(電柱)에는 정당벽보가 많이 부착되어 있고 오래전부터 살아온 사람들이 많으며 비교적 연령층이 높다.
생활습관을 급하게, 쉽게 바꾸지 않는다(신당동, 약수동, 효자동, 명륜동).

⑦ 자유적 상권

신흥주택, 새로운 주택, 맨션이 많고, 백색주택, 위성안테나 고층의 맨션이 많다. 신규업종, 업태에 적합(압구정, 일산, 분당)

⑧ 경제적 상권

호화저택, 고급맨션, 고급차가 많다(이태원동, 압구정동, 청담동 일대).

(2) 역전 입지의 실사

① 건물 데이터 수집

상권의 질을 파악한다.

② 실사내용

'역' 최대의 교통유발요인인 역의 규모와 역에서의 사람의 흐름을 살핀다. 역 입구는 몇 개인가? 역 입구의 사용방법은 편리하고 자유로운가? 역으로의 집중도는 어떤 상태인가? 역의 홈에서 대상건물이 보이는가?

'역'의 개찰구가 1개이면 승하차하는 사람들의 수가 그 상권규모의 최대치를 나타낼 것이다.

'역'에서 갈림길이 많으면 그 방향에 도달하는 필연성이 낮아진다. 일반적으로 역에서 n번째의 분기점의 집중도는(0.3~0.5) n승이라고 평가한다.

예 '역'에서 4번째 분기점에 있으면 1~6%의 집중도가 떨어진다. 이 경우 역의 승하차 인원의 유입은 기대하기 어렵다고 평가한다.

'역'에서 몇 개의 분기점이 있어도 그 건물 앞의 간선도로와 만나는 장소에 횡단보도, 신호등이 있으면 그 건물에 이르는 동선은 필연성이 높을 수 있다.

'역 주변' 시계성 평가, 동선 평가, 평가를 위한 교통유발요인 확인, 경쟁점포의 위치와 입지를 확인한다.

(3) Road side 입지의 실사

① 시계성 평가

100m 이상 전방에서 점포 혹은 간판이 보이는가? 자동차 스피드는 주변의 운행속도에 맞추고 시선은 보통의 운전자와 같이 전방에 맞춘다. 자동차의 이동 스피드에 의한 시각관점상의 제약여부도 조사한다. 간판의 시계성에도 주의하고 특히 가로수 차단 등을 조사한다.

② 동선평가 : traffic zone을 확인한다

③ 로드사이드 입지에 있어서 실사의 제일 목적은 subject area(주체상권)의 설정이다

주체상권이란 자기 점포에 오는 고객이 어떤 범위에서 내점하는가를 설정하여야 하는데 이때 설정된 상권을 주체상권이라고 말한다.

- subject area 설정방법

평일, 토 · 일요일 5분간 건물과 해당지역을 왕복하면서 사람들이 '그 점포에 가고 싶다'라고 생각할 때 바로 갈 수 있는 어떤 동기로 내점하는지를 알아낸다. 분단요인(하천, 자연지형, 도로 등 인공요인)을 발견한다. 분단 외의 요인(도로의 넓은 바둑판 구조, 경쟁점포가 1~2km 가까운 거리에 있는 경우)도 발견한다.

확대요인도 발견한다(원거리에서도 그 지역에 오는 구제적인 필연성이 있을 것) 예컨대, 대도시와 인근 마을 대형쇼핑센터로 향하는 유일한 도로가 있는 경우 5km 이상도 상권으로 확장될 수 있다).

(4) Road side 역전 입지의 실사

① 역의 집중도 조사

역 승하차인원을 그대로 인정하지 않는다. 환승역인가? 종착역인가?

② 시계성 평가

점포 앞, 점포 반대측면의 시계성을 조사한다.

③ In, out 편리성의 평가

점포 측 차선, 반대 측 차선에서의 자동차 출입의 편리성 여부를 조사한다.

(5) Local road side 입지의 실사

① 점포 앞 도로가 어느 정도까지 연장되어 있는가? 그 도로의 편리성과 단축되는 광역지역 상권의 신장가능성을 조사한다

② 광역상권이 넓지 않아도 건물의 토지 조건이 우수한가? 주차장의 넓이, 사용 편리성, 인 · 아웃(in, out)의 손쉬움이 포인트이다

③ 운전타임으로 상권을 설정한다

면적이 큰 운전상권을 취한다. 시가지를 포함한 운전상권을 취한다. 여러 지역에 흩어진 주택에 유의한다. 자가용 이용률이 높은지 여부를 조사한다. 그 이용률이 높으면 상권은 크다.

④ 상점가의 실사에서 확실한 핵심 점포가 없고 오전 10시에 상점가의 문이 열려 있지 않으면 불확실한 입지이다. 상점가를 통하지 않고 역으로 향하는 별도의 차도가 있으면 이런 도로의 필연성이 높다

(6) 상권의 질을 찾아본다

① 오피스 성향의 입지

근무관계로 아침 9:00~저녁 6:00시에 사람이 많이 모이는 것을 보고 좋은 입지로 판단해서는 안된다. 토, 일요일 동공화현상이 일어나기 때문이다(서울 강남 오피스가 일부는 토, 일요일에 영업을 하지 않는 외식 점포가 많다). 주간 인구와 야간 인구의 격차가 너무 심하다. 20배가 넘는 곳도 있다. 이런 지역은 전반적으로 우수 입지가 될 수 없으나 경우에 따라 패스트푸드나 저녁시간대의 간이주점에 적합한 곳도 있다.

② 학생가 성향의 입지

오피스성 입지와 유사하며 이 지역의 동선상의 사람의 흐름은 시간적 제약(강의시간)이 큰 집단이 많으므로 좋은 입지가 아닐 수 있다. 특히 하계 및 동계 방학기간과 학교수업이 끝난 후의 오후 시간대의 영업이 불안할 수 있다.

③ 유치원 가까운 곳의 입지는 학부형들의 미팅장소로 이용가능성이 있으므로 오전시간대에 커피, 음료 및 간이메뉴의 영업이 가능한 경우도 있다. 오후에는 점포분위기에 따라 학부형들의 사교장으로 활용하는 점포를 생각할 수 있다.

④ 비즈니스호텔, 시티호텔의 인근도 입지로서 가능성이 있다. 호텔 투숙객들은 호텔식음료가 고가이기 때문에 호텔 내 식당이용보다 주변의 일반식당을 찾는 경우가 많다. 호텔 인근의 자동판매기 매상고가 높은 것은 호텔식당의 고가메뉴에 기인한다.

⑤ 중소공장과 영세상인들이 모인 곳은 경기의 영향을 강하게 받는 지역이므로 위험성이 상존하는 입지로 평가하는 경우가 많다.

4. 매상고 구성요소

매상고 구성요인

입지요인 : 점포환경, 점포위치 관계, 점포입구 전면 현상

상권요인 : 점포주변 주민의 양과 질, 점포주변 사람의 유입상황의 양과 질, 점포주변의 구매력

매상고 제약요인

내적 제약요인 : 점포 내외의 장해. 제한 · 제약적 상황

외적 제약요인 : 경쟁의 존재에 의한 매상 영향도

매상고 구성 plus, minus 요인과 기타 요인

① 매상고 구성 plus 요인

입지요인 : 상업성 유도시설, 인지성(認知性), 시계성, 동선, 도로

상권요인 : 상권의 질, 시장규모, 교통통행량

② 매상고 구성 minus요인

내적 제약요인 : 건물구조, 토지구조

외적 제약요인 : 자사 경쟁, 타사 경쟁

③ 기타 요인 : 영업력 + 브랜드

(1) 상업성 유도시설(C/G : Customer Generator)

① 정의

점포 주변에 사람과 차량이 집중하는 장소, 교통의 요지, 경제적 요지를 말한다.

② 설정 포인트

유도시설과 점포와의 위치관계에 의해 이 상권이 갖는 구매력을 효율성 있게 흡수할 수 있는가 없는가에 의해 결정된다. 금전을 사용하려는 사람, 영업을

하여 수익을 올리려는 사람들이 어떤 장소를 특정해서 모이는 경우 그런 장소에 있는 적절한 건물을 발견하는 것이 포인트이다.

③ 유도시설의 예

- 도시형 : 역 개찰구, 대규모 소매점, 대형 교차로, 기타(상점가 입구, 버스터미널, 사무실가, 공원, 관청가, 경기장, 오락시설, 영화관, 유원지, 관광시설, 관광지)
- 교외형 : 대규모 소매점, 간선도로 교차점, 대간선도로, 인터체인지, 대형레저시설, 기타(공장지대, 공원, 관청, 경기장, 오락시설, 유원지, 관광시설)
- in store형 : 메인출입구. 에스컬레이터 하향 쪽, 엘리베이터 입구, 기타(휴식광장, 식품매장, 대형매장 food court)

(2) 시계성(視界性)

① 정의

단기 혹은 장기적으로 점포건물을 자연스럽게 인지할 수 있는 상태를 말한다.

② 설정 포인트

기초적인 포인트 내용은 다음과 같다.
제1포인트[기점의 문제] 어디에서 보이는가?
제2포인트[대상의 문제] 무엇이 보이는가?
제3포인트[거리의 문제] 어느 정도 거리에서 보이는가?
제4포인트[주체의 문제] 어떤 상태에서 보이는가?

[기점(起點)의 문제]

각 점포의 CG를 확정한다. 점포 가까운 곳에 자기 점포의 CG가 되는 것이 무엇인가를 명확히 한다.

도시형 CG에는 대규모 소매점이면 메인 출입구, 역이면 개찰구 등이며, 교외형 CG에는 인터체인지, 대형교차점, 대간선도로 등이 있다. 어떤 경우이든 우선 대상

건물의 점포가 자연스럽게 보여지는 것이 시계성의 좋고 나쁨을 결정한다.

[대상의 문제]

가장 좋은 것은 건물 전체가 보이는 것, 그 다음이 간판이 보여야 한다. 우리나라 외식점포의 정면 간판은 기능성보다는 과시적으로 설치되어 있는 경우가 많으며, 도보나 자동차 주행방향으로 설치되어 있지 않아 무슨 간판인지 모르는 경우가 많아 시계성이 좋지 않은 경우가 대부분이다.

[거리의 문제]

인간의 심리 면에서 점포인지-점포입점-구매행동을 결정하기까지는 약 20~30초 소요된다. 보통 사람의 걷는 속도는 분당 50m(시속 3km)이므로 최소한 20m 전방에서 대상 건물이 인지되어야 한다. 차량의 경우에는 도심지에서 평균시속 10~20km 정도가 한계이다. 따라서 최소한 100~200m 전방에서 건물이 인지되어야 한다. 그러나 실제로는 시간대와 도로의 사정에 따라 달라질 수 있다.

[주체의 문제]

건물이 아주 자연스럽게 눈에 들어오는 수준이 바람직하다. 우리나라 건물과 간판은 대부분 동일한 색, 동일한 디자인이기 때문에 멀리서 보면 어떤 점포의 간판인지 잘 판별하기 어렵다. 따라서 간판의 크기, 간판 배색(配色)의 조화에 유의하여야 한다. 따라서 효율적인 간판은 이동식 전기 인입 간판일 수도 있다.

(3) 시계성의 연구

① 시계성과 시인성(視認性)의 개념 차이

시인성은 시각으로 인지할 수 있는가 아닌가? 혹은 눈에 보이는가? 어떤가의 문제이나 시계성은 단순히 눈에 보이는가? 어떤가의 문제가 아니고 어디서부터 보이는가? 어떻게 보이는가? 하는 조건의 문제다. 즉 점포가 사람들의 시야에 확실하게 시인될 수 있는가 어떤가의 경계의 의미가 시계성이다.

② 시계성의 여러 가지 평가항목

[운전시계]

도로에서 자동차를 타고 달리는 운전자의 시계가 중요하다. 자동차로 이동하는 인간의 지각고찰 중 최대의 지각은 시각(視覺)이다. 시각은 '정지상태'인 경우 운전자의 시야는 양쪽 눈 190˚이며, 단지 색채를 확인할 수 있는 것은 전방중심 35˚ 정도이다.

[이동 시]

운전자의 시야가 급히 축소된다. 시속 40km의 시야는 100˚ 정도, 시속 70km의 시야는 75˚, 시속 100km의 시야는 40˚ 정도가 된다. 이를 '시야협착(視野狹窄)'이라고 한다. 그리고 이 경우 색채를 지각할 수 있는 시야는 더 좁아진다.

[지각의 범위]

우리가 쉽게 인지하는 문자의 수는 4~5자 정도이다. 따라서 운전자는 도로변의 간판문자를 읽기 어렵다.

주행시(走行時) 운전자의 눈은 전방의 1점을 중심으로 plus, minus 4˚의 범위밖에 보이지 않는다. 따라서 점포나 간판은 이 범위 안에서만 보인다. 이 경우 4˚란 100m 앞에서는 7m 높이 2층 건물 정도이다(그림1). 이것도 시각심리학에서 말하는 주변시(周邊視)라는 시각능력이 있기 때문이다. 전방에 있는 점포를 발견하여 이를 인지하고 점포에 들어가려는 욕망이 일어나서 브레이크를 밟고 완전히 차를 멈추는 시간까지는 약 7초가 소요된다. 이 중 판단시간이 3초 소요된다. 3초간 주행거리는 40m 정도(시속 50km 자동차)이므로 3~4초에 급브레이크를 밟아 차를 멈추어야 한다. 따라서 교통표지는 8~9초의 여유를 가질 수 있는 장소에 설치하여야 한다.

또한 운전 시계성은 운전자의 시력이 문제가 된다. 시력 1.5의 운전자라도 도로중심에서 1도 정도 좌우로 보는 시력은 0.3 정도가 된다. 따라서 20초 앞에서 보이는 간판의 크기는 실제보다 3~4배 커야 보인다. 문제는 큰 간판이 시계성에는 좋으나 지나치게 큰 간판은 설치비용과 도로교통법상의 허가문제가 남는다.

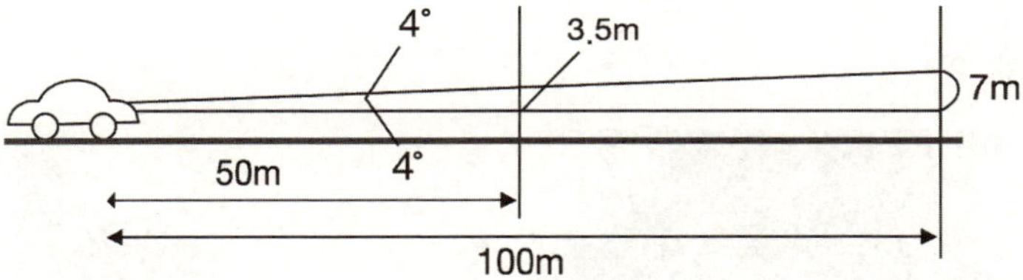

그림 1

[시계장해(視界障害)]

〈시계장해 1〉

시가지 가까운 거리에서 잘 보여지는 시계장해이며 반드시 건물의 100m 앞에서 확인할 필요가 있다. 장해요인은 가로수, 전주, 전선, 바로 앞 건물, 큰 간판, 앞을 달리는 차량 등이다.

그림 2

〈시계장해 2〉

그림 3

간선도로에 잘 나타나는 장해이다. 장해요인에는 트럭과 육교 등이 있다. 트럭의 비율이 20%를 초과하면 요주의. 이 경우 승용차 운전자는 앞차량의 뒷면만 보며 주변을 볼 수 없다. 간선도로를 횡단하는 육교는 점포를 보이지 않게 할 뿐만 아니라 차량이 in/out할 때도 장해를 일으키는 요인이 된다.

[시계융합(視界融合)]

인간은 시야에 있는 개개의 대상을 개별이 아닌 전체로 보아 하나의 존재로 지각한다. 이것을 지각적 체제화(知覺的體制化)라고 말한다. 즉 나무를 보지 않고 숲으로 보게 되는 현상을 말한다. 지각적 체제화를 기능시키는 요인으로는 근접요인과 동류요인이 있다.

- 근접요인 : 상호 가까이에 존재하는 것은 하나로 통합하여 보기 쉬운 요인이다. 거리의 사각형 간판은 같은 모양으로 보인다. 이것이 간판융합이다.
- 동류요인 : 인간이 같은 형을 복수로 보면 같은 것으로 오인하는 현상으로 어떤 외국인을 본 뒤 짧은 시간에 다른 외국인을 보면 같은 얼굴로 오인하는 것과 같은 지각이 동류요인의 하나의 예이다. 시계융합에는 색채융합과 형태융합이 있다.

간판과 배경건물은 적색계통의 색채가 많다. 이것이 지각적 체제화(知覺的體制化)라는 기능을 강하게 작용시켜 대부분의 간판이 개별로 인식되지 않게 한다.

예 건물이 백색, 회색이고 간판이 백색인 경우, 간판의 색채가 청색이고 주변에 가로수가 많고 간판이 하늘색인 경우 심리적으로 간판이 잘 보이지 않는다. 이것이 색채융합현상이다. 형태융합은 간판의 형은 보통 4각형이고 건물모양도 4각형인 경우 이런 간판이 로드사이드에 나란히 있으면 운전자는 이를 인지할 수 없다. 나란히 있는 4각형 간판 가운데 원형의 간판이 있으면 쉽게 인지할 수 있다. 또 외국을 보면 같은 사람으로 인식하기 쉽다. 이것이 형태융합이다.

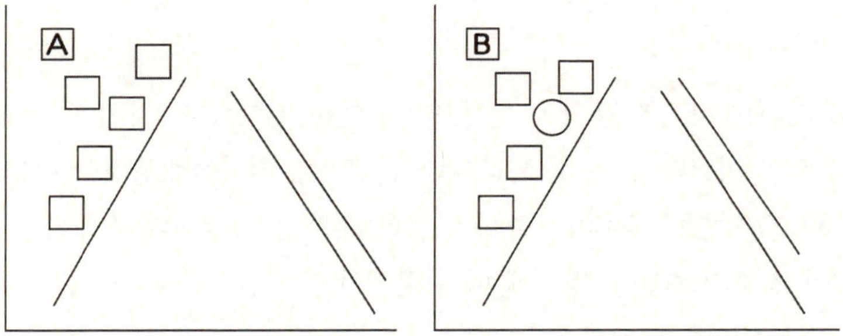

그림 4

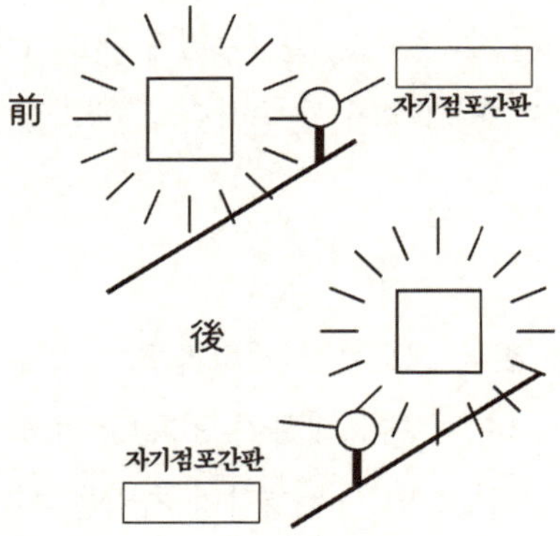

그림 5

[시계퇴행]

인간에게는 중심시(中心視)가 있다. 이는 눈의 중심에서 본 대상지각을 말하며, 주변시(周邊視)는 중심에서 조금 떨어진 시력을 말한다(시력감퇴). 이 주변시는 강한 자극을 받으면 안구를 그 방향으로 이동하여 대상 확인 후 순간적으로 원위치로 이동한다. 이것은 고속도이므로 순간적으로 시각은 상당히 차단된다. 운전자는 처음 본 인상적인 대상과 다음에 본 대상(정면) 간에 존재하는 간판과 점포를 일체 지각할 수 없다. 이것이 시계퇴행이다. 시계퇴행의 예로서 ha-lo effect(후광효과)가 있다. 이것은 자기 점포 앞뒤에 유명한 간판이나 눈에 띄는 간판이 있는 경우 그러한 간판의 후광 때문에 자기 점포 간판이 심리적으로 보이지 않는 현상을 말한다. 태양광은 가장 큰 후광효과가 있다.

[시계축소]

도로의 커브 바깥쪽 대상을 운전자는 확인하기 어렵다. 차선 수가 많으면 좌우대상은 지각이 어렵다. 도로상황에 따라 발생하는 지각돌출성의 저하를 시계축소(視界縮小)라고 말한다. 지각 돌출성이 높은 존재가 사람과의 관계성이 높다. 지각돌출성이란 점포의 간판은 경우에 따라 운전자가 자연스럽게 지각할 수 있다. 이것을 지각돌출성이라고 말한다.

[판단의 용이성]

무슨 업종, 업태인지를 바로 알 수 있다. 영업 중인가 아닌가를 알 수 있다.

주차장에 쉽게 진입할 수 있음을 알 수 있다. in, out이 용이하다. 이러한 사항을 3초 안에 알 수 있어야 시계성이 우수하다고 평가할 수 있다.

(4) 인지성

음식점 또는 일용품 취급 점포는 시계성과 같이 인지성이 포인트가 된다. 장기간 영업을 하고 있는 경우의 점포에 대하여 언제나 점포 앞을 통과하고 점포 근처에 살고 있으며, 점포를 잘 알고 있는 통행자와 차량은 시계성의 영향이 크다. 이 경우 시계성과 인지성은 동일하다. 인지성은 영업점포의 시계성이 쌓여서 이루어진 것이다.

인지성(認知性)= 시계성 × 영업의 경과연수 + 판매촉진

[자연적 인지성]　　　　　　[인위적 인지성]

인지성은 영업의 기간에 따라 고객에게 각인되기도 하나 단기간에 판매촉진에 의해 높아질 수 있다. 이 경우 비용의 효과문제가 발생한다.

(5) 동선 · 도로(動線 · 道路)

[도시형]

① 정의

사람들이 집중하는 CG와 CG를 연결시켜 흐르는 사람의 궤적을 말한다.

② 설정 포인트

사람들이 많이 걷고 있는 것이 동선이 아니고 구매하기 위하여, 레저를 즐기기 위하여 사람들의 이동이 많은 것이 동선이다. 50,000원을 보유한 바쁜 직장인보다 10,000원을 가진 주부와 어린이가 많은 경우가 좋은 동선이다. 직장인과 학생 등은 동선 형성에 여러 가지 제약이 있다. 즉 시간적 제한(통근시간, 런치타임, 귀가시간 등 바쁘다), 행동적 제한(돈을 사용하는 행동과 시간제한), 금전적 제한(많은 금전을 사용할 수 없다) 등이 그것이다.

③ 동선의 종류

- 주동선(主動線) : 사람들이 집중하는 CG와 CG를 연결하여 흐르는 것은 주동선이다. 역, 대규모 소매점, 대형 교차로 등을 연결하는 선이 그것이다.
- 부동선(副動線) : 주동선은 아니나 같은 CG와 CG를 연결하는 이면도로가 여기에 해당한다. 이 부동선상에 시계성이 좋은 점포를 확보해서 출점하는 일본의 모스버거는 부동선상에 점포를 취하는 2등지 전략의 대표기업이다.
- 복수동선 · 회유동선 : 동선이 복수로 혼재하는 경우이다. 복수동선은 역-대형 교차로-대규모 소매점-역이라는 형태로 복수의 CG가 같은 선상에 있는 경우 동선의 힘은 CG의 수만큼 나누어진다. 회유동선은 복수의 CG

에 연결되는 동선상을 회유하면서 걷고 있는 사람들의 궤적을 말한다. 서울의 명동 부근, 강남의 압구정역 주변 거리의 사람의 흐름이 그 대표적인 예가 된다.

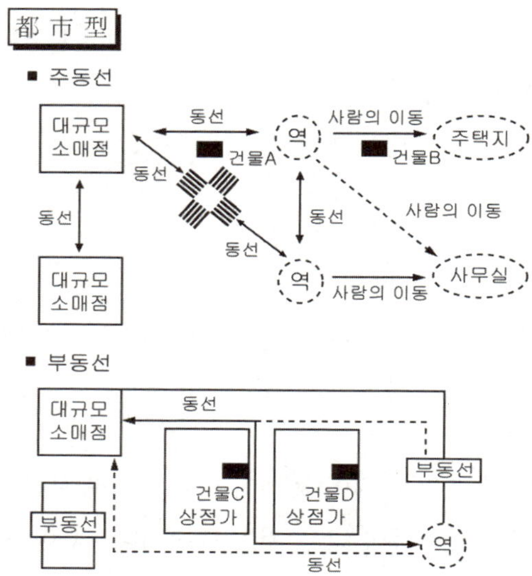

그림 6 도시형 주동선, 부동선

동선 · 도로의 입지선택 사례

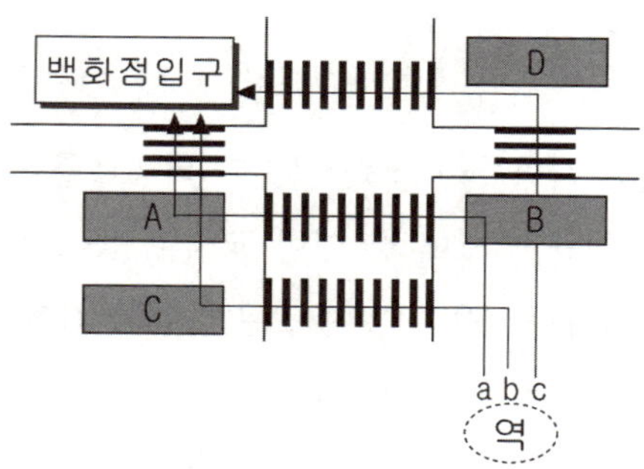

그림 7

※ ABCD 조건은 동일함. 각 횡단보도에는 신호등이 있다. 상기 그림에서는 동선이 두 개 겹치는 A의 입지가 최우수

[교외형]

① 정의

차량이 집중하는 CG와 CG를 연결하는 도로와의 위치관계에 의해 형성된다.

② 설정 포인트

교외형에서는 눈으로 동선을 명확히 확인하는 것은 어렵다. 그것은 몇 개의 도로가 교차하고 있고 그 위에 CG와 CG의 거리가 차량의 이동범위에 의해 생겨나기 때문에 지도 등을 사용하여 점포의 위치관계를 명확히 할 필요가 있다.

③ 교외형 동선을 보는 요령

간선도로 내지 환상선 도로는 절대적으로 교통량도 많고 CG가 붙어 있는 경우가 많으므로 동선이라고 불리는 경우가 많다. 대간선도로와 대간선도로를 연결하는 바이패스적인 도로는 동선으로 본다. 승용차 비율이 60% 이상 높은 도로는 동선일 가능성이 높다.

[동선도로 : 최고 입지와 교통체증]

환상선(環狀線)에 간선도로가 적으면 차량이 집중하므로 시계성, 동선의 관점에서 좋은 입지가 될 수 있다. 이때 주의를 요하는 점은 교통체증이다. 교통체증이 심한 도로는 일부러 체증을 헤치고 점포에 오지 않기 때문이다. 교외형 슈퍼의 경우 생활중심 도로이고 승용차비율이 높으며 여성운전자가 반 정도, 경량차가 많은 입지가 최적의 입지이다.

[동선도로 : 존의 구매력, 경쟁상태]

몇 개의 업종 · 업태의 점포가 어느 일정한 거리(500m)에 집중하여 상업집적지(CG)를 형성하고 있는 경우가 많다. 이것을 존이라 부른다. 예컨대, 한식, 양식, 중화식, 이탈리안 등의 음식점이 집중한 곳에 대하여 고객은 '그곳에 한번 가볼까'라는 강한 내점동기를 갖고 있는 것이 일반적이다. 존을 형성하기 위하여서는 점포의 규모에 따라 상이하나, 대개 '3~6개 점포'의 집중화가 필요하다. 그러나 점포

수가 어느 일정수를 넘어서면 오히려 경쟁상태가 되어서 매상고 감소가 일어날 수 있다. 그 일정한 라인은 '그 간선도로상의 시장규모(승용차 통행량, 인구, 세대 수 등' 내지 '경쟁의 형태'에 따라 다르다. 여기서 주의할 것은 '경쟁문제'이다. 동종업종이 출점하면 크게 문제가 되므로 경쟁영향도를 생각하여야 한다. 경쟁영향도(影響度)를 입지 면에서 계획하면 시계성, 동선, 도로, 지형. 점포규모, 브랜드력 등이 떠오르게 된다. 당연한 이야기지만 꼭 출점해야 한다면 1단계는 동종업종이 존재하지 않는 입지, 2단계는 자사의 월평균 매상고보다 낮은 체인 점포가 어느 정도 있는가를 체크한다.

그림 8

④ 인간의 심리와 동선의 형성

동선은 인간의 심리적 요인에 의해 몇 가지 패턴을 형성한다.

가. 최단거리의 법칙

인간은 목적지에 이르는 방법으로 최단거리를 이동한다. 돌아가거나 시간이 더 소요되는 것을 피한다. 따라서 이면도로에 이면동선이 형성되는 것이다.

나. 보증실현의 법칙

인간은 이미 경험한 길을 선택하여 이동한다. 목적지를 향해서 이동할 때 한번 간 경험이 있는 최초의 횡단보도를 건너서 진행하는 습관이 있다. 예컨대, 역전 로터리의 바로 정면에 점포가 있어도 자기가 이제부터 가려는 방향이 아니면 그 점포에 가지 않는다.

다. 안전 중시의 법칙

인간은 기본적으로 몸의 안전을 지키기 위하여 알지 못하는 길은 다니지 않는다. 위험하다고 생각하는 장소, 다른 사람이 다니지 않는 장소는 피한다. 예컨대, 점포가 눈앞에 있어도 대간선도로, 큰 하천이 있는 경우 그것을 횡단하면서까지 가지 않는다.

라. 집합의 법칙

인간은 자연스럽게 사람이 많이 모이는 곳에 모이는 경향이 있다. 구두전문점, 옷전문점 등은 집합된 장소에 있는 것이 유리하다.

'입지조사에 있어 동선의 흐름을 이러한 인간심리와 연결하여 조사하는 것은 중요한 것이다. 그러나 실무적으로 이런 부분이 채택되는 사례는 적다.'

⑤ 동선평가(사례)

- 동선의 특정 : 시계성 평가에서 특정된 유도시설과 함께 실사에 의해 사람의 흐름을 확인해서 평가한다. 주 동선은 실제 사람들이 이용하고 있는 것이 중요하며 단순한 지름길, 샛길, 골목길은 해당되지 않는다.
- 동선평가 기준

[동선평가]

평점 5 : 대상건물이 그 동선 면해 있다. 또한 보행의 방향을 변경하지 않아도 대상건물에 접근할 수 있다.

평점 3 : 동선에 가까우나 보행의 방향을 크게 바꾸지 않으면 접근불가, 동선에 면해 있어도 대상건물에 들어가기 위해서는 계단이나 영업에 불편한 지리적 · 물리적인 강한 저항이 감지되는 경우도 평가한다.

평점 1 : 동선에서 크게 이탈되어 있다(동선상에 대상건물이 위치하지 않음).

[CG 근접평가]

평점 5 : 대상건물이 CG 내에 혹은 인접해 있는 경우

평점 3 : 대상건물이 CG와의 거리가 50m 이내의 경우

평점 1 : 대상건물이 CG와의 거리가 50m 이상의 경우

평점 5와 3 사이 혹은 평점 3과 1 사이라고 생각되면 각각 평점 4와 2로 평가한다.

[교차점, 각지(角地) 평가]

평점 1 : 유효한 교차로 각지의 경우

평점 0 : 교차로 각지가 아닌 경우

동선평가의 산출

이상의 평가기준 데이터 수집 포맷의 동선상 평가, CG 접근 평가, 교차점, 각지에 대한 대상건물의 평가합계를 계상한다. 단, 대상건물이 복수의 동선에 면해 있는 경우 그것의 평가합계를 평가점수로 한다.

(6) 시장규모

① 정의

점포가 위치하고 있는 거리 또는 일정지역의 잠재적 구매력을 말한다.

② 구분

도시형 : 점포 반경 500m 이내의 소매판매액, 음식점판매액, 역승하차인원, 주간인구, 야간인구, 세대 수 등의 규모

교외형 : 점포 반경 3km 이내의 소매판매액 등 상기요소

③ 엄밀한 의미에서 동선상의 거리는 물론 그 점포에 이르는 소요시간도 시장규모를 결정하는 요인이 된다

④ 시장규모 평가(사례)

- 시장규모 평가 : 시장규모를 나타내는 대표적인 지표로서 연간소매판매액이 중요하다. 이것은 시장의 잠재적인 구매력을 나타내는 지표이기 때문이다. 다른 대표적인 지표는 음식판매액, 역승하차인원, 주간인구사업소 수 등이 있다.
- 시장규모 평가기준(도시형 음식점 기준)

➜ 연간 소매판매액

평점 4	평점 3	평점 2	평점 1
2조 원 이상	1~2조 원 이하	3,000억~1조 원 이하	3,000억 원 미만

➜ 연간 음식판매액

평점 4	평점 3	평점 2	평점 1
2,000억 원 이상	1,000~2,000억 원	300~1,000억 원	300억 원 이하

➜ 승하차 인원 수

평점 4	평점 3	평점 2	평점 1
100만 명 이상	25~100만 명	7~25만 명	7만 명 이하

➜ 주간인구

평점 4	평 점 3	평점 2	평점 1
10만 명 이상	6~10만 명	2~6만 명	2만 명 미만

• 시장규모평가의 산출

이상과 같이 대상건물의 평점을 산출하여 4항목의 합계를 계산한다.

(7) 교통량

① 정의

점포 바로 앞의 잠재적 구매력을 나타내는 지표이다.

시장규모는 점포 중심 일정범위의 잠재적 구매력을 나타내는 것이나 교통량은 점포 바로 앞, 눈앞의 잠재적 구매력을 나타내는 지표이다.

② 측정방법

• 준비물 : 계수기, 집계표

- 계측대상의 분류 : 승용차(경승용차, 보통승용차, 왜건, 트럭(경화물차, 화물차, 특수차량, 버스, 택시)
- 계측범위 : 한쪽만을 측정한다. 반대편은 거의 동일한 대수이며 같은 종류가 일반적인 경향치다.
- 계측시간 : 영업시간에 맞출 필요는 없다. 12:00~13:00와 18:00~19:00 각 30분, 평일, 일요일 2일간 실시

(8) 통행량

① 정의

점포 바로 앞의 잠재적 구매력을 나타내는 지표이다. 도시형의 경우 이 통행량(유동객수)으로부터 자기 점포의 객수를 예측하는 기업이 많다. 통행량 데이터가 나타내는 매상요인은 점포 직전의 시장규모이다. 통행량은 특정한 데이터로서 통행하는 사람들의 남녀비율, 연령층, 걷는 속도, 직업 등이 중요하다. 이를 보고 상권의 질을 파악할 수 있다.

② 통행량과 매상고 예측

일반적으로 대다수 기업에서 '통행량×입점률 단가×영업일수=예상매상고'라는 방식을 사용하고 있다. 그러나 통행량조사는 많은 비용이 소요되고 그 목적이 매상고 예측에 있으나, 그것이 유효한지에 대하여서는 여러 가지 문제가 있다. 첫째는 입점률이다. 이는 가정수치에 지나지 않으므로 오차가 클 수 있다. 둘째는 점포 앞을 걷고 있는 사람들이 직장인, 어린이, 노인, 주부 등으로 다양하며 일정하지 않다는 점이다.

(9) 상권의 질

① 정의

점포 바로 근처 50m 정도의 범위를 걷고 있는 사람들의 특성과 특징을 말한다. 그 거리에 유입되는 사람들의 목적이 명확할수록 목적 이외의 소비, 구매행

동은 일어나지 않는다. 반대로 거리에 유입하는 사람들의 목적이 명확하지 않으면 구매의 기회가 높다. 점포 주변 통행인의 거리에 온 목적의 양태를 관찰함으로써 매상고를 전망할 수 있느냐 없느냐가 결정된다.

② 상기의 내용을 정량적(定量的)으로 보면 통행량(평일 대 일요일, 휴일), 야간인구, 주간인구, 연령별 인구, 음식판매액, 소매판매액, 남녀비율, 소매음식비율, 연령별 인구비 등이 있다. 정성적(定性的)으로 보면 거리를 걷고 있는 사람들의 복장, 소지품, 걸음속도, 양손이 비어 있다, 거리의 감각과 모양, 평일 대 일요일의 객층 비교, 오락성 시설, 이상한 사람들이 많은 것 등이다

③ 통행량과 통행형태로 본 상권의 형태

가. 레이저성 상권(무목적성 상권)

횡단보도를 천천히 걷고 있거나 어린이와 고령층, 가족 등 여러 사람들이 걷고 있으며 시선도 여러 방향을 살핀다. 유흥과 레크리에이션, 윈도우 쇼핑, 드라이브 등 무목적성이 높은 소비자행동이 점포 주변에서 행해지는 경우 좋은 상권이 된다.

나. 관광성 상권(準目的性商圈)

레이저성 상권과 유사하나 외국인 등이 많이 보여지는 것이 특징이다. 관광목적으로 유입되는 사람들은 소비성향이 강하다. 『관광가이드북』 등에 기재되어진 장소는 좋은 입지다.

다. Office성 상권(완전목적성)

이 지역에 유입되는 목적이 완전히 업무관계이면, 아무리 통행량이 많아도 매상고에는 기여하지 못한다. 이 사람들은 행동, 소비금액에 제약을 받는 계층이며 더구나 최근에는 토, 일요일에 대부분 휴무이므로 매상고를 기대하기 어려운 상권이다. 가끔 저단가의 커피숍이나 간이주점 정도가 성공하는 케이스는 있다.

라. Physical성 상권(목적성 상권)

작업복을 입은 사람과 일요휴일도 없는 사복 입은 사람들이 많이 눈에 띈다. 공장지대, 도로공사, 건설공사, 전기가스공사, 수도 관련공사 등 건물 내외에 주로 육체노동과 직업종사자가 많다.

마. 생활성 상권(한정목적성 상권)

주간에 거리를 걷고 있는 사람들은 거의 주부층. 아침부터 저녁까지 통행량 변화는 거의 없다. 상담이 어려운 리틀 마켓을 형성하고 있다.

바. 기타(혼합형 상권)

학생, 대입예비학원, 여자학생 등이 중심인 거리. 입지로서는 良 · 不良의 양측면이 있으나 대부분 기대이하 수준이다(방학, 입학시즌 후).

④ 상권의 질을 보는 방법과 특징(교외형)

정의

점포 앞을 달리는 차량의 종류와 특성을 조사한다. 그 도로에 진입하는 차량의 유입목적이 명확하면 할수록 목적 이외의 구매행동은 일어나지 않는다.

조사항목

정량적 항목으로는 교통량, 야간인구, 주간인구, 음식판매액, 소매판매액, 자동차 보유대수, 주택착공 수, 주야간 인구비율, 승용차비율 등이 있다. 정성적 항목으로는 교통량패턴, 차량특징, 타 지역 자동차 넘버, 여성드라이버 비율 등이 있다. 특히 주의해야 할 것은 차량의 스피드와 교통체증현상이다(교외형 교통량 패턴). 산업도로는 평일은 교통량이 많으나 휴일과 비교하면 반수 가까이 감소하는 특징이 있다.

준간선도로(통근)는 평일은 아침과 저녁시간에 피크, 휴일에는 교통량이 적어지거나 들쑥날쑥이 적다. 준간선도로(관광)는 평일에 비해 휴일에는 교통량이 상당히 증가하는 경향이 있고 주간과 야간이 피크이다. 일반도로(생활)는 평일과 휴일의 극단적인 차이는 없으나 야간과 주간에 거의 피크상태이다.

⑤ 상권의 질(인스토어형)

인스토어형의 상권의 질은 CG의 질 그 자체다. 인스토어형은 CG 그 자체의 질에 크게 좌우된다. 도시형, 교외형 다 같이 CG가 갖는 집객력과 그 고객층이 크게 점포의 매상고에 관계된다. 신규 CG인 경우 매상고 실적이 없으므로 동일 체인의 규모가 비슷한 점포 내지 타사의 매장면적이 비슷한 점포를 관찰해서 결론을 얻어야 한다. 신규출점 CG나 기존 CG에 개점하는 경우 좀더 세밀하게 보고 점포 앞 유동인구, 상품구성, 프로어 구성, 태넌트 구성, 점포 앞 걸음속도, 고객층, 복장, 갖고 다니는 소지품, 양손이 비어 있는 상태, 고객층의 평일 대 일요일의 비교를 참고로 한다.

⑥ 상권의 질평가(사례)

상권의 질 관찰

대상건물의 주변 50m 정도의 내점 가능한 범위 내에서의 통행인의 모양을 관찰하여 다음의 각 항목을 평가한다(자기 점포의 대상고객층을 확인한다).

상권의 질 평가기준(정성적 평가요소를 중심으로)

여성의 비율

평점 5	평점 3	평점 1
70% 이상	50% 이상	30% 이상

통행인의 행태

평점 5	평점 3	평점 1
천천히 걷고 정지상태의 사람도 눈에 띈다.	빨리 걷는 사람과 천천히 걷는 사람이 반반이다.	거의 모든 사람들이 빠른 걸음이다.

통행량 : 휴일 대 평일

평점 5	평점 3	평점 1
150% 이상	90~120% 이상	60% 이하

통행인의 목적

평점 5	평점 3	평점 1
아무 목적 없이 온 사람이 많다.	구매목적과 통근목적의 사람들이 반반 정도다.	교통기관 이용목적의 사람들이 걸어가고 있다.

상권의 질 평가 산출

이상과 같이 대상건물의 평가를 산출해서 4항목을 합산한다.

(10) 건물 · 토지

① 점포면적 대 매상고(GMS)

점포 건물 및 토지가 갖는 상한과 건물구조 지형의 제약적 요인을 나타낸다. 점포 건물 및 토지는 크면 좋은가? 적정한 크기는 있는가? 건물구조 지형은 관계가 있는가? 건물 및 토지는 시장의 규모에 응해서 적정한 크기가 있다. '점포면적'과 '주차대수', '좌석 수'가 적으면 매상기회를 잃어버리는 경우가 있으나, 크거나 많다고 좋은 것이 아니다.

② 점포면적 대 매상고(소매, 음식점)

음식점 소매점의 경우에는 어떤가? 점포면적이 크면 매상고가 증가하는 경우가 있으나 점포면적의 증가에 따르는 제약도 받는다. 외국의 경우 양자 간에 상관계수를 활용하기도 한다. 예) (일) 음식점 : R=0.76, 소매점 : R=0.9라는 높은 관계를 나타내고 있다.

③ 토지건물의 상한적(上限的) 제한요인

[도시형]--------------------점포면적

[건물]----[크기]-----------입구의 넓이

(상한)-----------플로어 수

[교외형]------------------ 점포면적

[건물토지]---[크기]------- 주차대 수

(상한)-------- 입구의 넓이

④ 건물 · 토지 : 도시형의 기본적인 점포의 지형(地型)

가장 우수한 지형은 교차점 각지에 위치하는 A건물이다. 그러나 같은 각지(角地)라도 점포 앞 도로의 사정에 의해 횡단보도와 육교가 없으면 결코 좋은 장소가 아니다(B건물). CG로부터 시계성이 좋아도 내점하는 수단을 갖지 못하면 의미가 없다. 다음으로 좋은 지형은 'T자형(C건물, D건물)'이다. 이것도 A건물, B건물과 같이 내점수단을 갖지 않으면 의미가 없다. 마지막으로 가장 많은 건물 타입은 'E건물, F건물'이다. 이것도 내점 수단이 없으면 의미가 없다.

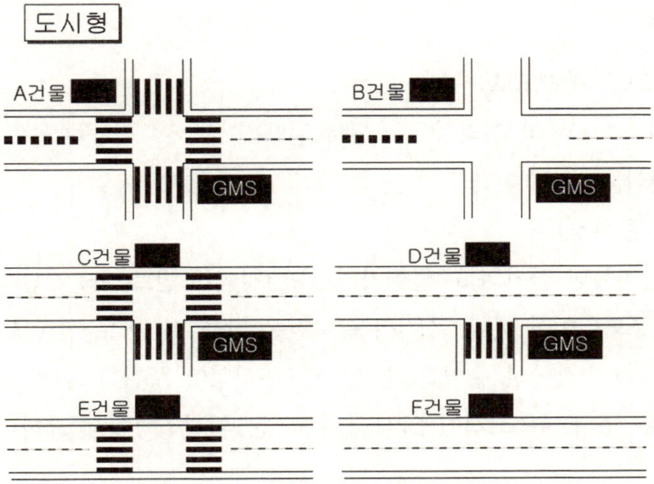

그림 9

⑤ 건물 · 토지구조 : 제약요인은 인간심리에 어떤 영향을 줄 것인가?

건물구조, 토지구조를 한마디로 말하면 '점포에 들어가기 쉬움'이다. 이러한 제약요인은 여러 가지 점에서 인간의 심리를 압박한다.

도시형

[점포 앞 도로]

넓으면 넓을수록 좋다. 점포 앞을 통과하는 사람의 걸음걸이 속도에 크게 영향을 준다. 좁으면 걸음속도가 빨라진다. 이는 바로 시계성 인지성에 영향을 주는 것이다.

적어도 점포 앞의 보도는 3m 이상을 확보하여야 한다.

[set back : **건물 옆 단차(段差)**]

직접 시계성, 인지성에 영향을 준다. 더구나 입구가 좁으면 큰 마이너스 요인이 되므로 벽걸이 간판, 전기 간판 등으로 보강한다.

[층수, 장해물, 계단 수]

입구 출입을 어렵게 한다. 가능한 없는 쪽을 택한다.

[입구 수]

입구는 복수가 좋다. 여러 각도에서 입점할 수 있기 때문이다. 점포 레이아웃에서 보아도 고객이 인지하기 쉽고 들어가기 편리한 입구가 최고다.

교외형

[측면도로, 이면도로]

차량의 'in, out'의 편리성, 4방에서 점포의 접근이 가능하므로 매상에 크게 공헌한다.

[입구, 주차장]

입구는 가능한 알기 쉽고 들어가기 쉬운 것이 포인트. 'IN 간판'과 '→ 화살표'가 잘 조화되어야 한다. 주차장은 야간은 밝을 것. 바로 면허를 취득한 여성 운전자라도 '간단히 들어갈 수 있다', '무리없이 주차할 수 있다', '간단하게 나갈 수 있다' 등 고객이 안심할 수 있는 환경조성이 중요하다.

[중앙분리대]

여러 종류가 있으나 어떤 경우든 입점의 제약요소가 된다.

[장해물]

봄부터 가을까지 가로수, 빌딩, 도보다리 등 시계성에 영향을 준다.

⑥ 토지구조 사례

교외형 점포 사례(A, B중 어느 곳을 선택할 것인가?)

답은 A이다.

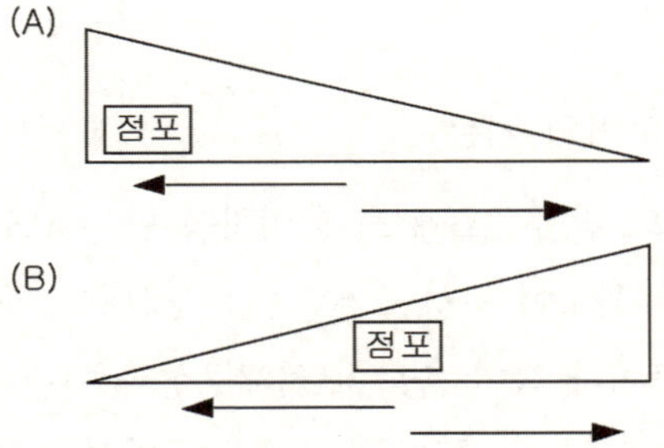

그림 10

교외형 점포 사례(A, B, C, D 중 어느 곳을 택할 것인가?)

답은 A이다.

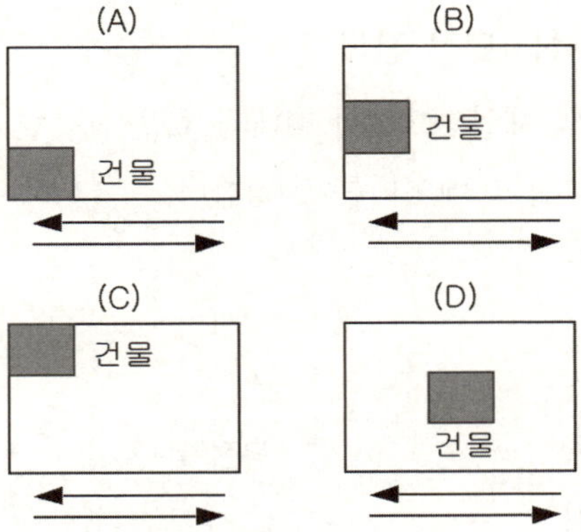

그림 11

⑦ 건물 · 토지 : 교외형 점포의 최고 접근성 조건

쌍방 통행의 측면도로가 있다(사방에서 내점가능. 시계성 UP가능, 기타). 이면도로가 있다(3m 도로 이상). 신호등 바로 앞에 위치하는 각지가 있다(시계성, 인지성 향상은 물론 신호등 앞에서는 차량이 어느 정도 속도를 떨어뜨려서 교차로에 들어오므로 점포에 쉽게 진입이 가능하다. 점포주차장에 쉽게 진입가능할 것(복수입구), 중앙분리대가 없고 '차가 1대 정지할 정도의 zebra crossing'이 있을 것, 이는 반대 차선으로부터 진입을 쉽게 하는 효과가 있다. 또 점포 앞 도로가 1.5~2차선 정도가 있을 것, 메인입구는 신호등에서 30m 앞에 있는 것이 좋다.

⑧ 건물지형 : 인스토어의 기본

인스토어형 점포의 건물구조에 크게 영향을 받는 요인으로는 '점포면적', '통로에 면한 입구', '플로어 구성', '계단 수', '세트백' 등이다. 점포면적과 입구도 중요한 포인트이나 특히 플로어 전체구성과 어떤 위치에 있어야 하는 것이 포인트다. 업종에 따라 차이가 있지만 동일성이 있는 매장(양복점이라면 신사복 관계의 매장, 음식점이라면 음식점이 같이 입점)의 입구, 에스컬레이터 앞이 제일 좋다.

⑨ 건물평가(사례)

물건으로서 계약하는 면적 전체

대상건물이 자사의 체인점으로서 최대의 효율을 올릴 수 있을 것이라는 관점에서 건물을 관찰하고 데이터를 수집한다.

건물평가 기준

객석 수

평점 5	평점 3	평점 1
100석 이상	50석 이상~100석 미만	50석 미만

간판의 길이

평점 5	평점 3	평점 1
9m 이상	4.5~9m 미만	4.5m 미만

점포 전면(입구)

평점 5	평점 3	평점 1
9m 이상	4.5~9m 미만	4.5m 미만

점포 앞 인도

평점 5	평점 3	평점 1
3m 이상	1.5~3m 미만	1.5m 미만

점포 측면 길이

평점 1	평점 0
4m 이상	4m 미만

set back

평점 1	평점 −1
1.5m 미만	1.5m 이상

층수

평점 1	평점 −1
3층 미만	3층 이상

계단

평점 1	평점 −1
3단 이상	3단 이하

건물평가의 산출

이상과 같이 대상건물의 평가를 하고 8개 항목을 합산한다.

(11) 영업력, 브랜드력

① 영업력의 정의

개점에서부터 경과시간 내지 영업시간이며, 입지의 관점에서는 인지력이다. 점포의 개점에서 현재에 이르기까지의 영업 월수(연수)가 얼마인가에 의해 점포의 인지력은 다르다. 기본적으로 점포의 인지가 보통 종료하는 것은 60개월(5년)이다. 5년 이상이 되면 반대로 마이너스적인 면이 많이 나타난다고 생각된다. 예컨대, 점포의 노후화이다. 이 점도 영업력의 한 요소로 고려하여야 한다. 노후화(老朽化)가 계속되는 점포에 신기하다고 생각하고 내점하는 고객은 없을 것이기 때문이다. 영업개시 기간이 긴 점포는 비교적 인지가 빨리 진행되는 경향이 있으나, 반대로 고객이 식상해 하는 속도도 빠르다.

② 브랜드력의 정의

체인의 평균 월 매상고, 객수, 객단가 등이다. 기업은 현재 체인이 갖고 있는 모든 것을 집결해서 점포라는 최일선에 투입, 점포전개와 영업을 행하기 때문에 그 결과에서 나오는 매상, 객수, 객단가를 브랜드력이라고 한다. 브랜드력은 출점전략에 크게 영향을 준다.

(12) 경쟁

① 경쟁 영향도를 결정하는 요소

마켓 규모, 입지특성(경쟁점과의 거리, 동선, 시계성), 건물구조(건물규모와 제약요인), 영업력, 브랜드력이다.

② 경쟁이란 대체성이다. 대체성이란 고객이 점포를 쉽게 바꿀 수 있는 여부 문제다

경쟁 중 가장 큰 것은 동종업(同種業)이다. 그런 의미에서 '자사경쟁(自社競爭)'이 가장 큰 경쟁이다.

※ 경쟁 대체성(代替性)의 종류

[상품 대체성]-------------동일 업종 간 경쟁에 의한 대체성

[가격 대체성]-------------메인메뉴 단위, 단품 가격대, 객단가에 의한 대체성

[기능 대체성]-------------업태 간 기능 경쟁이다.

테이크아웃 ················· 도시락 대 t/o용 스시

연회 ····························· 간이주점 대 한정식

배달 ····························· 피자 대 중화요리

만남의 장소 ··············· 피자하우스 대 햄버거하우스

휴게실 ························· 입석커피 대 커피전문점

기타 ····························· 영업력, 편리성

③ 경쟁(리틀 마켓의 출점전략)

그 지역에서 일등지를 택한다(자사의 상권범위 내). CG에 가능한 가까운 곳(바로 인접하는 곳이 베스트). 강한 동선을 선택한다. 시계성을 최대한 연구한다. 점포규모는 지역의 최대 규모를 목표로 한다(처음에는 전부 사용하지 않아도 시장 신장 시에 대비하여 최대 규모를 선정한다. 더 이상 큰 점포가 없기 때문에 나중에는 가장 경쟁력이 높은 점포가 될 수 있다). 입구는 가능한 넓은 입지를 선택한다. 지형에 제약조건이 없는 건물을 선택한다.

④ 경쟁 평가(사례)

➡ 경쟁의 결정

- 건물 중심 반경 50m 이내의 타사 경쟁점포를 특정한다.
- 건물 중심 반경 50m 이내의 자사 경쟁점포를 특정한다.

경쟁평가기준

자기 점포와 경쟁점포 간의 거리

평점 1	평점 3	평점 5
30m 이내	40m 이내	50m 이내

시계성 평가의 良否

평점 1	평점 3	평점 5
경쟁점이 우수	동등하다	자사가 우수하다

동선평가의 양부

평점 1	평점 3	평점 5
경쟁점이 우수하다	동등하다	자사가 우수하다

건물평가의 양부

평점 1	평점 3	평점 5
경쟁점이 우수하다	동등하다	자사가 우수하다

경쟁평가의 산출

이상의 대상 경쟁점포와 자사 건물과의 평가를 산출하여 4개 항목을 합산한다.

[학습활동]

1. 외식업에서 말하는 상권의 질, 교통통행량, 상권규모 등의 개념을 비교 · 정리해 보자.
2. 외식업에서 가장 경쟁이 큰 것은 같은 회사의 동일한 체인점끼리의 경쟁이라고 말한다. 그 이유를 설명해 보자.

[학습정리]

외식점포 입지는 단순히 토지나 위치의 중요성만 강조되어서는 안 되고 점포 입구의 넓이 등이 특히 중요하다. 또 점포의 위치가 1층인가, 2층인가, 지하인가에 따라 매상고 구성요소의 평가에 많은 차이가 있다.

제4절 입지별 특성의 이해

1. 입지별 특성의 이해

입지에는 여러 가지 형태가 있다. 번화가 및 상가, 주택지, 오피스가, 학원가(대학가), 대도로변, 위락지, 유원지 등이 그것이다. 이에 대한 일반적인 평가방법을 기술함으로써 초심자들의 점포입지 선정에 참고토록 하였다.

(1) 번화가 및 상가

일반적으로 식당업 입지로서는 최적지라고 생각된다. 사람이 많이 모이고(고객유입시설이 많다), 여러 상업시설에 근무하는 고정인원이 많다. 따라서 상업지로써는 선택받은 곳이다. 그러나 이곳에 개점한다고 해서 모든 점포가 성공한다는 보장은 없다.

업종에 따라서는 번화가에서 성공할 수도 있고 실패할 수도 있기 때문이다. 서울 명동은 분명히 번화가다. 그러나 이 지역에 유명식당은 많지 않은 것 같다. 객단가 @3,500원~@4,000원 가격대의 소규모 식당이 대부분이다. 주고객이 20대의 젊은 세대이며, 1회성 고객이 대부분이고 고정고객은 역사 있는 각종 점포나 은행 또는 증권회사에 근무하는 직원 등이 핵심고객이다.

이 지역은 대기업의 선전용 점포가 많다. 이익발생 여부와 관계없이 광고선전을 목적으로 출점하는 경우도 있으므로 소자본으로 출점하는 개인점포는 이들 점포에 비해 경쟁력이 약하기 마련이다. 최첨단제품, 화려한 인테리어, 현란한 간판으로 자신을 과시하는 점포가 대부분이기 때문에 어지간한 차별화나 개성화전략으로는 자기 특성을 쉽게 나타낼 수 없다. 이 지역의 점포는 건물임대보증금이나 월세가 높기 때문에 가능한 한 메뉴 수를 축소하여 전문화시킴으로써 주방기능을 패키지화함이 좋을 것이다. 영업시간도 심야까지 가능한 점포구성과 인력배치가 필요하다. 번화가는 큰 역 앞 또는 중소도시의 경우 대체로 역 근처에 형성되어 있는데, 시장조사 시에 핵심적으로 체크해야 할 항목은 다음과 같다.

번화가 및 상가의 입지조건 요점	
① 동선의 흐름, 간판의 시계성 ② 차 없는 거리 ③ 거리의 무드, 문화 정도 ④ 건물 출입구의 형태 ⑤ 간판부착공간의 확보 여부 ⑥ 이웃한 건물과의 조화	⑦ 넓은 창유리 ⑧ 중고가 여성 패션 및 액세서리 점포가 인근에 다수 있을 것 ⑨ 대형 건물(20층 이상 규모)이 50m 이내에 다수 있을 것 ⑩ 2층이라도 넓은 스페이스가 좋다.

역전 번화가의 입지조사 요점
1) 역 구내 입지 ① 최대의 교통유발요인 역의 규모와 사람의 흐름 ② 역 출입구 수 ③ 역 출입구의 사용방법 ④ 역의 사람의 집중도(간이역, 통과하는 역) ⑤ 역 홈에서 보이는지 여부 2) 역 주변의 입지 ① 역에서 본 시계성 우수 여부 ② 역에서 흐르는 동선의 확실성 ③ 교통유발요인 작용이 큰가 작은가 ④ 경쟁점의 위치와 그 입지의 확인(역과의 근접성이 어떻게 되어 있는지) ⑤ 쉽게 지하도와 연결될 수 있는지 여부

(2) 오피스 빌딩가

직장인과 그 거래처 손님들이 주고객이다. 따라서 중식시간에 얼마나 객석 회전율을 높이느냐가 성공의 포인트가 된다. 보통 중식시간 매출이 하루 매상의 70%는 달성되어야 매출목표 달성이 가능하다. 왜냐하면 대부분의 식당 이용목적이 너무나 뚜렷하므로 이 목적에 맞춘 메뉴정책이나 영업정책을 시행하여야 한다. 직장인은 너무나 바쁘다며 이용시간도 극히 제한적이다. 중식 이용시간은 11:50~12:50 정도가 고작이다. 이 바쁜 시간에 이들 직장인들이 이용하는 목적은 여유있는 식사나 즐거운 식사라기보다 건강을 유지하기 위한 최소한의 요구에 의한 식사라는 점을 인식하고 주문과 동시에 빠르게 서빙될 수 있는 메뉴를 설정하는 것이 성공의 포인트가 된다. 따라서 종합식당, 대형식당보다는 중규모의 전문식당이 적합한 업종·

업태라고 생각된다.

오피스가의 점포입지 선정 시 유의해야 할 또 하나의 관건은 영업일수 문제다. 언젠가는 토요일 휴무가 전 사무실에 확산될 것이다. IMF 외환위기가 지나고 경기가 회복되면 언제 어려운 일을 우리가 당했느냐는 듯이 고소득국가의 소비행태를 따라갈 것이기 때문이다. 이렇게 되면 금요일 오후 저녁시간대와 월요일에서 금요일까지의 낮시간대가 핵심 영업시간이 된다.

따라서 월간 영업일수는 평균 20일 정도다. 이렇게 되면 월액지급 인건비와 월세의 과중한 부담 때문에 채산성을 확보하기가 어렵게 된다. 낮시간대는 고객이 넘쳐나서 입점하는 고객을 전부 접객할 수 없는 경우도 있다. 즉 많은 인원을 고용해야 서비스가 가능하다. 그러나 저녁시간대는 고객의 회전율을 2회전, 3회전할 수 없으므로 많은 인원을 필요로 하지 않는다. 이러한 경우에는 정사원 일부와 파트타임 아르바이트로 근무표를 합리적으로 설정하는 것이 중요하다.

오피스가의 입지조사 요점

① 1층이 유리하다.
② 점포 앞 전면이 긴 것이 유리하나 전면이 좁아도 후면 깊숙이 있는 점포도 좋다(이런 점포는 시계성이 나쁘기 때문에 임대료 등이 저렴하다. 오피스가의 고객은 거의 고정고객이기 때문에 인지성이 강하면 된다).
③ 1층과 2층으로 된 점포도 유리하다. 중식시간에는 전층 사용, 오후 시간대에는 1층만 사용하면 관리비를 줄일 수 있다.
④ 1층 정문 옆에 T/O 판매용 카운터를 설치할 수 있는지를 체크한다.
⑤ 독립형 점포보다는 큰 건물에 있는 인스토어형이 유리하다(건물의 여타 부분이 대기석으로 이용되는 셈이기 때문이다).
⑥ 반경 100m 이내에 10층 이상 건물이 몇 개인지를 조사한다.
⑦ 대형 건물의 출입구에서 가까운 쪽에 있는 입지인지를 체크한다.
⑧ 관공서, 은행이 많은 쪽보다 일반 상사회사, 건축회사, 무역회사 등 일반사무실이 많은 쪽을 체크한다.
⑨ 대형 병원이 인근에 있는지 체크한다.
⑩ 인근에 공용주차장시설 유무를 체크한다.

또 입점하는 고객에게 아무리 빠른 속도로 서빙한다 해도 회전수에는 한계가 있으므로 T/O용 제품연구도 필요하다고 본다. 또 메뉴운영도 매일 제공되는 메뉴 수를 몇 개로 한정하여 매일 변화를 준다면 전체적으로 다양한 메뉴운영을 하면서도 요일별 별도 소수의 메뉴가 제공될 수 있어 직장인의 식상함을 없애주는 동시에 주방의 작업능률을 올려 조리업무가 빠르게 이루어진다. 따라서 오피스가처럼 중식시간에 대량의 고객이 일시에 몰리는 경우에는 고도의 조리기술을 요하는 메뉴보다는 기계작업이 가능하고 대량생산이 가능한 메뉴설정이 유리하다고 생각된다.

(3) 주택가

일반적으로 주택가는 식당업 입지로써 크게 어필하지 못해왔다. 그러나 최근 생활관습이 바뀌고 노인인구의 증가, 메뉴 맛의 평준화현상, 도심지 점포확보의 지나친 경쟁 및 많은 투자, 교통의 혼잡으로 인한 이동의 불편 등 여러 가지 요인으로 주택가에 우수한 품질의 식당이 개점하여 좋은 실적을 올리고 있는 현상이 증가하고 있다.

다만, 주택가가 아파트냐 단독주택단지냐, 주택가 인근에 상업지구가 혼재하느냐에 따라 입지조건에 차이가 있겠지만, 주택가에도 업종 · 업태의 선정에 따라 좋은 입지가 될 수 있는 환경은 도래할 것으로 본다.

그러나 지금까지 주택가 식당의 영업실적이 부진한 것은 지나치게 소규모이거나 적절한 메뉴부재, 운영미숙 등으로 인해 지역주민에게 외면받았기 때문이지 주택가가 점포입지로써 부적합하기 때문만은 아닐 것이다.

21세기 외식산업의 전개방향에서도 설명했지만, 노인인구의 증가는 그들의 활동반경이 좁기 때문에 주택가에 가까운 식당을 이용하는 횟수가 증가하게 될 것이며, 독신노인층과 독신남녀계층의 증가는 주택가 식당업에 긍적적인 면으로 작용하는 요소가 될 수 있을 것이다.

주택지 식당의 주고객은 뭐니뭐니해도 여성 즉 가정주부다. 이들은 음식에 대하여 일류 주방장과 비슷한 요리실력을 갖추고 있으며 감정적 · 정서적인 분위기에 민감한 고객층이다. 가족외식의 결정권이 차츰 주부중심으로 옮겨지고 있으며 정상적인 경기회복 시에는 역시 가족단위의 외식은 당분간은 지속될 것으로 본다.

이들을 위한 대화의 장을 마련하는 방법으로 점포 인테리어를 구성해야 하고 입지선정 또한 조용한 분위기를 창출할 수 있는 위치가 더 좋을 것이다. 인근에 자동차 정비공장이나 알루미늄 샷시공장 등 먼지나 자동차 이동과 소음 등이 많은 경우는 좋은 입지로 볼 수 없다.

주택지 입지선정의 포인트

1. 상권의 질을 파악한다(해당 건물을 중심으로 한 데이터 수집).
   ① 지역 총인구 수(동 단위 정도로 하면 된다)
   ② 연령별 인구분포
   ③ 취업자 총수
   ④ 재학생 수
   ⑤ 세대 총 수
   ⑥ 인구별 세대 수
   ⑦ 주택 소유관계
   ⑧ 소매 연간 판매액(대규모 상업시설 기준)
   ⑨ 일반 음식점 판매금액
   ⑩ 자가용 보유율 등
   ⑪ 주택구조(아파트, 단독, 연립주택, 소규모 주택 등)

2. 건물선정의 포인트
   ① 점포에 오는 교통수단 체크
   ② 교통 유도시설 확인
   ③ 교통 유도시설에서 본 시계성 평가
   ④ 동선의 평가
   ⑤ 상권의 넓이 확인
   ⑥ 도로에 의한 상권의 차단 확인
   ⑦ 가능한 넓은 점포의 확보
   ⑧ 2층 점포도 가능(업종에 따라 제한이 있으나 F.F.나 F.R.을 제외하고는 어떤 업종도 가능하다고 본다)
   ⑨ 실버족들이 쉽게 출입할 수 있는 입구의 단차가 적을 것. 가임 주부들이 유모차를 쉽게 이동할 수 있도록 문턱의 높이가 낮을 것.
   ⑩ 대형 건물 내의 2층인 경우 엘리베이터가 있는 쪽이 유리함.

주부의 외식방법은 반드시 가족과의 동반외식만은 아니다. 경우에 따라서는 이웃의 주부들과 함께 월례모임 형식의 외식도 있고, 학교 친구를 자기집으로 초청하였지만 집에서 조리하는 번거로움을 피해서 인근의 분위기 있는 식당을 찾는 경우도 있다. 가족 외의 식사에는 당연히 전원이 주부층뿐이다. 이들의 외식은 외식 그 자체보다 가정생활 및 자녀교육 등으로 일어나는 스트레스 해소의 기회가 되기도 한다.

따라서 식사 후 점포에 몇 시간이고 남아서 대화를 즐긴다. 특히 자녀교육이 끝나고 가정적으로 안정된 50대 주부들은 거의 남을 의식하지 않고 웃고 떠들며 대화하기를 즐긴다. 이들을 어떻게 유입시키며 장시간 대화를 할 수 있는 공간을 제공하느냐 하는 것은 경영주가 해야 할 몫이다.

그들의 '입의 위력'은 너무나 크기 때문에 주택가 입지를 선정하여 식당영업을 할 때는 특히 여성경영주나 경영주 가족 중 여성직원의 행동이나 겸손한 마음씀씀이가 점포성공의 키포인트가 되는 것이다. 때때로 보이는 현상이지만(현재로는), 노인부부가 이웃의 노인부부와 함께 대화를 나누며 점심시간에서 저녁시간까지 함께하는 것을 주택가 식당에서 가끔 볼 수 있다. 이는 보험혜택과 퇴직금으로 노후생활을 안정적으로 할 수 있는 가처분소득이 높은 노인들로서 이들 계층의 증가는 경제수준, 문화수준이 높아질수록 증가할 것으로 예상되므로 이들 계층을 주고객의 제2요소로, 제1고객 대상인 주부층을 믹스해서 점포를 콘셉트하고 이 콘셉트에 알맞는 점포를 선택해야 좋을 것이다.

(4) 도로변 입지

우리나라 도시 대부분은 도로점유율이 낮은 편으로 보인다. 따라서 나날이 증가하는 자동차 증가율에 비해 도로점유율이 상대적으로 더 낮아지고 있으므로 상습적인 교통체증지역이 증가하고 있다.

따라서 도로변 입지를 선정할 때는 이러한 교통체증지역은 피해야 한다. 물론 일시적인 공사관계로 교통체증이 심한 경우는 있겠으나 도로정비가 완료된 지역인데도 하루 종일 교통체증이 이루어지는 지역이 있다. 이런 지역은 우선 나쁜 입지로 보아야 한다. 한번 이런 지역에서 차를 달려본 경험이 있는 사람은 두 번 다시 그 지역에 가고 싶은 마음이 없어진다.

반대로 주행속도가 지나치게 빨라서 점포의 위치를 잘 파악하지 못하게 되는 경우, 또 길 건너편에서 길을 건너기가 어려운 여건(교통신호등이 있어도 길을 건너는 데 심리적으로 불안감을 주는 지역이 의외로 많다)의 입지는 피해야 한다.

또 자동차 주행을 함에 있어 일방통행지역은 쌍방통행지역보다 불리한 경우가 많다. 역시 자동차 속도가 빠르고 일방통행으로 자동차가 도로에 가득 차서 교통체증을 유발하기 쉽다. 차량속도가 빠르고 체증이 심한 경우 어느 쪽도 유리한 입지는 아니라고 보여진다. 또 지나치게 넓은 도로의 도로변이나 도로 전면에 녹지대가 있어도 불리하다.

왜냐하면 이 녹지대는 교통량이 증가하면 바로 도로로 전환함으로써 차량의 이동을 더 증가시킬 수 있기 때문이다. 지나치게 넓은 도로는 건너편에서 건너오는 사람의 통행뿐만 아니라 많은 차량이 점포 앞을 지나가고 있다면 다른 한편으로 진행하는 차량이 유턴해서 자기 점포로 진입하기가 무척 어려운 여건이 되기도 한다.

또 일반 주차장에 입점한 차량이 도로로 진입하는데 교통사고가 발생할 위험도 크기 때문에 점포 주차장 출입이 어렵다.

이러한 교통상의 문제점 이외에 도로변 입지는 경제적으로도 약간의 문제가 없는 것은 아니다. 도로변 입지는 다른 산업용 시설이나 사무실 등으로 활용하면 편리성도 있으나, 반면 인근에 지하철역이 있는 경우가 많아 건물 임대보증금이나 월세금이 비싸며 건물 이외의 주차장 용도의 대지도 보증금이 높기 때문에 외식업종으로 채산성을 확보하기가 어렵다. 지하철 강남역 인근의 도로변에 한두 개의 F.F.점포 외에는 유명한 외식점포를 찾아볼 수 없으며 남부순환도로변 양쪽에도 좋은 식당은 보이지 않는다. 교통상의 문제 외에 차량이동에 따르는 소음 및 먼지 등으로 편안한 식사를 하기가 어렵기 때문이다.

도로변 입지의 선정포인트

① 지나치게 넓은 도로는 피한다.
② 일방통행로보다 쌍방통행로를 우선한다.
③ 지나치게 자동차 주행속도가 빠르거나 교통체증이 심한 곳은 피한다.
④ 주차장 확보가 필수적이다.
⑤ 시계성 평가가 우수할 것.
  a. 100~200m 이상의 전방에서 쉽게 보일 수 있는 점포인가?
  b. 자동차의 주행속도는 주변의 운행속도에 맞추어서 적절한 운전을 할 수 있는가?
  c. 가로수가 너무 크고 잎이 우거져서 여름철에 점포를 잘 볼 수 없는 환경은 아닌가?
  d. 도로변과 인도에 단차가 있어 자동차 출입을 어렵게 하는 점은 없는지(별도로 철판 등으로 보완하여 자동차를 출입할 수 있도록 되어 있지는 않은지)?
  e. 건물에 간판을 부착했을 때 잘 보일 수 있는지?
⑥ 동선평가
  a. 점포전면에서 자동차가 출입할 수 있게 되어 있는지?
  b. 점포 옆 골목으로 진입하여 주차장으로 차량 진입이 가능하도록 되어 있는지?
  c. 지하철 출구와 출구 사이의 사각지대인지?

그림 A

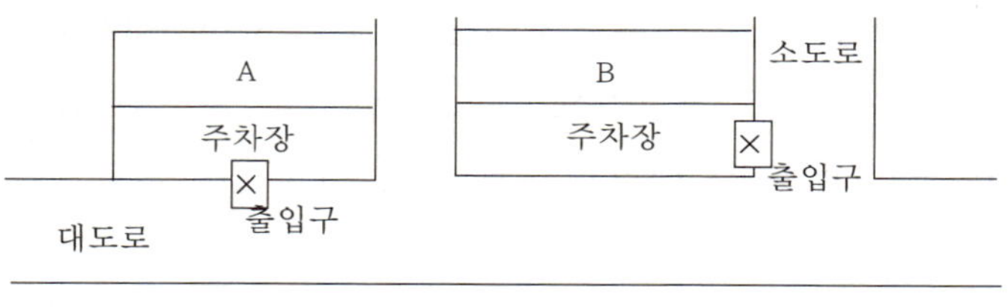

※ B보다 A가 유리할 것이다.
B점포 출입구 소도로는 다른 방향으로 진입하는 차량도 많으므로 더 혼잡하다.

그림 B

→ 사람의 흐름 [지하철출구] ←10m [입지] 10m→ [지하철출구] ← 사람의 흐름

교통도로

※ 지하철 출구 사이의 점포는 사람의 흐름이 끊어질 수 있다.

(5) 학원가 입지

학원가 입지는 초등학교, 중·고교, 대학교 캠퍼스, 대입학원가 등으로 나눌 수 있으나, 실제로는 수업시간 등으로 보아 대학캠퍼스 인근을 중심으로 논의하는 것이 적절할 것으로 본다.

한마디로 학원가 입지는 이렇다라고 말하기가 어려운 입지이다. 예를 들면, 신촌일대의 대학가(연세대, 이대, 홍익대 인근까지 포함)는 대학가인 동시에 상가 또는 유행의 거리이기 때문에 순수대학가라고는 말할 수 없다. 또 경희대나 고려대 부근 등 도심지에서 약간 떨어진 곳에 위치한 대학캠퍼스 인근은 상업시설이 많지 않아 신촌일대와는 전혀 다른 입지특성을 보이고 있다.

지방의 도시 외곽지대에 위치한 대학캠퍼스는 통근버스로 통학하거나 자가용 통학생, 아니면 학교 인근 원룸형태(하숙이나 자취를 하는 학생중심)의 생활이 주류를 이루고 있다. 따라서 대학캠퍼스 인근은 거의 상가가 형성되지 않아 식당업 입지로써는 부적격하며 오히려 당구장, 전자오락실 등이 성업하는 곳도 있다. 이와 같이 학원가 입지는 위에서 설명한 대로 한마디로 이런 점이 유리 또는 불리하다는 결론을 쉽게 내릴 수는 없다고 본다.

여기서는 일단 1년 중 방학이 5분의 2에 가까운 대학의 학사일정으로 보아 방학 중 학생들이 거의 등교하지 않는 지방대학의 캠퍼스는 입지 설명에서 제외키로 한다. 즉 지방대학 캠퍼스 인근은 식당업 입지로써는 권장할 수 없다는 의미로 해석해도 될 것이다.

대도시에 위치한 대학캠퍼스 인근에서 영업 중인 식당업도 그렇게 활성화되어 있지 않다는 것을 결론적으로 말하고 싶다. 방학 중에 학생들이 상당수 도서관 이용이나 보충수업, 혹은 취업공부를 하기 위하여 등교한다고 해도 절대다수의 학생이 귀향하거나 집에서 다른 일을 하면서 방학을 보내기 때문에 학원가 식당은 기본적으로 고정고객 수가 줄어들어 1년의 5분의 2는 개점 휴업상태가 되기 쉽다.

또 최근의 현상이기는 하지만, 개학 중이라 해도 대학 내에는 구내식당이 있어 옛날과 같은 조잡한 메뉴로 운영하지 않고 전문 단체급식회사가 위탁경영을 하고 있는 곳이 많아지면서 이들 회사의 우수한 경영(메뉴의 품질 및 메뉴의 다양성, 운영방법의 현대화, 식사환경에 대한 배려 등)으로 구내식당 이용자 수가 증가하고 있기 때문에 주변의 식당가에 어려움을 더해주고 있다. 수업시간이 끝난 뒤에는 대부분의 학생들이 분위기 있는 카페 바나 호프전문점 등에서 커피 등 음료와 맥주 등을 마시며 시간을 즐기는 경향이 있으며, 옛날의 학생들처럼 설렁탕, 곰탕, 갈비탕 등을 판매하는 식당은 별로 찾지 않는 것 같다.

다행히 캠퍼스 주변에 관공서, 상업시설, 사무실 등이 많거나 아파트단지나 주택가 등이 운집되어 있으면 학생층 및 일반 고객층이 모여들어 활성화된 입지도 있다. 그러나 이런 곳이 그렇게 많지는 않다. 따라서 학원가 입지에서 식당업을 하려고 할 때에는 이러한 입지에 자기 건물을 소유한 사람이나 친인척의 건물을 염가로 임대할 수 있다면 1층보다는 2층의 약간 큰 점포를 선택하는 것이 좋다고 생각된다.

다만, 건물의 출입구 계단이 넓고 너무 가파르게 되어 있지 않는 건물구조가 좋을 것이다. 또 해당건물이 주변의 건물에 비해 외형이 너무 초라하거나 퇴색한 듯한 모양새, 또 층고가 낮아 왜소한 느낌을 주는 점포는 피해야 할 것이다.

자기 건물이고 가족 전체가 점포운영에 참가할 수 있다면 중규모 · 중저가 메뉴의 점포, 팝레스토랑, 하드락카페, 간이음식물이 제공되는 커피숍, 카레전문점, 우동 및 만두전문점, 스파게티전문점 등 전문점형태의 영업이 좋을 것이다. 다만, 점포꾸미기는 기존의 전문점처럼 조잡하거나 냉난방시설이 부실한 점포는 곤란할 것이다.

(6) 유원지, 위락지

서울 근교의 일흥, 장흥지역, 지방의 관광단지에는 집단 식당군이 있고, 사찰입구에도 예외없이 많은 식당이 즐비하게 산재하고 있다. 그리고 해수욕장을 중심으로 한시적으로 운영되는 식당도 있다. 그러나 같은 해수욕장이라도 경포 해수욕장, 해운대 해수욕장, 대천 해수욕장 등과 같이 상설식당과 숙박업소가 있어 연중 구분없이 놀이고객을 접객하는 곳도 있다.

그러나 대부분 이들 유원지 지역은 1년 단위 계약으로 임대운영하는 식당이 많으므로 시설 면이나 청결상태가 훌륭한 식당은 드문 것 같다. 메뉴의 질이나 종류도 천편일률적이어서 이곳을 이용하는 관광객들로부터 큰 호응을 받지 못하고 있는 실정이다. 근무자들의 기술수준도 취약하고 2~3명의 여성 종사자 중심으로, 또는 지역연고가 있는 경영주의 가족중심으로 운영되는 것이 일반적이다. 따라서 우리가 말하는 일반적인 외식업의 점포입지로는 크게 취급할 여지가 없다고 생각된다.

(7) 소규모 시장에서의 외식업 입지

대도시 근교에 신규개발된 주택지 예를 들면, 아파트 10,000세대 정도, 중소도시의 경우 인구 50,000명 정도, 교외인 경우 점포 앞 1일 자동차 통행량이 10,000대 정도의 소규모 시장에 대하여 알아보기로 하자. 이러한 시장에도 여러 형태의 상업시설, 소매업, 음식점이 있다. 시장형태는 주택가 입지와 유사하지만, 소규모 시장은 인구의 유입이나 유출이 극히 한정적으로 이루어진다.

즉, 생활권내의 출퇴근자를 제외하고는 대부분 특별히 유동인구가 유입될 만한 요인도 없으며 등하교, 출퇴근, 또는 경조관계 등 특별한 일이 없으면 평소의 생활이 그 영역 안에서 이루어지는 소상권을 이루고 있는 것이다. 이러한 소상권 내에는 특별히 상가, 오피스가, 학원가 등의 구별이 없으며 단지 내 집단상가가 형성되어 있거나 재래시장이 있어 생필품을 판매하고 있다. 이러한 소규모 시장에서 외식점포의 입지를 선정할 때는 다음과 같은 점에 포인트를 두어야 한다.

즉 소상권 내 최고입지를 선택하라는 의미는 소상권은 이미 개발이 완료되어 더 이상 지역확대나 상권이 확장될 여지가 없으므로 한 번 선택한 상권이 우수하다면 특별한 변동이 없는 한 계속적으로 우월적 지위를 향유할 수 있기 때문에 자금조달상 조금 어려운 경우라도 최고입지를 선택해야 한다. 그 다음 지형제한의 조건은 인근에 어린이 놀이시설이 있어 분위기가 시끄럽거나 하천 등이 있어 생활폐수가 흘러가는 등 환경여건이 나쁜 곳은 선택해서는 안되는 점을 예로 들 수 있다.

① 그 소상권 내에서 최고의 일등지를 취할 것. 다른 입지와는 달리 소상권에서는 약간 투자 규모가 증가해도 지역의 최고 일등지를 무조건 선택해야 한다.
② 고객유발요인인 대형 슈퍼, 극장가, 또는 쇼핑센터의 가장 가까운 입지를 선택한다.
③ 해당 입지 쪽으로 어느 방면으로나 강한 동선이 있을 것
④ 시계성이 가장 좋은 곳을 우선 체크한다.
⑤ 점포규모를 지역에서 최대인 것을 선택할 것(개업 초기에는 매출이 정상 궤도에 오를 때까지 전체를 다 사용하지 않아도 가능한 한 규모가 큰 점포를 선택한다. 왜냐하면 소규모 시장의 외식점포는 대부분 주택가 점포와 마찬가지로 통닭과 생맥주의 소규모 점포, 중화요리 배달 전문점, 피자 전문점, 칼국수, 만두 전문점 등 규모 자체가 너무 작기 때문에 지역의 상인모임, 가족연회, 생일잔치, 회갑연은 최소규모로는 시행할 수 없기 때문이다. 약간 규모가 크면 단체고객 확보에 절대적으로 유리하며 지역여건에 따라서는 독점적인 지위도 가능하다)
⑥ 건물, 지형에 제한적인 조건이 없을 것

(8) 기타 입지 선택 시 유의해야 할 사항

① 대학가 등 학원입지는 외식점포로서 어려운 입지라고 설명했으나, 상가건물이 있거나 주변에 주택가가 운집해 있는 지역은 의외의 가능성이 있으므로 인테리어의 감각성, 간판 디자인 등을 젊은 층 취향에 맞추고 메뉴를 합리적으로 선택하면 성공가능성이 있다는 점을 파악한다.
② 일산, 분당, 산본, 의정부 인근의 아파트단지 등 베드타운형 도시는 신흥개발지로 많은 기업에서 투자를 하지만, 음식점에 관한 한 대형 레스토랑보다는 중규모·중저가 메뉴로 운영할 수 있는 점포를 선택해 본다.
③ 공장지대의 상가에 개점 시에는 대형공장 밀집지역이냐, 소규모공장 집단지대냐에 따라 판단기준을 달리해야 한다. 그 외에 공구상, 자동차 부품상, 자

동차 정비공장 등의 특수업종 지역도 일반 생산공장지역과 소규모공장 집단 지역이냐에 따라 판단기준을 달리해야 한다.

대형공장에는 구내식당이 있어 아침, 점심, 저녁을 공장 구내에서 처리함으로써 근무 중에는 외식의 기회가 없다. 따라서 대규모 공장지역은 저녁장사 위주의 디너 레스토랑 입지로서 가능성을 찾을 수밖에 없을 것이다. 또 소규모 공장은 근무인원이 소수이고 근무 중 계속 작업이 이루어지므로 배달요구가 많다. 메뉴콘셉트도 이러한 수요에 맞추어 중소규모 점포입지로써 활용하는 방안을 연구해야 할 것이다. 그 외 공장위치가 주변의 지하철역에서 원거리이거나 버스통행로에서 원거리인 경우는 지하철역 또는 버스정류장 인근에 외식점포 입지를 선정해야 할 것이다.

원거리 공장출퇴근자를 위해 여러 대의 통근차를 운행할 수 없는 경우에는 지하철역, 기차역, 혹은 버스정류장에서 출근자 또는 공장에서 각 역까지의 퇴근자를 위한 통근버스를 대부분 운행하고 있으므로 대규모 공장집단지에서 출퇴근하는 사람들로 붐비는 정류장이나 역에 가까운 곳에 입지를 선정하면 좋을 것이다. 입지선정에 참고할 내용은 앞에서 설명한 역전 입지의 선택요령을 참조하면 된다.

④ 풍속사범 단속지역, 사원 근처, 큰 성당이나 교회 근처, 대형 관청이 있는 지역도 일반형 외식점포의 입지로써는 어려운 여건으로 볼 수 있다.

⑤ 이면도로 위치를 집중 탐색해 본다.

⑥ 지하 점포와 2층 점포의 우열을 종합적으로 검토해 본다. 보통 상식으로 1층은 패션성이 강한 제품이나 외식업의 경우 Fast Food점포가 많이 출점하고 대형점포는 2층을 선택하면 좋으며, 2층이 지하층보다 유리하다고 생각할 수 있다. 이는 어느 정도 맞는 애기다.

그러나 여기에는 참고하여야 할 몇 가지 조건이 있다. 2층 점포를 선택할 때에는 반드시 주차장 스페이스가 있는 입지를 선택해야 한다. 2층의 규모만 크고 건물 내 주차장이 없다면 외식업점포로서는 좋은 입지가 될 수 없다. 또 지하점포라도 외부에서 진입하는 통로에 썬큰가든(sunken garden)과 같은 시설이 잘 구성되어 지상과 같은 분위기를 연출하고 있거나 옆 건물의 지하와 연결되어 있는 경우 또는 지하철역이나 대형 지하통로와 연결되어 있으면 1층보다 유리한 점포가 될 수도 있다. 물론 건물 내에서 지하층으로 이동하는 통로도 원활하게 사람의 이동이 이루어질 수 있도록 설계되어 있으면 더 말할 나위 없을 것이다.

⑦ 대형 건물에 입주하여 개점할 때는 건물 전체의 입주업종(구체적인 메뉴종류) 내용을 정밀하게 검토하고 계약서에 업종변경을 건물주의 임의대로 할 수 없다는 조항이 삽입되어 있는지를 검토한다. 관리경험이 없는 지방백화점의 예를 들면, 지하 스낵부분에 20개 점포를 8평(실평수 5평)씩 구획만 정하고 임대한 뒤 업종정리가 안되어 입주업체 간 같은 메뉴가 중복되는 영업을 하게 됨으로써 입점한 모든 점포가 정상적인 영업을 할 수 없는 경우가 있었다. 대형 건물이 건축을 완료하고 입주자를 모집할 때는 입주자가 임의로 업종을 변경할 수 없다는 규정을 정해두고 이를 철저히 지키도록 강요하고 있는데, 이것은 오히려 바람직한 일로 보아야 하며 업종의 결정과 함께 구체적인 메뉴종류도 선별해서 각 점포별로 확정되어져야 한다.

구체적인 메뉴 List를 결정해 두지 않으면, 예를 들어 60평의 한식전문점에서도 냉면을 갈비, 불고기, 된장찌개 등의 메뉴와 함께 판매하고, 냉면전문점에서도 냉면을 판매한다면 두 점포 간 경쟁으로 인해 매장 전체의 분위기만 나빠지고 건물주 측은 건물관리가 불가능한 상태에 빠질 수도 있게 된다.

⑧ 건물의 층별 가치와 자기 점포 여건을 함께 검토해 본다.

일본의 저명한 외식컨설턴트인 赤土씨는 건물의 층별 가치를 다음과 같이 평가하고 있다.

층별	평가치	비고
최상층	120%	
3층 이상	50%	
2층	75%	
1층	100%	

赤土씨는 2층을 높게 평가하고 있으나 이것은 극히 일반적인 평가다. 만약 지하층이라도 출입구 시설이 훌륭하고 외부에 녹지대가 형성된 썬큰(sunken) 가든스타일의 출입구가 있다면 오히려 2층보다 유리할 것이다.

또 최상층을 120%로 보는 것도 당해 건물의 높이가 그 지역에서 가장 높고 주위의 경관이 훌륭할 때의 평가일 것이며, 만약 20층의 건물이 사방에 있고 당해 건물의 높이가 15층이라면 최상층은 입지상 아무런 좋은 평가를 받을 수 없을 것이다. 따라서 2층과 1층이 어떻고 지하는 어떻다는 이론은 시계성, 동선, 인지성, 건물구조, 토지구조 등의 입지구성요소가 여러 각도에서 함께 검토되어야 성립될 수 있다.

양재동에 있는 D건물은 20층의 전망이 훌륭한 건물이었으나 바로 D건물 정면에(정면에는 하천이 흐르고 있다) 20층의 S물산 건물이 똑같이 건축된 뒤에는 하천을 볼 수 있는 방향이 S물산 건물로 차단되어 마치 감옥 속에 있는 듯한 여건이 되어버렸다. 이것이야말로 토지구조를 면밀히 검토해야 함을 잘 알려주는 사례가 될 것이다.

⑨ 점포 정문이 바로 인도(人道)에 연결된 모양의 점포는 좋은 입지가 아니다.

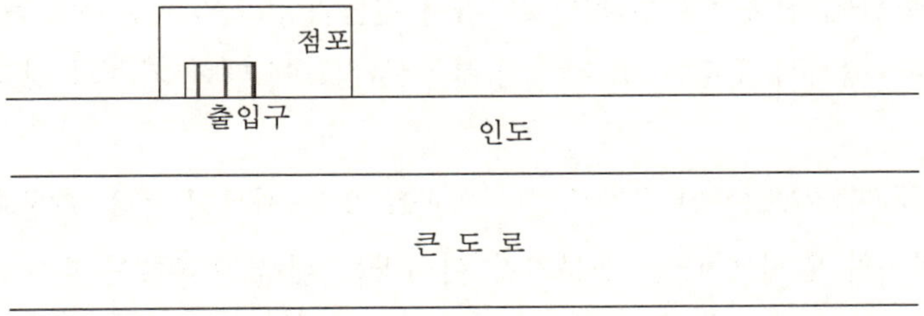

점포에 출입하는 사람과 인도로 걸어다니는 사람들이 서로 부딪치거나 점포 문이 밖으로 열리는 경우 통행인의 통행방해 등의 원인으로 점포 앞에 간략한 안내간판 등의 설치도 어렵게 된다. 또는 통행하는 사람들이 점포 내부를 훤히 들여다볼 수 있게 되어 있으면 점내의 식사분위기가 안정적일 수 없다.

제5절 건물조사방법

1. 정보수집

식당업을 창업하기 위해서는 이제까지 설명한 입지를 중심으로 자기가 선택하려는 업종 · 업태에 가장 알맞은 규모의 건물을 임차하기 위하여 나름대로 건물에 대한 정보수집이 필요하다.

외식기업처럼 시장조사과나 계약담당자 등 전문부서가 있으면 여러 가지 수집된 정보를 중심으로 자기회사의 노하우에 의거한 출점계획서를 작성하여 출점을 위한 건물임대계약을 할 수 있다. 그러나 개인인 경우에 창업에 관한 지식이 부족한 때에는 어디에 가서 누구와 상담해야 하는지 난감한 문제에 봉착하는 경우가 있다.

우선 초심자가 찾아가는 곳은 부동산소개소이며, 그 외 친지를 통해서 얻은 정보나 시장조사 중에 신축건물 현장을 찾아가서 건물의 용도에 관한 정보를 얻는 경우가 고작이다. 여기서 우리는 몇 가지의 부동산 정보에 대한 기존의 생각을 없애야 하겠다.

첫째, 부동산소개소는 단지 주택이나 아파트 또는 사무실 등을 중개하는 업소이지 결코 외식업 입지에 대한 전문가가 아니라는 점을 이해해야 한다.

둘째, 약간 규모가 큰 부동산업체는 부동산컨설팅이라는 이름으로 대형 건물이나 상가건물을 분양하고 있으나, 그들 역시 건물 건축주가 아니고 단순한 중개업체에 불과하며 부동산임대에 대한 어떤 법률적 책임이 있거나 외식업에 대한 전문성을 갖고 점포임대차업무를 수행하고 있지 않다는 점이다.

셋째, 대형 건물의 경우는 건축비를 확보하려는 생각으로 점포의 업태별 적정규모나 업종별 배치에 대한 합리적인 연구도 없이 여러 갈래로 소규모 점포 수만 늘려서 분양 또는 임대하는 경우가 대부분이므로, 최소한 자기가 운영하려는 업태 · 업종의 적정규모에 합당한지를 사전에 조사하고 점포계약에 임해야 한다.

넷째, 분양면적과 실면적의 차이를 알고 정보수집에 임해야 한다. 시중 건축물의 거의 전부가 분양면적 기준으로 도면을 작성하고 그 분양면적을 도면에 표시하여 광고선전을 하거나, 팸플릿 등을 작성 · 배포한다. 따라서 분양면적 50평이라고 기재된 내용만 보고 한식집운영에 적당하다고 판단하여 우선 남에게 점포를 빼앗기지 않으려는 생각으로(좋은 입지는 경쟁이 심하기 때문이다) 계약부터 한 뒤 자세히 살펴보면 실평수는 25~26평밖에 되지 않아 자기가 구상하였던 점포를 만들 수 없거나 규모가 부적당하기 때문에 해약하려고 하면 그것도 쉽지 않아 고전하는 예도 있었다.

다섯째, 기존 식당을 임차하여 다른 업종으로 바꾸려 할 때에는 왜 그 식당이 중도포기했는지를 탐문해서 실체를 파악해야 한다. 종전 식당경영자에게 문제가 있었는가(불성실한 생활, 사망 또는 부부파경, 화재 등), 아니면 건물주에게 문제가 있었는가, 또는 업종·업태가 부적절하였는가 등 폐업원인을 세밀히 조사한다.

여섯째, 권리금에 대한 내용을 분명히 조사한다. 권리금은 식당업에 있어서는 기존 시설물에 대한 대가성의 투자금액이다. 예를 들면, 점포 내 구축물, 주방기기, 냉난방시설, 전화, 의자, 테이블 등의 투자내용에 대한 보상성 지급액이다. 그런데 위에 적은 자산이 거의 없는데도 단순히 위치만 좋다고 하여 일정액의 권리금을 요구하는 경우에는 다분히 건물관리자와 이전 영업주가 묵계에 의해 신규업자를 골탕먹이려는 꼴이 될 수도 있으므로 기존 시설에 대한 평가를 면밀히 실시해야 한다. 왜냐하면 점포문을 잠가두고 좋은 위치니까 권리금을 먼저 생각하라고 말하는 업주가 상당히 많기 때문이다. 권리금은 경우에 따라 자기가 임대계약을 종료하고 철수할 때는 반드시 자기가 지급한 금액을 확보할 수 있는 내용이 아니기 때문이다.

일곱째, 뒤에 건물주의 신용도 조사항목에서 자세히 설명할 기회가 있겠지만, 대형 건물 중에는 중요 핵심자리는 건물주나 그들의 친·인척이 차지하고 나머지 자투리점포만 남에게 임대하는 경우도 있기 때문에 이런 부분의 정보수집도 중요한 일이다.

여덟째, 꼭 어떤 입지에 개점하고 싶다면 장기간의 건축공사 기간이 소요되는 건물에 대해서는 건축 초기단계부터 임대계약을 하는 과감성도 필요하다. 물론 이 경우는 대부분 체인점을 전개하는 기업체가 취하는 점포확보방법이며 개인이 취할 수 있는 방법은 아니지만, 최우수 입지는 2호점, 3호점 입지로써도 확보할 수 있으므로 자금의 여유만 있으면 연구해 봄 직한 방법일 수 있다.

위에서 몇 가지 건물정보수집의 중요성을 설명했으나, 투자된 자기재산을 영업부실이 아닌 건물에 대한 정보수집 부족으로 인해 손실을 보게 되는 어리석음을 범하지 않으려면 건물에 대한 철저한 정보수집을 해야 할 것이다.

2. 정보수집의 실행방법

(1) 부동산 정보제공처의 개발

일간신문, 부동산전문지, 월간지 또는 주간 유통신문, 지역신문, 지역상권뉴스, 거리쪽신문 등을 자세히 살펴보면 점포임대, 점포급매, 점포양도 등의 점포임대차 및 매매에 관한 정보가 많이 기재되어 있다. 신문사의 유통란에는 지역별로 유망상권, 유망업종을 나름대로 전문가가 분석한 기사가 많다. 또 식당업에 관한 전문지 등에도 지역상권을 조사한 정보자료가 수록된 기사가 있다. 또 대형건물의 임대분양 내용을 기재한 전단지가 가정이나 사무실에 배달되기도 한다.

그 외에 인테리어 전문업체, 주방기기 제조업체, 금융기관, 프랜차이즈 체인본부, 외식전문 컨설턴트사무실, 지방자치단체 건축과 · 도시개발과 등의 발표자료 등은 좋은 정보가 된다. 이러한 자료를 얻을 수 있는 정보제공처를 개발하여 정기적인 방문 또는 발표된 자료를 스크랩하여 종합적인 점포선정 판정에 이용하도록 한다.

(2) 우수한 부동산소개소의 개발

최근의 부동산소개소는 옛날의 '복덕방'과 달리 대학에서 도시설계나 부동산학을 전공한 젊은 엘리트들이 근무하는 곳도 많으며 이들이 체인형태로 많은 정보를 교환하며 고객의 수요에 응하고 있다. 이들 중에는 컴퓨터시스템과 영상시스템을 비치하여 두고 고객의 시간을 절약하게 하며 합리적인 점포선택에 도움을 주고 있는 경우도 많다.

따라서 사전에 자기가 취득하고자 하는 점포의 규모, 형태, 용도, 필요시기, 필요한 입지, 투자가능금액, 연락처(전화번호) 등을 기록한 희망점포내역서를 깨끗하게 문서화하여 이들 업체에 배포해 두면 타인보다 깊은 인상을 주게 되고 또 부동산소개소 근무자에게도 확실하게 점포를 확보할 수 있는 정보를 제공하게 되므로 빠른 기간 내에 필요로 하는 점포를 확보할 수 있다. 다만, 자금규모 등에 약간의 융통성이 있다면 '자금은 제시한 금액보다 상회하여도 투자 가능함'이라고 기재해 두면 더욱 편리한 정보를 제공하는 셈이 된다.

(3) 뭐니뭐니해도 스스로 발로 뛰면서 현장을 직접 찾아가는 것이 가장 좋은 방법이다

뭐니뭐니해도 점포확보를 위해서는 본인이 스스로 현장을 발로 뛰면서 그야말로 이 잡듯이 해당지역을 찾아보는 것이 가장 좋은 방법이다. 때로는 공사가 진행 중인 건물 중에서 우수한 점포를 발견할 수도 있고 자기의 판단으로 보아 입지가 우수한데도 영업이 부진하여 어려운 상태에 있는 점포도 찾을 수 있다. 또 점포주와의 이야기 가운데 3개월 정도 지나면 해외로 이민을 가는데 적당한 사람이 나오면 점포를 넘기고 싶다는 이야기도 들을 수 있다.

우수한 입지인데도 업종이나 메뉴를 잘못 선정하여 폐점하고 연락처만 명기한 점포도 있다(창문에 부착되어 있다). 이런 곳의 점포가 생각 외로 대어가 될 수 있는 것이다. 물론 이런 행운이 어느 지역에나 있지는 않겠지만, 꼭 부동산소개소만 찾아가는 양반스타일(?)의 점포확보방법은 문제가 있다는 점을 강조하기 위해서 설명한 것이다.

3. 조사정보자료를 계수화하라

(1) 점포 앞 통행량 또는 교통량의 계수화

점포 앞을 지나는 유동인구는 업종에 따라 점포매출에 지대한 영향을 준다. 물론 이 통행량이라는 계수에 지나치게 의존할 필요는 없겠지만, 어쨌든 통행량이 중요한 잠재고객의 수치가 될 수 있는 것만은 틀림없다. 다만, 통행량이 많다고 하여 전체인원이 많다는 것은 아니다. 같은 통행량이라 하더라도 고객이 목적성을 갖고 이동하느냐(공무원, 사무원, 학생 등과 같이 출근목적 혹은 등교목적으로 이동), 거의 목적 없이 천천히 이동하느냐에 따라 이 통행량의 가치는 커다란 차이가 있음을 알아야 한다.

오피스가 사람의 이동은 목적성 이동이므로 고객화율이 낮으며 시간이용의 제한성이 크다. 반대로 걸음이 느리고 거의 목적 없이 천천히 거리를 구경하며 걷는 유동인구는 고객화율이 높기 때문에 단순히 통행인원의 많고 적음에 현혹되지 말고 그 이동의 속도나 목적성을 분석할 수 있어야 한다.

그 다음 통행인원의 고정성과 변화성에 대한 연구가 필요하다.

D대학의 정문 앞을 지나는 통행인구는 거의 90%가 매일 같은 인원이다. 이 경우 월간 통행 총인원 수는 다음과 같다.

만약 하루평균 이동인원이 20,000명이라면 1일 고객화 가능수치는

고정인원 18,000명(20,000×90%)

변동인원 2,000명(20,000×10%)이 된다.

따라서 월 평균이동인구는

18,000명×30일=18,000명(고정인원)

2,000명×30일=60,000명(변동인원)

합계 78,000명이 된다.

다른 예로써 명동의 하루 이동인구가 5,000명이라고 가정하면(실제로는 이보다 훨씬 많을 것이다) 거의 매일 매시간 다른 인구가 이동한다고 볼 수 있다.

따라서 1개월의 이동객수는 1일 5,000명×30일=150,000명이 되는 셈이다.

위 예에서 보듯이 하루 이동인구가 20,000명이 되는 D대학의 월간 이동인구는 78,000명 정도밖에 되지 않고 오히려 하루 평균 5,000명밖에 되지 않으나, 매일 변화되는 이동인구는 월 평균 150,000명이 된다. 자칫하면 D대학 앞을 더 통행량이 많은 지역으로 평가하는 오류를 범할 수도 있을 것이다.

통행량이나 교통량에 대한 평가포인트는 기업의 출점전략기준에 따라 차이가 있다. 사례를 들어 평가 포인트를 정립해 가는 방법을 설명키로 한다. 이 포인트부과 방법은 기업의 기술수준의 정밀도 또는 기술의 축적기간이 장기화되면 좀 더 합리적이 될 수 있으므로 항구여일하게 적용되는 수치가 아닐 수도 있다.

점포 앞 통행량 및 교통량 포인트 항목(사례)A=5점, B=4점, C=3점, D=2점, E=1점

① 반경 1km 이내 중, 고교 및 대학이 몇 개 있는가?
A(15개교 이상) B(10~15개교 이하)
C(10개교 이하) D(5개교 이하)
E(하나도 없다)

② 평일의 통행인원(AM 9:00~PM 21:00)
A(30,000명 이상) B(25,000~30,000명)
C(25,000~20,000명) D(20,000~15,000명)
E(15,000~10,000명)

③ 통행의 행태
A(아주 느리다) B(반은 아주 느리고 반은 약간 빠르다)
C(반은 약간 빠르고 반은 조금 빠른 편이다) D(대체로 빠르다)
E(모두 정신없이 빠르다)

④ 여성 통과인원의 분포는?
A(70% 이상) B(60~70% 이하)
C(50~60% 이하) D(40~50% 이하)
E(40% 이하)

⑤ 휴일의 통행량(평일을 1.0으로 한다)
A(2.0 이상) B(1.5~2.0 이상)
C(1.2~1.5) D(1~1.2)
E(1 이하)

⑥ 교통수단의 형태
A(버스나 전철역이 점포 정면에 있다)
B(버스나 전철역이 점포에서 20m 거리에 있다)
C(버스나 전철역이 점포에서 30m 거리에 있다)
D(버스나 전철역이 점포에서 90m 거리에 있다)
E(버스나 전철역이 점포에서 100m 이상 거리에 있다)

⑦ 점포 앞 도로형태는?
A(차도 없이 인도뿐이다)
B(차도는 있으나 토 · 일요일에는 진입금지구역이다)
C(10m 미만 차도가 있다)
D(10m 이상 차도가 있으며 통행량이 많다)
E(20m 이상 차도가 있으며 통행량이 매우 많다)

⑧ 점포 앞 자동차 교통량
A(하루 50,000대 이상)
B(하루 40,000대 이상~50,000대 미만)
C(하루 30,000대 이상~40,000대 미만)
D(하루 20,000대 이상~30,000대 미만)

※ 상기표는 하나의 사례이며 실제 점포조사 시 그대로 적용될 수 없다. 다만, 연구방법사례로 참고하면 좋다.

(2) 유동인구의 시간대별 체크표 작성

점포 앞 유동인구를 파악한 뒤에는 이 유동인구가 점포 앞을 지나 어떤 방향으로 흘러가는가를 파악할 필요가 있다. 또 어떤 동선, 도로를 따라 자기가 선택하려는 점포 앞으로 이동해 오는지도 조사해야 한다.

점포 앞을 지나는 고객이, 예를 들어, 오후 13~14시 혹은 17~18시 사이에 인근 지하철역 쪽으로 20%, 버스정류장 쪽으로 15%, 슈퍼마켓 쪽으로 20%, 대성병원 쪽으로 10%, 회사가 많이 있는 지역으로 10% 등으로 흘러감을 구분할 필요가 있다.

➔ 시간대별 통행량 체크표

구분 / 시간대	유 동 인 구			비고
	남	여	합계	
09:00~10:00				학생 %
10:00~11:00				OL %
11:00~12:00				주부 %
13:00~14:00				직장인(남) %
14:00~15:00				직장인(여) % 기 타 %

15:00~16:00				
16:00~17:00				
17:00~18:00				
18:00~19:00				
19:00~20:00				
20:00~21:00				
계				

전체 수를 다 조사할 수가 없기 때문에 샘플조사로 약 100명 정도를 추적조사하면 될 것이다. 또 점포 앞을 지나는 유동인구가 인근의 주택지로 이동한다면 그것이 단독주택지 쪽과 아파트단지 쪽으로 각각 몇 %씩 흩어져 가는지 등을 조사한다. 이것은 점포 앞을 지나는 고객의 흐름을 객층별로 구분함으로써 아침, 점심, 저녁 시간대 혹은 일요일, 토요일, 휴일대의 고객설정에 참고할 수 있기 때문이다.

통행량을 조사해 보면 가장 많은 인원 수가 이동하는 시간대와 영업을 거의 불가능하게 하는 시간대의 유동인구를 확인할 수 있다. 여기서도 평균개념은 아무 쓸모없는 데이터가 된다. 예컨대 아침 9:00부터 저녁 9:00까지 12시간에 총 인원 수 50,000명 유동인구가 있었다면 시간당 평균 유동인원 수는 50,000÷12시간=4,166명이 되나, 이 수치는 아무런 소용이 없는 계수다. 유동인구는 '시간대별로 파악된 수치가 시간대별로 필요'할 뿐이기 때문이다.

이를 도표화하면 더욱 알기 쉽게 된다. 이 시간대 체크표에 의해 향후 런치타임, 티타임, 저녁시간대별로 영업전략(판매 예측에 의해)을 수립할 수 있다.

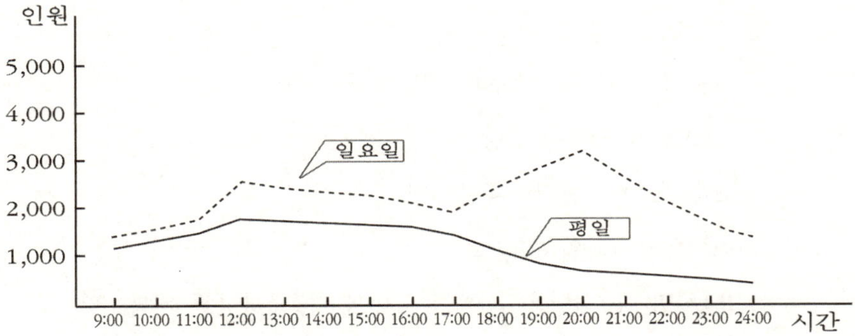

그림 12● 시간대별 통행량 그래프

(3) 점포 주변 상업시설의 조사

점포 앞 통행량 조사가 끝나면 또 다른 점포선정 요소의 하나로써 점포 주변의 상권조사를 구체적으로 실시한다.

이때 준비해야 될 것이 산업 및 행정구역을 정확하게 표시한 지도다. 지도에는 지번(地番), 중요 건물, 중요 산업시설, 도로, 주차장, 학교, 지하철역, 버스역 등이 표시되어 있다.

점포 주변 상점조사

① 순위	② 지번	③ 건물이름	④ 단체명	⑤ 상주인구	비고

[기록방법]

① 순위 : ①, ②, ③…으로 기록한다.

② 도로명 : ㅇㅇ로 ㅇㅇ길 등으로 기록한다.

③ 건물이름 : ××빌딩 1층, 2층, 3층

④ 단체명 : 회사이름이나 단체이름을 기록한다.

도로명 ㅇㅇ로 ㅇㅇ길

1층 101호 ××가전센터 7명(상주인구)

102호 ××양복점 3명

2층 201호 ××단란주점 5명

202호 ××학원 70명

단체명 중 식당은 특히 유의해서 다음 사항을 기록한다.

평수 30평 이하(小)

35평 이상(大)

100평 이상(特大)

비고란에 중요 메뉴와 식당메뉴를 기록한다.

× × 식당 : 매운탕 5,000원

설렁탕 4,500원

○ ○ 식당 : 이동갈비 12,000원

등심 12,000원

⑤ 상주인구 파악 : 3~4평당 1명으로 추정한다.

⑥ 비고 : 건물평수와 해당 점포로부터 거리를 기록한다.

35평, 100m, 200m, 300m 등

※ 건물평수 계산 : i) 줄자로 정확히 가로×세로 길이를 측정한다(15m×18m).

ii) 보폭(步幅)에 의해 추정한다.

1층 200보×70cm×180보×70cm(보폭)

14,000cm×12,600cm

14m×12.6m＝176.4㎡

176.4㎡÷3.3＝53.4坪

이렇게 조사한 자료는 다음과 같은 조사집계표에 반경 0.5km 이내의 중요 상업시설 그리고 중요 음식점별로 별도의 집계표에 일목요연하게 정리하여 시장요소를 파악할 수 있도록 한다.

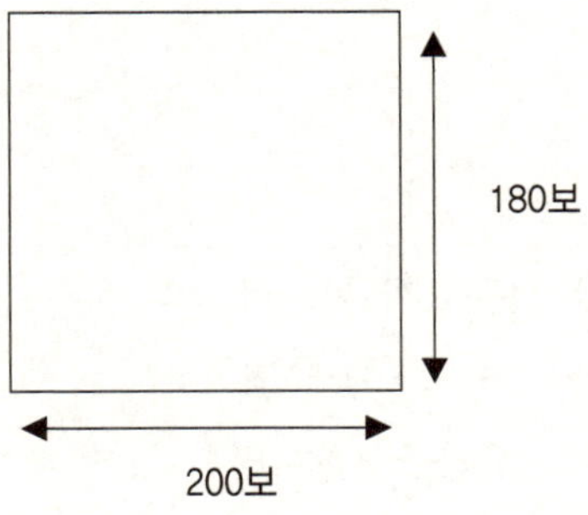

시장조사 집계표

상업시설 \ 거리	100m	200m	300m	400m	500m	합계
은행						
초등학교						
중학교						
고등학교						
대학교						
병원 및 약국						
일반회사						
일반학원						
미용실						
미술학원						
교회						
·						
·						
합계						

반경 0.5km 이내의 중요 음식점 현황

상호	후보 점포와의 거리	업 태	규모	중요 메뉴
○○식당				
○○식당				

※ 동 지역 잠재고객의 신규고객가능 예상치

① 후보지 상주인구의 35%, 50,000명

② 후보지 상업시설 상주인구 3,500명

③ 기타 유동인구 5,000명

합계 : 58,500명

물론 위의 수치는 어디까지나 잠재고객을 자기 점포의 고객화할 수 있는 추정치에 불과하다. 그러나 무턱대고 점포를 선정하는 것보다 최소한 이러한 수치라도 파악하고 있으면 다른 곳에서 파악된 수치와 비교할 수 있을 것이며, 이러한 자료를 가지고 우수한 컨설턴트와 협의하면 좀 더 확실한 결론을 빨리 얻어낼 수 있을 것이다.

그 다음 주요 식단과 핵심메뉴를 조사하여 이 지역 음식업의 흐름, 가격대, 경쟁성 등을 파악하며 이 자료를 자기 점포 메뉴설정에 참고할 수 있을 것이다.

위에서 조사한 점포 주변 상권조사자료는 후일 DM전략구사나 고정고객화전략에 긴요하게 사용될 수도 있다.

4. 건물현황조사

(1) 건물의 상태조사 항목

① 건물의 준공연월일

② 건물의 출입구 상태(통행의 불편성, 편리성 유무)

③ 입주업태의 종류, 인기도, 수준

④ 여성고객 기피점포 및 업종유무

⑤ 건물의 높이와 인접건물의 높이는 지나치게 차이가 있는지 조사

⑥ 건물외벽이 석조, 벽돌 또는 타일 등 어떤 것인지 등의 조사

이러한 항목의 조사목적은 다음과 같다.

항목	조 사 목 적
① 건물의 준공연월일	① 건축한 지 몇 년 됐는지 알 수 있다. ② 건축 내부의 수도관, 배수관, 전선 등의 설비가 오래된 것인지 아닌지를 알 수 있다. ③ 건축내장 자료나 부대시설이 오래된 것이어서 불량자제로 시공된 것인지, 아닌지를 알 수 있다. ④ 낡은 구조의 건물인 경우 신세대에게 거부되는 경우가 있다.

② 건축물의 출입구 상태조사	① 계단이 많으면 여성고객이나 노령층의 출입을 어렵게 할 수 있다. ② 지하층일 경우 출입구가 협소하면 입지에 관계없이 고객유입을 어렵게 한다. ③ 외부출입구 통로가 덮개가 없는 Open형이면 비, 바람, 눈 등에서 보호받지 못하므로 출입고객에게 불편을 줄 수 있다. ④ 건물 출입구가 건물 뒤편에 있는 경우는 고객의 출입을 더 불편하게 만든다.
③ 입주업태의 종류, 인기도, 수준	① 건물 내에 입주한 업종이 시끄럽고 지저분한 경우에는 여성고객, 수준 높은 고객, 가족고객의 출입을 어렵게 한다. ② 동물병원 등이 바로 인접해 있으면 식당업은 불리할 수 있다. ③ 1층에 고급의류나 모피점 등이 있으면 2층에 위치한 고급음식점 영업을 유리하게 할 수도 있다. ④ 낮에는 문을 닫고 야간에만 운영하는 업소가 바로 옆에 있거나, 건너편에 은행이 입주해 있으면 오후시간대에는 건물의 출입구를 일찍 폐쇄하므로 유리하지 않은 경우도 있다.
④ 여성고객 기피점포 및 업종유무	① 건물 내에 섹스숍 등이 있어도 식당업에는 불리하다. ② TV경마 등 남성위주의 투기성 업종이 입점해 있어도 식당업에 불리할 수 있다. ③ 지나치게 화려한 네온사인이 있는 주점 등이 인접해 있어도 식당업에 불리하다.
⑤ 건물의 높이 ⑥ 외부모양	① 지나치게 낮은 건물은 초라하게 보여서 점포의 격을 낮출 수 있다. ② 오래되고 낡고 초라한 점포는 젊은 세대로부터 경원시되기 쉽다. ③ 점포 외부에 정원의 조경이 잘 되어 있고 아늑한 분위기가 조성되어 있으면 가족고객, 여성고객의 흡입을 좋게 한다.

(2) 건물의 부대시설 조사항목

① 건물의 용도조사
② 건축물 내부에 불법건축 부분이 있는지 여부의 조사
③ 건축물 자체가 불법건물인지 또는 미등기상태가 장시간 계속되었는지 여부조사
④ 냉난방구조 조사
⑤ 전기, 수도, 가스의 용량조사
⑥ 신축 중인 건물인 경우 기본공사와 인테리어 공사의 한계
⑦ 간판부착 가능여부와 위치선정 문제
⑧ 실제면적의 조사
⑨ 건축 평면도의 확보
⑩ 기타 항목

항목	조사 목적	비고
1. 건물의 용도 조사	① 상업근린시설이어야만 식당업 신고를 할 수 있다. ② 건축물의 층별 용도가 다르기 때문에 식당업이 불가능한 구역도 있다(용도상). ③ 용도변경 승인을 받을 수도 있으나 시간과 비용이 많이 소요되며 승인이 안 나올 수도 있기 때문이다. ④ 식품 소매업은 허가영업이 아니므로 어디든 개점할 수 있으나, 이 점포에 식당업을 개점할 수 없는 경우도 있다. ⑤ 극히 소규모 식당이 무허가로 영업할 수도 있으나, 그것은 어디까지나 불법행위에 해당된다.	① 건축물대장을 발급받아 확인한다. ② 용도상 근린생활시설이 아닌 점포일 수도 있다.
2. 불법건축부분이 있는지 여부 조사	① 건축대장에 등재되어 있고 수도, 전기, 가스 등이 인입되어 있어도 불법건물은 많다. ② 재산세나 지방세를 꼬박꼬박 납부해도 불법건물일 수 있다.	① 반드시 등기부등본을 발급받아 확인한다. ② 건축대장도 발급받는다.
3. 불법건물 조사	① 건축공사를 완료하고 준공검사를 필했으나 건축물의 일부를 도면보다 크게 불법으로 증축한 부분도 있다. 이 불법부분은 음식점 영업허가를 받을 수 없다. ② 불법건물(미등기건물)은 영업허가를 필요로 하는 업종은 개점할 수 없다.	
4. 냉난방구조 조사	① 중앙공급식 냉난방구조일 때는 그 작동시간이 9:00~18:00까지가 일반적이므로 저녁영업시간대는 곤란하다. ② 중앙공급식 냉난방시설은 용량이 부족한 경우가 많다(대부분 사무실용이다).	① 점포별 냉난방시설 별도설치가능성 유무조사가 필수적이다.
5. 전기, 수도, 가스, 배수시설 조사	① 용량체크가 필요하다. 식당업은 많은 주방기기를 사용하므로 전기, 가스용량이 커야 한다. ② 수도용량도 중요하다. 배수구, 배수관 등의 크기가 중요하다. 식당업은 수돗물 사용량 못지않게 배수관이 커야 한다(배수량이 많고 음식찌꺼기도 많이 쌓이기 때문에). ③ 도시가스 인입은 많은 비용이 추가로 필요하다. 도시가스 인입여부 조사가 필요하다. ④ 도시가스가 인입되지 않은 지역은 LPG장치를 해야 하는데 사전에 건물주와 협의를 요한다.	① 증설비용의 부담 한계와 증설가능성을 사전 체크한다. ② 배수관 설치가능성 여부가 더 중요하다. 화장실 배수구에 가까우면 편리하다. ③ 가스의 위험성 때문에 LPG 장치를 원하지 않을 수도 있다.

6. 신축건물의 기본공사와 인테리어공사의 구분필요	① 신축공사업체와 인테리어업체가 다를 경우 건축공사비 관계로 분쟁이 발생할 소지가 있어 공사한계를 분명히 해야 한다. ② 공사한계를 서면화하여 계약서에 첨부한다. ③ 건축부문의 공사한계표시 예 공사명-공사한계 전기인입공사-점포 내 분전판까지 배수공사-식당 내 트렌치 G/T까지 수도공사-식당 내 수도계량기까지 인입공사 가스공사-식당 내 가스계량지까지 인입공사 벽체, 천장-시멘트 몰탈 마감공사까지 바닥공사-주방트렌치 및 객석 바닥 시멘트 마감공사까지 창호공사-건물외벽에 맞춘 창호틀 및 유리끼우기 공사까지 내부계단-마감제 사용을 협의 결정 기타-상호협의 결정한다.	① 점포 경영주, 인테리어 업체, 건축주가 협의하여 결정한다(합의사항 서면화).
7. 간판부착	① 간판의 크기, 위치 선정은 반드시 계약서에 명시되어야 옆 점포와 분쟁이 야기되지 않는다. ② 평간판, 돌출간판 부착장소도 확보되어야 한다. ③ 건물주가 간판문제를 해결해 주지 않을 때(이웃 점포와 분쟁이 발생했을 때)는 손해배상청구도 가능한 조항 삽입 필요	① 간판의 위치 선정은 시계성 확보의 절대적인 조건이다.
8. 실측의 필요성	① 도면상의 면적과 실제 면적이 대부분 상이한 경우가 많다. ② 주방설계 등은 조그만 오차가 발생해도 주방기기를 설치할 수 없으므로 반드시 실측을 해야 한다.	① 신규 건물이라도 건축도면만 보고 인테리어 설계를 해서는 안된다. ② 기둥, 벽 등은 시공방법에 따라 두께 등에 차이가 발생하여 실제와는 오차가 발생할 수 있다.
9. 평면도면의 확보	① 건물의 평면도면을 확보하면 실측 시 자기 점포 영역을 확실히 알 수 있다.	

초심자가 작성한 간략한 건물자료 조사사례

항목	조 사 내 용
1. 규모	1층 20평+2층 20평
2. 점포전면 및 측면상태	6.5m 간판길이는 3.5m, 측면은 건물에 가려 양쪽 다 보이지 않는다.
3. 주변역 및 승하차 인원 수	성동역(승하차 인원 149,158명/1일)
4. 시계성	역에서 잘 안 보인다(유도간판 필요).
5. 고객유도시설	점포 앞 건너편에 현대쇼핑이 있다. 연간 매출액 약 1,000억 원 수준
6. 유도시설 시계성	현대쇼핑 입구에서는 잘 보인다. 핵심적인 고객개발지역이다.
7. 통행인의 시계성	통행인들이 비교적 눈에 잘 띈다고 한다. 점포 앞 통행량이 고객화의 중요 포인트다.
8. 동선	동선에서 약간 떨어져 있으나 주차장 입구에서는 아주 가까워 편리하다.
9. 통행량	평일 : 약 20,000명(9:00~20:00) 휴일 : 약 30,000명 정도
10. 시장사항	건물주변 반경 0.5km 내의 소매점 평균판매액은 월간 1,500억 원 음식점 판매액은 100억 원 정도
11. 상주인구	건물주변 반경 0.5km 이내의 주간인구 34,000명, 야간인구 10,000명선
12. 경쟁점	50m 이내에 K.F.C와 커피전문점 2개
13. 통행상태	① 목적을 갖고 빠르게 걷는 사람과 아무 목적 없이 천천히 걷는 사람이 반반 ② 여성비율이 약 60%

이상의 자료만으로도 전문 컨설턴트와 협의 시 구체적인 출점문제를 가능한 빨리 결론지을 수 있으므로 시장조사 계수화의 필요성을 인정할 수 있을 것이다.

5. 건물 소유주의 신용조사

점포를 임대하고자 할 때에는 건물주의 신용상태 및 임대관행(건물주의 성격이 반영되어 있다)에 대하여 세밀한 조사가 필요하다. 건물 자체의 소유현황, 즉 단독 소유, 공유(共有 : 형제 자매가 함께 소유한 상태), 임대차 현황, 근저당 등기설정, 전세권 설정 및 건물주의 인품 등에 대한 조사가 여기에 해당되는 항목들이다.

우리나라 점포임대의 관행을 보면 소규모 점포나 개인이 임대하는 점포는 대부분의 건축주가 근저당 설정이나 전세권 설정을 기피하고 있으므로 건물주가 타 사업을 잘못 운영하여 부도사태가 발생하면 건물이 경매에 부쳐지게 되며 입주자는 임대차보호법상 보호를 받는 범위가 극히 제한적이기 때문에 일시에 점포도 잃고 점포임대보증금도 확보하지 못하는 사태가 일어나게 된다.

IMF 외환위기 이후 흔히 일어나고 있는 사태다. 또 하나 신규건축 중인 건물의 경우는 더 위험한 경우가 있다. 신축 중에는 등기도 안된 상태이기 때문에 근저당권이나 전세권 설정이 사실상 어렵다. 만약 임대계약금이나 중도금을 지급했다면 건축주의 자금부족으로 부도사태가 발생하면 입주예정자가 지급한 계약금, 중도금 확보는 난감한 문제가 아닐 수 없다.

따라서 입주예정 건물이나 신축 중인 건축주의 신용상태, 예컨대 다른 사업의 실적, 타 건물 소유 여부, 주택을 담보로 한 은행대출상황을 집중적으로 조사하여 위험상황으로부터 자기재산을 보호할 수밖에 없다.

역사가 오래되고 비교적 신용있는 건물주도 자기가 운영하는 타 사업 경영이 악화되어 자기소유 건물을 포기하는 사태가 주위에서 너무나 많이 발견되고 있으므로 투자가 큰 규모의 건물임대차에는 특히 주의를 요한다. 본인이 등기부등본에 대한 지식이 부족할 때에는 일단 건물의 등기부등본(토지 및 건물)을 발부받아 법무사나 부동산 전문가의 자문을 받는 것이 좋을 것이다.

6. 임차보증금의 안전성 확보방법

(1) 임차건물에 대한 근저당권 설정

주택인 경우 주거지 이동확인이 되면 전세권이 설정되지 않아도 일정금액까지는 타 채권에 우선하여 임대보증금을 반제받을 수 있으나, 상업시설은 200평 이상의 건물에만 해당되므로 임대차법상 개인의 권리를 인정받는 데는 제한이 있다. 어쨌든 건물주가 근저당권 설정을 기피하는 현실(소득세가 부과되기 때문이다)에서 상당히 어려운 문제지만, 차츰 법률생활에 대한 인식도 높아지고 있으므로 근저당권을 설정하는 쪽으로 노력을 해야 한다. 그러나 근저당권 설정을 강청하는 경우에는 우수한 점포를 확보할 수 없는 경우도 발생하므로 어디까지나 현실상황을 고려하여 점포를 확보해야 할 것이다. 근저당권을 설정해도 이미 1순위, 2순위에 타인이 근저당권을 설정해 두었으면 이 역시 재산권 확보가 어려울 수 있다.

따라서 건물시가를 알아보고 시가의 60% 정도를 건물가치로 평가한 뒤 1차, 2차 근저당권자의 최고한도액을 제외해도 자기의 근저당권 최고한도액을 설정할 여유가 있는지를 조사해야 할 것이다. 또 상식적으로 알아야 할 것은 자기의 건물임대보증금이 5,000만 원이라면 근저당설정 최고한도액은 약 20%를 추가하여 6,000만 원 정도를 설정하여야 한다.

이는 후일 쟁송사건이 발생했을 때 소송비용이나 쟁송기간 중에 발생하는 보증금에 대한 이자까지도 보상받을 수 있기 때문에 이러한 상황에 대비하기 위해서 설정한도액을 보증금보다 높이는 것이다. 근저당권은 토지와 건물 두 가지 모두 설정이 가능하므로 전세권보다는 약간 유리한 측면이 있다고 볼 수 있다.

(2) 타 건물에 대한 근저당권 설정

자기가 입주할 건물에 이미 1차, 2차 근저당권이 설정되어 있으면 채권확보가 어려울 수 있다. 이때에는 건물주의 다른 건물에도 근저당을 설정할 수 있으며 또 채무자(건물주)가 자기재산이 아닌 친 · 인척의 건물 또는 대지(다만, 농지는 농지 관련법에 의해 근저당설정이 허용되지 않는다)에도 자산소유자의 승인 아래 근저당권을 설정할 수 있다. 이때에도 법적인 효력은 임대 건물주의 자산에 설정한 근저당권과 동일한 것이다. 그러나 이러한 법적 절차는 이론적으로는 쉽지만 건물주의 가족이나 친·인척이 아니면 사실상 집행하기 어렵다고 보아야 할 것이다.

(3) 전세권 설정

전세권도 임대보증금의 안전성 확보라는 측면에서 보면 앞에서 설명한 근저당권과 같이 안정적인 채권확보수단인 것만은 틀림없다. 전세권은 일정 범위 내에서 이를 담보로 하여 타 용도에 활용할 수 있는 점이 근저당권과 다르다. 또 근저당권은 대지와 건물 어느 쪽에도 설정이 가능하지만, 전세권은 건물부문만 가능하며 보증금이 5,000만 원이면 별도로 최고한도액을 설정하는 근저당권과 달리 5,000만 원 이상은 전세권 설정이 되지 않는 점이 다르다.

따라서 전세권 설정에 앞서 선순위에 다른 전세권이나 근저당권이 설정되어 있으면 대지부문에 대한 전세권을 확보할 수 없으므로 문제발생 시 채권확보에 약간은 불리한 점이 있다고 할 수 있다. 버블경기시대에는 부동산 가격이 계속 상승했으므로 근저당권이나 전세권을 설정함으로써 자기의 보증금에 대한 안전성을 확보할 수 있었으나, 최근에는 계속 부동산가격이 하락하는 경향이므로 제1순위가 아니면 재산권 행사에 문제가 발생할 수 있다는 점을 알아야 할 것이다.

(4) 상가임대차보호법의 이해

점포를 임대하여 영업 중인 건물의 건물주가 타인에게 이를 판매하는 경우 혹은 새로 건물을 매입한 건물주가 기존 건물을 철거하고 새 건물을 신축할 경우 입주자는 상당히 곤란한 입장에 빠지게 되기도 하며 근저당권이나 전세권이 설정되어 있어도 그 한도가 있으므로 건물주가 사업실패로 부도가 나서 건물이 경매에 처하게 되는 경우 입주자의 금전적 손실을 어느 정도까지 보상받을 수 있는지는 상당히 중요하다.

2014년 1월 1일부터 시행되는 상가임대차 보호법의 중요내용을 살펴보자.

상가임대차보호법의 핵심내용은 보호대상 보증금의 상향조정이다. 예를 들면 서울은 3억 원에서 4억 원으로 상향조정되고 소액임차인의 우선변제금도 상향된 점 그리고 보증금의 월세 전환 상한선도 현행 15%에서 11.25%로 축소된 점이다.

여기서 유의해야 할 내용은 법이 개정되었다고 하더라도 상가건물임대차보호법의 적용은 최초 근정당권 설정일을 기준으로 한다는 점이다.

기준일자별 적용대상 범위와 우선변제 금액은 다음과 같다.

㉠ 상가건물 임대차보호법의 적용대상 보증금

지 역	개정 전	개정 후	비 고
서울	3억 원	4억 원	
수도권과밀억제지역	2억 5천만 원	3억 원	
광역시 등	1억 8천만 원	2억 4천만 원	
그 밖의 지역	1억 5천만 원	1억 8천만 원	

㉡ 보호대상 임차인의 범위

지 역	개정 전	개정 후	비고
서 울	5,000만 원	6,500만 원	
수도권과밀억제지역	4,500만 원	5,500만 원	
광역시 등	3,000만 원	3,800만 원	
그 외 지역	2,500만 원	3,000만 원	

㉢ 우선변제 대상 보증금의 범위

지 역	개정 전	개정 후	비 고
서울	1,500만 원	2,200만 원	
수도권과밀억제지역	1,350만 원	1,900만 원	
광역시 등	900만 원	1,300만 원	
그 외 지역	750만 원	1,000만 원	

㉣ 최우선 변제금 한도

개정 전	개정 후	비 고
임대건물(대지가액 포함)가액의 1/3	임대건물(대지가액 포함)가액의 1/2 단, 이법 시행 전 물권을 취득한 제3자에게는 효력 없음	

㉤ 보증금의 월차임 전환율의 상한

개정 전	개정 후	
전환율이 연 15%를 초과하지 못하도록 고정	연 12%와 한국은행 공시기준금리(현행 2.5%)에 4.5배수를 곱한 비율(11.25%) 중 낮은 비율초과 금지 단, 2014년 1월 이후의 월차임 전환 시부터 적용	금리가 낮을 때는 인하된 금리를 즉각 반영하여 전환율을 낮추고 금리가 높은 때는 고정된 상한 12%가 적용되어 서민의 월세부담이 경감될 수 있게 함

사례

서울에서 2010년 11월에 보증금 2,000만 원에 월세 150만 원의 조그만 점포를 임대하여 3년간 영업 중인 점포인데 건물주가 건물이 타인에게 팔렸다고 말하고, 새 건물주는 건물을 헐고 새 건물을 신축하려고 하니 2014년 11월까지만 임대를 인정하니 점포를 비워달라고 한다.

점포주는 상가임대차 법상 5년간은 계약이 법으로 보호받아야 하지 않느냐고 주장하고 새 건물주는 자기 명의의 새 계약서를 작성해야 한다고 주장함.

어떤 경우든 입주자는 심리적인 불안감이 생겨 외부에 이를 해결할 방법으로 전문가에게 문의하였다.

문제 1: 점포임차인은 새 건물주와 새로운 임대계약서를 반드시 작성해야 하는가?

다시 작성할 필요가 없다. 임차인은 새 계약서를 작성할 의무는 없음. 전 건물주와 약정한 임대차계약은 그대로 새 건물주에게도 승계됨. 단, 건물주가 임차인에게 조금이라도 유리한 조건을 제시하며 새로운 계약을 요구하는 경우에는 임차인에게 유리한 내용의 조건부계약을 하는 것은 좋다.

문제 2: 현재 건물의 대지가 근린상가용인데 이를 용도관련부분으로 민원처리가 가능한가?
건물소유자는 건물을 처분할 권리가 있고 철거할 권리가 있다. 단, 임차인들에게 적절한 보상을 하고 민원이 없는 상태에서 합법적으로 이 권리를 행사해야 한다. 건물주가 철거를 하려고 할 때도 임대차계약 당시 공사시기 및 소요기간 등을 포함한 재건축계획을 임차인에게 상세히 설명하고 그 계획에 따르지 않으면 임차인이 요구하는 당초계약상의 기간 5년은 반드시 지켜져야 한다.

문제 3: 계약승계로 최초임대차 시점부터 5년간은 2015년 11월까지인데 기간을 더 연장할 수 있는 방법은 없는가?
5년 이상의 기간에 대해서는 임대차보호법상에서는 임차인을 보호하는 규정은 없다. 단 건물주는 임대만료 1개월 전에 임차인에게 통보하여야 하며 임차인은 전 건물주와 권리금이나 시설공사비 등에 대하여 별도로 계약서상이나 다른 보상에 대한 약속된 서류가 있다면 이것을 가지고 새 건물주와 협상할 때 어느 정도 유리한 입장을 취할 수는 있다.

(5) 기 타

그 외 보증보험증서의 발급, 연대보증서의 작성 또는 약속어음 공증 등의 방법이 있다. 그러나 위의 어떤 방법도 실행상 어려운 점이 있으며, 건물주가 법인이거나 적법한 세무처리를 하는 경우에만 근저당 또는 전세권을 설정해 주며 또 연대보증서 발급이나 보험증서 발급도 다른 자산으로 보증서 발급을 보증해야 하는 등 복잡하고 또 일정기간이 지나면(보통 1년 단위) 재발급을 받아야 계속 권리를 갖게 되는 불편이 있고 그 보증금액이 클 경우 이에 따르는 수수료 부담이 크다.

수수료는 이러한 법률행위로 인해 법적 보호를 받게 되는 쪽이 부담하므로 입주희망자가 부담하며 또 근저당권이나 전세권 설정을 위한 등기비용도 건물주가 부담하는 것이 아니고 입주희망자가 부담하는 게 관행임을 알아야 한다. 경우에 따라서는 건물이 오랫동안 임대가 되지 않고 임대금액이 큰 금액일 때 입주희망자가 없어서 건물주의 형편이 모처럼 연결된 사람을 입주시키지 않으면 안되는 경우에는 입주자를 확보한다는 차원에서 등기수수료를 건물주가 부담할 수도 있겠지만, 그런 경우는 거의 극소수에 불과하다.

간혹 내용을 잘 모르는 분들이 왜 근저당권설정비용을 입주자가 부담하느냐고 항의하는 경우가 있는데, 근저당권을 해제하는 경우에도 필요한 서류는 건물주가 작성해 주지만 해제등기에 소요되는 비용은 입주자가 부담한다. 즉 그 법률행위로 인해 어떤 권리를 얻게 되는 쪽이 그 행위로 인해 소요되는 비용을 부담한다는 원칙이 적용된다고 볼 수 있다.

제6절 점포임대차계약서의 작성

1. 임대차계약서

소규모 점포를 임대차할 때에는 대부분 부동산소개소에 비치된 약식 전세계약서나 임대차계약서에 의거하여 계약을 체결한다. 또 학교재단 건물이나 부동산임대업체 등의 건물은 자사의 인쇄된 계약서가 있어 자기들의 권리만을 일방적으로 강조한 내용으로 계약을 하게 되는 경우가 있다. 어떻게 보면 공정거래법에 저촉되는 부분도 있다고 하겠다.

이것은 순전히 수요·공급의 원칙에서 발생한 관행이다. 임차를 희망하는 사람이 많고 건물의 위치나 구조 또는 기능이 뛰어난 상업성을 가지고 있다면 의당 건물주의 요구대로 계약이 이루어질 수밖에 없으며, 그 반대인 경우에는 입주자가 여러 가지 단서를 붙여서 계약에 임하게 될 것이다. 뒤에 설명하겠지만 대형 건물인 경우 임대보증금이나 월세는 낮게 책정하고 건물공동관리비만 높게 책정하여 건물입주자를 어렵게 하는 경우도 있으므로 자세한 조항을 살펴보지 않고 무조건 보증금과 월세금만 확인하고 계약을 해서는 안될 것이다. 또 부동산소개소에 비치된 계약서로 계약을 해도 입주일, 월세 기산일 또는 기타 필요한 내용은 반드시 추가기록하거나, 추가기록할 난이 없으면 별도용지에 필요한 조항을 기록하여 첨부해야 한다.

대부분의 초심자는 주택임대차계약과 상업시설 임대차계약과의 차이점을 깊이 생각하지 않는 경향이 있다. 예를 들면, 주택의 전세나 월세는 계약 후 1개월 이내에 입주하는 게 일반적이지만, 상업시설인 경우에는 현재 영업하는 사람의 철수일, 인테리어공사일정 등 추가로 실시해야 될 영업준비기간이 있으므로 이런 점을 명기해 두어야 월세금 지급에 서로 오해가 발생하지 않는다.

점포임대차계약서 사례

(갑)은 제 1 조에 기재된 점포를 (을)에게 다음과 같은 조건으로 임대한다.

제1조(목적물)

(갑)은 그가 소유하고 있는 다음의 물건을 (을)에게 임대하여 그 사용을 인정하고 (을)은 이를 임차하여 성실히 관리한다.

도 군 읍 번지
시 구 동 번지
면적 m2
층
창고 m², 주차장 m² 사용포함.

제2조(계약기간)

임대차계약기간은 ______년 ____월 ____일부터 _______년 ____월 ____일까지 ______년간으로 한다. 다만, 계약기간 만료 3개월 전 (갑), (을) 쌍방이 계약변경의 의사표시가 없을 때에는 2년간 계약이 갱신되는 것으로 하며 이 후의 계약기간 만료 후도 동일한 방법으로 계약기간을 연장할 수 있다.

제3조(임대보증금)

1) (을)은 계약과 동시에 일금 ( )원을 계약금조로 (갑)에게 지급하여야 한다.
2) 계약기간 중 (갑)이 임대보증금을 변경시키고자 할 때에는 3개월 전에 을에게 통보하고 쌍방합의에 의해 그 인상(인하)금액을 결정한다.
3) 다만, 보증금의 인상은 계약일로부터 2년간은 어떠한 경우에도 쌍방간 인상, 인하를 주장할 수 없으며, 2년 후에라도 보증금의 인상, 인하율은 임대차보호법이 정하는 범위에서 결정키로 한다.

제4조(월 임대료의 지급)

1) 월 임대료는 ( )원으로 책정한다.
2) 월 임대료의 변경은 일반 물가상승률, 주변점포의 임대가격을 기준으로 하여 결정하며

계약일로부터 2년간은 임대료 인상은 없는 것으로 한다.

3) 월 임대료의 변경은 2년에 1회에 한하여 상하율을 결정한다.

제5조(공용관리비의 지급)

(을)은 (갑)의 건물을 사용함에 있어 건물 전체의 공용부분에 대한 관리비를 (갑)의 계산에 의해 (갑)에게 지급키로 한다. 다만, (갑)은 건물 전체의 공용관리비 배분계산서를 (을)에게 제시하여야 한다.

제6조((을)의 내장 인테리어 공사)

1) (을)은 별첨한 공사구분표에 의하여 임대차 물건의 내장 및 설비공사를 행한다.
2) (을)이 임대차 건물에 대하여 개수, 개조, 모양변경 등의 공사를 할 때에는 (갑)의 사전 승인을 득하여야 한다.

제7조(갑의 입점권 부여)

(갑)은 임대차 물건의 관리상 필요한 경우 (을)의 승인을 받은 후 임대물건내에 들어갈 수가 있다.

제8조(금지행위 등)

(을)은 (갑)의 서면상의 승인이 없으면 다음 각호의 행위를 할 수 없다.

1) 본 계약에 의해 (을)이 갖게 되는 권리를 타인에게 양도하거나 이를 담보로 제공하는 행위
2) 임대물건과 명의를 여하한 경우에도 제3자에게 사용하게 하는 행위
3) 임대차 물건내에 거주하거나 제3자에게 거주를 허가하는 행위

제9조(계약의 해약통보)

임대차기간 만료 전에 (갑), (을)이 자기의 사정에 의해 본 계약을 해약하고자 할 때에는 (갑)은 6개월 전, (을)은 3개월 전에 그 취지를 상대방에게 통보하고 협의하여야 한다.

제10조(계약의 해지)

(갑) 또는 (을)은 상대방이 본 계약상의 의무이행을 태만히 하고 상당한 기간을 정하여 이의 이행을 최고하여도 이행하지 아니할 때에는 본 계약을 해제할 수 있다. 또한 상대방에 의한 손해배상청구를 할 수 있다.

제11조(원상회복 등)

본 계약이 종료되었을 때 (을)은 임대차 건물을 (갑)과 협의하여 원상회복의무를 이행하여야 한다. 다만, (갑), (을)이 협의하여 원상회복을 하지 않고 구축물 등을 그대로 사용할 필요가 있을 때에는 그에 상응하는 대가를 (갑), (을)이 협의결정하여야 한다.

제12조(임대보증금의 처리)

(갑)은 계약만료와 동시 사후처리가 완료되면 바로 현금으로 당해 보증금을 (을)에게 지급한다. 단, 사후처리기간은 20일을 초과할 수 없으며 계약기간 중의 보증금에 대한 이자는 지급하지 않는다.

제13조(보험의 가입)

(을)은 (갑)의 물건내에 필요한 설비와 내장공사를 완료하고 그 영업이 개시되기 전에 화재보험에 가입하고 이를 (갑)에게 확인시켜야 한다.

제14조(관할법원)

(갑), (을) 쌍방간에 계약상의 문제로 쟁송사건이 발생하였을 때 (갑)의 관할법원에서 이를 해결키로 한다.

제15조(영업의 중지 등)

(갑)은 계약기간 중 어떠한 경우에도 (을)의 영업을 방해할 수 없으며 (갑)의 사정에 의해 3일 이상 (을)이 영업을 할 수 없을 때에는 (갑)은 (을)의 영업손실을 배상하여야 한다. 손해액의 계산은 (을)의 계산방식에 의해 결정한다. 다만, 천재 · 지변 등 불가항력의 경우는 예외로 한다.

제16조(기타)

본 계약에 명시되지 않은 사항은 상법, 민법, 상관례에 의해 처리한다.

본 계약을 확인하기 위하여 (갑), (을)이 날인한 계약서를 2통 작성하여 각각 1통씩을 보관한다.

년 월 일

(갑) 인

(을) 인

2. 계약서 작성 시 특히 유의할 사항

① 반드시 건물주 명의로 계약을 할 것. 건물관리자 명의로 대리계약을 하면 법적 효력이 없다.

② 부동산소개소의 대표자를 입회인으로 참석시켜 입회인 서명을 받을 것

③ 월세금 기산일 : 월세금 지급시작일자가 언제부터인지 확실히 해둘 것

④ 임대기간의 명시

⑤ 계약연장 또는 해약에 관한 사항

⑥ 임차보증금, 월세금의 인상, 인하 폭에 관한 사항의 명시

⑦ 계약종료 후 구축물 처리, 증설시설의 처리사항 명시

⑧ 중도해약 시의 처리방법

⑨ 임대료 지급기일, 지급방법의 명시

⑩ 계약만료 후 보증금 반제조건

⑪ 건물수리비의 부담한계

⑫ 건물주의 부주의로 인한 영업중지 등에 대한 손해배상의 범위 및 처리방법

⑬ 점포를 타인에게 양도할 때의 허용범위

⑭ 임차인이 상가건물을 인도받을 때까지 다른 저당권을 설정하지 않도록 한다.

⑮ 임차인이 입주하기 전에 발생한 상가건물의 하자는 임대인이 수리한다는 내용을 확인한다. 예컨대 보일러 고장, 누수 등의 수리비용에 대하여 부담의 책임을 임대인에게 있음을 명확히 한다.

⑯ 임대인이 업종을 지정한 경우에 대비한다.
임대인이 업종을 지정한 경우에는 임대인의 동의를 얻어 지정된 업종의 변경이 가능하다는 특약을 지정해 두어야 계약 후 발생할 수 있는 문제를 방지할 수 있다.

⑰ 입주 전 발생한 공과금의 부담문제를 명확히 해야 한다.
이전의 임차인이 수도, 전기, 가스등의 공과금을 내지 않고 이사를 간 경우 입주하기 전에 발생한 공과금에 대해서는 임대인이 책임질 수 있도록 해야 한다.

위의 항목은 임차인의 입장에서 본 권리주장내용이며 건물주와의 협의에 의해 결정할 사항임을 전제로 한 설명이다. 이 외에 몇 가지 유의사항을 좀 더 자세히 살펴보자.

항목	체크해야 될 이유
보증금, 월세 외의 건물관리비의 책정방법의 사전 철저 체크	① 건물이 공통부분에 사용되는 전기, 수도, 가스비용이 어떤 기준으로 책정되는지 알아야 한다. 건물주가 일부 사용하고 다른 부문을 입주자가 사용하는 경우 공동관리비를 입주자에게만 부담시키는 경우도 있다. ② 앞에서도 언급했지만 입주자를 현혹시킬 목적으로 건물보증금 및 월세는 낮게 책정하는 대신 공용관리비를 많이 청구하는 건물도 있다. ③ 신축건물이나 기성건물이거나를 불문하고 건물 입주가 완료되지 않을 때, 예를 들면, 50%만 입주해도 현재 입주자가 100%의 공용관리비를 부담할 수도 있다. ④ 공용관리비를 분담시킨다는 명목으로 청소원 등 기초적인 인원 외에 사무실 직원의 인건비까지 입주자에게 부담시킬 수도 있다. ⑤ 공용관리비 분담방법을 사전에 체크한다. 평당 10,000원 또는 20,000원으로 책정되어 있으면 이를 자기의 임대평수로 곱해 본다. 공용관리비가 평당 20,000원, 실평수 40평, 임대평수 80평의 점포라면 공용관리비는 80평×20,000원 = 1,600,000원이다. 따라서 월 평균관리비는 월세 1,500,000원 공용관리비 1,600,000원 합계 3,100,000원 이 되어 경영압박의 요인이 된다.
임대보증금 및 월세 상승폭의 설정	① 이제까지는 계속해서 보증금과 월세를 평균 10%씩 2년 1회 인상시켜 왔다. 그러나 앞으로는 오히려 10%씩 다운시킬 경우도 발생할 수 있으므로 이를 명시해야 한다. ② 월세 및 임대보증금은 2년 1회 물가상승률 및 이웃 점포의 등락률에 의해 10% 범위 내에서 상하로 조정할 수 있다는 항목을 삽입해야 한다.
건물관리자명 의의 계약문제	① 건물관리자는 임대차계약에 있어서는 권리 · 의무의 당사자가 될 수 없으므로 쟁송사건이 생겼을 때에는 대리자와 체결한 계약은 원인무효가 된다. ② 인쇄된 계약서에 계약자 명의가 있고 거기에 대리인의 인장을 날인해도 법적 효력이 없다.

	③ 인쇄된 계약서에 건물주의 명의가 인쇄되어 있고 건물주의 인감증명과 인감에 의해 날인된 계약은 대리인이 대신 날인행위를 해도 법률적 효력을 갖는다. 단, 그것이 사기나 배임 등의 부당한 행위일 때는 법적 문제가 생길 수 있다.
건물관리자명의의 계약문제	① 따라서 건물주가 해외여행 중이거나 부재 중에는 가계약 형식으로 점포를 확보하고 반드시 건물주의 입회 아래 당사자 간 계약을 해야 한다. ② 인감증명서는 반드시 부동산 임대용 또는 전세계약용 등으로 사용목적이 명시된 것으로 해야 하고 발행일로부터 가능한 1개월을 넘지 않은 것을 사용토록 한다(법적 효력이 인감증명 발행 후 3개월 이내로 되어 있는 것과는 무관하게 요구해야 한다). ③ 건물주의 인감날인과 함께 건물관리자가 입회인으로 함께 계약서에 날인하면 더욱 좋을 것이다.
월세 기산일 문제	① 식당업은 인테리어 공사 등 계약 후에도 상당기간이 지나야 본래의 용도에 사용할 수 있다. 공사기간이 2개월 소요되면 2개월 이후에야 영업이 가능하다. 따라서 계약 후 입주한 날(잔금지급을 완료한 날)로부터 월세금을 지급하면 영업을 하지 않고도 1~2개월, 장기간은 3~4개월 월세를 부담하게 된다. ② 이러한 특성을 건물주와 협의하여 단 1개월 혹은 2개월 또는 영업개시일까지만이라도 월세금 지급을 하지 않는 방법을 찾아야 한다. ③ 신축건물인 경우, 준공예정일이 당초 계획보다 3개월, 6개월 늦어지는 경우, 이미 인테리어 공사까지 완료하고 영업준비가 끝났는데도 경영주의 사정으로 인해 건물준공이 늦어지는 경우 입주자가 입는 손실은 크다. 이때 인테리어 공사완료 또는 영업준비를 완료한 날짜를 건물주에게 확인시키고 이 날짜를 기준으로 영업지연 일자까지의 기간에 해당하는 월세를 영업개시 후에 지급하지 않는 조건 등 불가피한 사유를 제외한(천재 · 지변 등) 경우 손실보상 내용을 삽입할 필요가 있다. ④ 사실상 영업을 위한 인원 모집도 끝났고 인건비도 수개월 지급하는 사태도 발생할 수 있으므로 이 경우의 손실보상 내용도 삽입할 필요가 있다. ⑤ 그러나 위의 내용도 입주자의 희망사항으로 끝날 수도 있으며 어디까지나 건물공사 진행상황을 보아가며 인테리어 공사나 인원을 모집하는 융통성이 경영주에게 필요하다고 본다.
임대기간의 설정	① 임대차보호법상 200평 이상 상업시설은 2년간의 임대기간을 보장받을 수 있다.

	② 대부분의 외식점포는 이에 준하는 임대차계약을 하고는 있으나 2년 영업 후 건물주가 퇴출을 요구하면 투하된 자금을 회수할 수 없어 막대한 손실을 입을 수 있다. ③ 따라서 최소 5년간 임대기간은 보장받을 수 있는 방법을 강구해야 한다. ④ 건물이 타인에게 매매될 때의 손해배상문제 등도 삽입되어져야 한다. 권리금 시설물 투자에 대한 보상규정 명시가 필요하다.
임대기간의 설정	① 따라서 계약기간은 최소 5년(그것이 법률상 보장받을 수 있느냐는 별개 문제다)으로 서로 협의 결정하고 보증금 및 월세금은 매 2년마다 상하조정하는 형태의 계약방법도 생각할 수 있을 것이다.
계약 종료 후의 처리문제(원상회복 등)	① 계약 종료 후 입주자가 구축한 각종 구축물을 건물주가 사용할 때와 사용하지 않을 때의 처리문제를 자세히 구분해야 분쟁이 발생하지 않는다. ② 구축물을 건물주가 사용하지 않을 때에는 퇴거자가 그것을 철거시켜 주어야 할 의무가 있으므로 이때의 비용문제, 철거기간 등의 설정도 필요하다. ③ 입주자가 자기의 필요에 의해 전기, 수도, 가스 등의 추가시설을 했을 때 이를 건물주가 계속 사용하는 경우에는 투자한 부문의 일부를 보상받는 경우도 있으나, 건물주가 이를 사용하지 않으면 철거하기도 어렵고(비용) 철거해도 사용할 용도가 없으므로 포기하는 경우도 있다. 이 경우는 어디까지나 건물주의 판단에 맡길 수밖에 없다는 점을 이해해야 한다. ④ 계약이 종료되면 구축물 등의 철거가 완료되어야 보증금 등을 반제받을 수 있는데, 구축물 등의 철거로 인해 건물 내부나 외부 표면이 일부 손상되는 경우가 발생한다(특히 내부 타일 등). 이때 영업기간이 5년 정도 경과하면 인테리어 시공 당시와 똑같은 원자재가 품절되기 쉽기 때문에 똑같은 원자재를 구입할 수 없다. 따라서 이때를 대비해서 유사한 자재를 사용케 하거나 철거 시에 건물주와 입주자가 협의해서 가장 적절한 자재를 선정해서 원상회복 작업을 한다는 내용을 삽입해 두어야 한다. ⑤ 건물입주자는 인테리어 공사를 개시하기 전에 현재 상태를 사진으로 확보해 두어야 한다. 뒤에 원상회복의 문제로 인해 분쟁발생소지를 없애기 위해 사진과 함께 현재의 상태를 서면화하여 건물주와 입주자가 각각 보관하는 방법이 바람직하다.
중도해약 조건의 필요성	① 영업이 계속 부진하여 도저히 영업을 계속할 수 없을 때, 경영자의 사망, 이민 등으로 영업을 중단하지 않을 수 없을 때를 대비하여 중도해약조건을 설정할 필요가 있다.

	② 건물주는 계약기간 중에는 월세금 등을 지급받을 권리가 있으므로 계약갱신에 주의를 기울이지 않을 수도 있으므로 도저히 영업을 계속할 수 없을 때에는 계약해지 3개월 전에 서면으로 이 뜻을 통보토록 하면 건물주가 적극적으로 이에 협력토록 해야 하며 새로운 입주자를 선정하는 것은 건물 소유주의 권리나 건물주가 계약기간 중에는 이 업무를 적극적으로 추진할 필요가 없기 때문에 입주자가 적절한 대상자를 물색하여 건물주에게 천거하면 건물주는 특별한 사유가 없는 한 이를 받아들이도록 하는 조건 첨부도 필요한 내용이다.
중도해약 조건의 필요성	① 건물주의 입장에서도 입주자의 영업실적이 부진하여 월세 등을 납부할 형편이 못 되는데도 계속 새로운 입주자를 물색하여 노력을 경주하지 않는다면 보증금에서 월세액을 공제한다 해도 결국 손해를 입게 되므로 양자가 협의하여 중도 해약 시의 문제를 해결해야 하며 감정적인 처리는 상호 불이익을 초래할 수 있다.
계약만료 후의 임대보증금 반제기한의 설정	① 계약이 만료되어 구축물 처리, 원상회복 의무까지 완료하면 건물주는 일정 기한 내에 점포 임대보증금을 퇴거자에게 지불해야 하는데 이 기한을 명확히 명시해 두어야 한다. ② 건물주가 자금이 없거나 새 입주자가 물색되지 않으면 점포 영업정지 후 장기간 보증금을 실질적으로 지급받지 못한다. 이 기간 중의 금리 등을 계산하는 내용설정도 필요하다. ③ 지금은 전세금이나 보증금 반환이 법적으로 조기에 이루어지도록 조치되고 있고 은행 융자제도 등이 있으나, 실제로는 이것이 잘 이루어지지 않고 있다. 만약 근저당권 설정이 되어 있지 않으면 쟁송절차를 밟아야 하며 근저당권 설정이 되어 있으면 이에 의해 대금회수 법적절차(경매신청)를 밟을 수 있다. 다만, 계약서에 보증금 반제기일을 명확히 설정해 두어야 법적 처리기간이 단축될 수 있다(조기에 법적절차 수속을 취할 수 있다).
사용 중의 건물 수리비 한계	① 대형 건물에 공동으로 입주해 있으면 입주자 전체가 건물 훼손부분에 대하여 공동부담으로 처리할 수도 있겠지만, 단독으로 점포를 사용할 때 건물의 일부가 파손되면 그것이 사용자의 부주의가 아니고 오래되고 낡아져서 발생할 수도 있으므로 책임한계를 면밀히 구분할 필요가 있다. ② 화장실의 변기 파손이나 건물 출입구 정문이 파손되었을 때는 건물주가 부담하는 것이 원칙이다. 이는 건물의 사용용도에 필수적으로 갖추어야 하는 설치물이기 때문이다. ③ 그러나 단순한 변기 고장 수리비는 사용자가 부담한다.

	④ 파손된 부분이 건물 전체 관리상 필요한 부분이면 건물주가 수리비를 부담하고 영업에 공하여 일어나는 단순한 고장수리 등은 사용자가 부담하여야 한다. ⑤ 어떤 계약에는 건물수리비 50,000원 이상은 건물주가 부담하고 그 이하는 입주자가 부담한다고 명시하는 예도 있다.
점포를 타인에게 양도하는 행위	① 점포운영 중 타인에게 점포를 양도하는 경우도 발생한다. 이때의 양도제한 조건을 사전에 결정해 두는 것이 편리하다. ② 건물주가 식당업 입주를 꺼리는 경우 다시는 식당을 입주시키지 않으려 할 때에는 선입주자는 권리금 등을 확보할 수 없는 불리한 경우도 발생하므로 자기 다음의 입주자 선정 혹은 점포양도에 대해서는 지나치게 까다로운 조항 삽입은 피해야 한다.

제 3 장

점포 건설

제 3 장 점포 건설

제 1 절 점포설계 시 초심자가 빠지기 쉬운 함정과 설계의 주안점

1. 주방의 기능과 주방기기 설정을 생각하지 않고 인테리어 공사부터 실시한다

점포는 주방과 홀 그리고 부속시설(창고, 준비실 등)로 구성된다. 그리고 업종·업태가 결정되면 거기에 따르는 적절한 주방기기를 선정하고 선정된 주방기기의 규격을 결정하여 주방면적을 확정한다. 그리고 주방설계를 먼저 한 뒤 그 다음에 객석구성 등을 생각하면서 인테리어공사를 실행해야 한다. 이를 도표화하면 다음 면과 같다.

이러한 순서에 의해 업무가 집행되어야 기능상 문제가 없는 점포가 건설된다. 그런데 주방기능과 주방규모를 생각하지 않고 객석이 많아야 많은 고객을 유입시킬 수 있다고 생각하여 우선 객석과 객석의 분위기만 생각하여 고급의자, 파티션(칸막이) 등으로 홀을 꾸민다. 문제가 있는 점포에 가보면 100평 규모의 대형 점포에 주방이 10평 정도밖에 되지 않는 점포도 있다.

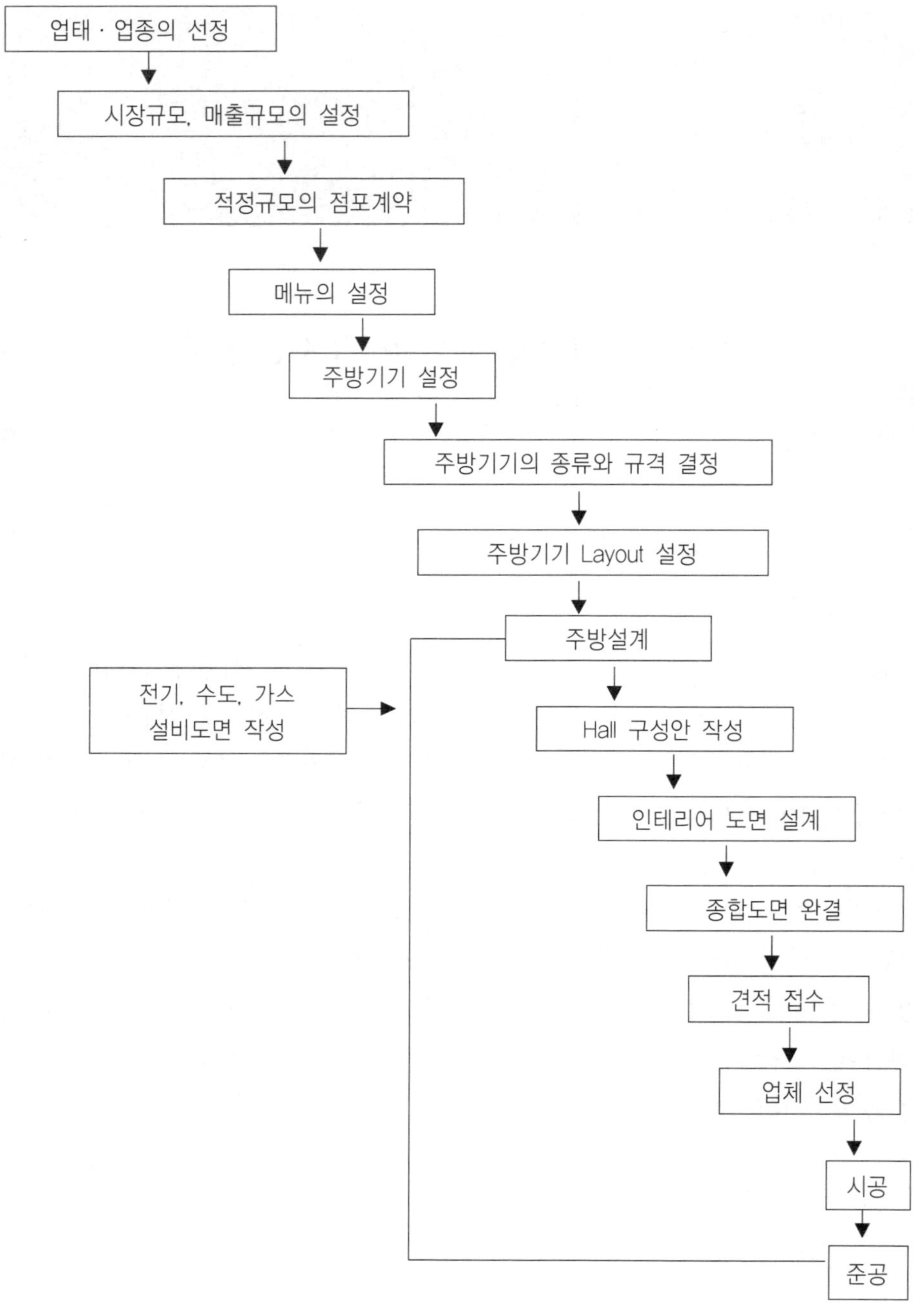
업태 · 업종의 선정
시장규모, 매출규모의 설정
적정규모의 점포계약
메뉴의 설정
주방기기 설정
주방기기의 종류와 규격 결정
주방기기 Layout 설정
주방설계
전기, 수도, 가스
설비도면 작성
Hall 구성안 작성
인테리어 도면 설계
종합도면 완결
견적 접수
업체 선정
시공
준공

2. 점포를 확보하면 바로 매월 월세가 지급되므로 조급한 마음에서 각종 설계가 완성되기도 전에 우선 공사부터 시작한다

대형점포나 기업체에서 점포를 건설할 때에는 이러한 오류가 보이지 않지만, 중소규모 이하의 개인점포 경영자인 경우에는 대부분 이런 오류에 빠지기 쉽다. 공사에는 필요한 기간이 있으며 각종 시공자재의 선택, 전등 및 화장실 부속품 등 자재의 등급에 따라 총 건설투자에 많은 차이가 발생할 수 있다.

자기가 예측한 투자금액보다 훨씬 많은 금액이 산출되면 당황하기 일쑤인데, 아무리 다급해도 전체도면을 만들어 총투자금액을 확정한 뒤 공사를 개시하도록 해야 한다. 보통 소규모 경영자들이 "업자들이 처음에는 1,500만 원이면 충분하다고 해서 인테리어 공사를 시작했는데 1,500만 원이 뭡니까? 거의 2배인 3,000만 원이 소요되었어요"라고 하소연하는 경우가 종종 있는데, 이는 본인의 무계획적인 결정이 원인이 되기도 하며 공사업체의 신용에도 문제가 있는 것이다. 또 하나 공사진행과정에서 문제가 되는 것은 벽이나 바닥공사의 자료로 타일을 사용하는 경우에는 그것을 공사한 뒤에는 보통 3~4일이 지나야 제대로 접착된다. 접착제가 우수한 품질이어서 시공 후 바로 타일 위에 주방기기 등을 설치해도 문제없다고 말하지만 그것은 잘못된 생각으로 보아야 한다. 대부분 소규모 점포의 주방에 가보면 바닥타일이 군데군데 떨어져 보기 흉한데 이것은 타일작업 후 충분한 숙성기간을 거치지 않고 조급하게 주방기기 등을 설치하였기 때문에 주방기기 설치작업과정에서 파손되거나 접착부위가 떨어져 나가서 생긴 결과다.

3. 점포의 필요한 창문 규격, 전등의 모양, 파티션의 모양은 점포영업에 중대한 영향을 주는데, 이런 점을 전부 업자에게 맡기면 안된다

인테리어나 설비에 관한 전문지식이 없어도 음식점을 경영하려는 사람이라면 자기가 결정한 업종·업태에 관한 나름대로의 점포모양에 대한 그림은 갖고 있을 것이며, 또 참고로 하기 위하여 자기가 경영하려는 점포와 유사한 분위기나 규모가 비슷한 여러 점포를 방문하여 벽 모양, 전등의 형태, 창문의 모양, 바닥재나 바닥의 컬러, 천장의 모양, 커튼이나 파티션의 형태, 카운터의 형태 등은 알아보았을 것이다.

최소한 영업분위기와 직결되는 이런 부문은 비록 소규모여서 미리 공사를 시작하는 경우에도 사진 또는 카탈로그를 보거나 또는 건축자재 전시장에 인테리어업자와 함께 가서 협의해서 지정해야 한다. 자기가 운영할 점포의 설계와 점포공사는 최종적으로 자기책임하에 자기가 시행하는 것이며 인테리어업체에게는 아이디어와 시공작업을 대행시킨다는 자세가 필요하다.

4. 인테리어 시공일정표를 반드시 확보해야 한다

앞에서도 설명했지만 모든 것을 업자에게 일임해 버리면 언제 공사가 완료될지 알 수 없다. 따라서 인테리어공사에 맞추어서 주방기기 구매나 입고일자, 직원의 선발일정, 원자재 입고일정을 정해야 하는데, 인테리어 일정조차 모르고 업체에 맡긴다는 것은 곧 점포개점업무가 처음부터 무계획적이었다는 것을 그대로 나타내는 것이다. 따라서 어떤 경우에도 인테리어계약이 되면 반드시 공사진행일정표를 작성토록 한 뒤 중간진행을 경영주 스스로 직접 확인해야 한다.

만약 인테리어 공사일정표조차 작성할 수 없거나 그 작성을 꺼리는 업체라면 기술이 없거나 무성의한 업체이며 단순한 목수작업, 도장업체 작업수준의 작품밖에 나오지 않을 것이다. 무조건 견적가격이 적은 부실업체를 선정하는 것보다는 약간 견적가가 높게 나와도 신용있는 업체를 선정하여 공사에 임할 것을 권하고 싶다.

5. 경영주는 점포설계 전에 최소한 다음의 내용을 정리 · 기록하여 인테리어업체에게 제시할 필요가 있다

① 판매하고자 하는 제품을 명확히 결정한다(주방기기 종류와 주방규모 설정에 키포인트가 되기 때문이다).

② 앞으로 개발할 메뉴도 생각하여 주방에 대한 의견을 기록 · 정리한다(어느 정도 여유 스페이스를 염두에 두도록 한다).

③ 별도의 관리사무실이 없을 때에는 주방 일부에라도 종업원의 탈의장이나 휴식공간을 마련토록 한다(장소가 없으면 커튼 등을 설치하여 옷만이라도 갈아입게 해야 한다).

④ 창고는 최소한 원자재 3일분을 보관할 수 있는 공간을 확보토록 한다.

⑤ 기존 건축도면에만 의존하지 말고 인테리어업체가 직접 실측한 도면을 사용하여 주방 Layout이나 객석도면을 작성토록 한다.

⑥ 의자와 탁자의 배치, 룸 구성에도 최소한 자기 의견을 제시토록 한다. 내용도 잘 모르면서 자기 주장만을 하라는 얘기는 아니고 최소한의 투자라도 처음 시도하는 사업인 이상 전력투구해야 하므로 여러 교육기관에서 습득한 지식, 전문서적을 읽고 터득한 지식, 여러 점포의 견학을 토대로 하여 얻는 지식을 종합하여 문서화한 내용을 갖고 인테리어업체와 합의할 것을 권장한다. 말로써 합의한 것은 아무 의미가 없게 된다. 아직은 크게 이용하지 않고 있지만 외식관련 전문 컨설턴트의 자문을 받는 것이 좋다. 간단한 자문비용은 소액이며 경영주가 위에 적은 내용만이라도 문서화하여 자문을 받으면 훨씬 더 정밀도가 좋은 자문결과를 얻어낼 수 있을 것이다.

6. 설계업체를 찾는 방법

① 친지로부터 소개를 받는다.

② 음식관련 전문잡지에서 찾는다.

③ 기존점포로부터 소개를 받는다(기존점포 설계자를 소개받는다).

④ 의자, 테이블의 뒷면에 보면 Maker의 전화번호 등이 기록되어 있는 상표가 붙어 있다. 이들에게 문의한다(대개 인테리어업체는 의자 · 테이블 업체와 연결되어 있다).

⑤ 컨설팅업체로부터 소개를 받는다.

7. 인테리어 설계를 위한 현장 실측

인테리어 도면 작성 시에는 건축도면과 달리 별도로 실측에 의해 세밀하게 평면도면을 작성하고 이 평면도면을 기초로 해서 인테리어 기본도면을 작성한다. 건축공사설계도면대로 인테리어 도면을 작성하다 보면 건축공사의 수정이나 추가공사로 변경된 부분이 있을 경우 작성된 도면과 다른 현장이 될 수도 있기 때문에 반드시 별도의 현장실측을 실시하도록 요구한다. 인테리어 업체가 현장에서 행하는 업무는 아래와 같으므로 이를 사전에 숙지해 두면 도면을 이해하는 데 도움이 된다.

① 인테리어 업체는 현장을 실측해서 현재 상태의 평면도면을 작성한다. 경영주는 이것을 확인해야 한다.

② 건물의 구조나 규모를 조사한다.

③ 전용면적을 엄밀히 실측한다. 계단, 통로 등 공유면적은 영업의 보조 스페이스이며 인테리어 도면과는 직접적으로 관계가 없는 영역이다.

④ 지하의 유무를 확인한다. 지하가 있는 경우 1층 점포라면 방수작업을 철저히 해야 한다.

⑤ 방화지역에 해당되는지 여부를 확인한다. 방화지역은 주방을 만들기 위해 구축물을 철거할 수 없다.

⑥ 용도지정지역을 표시 · 확인한다. 상업지역, 근린생활지역, 주거전용지역 등 건축법규상 허가업종을 제한하고 있는 점도 확인한다.

⑦ 기존시설 철거작업량도 확인한다.

⑧ 가스, 수도, 전기의 용량 체크

⑨ 급배수시설 체크

⑩ 주방위치를 개략적으로 설정해 본다.

제2절 주방설계의 중요성

1. 주방설계의 기본방향

① 메뉴 수, 메뉴종류를 먼저 결정한다.

② 메뉴의 조리방법을 결정한다.

③ 메인 주방에서 전부를 조리할 것인지, 아니면 일부는 객석에서 조리할 것인지를 결정한다.

④ 예상 최대 판매개수를 설정한다.

⑤ 냉장고, 냉동고, 창고 스페이스를 결정한다.

⑥ 1시간 기준 최대 판매개수 생산량을 설정해 본다.

⑦ 주방기기별 생산능력을 체크해 본다.

⑧ 작업동선이 최소한 1.2~1.3m가 되도록 한다(주방기기와 주방기기 사이의 통로).

⑨ 식품 원자재 가공도에 의해 전처리 스페이스를 확보한다.

⑩ 조리속도를 빠르게 할 수 있는 주방기기를 선정한다.

⑪ 우선 주방면적을 1~10항까지의 조건에 맞추어서 Layout을 만들어본다.

⑫ 주방위치는 객석으로 제품을 서빙하기 편리한 동선을 전제로 설정되어야 한다.

⑬ 주방면적에 대한 정설은 없으나 대략 다음과 같은 기준으로 한다. 작성된 도면면적과 비교해 본다.

업태	주방면적	비고
F.R.	45~50%	창고 스페이스 포함
주점, 바	18~25%	〃
다방, 커피숍	15~18%	〃
F.F.	20~25%	〃

⑭ 주방은 점포의 평면형태에 따라 합리적으로 설정되어야 한다.

⑮ 주방바닥과 주방벽체의 마감제는 샘플을 보고 결정해야 한다.

⑯ 온수공급라인을 확보한다.

⑰ 배수시설의 확보(화장실이 가까이 있으면 배수구 설정이 쉽다).

⑱ 전기(전압 및 전력)의 용량을 충분히 확보한다.
⑲ 도시가스 설치지역 여부를 체크한다.
⑳ 후드설비도면을 확인한다.
㉑ 닥터설비도면을 확인한다(흡기, 배기설비).
㉒ 주방기기의 Layout이 합리적인지 체크한다.
㉓ 주방기기의 종류, 규격을 기록한 List를 도면 뒤에 첨부한다.

2. 주방기기의 선정방법

① 주방기기 메이커가 제시하는 견적가격만 체크하지 말고 주방기기 하나하나에 어떤 부품과 어떤 재질(예를 들면, 스테인리스 두께는 몇 m/m 제품인지)을 사용하는지를 질문하여 부품 수와 재질에 대한 내용을 체크한다.
② 주방책임자와 충분히 의논하여 주방기를 선정하되, 무조건 주방장의 의견에 따라서는 안된다. 메이커의 설명에도 귀를 기울여야 한다.
③ 견적가격은 메이커의 가격, 중도매 가격, 중앙시장 가격, 지방과 서울 메이커의 가격 등 어떤 유통단계에서 작성되었는지를 파악한다.
④ 저렴한 제품의 구입보다는 구입 후 A/S가 잘 이루어지는지, 또 A/S조직을 갖고 있는지를 확인한다. 특히 지방소재 점포인 경우는 A/S문제가 어떻게 이루어지는지, 지방에 A/S대리점이 있는지를 집중적으로 확인한다.
⑤ 어떤 종류의 주방기기를 생산라인별로 전문 메이커로부터 따로따로 구입하면 가격 면에서는 약간 유리할 수도 있겠지만, 주방기기 설치문제와 A/S문제가 발생하면 모든 메이커에 따로따로 연락해야 하는 난점이 있다. 따라서 여러 종류의 주방기기를 공급하는 메이커를 먼저 선정하고 그 메이커가 필요한 다른 회사제품도 공급해 주는 형식을 취하는 것이 편리할 때가 많다.
⑥ A/S기간을 반드시 설정한다.
⑦ 소모율이 높은 부품은 최소한 6개월분은 확보해 둔다.
⑧ 전통 있는 대형음식점에 납품한 주방메이커를 선정하는 것이 좋다.
⑨ 대형점포는 지역 구분 없이 값이 약간 고가라도 우수메이커의 제품을 사용하는 것이 좋다.
⑩ 주방기기 선정 시에도 컨설팅 전문기관에 자문을 받는 것이 좋다.

제3절 종합적인 점포설계, 주방설계, 인테리어 설계의 핵심사항 재점검

1. 기본설계의 점검요령

기본설계도면을 작성할 때에는 우선 주방기기 Layout, 객석 Layout(의자, 테이블 위치설정 등은 객석에 가스로스타 등을 설치해야 하는 점포인 경우는 대단히 중요하다), 개략적인 점포의 외부형태, 천장 및 벽체의 형태, 객석의 구분(룸의 설정, 테이블석 홀의 설정), 냉난방기구의 위치, 덤웨이타의 위치선정(1, 2층 또는 2, 3층으로 구성된 점포인 경우), 파티션의 모양, 간판의 형태 및 구조, 전등 조명기구의 모양 등에 점포 경영주의 의견이 첨부되어야 한다. 물론 이를 위해 사전에 충분한 타 점포현장 점검, 컨설팅회사의 자문 등에 의해 어느 정도 기초지식은 확보되어 있어야 할 것이다. 인테리어업체에서 전체 인테리어 도면을 작성하되 설비업체, 가스업체, 전기업체, 주방기기업체의 주방기기 배치도 등을 각각 자기영역별로 작성케 하며 인테리어업체가 중심이 되어 전기, 설비, 가스 등의 업체가 작성한 도면과 함께 전체 인테리어공사 기본설계가 완성되어야 한다. 기본설계도면에는 반드시 공사일정표가 각 업체의 업무별로 첨부되어야 할 것이다. 중소규모 점포는 이 기본도면에 의해 공사를 시행해도 큰 문제는 없다. 그러나 대형점포는 별도의 공사실시 설계가 필요하다. 기본 설계도면에는 전체 층별 평면도, 중요 사용자재명세, 조명 등과 부속품 카탈로그 및 샘플사진, 벽과 천장의 시공, 자재샘플 등을 확보하게 하여 기본설계도면 설명 시 제시토록 한다. 도면만 보고 확실히 알 수 없을 때는 의문시되는 점을 도면 설명 시에 세밀하게 질문하여 내용을 알도록 한다. 기본설계의 중요 체크항목은 다음과 같은 내용들이다.

① 점포 출입구에서 객석까지, 주방에서 객석까지의 동선은 몇 m이고 어떻게 설정되어 있는가? 주방에서 객석까지는 동선이 너무 길지 않아야 한다.

② 객석의 구성이 업태 · 업종의 영업형태에 알맞게 구성되어 있는가?

③ 의자나 테이블의 형태가 2인석, 4인석, 6인석으로 골고루 분포되어 있는가? 객석의 만석률을 높이기 위한 배려가 충분한가의 검토이다.

④ 단체고객이나 그룹 고객을 위한 룸(방) 등이 설치되어 있고 칸막이 등은 수시 변형할 수 있도록 설계되어 있는가?

⑤ 테이블 형태가 4각형, 원형 등으로 배합되어 부드러운 연출을 구성하고 있는가? 4각형 일변도로 되어 있으면 딱딱한 분위기가 된다. 원형은 스페이스를 많이 차지하고 상차리기 등의 어려움이 약간 있으나 부드러운 분위기를 연출하는 데 도움이 된다. 카페바, 디너 레스토랑의 테이블은 원형이 좋을 것이다.

⑥ 인테리어 전체 디자인이 점포의 영업이미지와 일치되도록 설정되어 있는가?

⑦ 화장실은 남녀로 구분되어 있는가?
특히 여성의 화장실 사용을 쉽게, 안심하고 이용토록 구성되어 있는가? 단순한 구분 칸막이는 불안정한 감을 주게 된다.

⑧ 금전등록기의 위치(카운터 위치)와 높이 등은 객석 여러 곳에서 쉽게 볼 수 있도록 설정되어 있고 고객이 쉽게 대금을 지불할 수 있게끔 설정되어 있는가?

⑨ 전화기의 위치는 고객용 전화까지 적절한 위치에 설정되어 있는가?

⑩ 음료수 등 서빙 스테이션은 객석에서 재빨리 서빙할 수 있도록 객석의 적절한 곳에 설정되어 있는가?

⑪ 준비실(전체 작업실)은 어느 정도 스페이스가 확보되어 있는가?

⑫ 계단은 단의 높이와 넓이가 사람의 오르내림을 쉽게 할 수 있도록 설정되어 있는가?

⑬ 탈의실, 휴게실 등 직원을 위한 배려는 되어 있는가?

⑭ 간판의 위치설정은 잘 되어 있는가?

⑮ 정문의 크기, 모양, 대기실 등의 형태는 고객의 출입이 쉽게 이루어지도록 설정되어 있는가?

⑯ 주방과 객석의 천장높이는 너무 높거나 낮아 열효율을 나쁘게 하거나 갑갑한 감을 주지 않는가? 적어도 천장높이는 2.5m 이상 3.5m 이내인가?

⑰ 점포 외부환경을 위한 배려는 되어 있는가? 수목, 주차장 등의 보완사항 점검.

⑱ 냉난방시설은 지나치게 큰 형태보다 부분적으로 사용할 수 있도록 객석의 위치와 형태에 따라 바람의 방향이 객석에 잘 전달되도록 설정되어 있는가?

⑲ 고객이 적은 시간의 냉난방의 효율화를 위하여 슬라이딩도어나 칸막이 등 쉽게 작동할 수 있는 장치가 되어 있는가?

⑳ 신발장 등의 위치는 고객에게 편리한 곳에 설정되어 있고 고객이 퇴점 시에 자기 신발을 쉽게 찾을 수 있도록 좌석별로 잘 배치되어 있는가?

우선 위의 점검항목만이라도 자세히 물으면 점포구성에 있어 큰 실수는 면할 수 있다.

2. 구체적인 시공도면의 작성과 점검사항

기본 설계도면에 의해 수정과 보완작업을 거친 뒤 공사실시 도면을 작성한다. 시공도면의 구성요소는 다음과 같다.

시공계약 체결 시 특기사항으로 점검할 항목

평면도, 전개도, 상세부위도면, 입면도, 단면도, 전기배선도, 주방도면, 창호도면, 흡배기도면, 수도인입도면, 배수도면, 가스인입도면 및 주방내도면, 가구위치도면, 등기구표시도

실시 설계의 항목별 체크사항

중요항목	체크해야 될 포인트
특기사양서	도면에 표시할 수 없는 부분이나 공사에 관한 상세한 내용을 정리하기 위하여 도면에 특기사항을 확인한 내용이다. 도면에 이러한 표시가 없을 때에는 계약서에 명시한다. 예를 들면, 땅파기 공사에 반드시 CIP공법을 시행한다는 것 등이다.
공사보증	공사완료 후의 하자보증기간의 확인, 특히 설비기구가 노후화되어 누수 등 긴급한 사항의 발생 시 대처방법 등을 확실히 한다.
화재보험 및 산재보험의 가입	소규모 점포는 인테리어 공사기간 중 발생할 수 있는 위험을 보증하기 위해서 화재보험 등에 가입하지 않는 경우가 많으나, 대규모 인테리어 공사에는 총집행예산을 참고하여 시공업자가 화재보험에 가입토록 하는 것이 좋다. 또 건축공사인 경우는 낙반사고, 기타 안전사고 등이 빈번히 발생하므로 산재보험에 가입함이 원칙이다. 이때 산재보험가입에 소용되는 비용을 건물주가 부담하는 경우와 공사비에 포함시켜서 시공업자가 부담하는 경우 및 건축업자와 건물주가 반씩 부담하는 양식을 취하기도 하는데, 법적 강제규정

	이므로 반드시 산재보험에는 가입해야 한다. 단, 그 행정수속은 시공업자가 행한다. 인테리어만의 공사일 경우는 산재보험에는 일반적으로 가입하지 않는다.
공사지연 책임	공사스케줄에 따라 공사가 시행되지 않고 공사를 지연시킨 경우 천재 · 지변 등 불가항력의 요인 이외에는 거의가 시공업자의 책임으로 한다. 이것을 명확히 하지 않는 경우 개점일자 지연으로 인한 건물임대료, 인건비 부담, 대외 신용도 등 막대한 지장을 초래하므로 이 조항을 명확히 해두어야 한다. 예를 들면, 공사지연 1일마다 전 공사비의 몇 %를 삭감한다는 내용을 계약서에 명확히 삽입해 둔다.
도로 사용권 및 인근 주택사무실과의 업무조정	건축공사나 인테리어 공사를 시행함에는 반드시 공사에 따르는 소음과 원자재 입고 및 구축물 철거에 따르는 먼지 등으로 이웃과 문제가 발생하는 경우가 많으므로 미리 공용도로 사용허가가 필요할 때는 해당관청에서 허가를 받아 공사를 집행하는 것이 좋으며 소음, 먼지 등에 대해서는 철저한 칸막이 공사와 민원이 발생하지 않도록 하는 모든 업무는 인테리어 업자의 책임하에 진행되도록 한다.
입면도	입면도는 건물의 모양을 사방에서 본 도면이다. 또한 실내의 벽을 중심으로 표시한 도면이다.
도 어	각 창호의 개폐 방향과 규격, 사무실이나 주방출입구, 화장실 출입구의 규격 등을 확인한다.
벽 디자인	벽면의 내장디자인과 건축자재를 확인한다. 특히 주방의 벽면에는 주방기기가 위치하므로 방수부문과 일정높이의 타일작업이 되어 있는지는 반드시 확인한다. 주방벽 타일은 일반적으로 흰색타일을 사용한다.
높 이	판토리, 디쉬업, 카운터의 높이 확인. 일반적으로 판토리는 85cm, 디쉬업은 100~125cm, 카운타는 75~100cm가 일반적이다.
바닥의 단차	기존건물에 주방을 만들 때에는 급배수라인(트렌치)을 설치해야 하므로 보통의 플로어보다 15~20cm의 단차가 생긴다. 서빙 시에 왜건 등을 사용할 때에는 판토리 에리어나 디쉬업 에리어까지 왜건이 들어올 수 있도록 해야 하는데, 이러한 구분도 명확히 되어 있는지를 확인해야 한다.
의자와 테이블	의자와 테이블의 높이와 규격을 확인한다. 또 테이블의 규격과 위치 설정도 명확히 체크한다. 객석 수와 객석의 분위기가 여기에서 결정되기 때문이다.
천장 도면	천장의 마감자재, 모양, 조명 등(샹들리에) 공조기기 점검구, 배기, 흡기 위치, 닥터 등의 설비도면이 포함되어 있는지 확인. 지붕에 배기부로아를 설치할 때에는 동력(마력수)도 확인한다.

조 명	조도와 조명기구 수, 모양을 도면에 표시하거나 샘플, 카탈로그를 확인한다.
냉난방 공조기기	냉난방 공조기기의 위치, 객석과의 관계가 합당한지의 확인, 천장의 요철부문에 직접 닫지 않는지 여부를 확인한다.
창호도	출입구, 창문의 규격 일람표와 위치 · 종류별, 기자재명, 스텐 혹은 스틸(금속)물의 두께표시 등을 체크한다. 창호의 폭, 위치, 개폐방향, 방식 등을 확인한다.
문	뒤쪽이나 주방에 연결된 문은 종업원의 통로이기 때문에 손때가 타기 쉽다. 흰색보다는 손때가 잘 묻지 않는 자재를 사용하는 편이 좋으며 최소한 폭은 70~90cm는 되어야 할 것이다.
설비도면	전기, 급배수, 냉난방 공조, 가스 등 점포의 설비에 관한 내용을 확인한다.
전 기	콘세트 위치, 주방, 사무실, 객석별로 전압과 와트수가 명확히 설정되었는지 분전반의 위치는 정확한지를 확인한다.
레지스터	전화나 레지스터(금전등록기) 배선공사는 사전에 설계자에게 의뢰해서 누락되지 않도록 한다.
배 수	주방의 배수방식은 어떻게 되어 있는지? GT(그리스트랩)의 위치는 주방의 작업에 지장 없도록 설정되어 있는가?
화장실	악취방지 장치나 환풍기, 통기관이 계획되어져 있는가 확인한다.
방수공사	방수공사 담당자(회사)의 보증서를 받아두는 것이 좋다.
미터기	수도, 가스, 전기 등의 미터기 설치장소를 확인한다.
주방공사	주방의 각종 기기를 표시한 도면, 주방업체가 작성한 도면이다.
레이아웃	메뉴에 따른 주방 레이아웃이나 생산능력을 체크한다.
배 치	주방기기가 작업동선에 맞도록 배치되어 있는지 체크한다.
주방기기	내장공사와 같이 견적서를 2개처 이상 받는다.
공사범위	주방공사 범위를 확실히 한다. 주방기기 설치공사까지를 포함시킨다.

시공 완료 시의 최종 체크항목

항목	체크항목
간 판	간판의 부착상태가 당초 약속대로 정해진 위치에 부착되어 있는가?
입구 출입문	입구의 자동도어나 문의 개폐상태가 합리적이며 문의 설치가 튼튼하게 작업되어 있는가?
벽, 천장	구석의 공사가 말끔하게 마감되었는가? 벽과 천장 끝의 마감자리, 벽과 플로어의 마감자리 특히 걸레받이 처리는 잘 마감되어 있는가?
테이블 위치	테이블과 의자가 평면에 놓았을 때 비뚤어지거나 흔들거리지 않는가? 테이블 높이는 설계도면대로 만들어져 있는가?
조 도	점내의 밝기는 적당한가?
설 비	전기, 가스, 수도(수압), 배수구, 배기 등은 모든 계기가 정상 작동되고 설비에 제대로 배선이 되었는가?
화장실	좌변기, 양변기, 페이퍼홀더, 비누곽, 기타 제품은 제대로 놓여 있는가? 특히 거울은 그 면이 깨끗한가?
각종 계기	가스, 전기, 수도의 매타기, 탕불기, 스프링쿨러 설비는 완벽한가?
공조기	정상가동이 되는지를 계절에 관계없이 일단 시험해 본다.
배 기	난방배기는 정상 가동되는지 확인한다.
배 수	그리스트랩 배수경로는 제대로 경사되어 있고 배수의 역류현상이 일어나지는 않는지 확인한다.

제4절 인테리어공사 계약

1. 인테리어공사 계약의 순서

설계업체의 실시도면 완성

↓

설계업체의 도면 설명회

↓

인테리어 업체의 견적서 작성요령 전달

↓

견적의 검토(견적서의 작성)

↓

공사금액의 내부 결정

↓

견적서의 접수

↓

견적서의 검토

↓

인테리어 업체 선정

↓

공사 계약

↓

시공업체의 작업준비(인원, 자재준비)

↓

공사 개시

인테리어 업체의 계약서는 대부분 인쇄된 계약서를 사용하는데, 총도급액, 부가세액, 공사기간, 계약금, 중도금, 잔금 지급일자 및 조건 등의 간단한 내용만 기록되어 있어 공사의 책임한계 등이 명기되지 않을 수도 있으므로 별도용지에 중요 추가사항, 공사 지연 시의 책임소재 및 배상문제, 사고발생 시의 책임소재, 계약 중도해지 시의 조건, 감리책임자(현장책임자 포함) 선정, 설비업체, 가스업체 · 전기업체의 면허소지(특히 가스업체는 정부에서 지정한 자격소지유무 등) 등에 대한 특기사항을 기록하여 계약서에 첨부한 뒤 쌍방 날인하면 좋을 것이다.

그 다음 견적서 검토방법인데, 무조건 견적가가 낮은 쪽을 택하여서는 안된다. 예를 들면, 전체공사 항목을 철거공사, 칸막이공사, 조적공사, 전기공사, 설비공사, 배기닥터공사, 내장공사, 가구공사 등으로 대별하여 작성토록 한 뒤, 제시된 견적서를 보면 전체금액은 비슷하나 각 항목별로 제시된 금액은 업체별로 천차만별이다. 그만큼 기술적인 취약성이 많다고 볼 수 있을 것이다. 초심자인 경우는 간단한 상식에 의해 개략적인 공사견적금액을 설정할 수밖에 없는데 그 요령을 적어본다.

각사가 제시한 견적가액이 다음과 같다고 하자.

공사항목	A 사	B 사	C 사	D 사	비 고
철거공사	5,000,000	▲ 3,000,000	▲ 3,200,000	4,000,000	3,000,000
칸막이공사	▲ 3,000,000	3,200,000	2,900,000	▲ 3,000,000	3,000,000
조적공사	6,000,000	▲ 4,000,000	▲ 4,000,000	4,500,000	4,000,000
전기공사	10,000,000	▲11,000,000	▲11,000,000	12,000,000	11,000,000
설비공사	6,000,000	▲ 5,500,000	▲ 5,400,000	3,000,000	5,500,000
배기닥터공사	7,000,000	6,500,000	5,000,000	3,000,000	6,000,000
내장공사	15,000,000	▲17,000,000	▲17,000,000	16,500,000	17,000,000
가구공사	▲ 7,000,000	▲ 7,000,000	3,000,000	2,000,000	7,000,000
합 계	59,000,000	57,200,000	51,500,000	48,000,000	49,500,000

위의 표에서 가장 낮은 견적가를 제시한 D사의 48,000,000원을 그대로 채택하지 말고 각 공사항목별로 여러 업체가 제시한 금액 중 동일 또는 차이가 적은 금액(적어도 2개 이상 회사의 견적가)을 선택해 본다.

한편, 가구공사는 A사와 B사가 7,000,000원을 제시하고 C사와 D사는 3,000,000원과 2,000,000원을 제시했으나, 역시 품질상에 문제가 있을 것이다. 이렇게 해서 종합한 것이 비고란에서 잠정집계한 49,500,000원을 공사예정금액으로 정하고 계약에 임하면 초심자로서는 큰 실수 없는 결정을 했다고 볼 수 있다. 물론 위에 설명한 방법은 어디까지나 하나의 방편이지 반드시 최선의 선택방법이라고 볼 수는 없다.

2. 인테리어공사 계약서 사례

인테리어공사 계약서

(사례 : 본 계약서는 설계계약에 사용한 K사의 계약서인데 전부를 기록하지 않고 중요조항만 발췌한 내용이다)

제1조(총칙)

1. 발주자(이하 (갑)이라 칭한다)와 수주자(이하 (을)이라 칭한다)는 상호대등한 입장에서 서로 협력하며 신의성실로 본 계약을 이행한다.
2. 계약서와 공사청부 약관 내지 첨부도면 사양서를 기초로 해서 (을)은 공사를 성실히 집행하며 (갑)은 완성된 목적물을 인도받은 뒤 대가로 공사대금을 정히 지급한다.

제2조(공사기간)

천재 · 지변 또는 설계변경 기타 (을)의 귀책사유가 아닌 사유로 인하여 공사가 지연될 때는 (갑)은 (을)이 제안하는 내용대로 공사기간의 연장을 인정한다. 단, 공사기간은 19○○년 ○월 ○일부터 19○○년 ○월 ○일까지로 한다.

제3조(공사진행 상황보고)

1. (갑)은 (을)에 대해서 공사기간 중 언제라도 공사진행상황보고를 요구할 수 있다.
2. (갑)은 (을)에 대해서 약정된 일자에 정히 공사진행이 이루어지도록 성의를 갖고 협력한다.

제4조(공사의 중지 및 공기의 연기)

1. (갑)이 공사대금 지급을 태만히 할 때 또는 (갑)이 희망하는데도 상관없이 (을)이 전조에 정한 서면작성에 응하지 않을 때에는 공사중지를 할 수 있다. 이 경우 공사완성기일은 당연히 연장되어진다.

2. 공사기간 내에 본공사를 완성할 수 없는 경우에는 (을)은 (갑)에 대해서 가능한 빨리 그 내용을 통지하여야 한다. 이 경우 (갑)(을) 양자가 협의하여 연장일수를 정할 수 있다.

제5조(손해배상)

공사에 관해서 목적물을 인도하기 전에 공사목적물, 공사자재에 대하여 발생한 손해, 기타 시공에 관련해 발생한 손해는 (을)의 책임으로 돌려야 하는 경우에는 (을)의 부담으로 하며 그 이외의 경우에는 (갑)의 부담으로 한다.

제6조(검사)

1. 공사가 완성되었을 때는 (을)은 (갑)에 대해서 그 취지를 통지하여야 한다.
2. (갑)이 전항의 통지를 받았을 때는 지체없이 (갑), (을)이 협의해서 검수일을 정하고 검수를 행한다.
3. 전항의 검수에 합격하지 않을 때는 (을)은 지체없이 보수, 개조작업을 행하여야 한다. 보수, 개조 후의 검수에 관해서는 전 1, 2항을 적용한다.

제7조(계약의 해제)

(갑)은 다음 각 항의 1에 해당할 때는 계약을 해제할 수 있다.

1. (을)의 귀책사유에 의해 공사기간 내에 공사가 완료할 가능성이 없다고 판단될 때
2. (을)이 정당한 이유없이 공사착수시기를 넘겨서 공사를 착공하지 않을 때

제8조(공사대금의 지급)

1. (갑)은 본계약과 동시 계약금조로 일금 (　　)원을 (을)에게 지급한다.
2. 중도금은 총공사 진행 50% 이상을 달성했을 때 지급하되, (갑)과 (을)이 합의하여 그 시기를 결정하고 전체 계약금액의 30%의 해당액을 지급한다.
3. 잔금은 공사완료 후 인수인계가 완료된 시점에서 지급한다.

제9조(하자보증)

(을)은 본공사의 사후관리를 위하여 총공사대금의 10%에 해당되는 금액을 하자보증금으로 정하고 이를 위하여 신용보증서를 작성하여 (갑)에게 제출하여야 한다.

제10조(하자보증기간)

하자보증기간은 (갑)과 (을)이 인수인계를 완료한 날로부터 1년으로 한다. 동기간내 발생한 공사관계 하자로 인해 발생하는 수리개소 등에 대하여 (을)은 즉각적으로 (갑)의 요청

대로 개보수공사를 행하여야 하며, 만약 (갑)의 정당한 요청에도 불구하고 이를 이행하지 않을 때는 점포의 정상영업을 위하여 (갑)이 우선 수리 보완하고 그 대금을 (을)에게 청구할 수 있다. 다만, (갑)의 부주의로 인한 수리개보수 부문은 제외한다.

제11조(기타)

본 계약서 각조 각항에 명시되지 않은 사항은 상법 및 민법, 상관례에 따라 (갑)과 (을)이 협의하여 결정한다.

본 계약이 정히 성립되었음을 증명하기 위하여 (갑)과 (을)이 각각 날인한 계약서 2통을 작성하고 (갑)과 (을)이 각각 1통씩 보관한다.

20○○년 ○월 ○일

(갑) 인

(을) 인

제 5 절 종합자금계획

우리나라의 경우 식당업에 대한 금융권으로부터의 차입은 사실상 어려운 여건이므로 거의 100% 자기자금이나 친지나 인척으로부터 빌린 돈으로 개업자금을 조달한다. 그 외 극히 일부를 상호신용금고나 사채업자로부터 자금을 변통하기 때문에 (법인의 경우처럼 명확한 자금계획에 의해 창업업무를 집행하는 경우를 제외하고는) 대부분 자금사정이 넉넉지 못한 상태에서 무리하게 창업함으로써 영업실패에 따르는 피해가 의외로 크다고 본다.

자칫하면 직장생활로 얻은 소득액을 알뜰히 관리하여 저축한 돈과 친 · 인척들로부터 조달한 금전을 일시에 날려버리고 패가망신하는 예도 허다하다. 그렇기 때문에 철저한 준비가 필요하다. 자금계획을 수립함에는 우선 창업자금과 운영자금으로 나누어 설명할 수 있다.

1. 창업자금계획

투자항목	적 요	금 액	비 고
점포취득비			
건축비	내장공사비		
	외장공사비		
	설비공사비		전기, 수도, 가스
	소 계		
기계설비비	주방기기		
	제빙기		
	냉난방설비		
	음향설비		
	영업비품비		레지스터, 쇼케이스
집기 비품	식기, 조리기구, 유니폼 등		
인건비 기타	직원모집비, 인건비, 개업행사비, 광고비, 인쇄비, 금리		
개업경비			
설계관리비			
전화설치비			
기 타			
예비비			
합 계			

이상의 여러 항목에 대한 소요투자금액을 명확히 확정하고 그 조달방법도 구체적으로 결정하여야 한다.

막연히 어떻게 해결되겠지 하는 생각이나 건축비, 기계설치비 등을 개업 후 영업성과에 의해 점진적으로 지급하겠다는 생각을 갖고 부족한 자금으로 무리한 창업을 하면 이 역시 성공률이 극히 적다고 본다.

영업이 생각대로 이루어지는 데는 일정기간이 필요하며 영업 중인 점포에 빚 독촉하러 오는 업체의 사람들로 인해 종업원에게 불안감을 주게 되면 경영주도 영업에 집중하여 노력할 수 있는 여유가 없어져서 결국 실패하게 된다.

외국의 경우처럼 각종 금융기관으로부터 장기저리로 융자를 받을 수도 없고 또 투자비 중 주방기기나 주방비품, 영업비품 등을 리스화할 수 있으면 초기투자비가 훨씬 축소될 수 있으나, 우리의 사정상 해결할 수 없어 안타까운 일이 아닐 수 없다. 사실 우리나라의 경우 창업자금계획에 대한 필요항목은 설명할 수 있으나 자금조달방법에 대해서는 더 이상 설명할 방법이 없다. 절대로 카드나 마이너스통장 등에 의한 무리한 자금조달방법은 피해야 한다.

2. 영업개시 후의 자금운영

앞에서도 설명했지만 창업 시 부족한 자금을 영업개시 후 얻어지는 실적에서 점차적으로 반제하려는 생각은 극히 위험한 발상이다. 지금과 같은 불황시대에는 창업 후 상당한 기간이 지난 뒤에야 일정수준의 매상고를 달성할 수 있으므로 일정수준의 매상고 달성시기까지 버텨나가는 기술이 필요하다.

(1) 기대매출에 대한 환상을 버린다

일반적으로 초심자는 시장분석이나 시장상황을 정확히 파악할 수 없어 막연히 잘 될 것이라는 생각과 또 하나는 자기가 투자한 투자금액이 있으므로 그 투자액에 근거한 판매고를 생각하며 운영자금계획을 하게 된다. 그런데 그것은 본인의 기대나 희망에 불과한 '기대수치매상'일 뿐이므로 실제 개점 후 이 매상고를 달성하지 못하면 모든 계획에 차질을 빚게 되어 갈팡질팡하게 된다. 초심자는 절대로 '기대매출을 염두에 둔 자금계획'을 해서는 안된다.

(2) 개점 후 3~6개월 이내에 도산분기점에 이르면 상당히 성공한 경우로 생각해야 한다

즉 손익분기점에 이르기까지는 더 많은 시간과 판촉업무 등 많은 노력이 필요하며 그 시점에 이르기까지의 일정기간 내에 월세, 원자재비, 인건비, 광열용수비, 차입금이자 등 현금지출이 이루어지는 매출수준을 달성하면 이상적이라고 본다. 물론 처음부터 매출이 기대 이상으로 달성되어 손익분기점을 초과하면 더 이상 바랄 게 없지만 그것은 쉬운 일이 아니다. 현금 지출이 이루어지지 않는 감가상각비, 자기자금 이자 등은 계산하지 않는 최소 수준의 매출만 달성하면 일단 성공의 발판은 마련되었다고 생각해야 한다.

(3) 만약의 경우를 대비해서 개업 후 최소한 2~3개월분의 원자재 구입비는 별도로 준비해 둔다

처음 식당업을 개점하면 친지나 인척, 친구들이 격려도 해주고 친·인척의 경우 약간의 금전지원도 하게 된다. 그리고 영업이 활성화되면 더 많은 지원을 아끼지 않는다. 그러나 기대 이하의 매출이 이루어지면 큰 실망과 함께 경영자의 경영능력을 의심하여 이제까지의 지원을 일시에 중단하게 되며 대화조차 꺼리는 상태가 된다.

금융권으로부터 대출의 기회도 없고 달리 자금을 융통할 길도 막혀버리게 되며 초기에 약간의 외상거래를 하던 원자재 공급업체도 일체 외상거래를 중단하고 현금거래만을 요구하게 된다. 이렇게 되면 현금이 없어 원자재 구입을 못 하게 된다. 영업이 자연히 중단되며 직원도 급여를 지급받을 수 없어 점포를 떠나게 되므로 폐점하는 길을 밟게 된다. 보통 개점 후 3~4개월 이내에 폐점률이 높은 것도 이러한 자금부족이 주된 원인이다.

따라서 초기 시설투자자금 외에 영업부진 시를 대비하여 최소한 3개월분 원자재 구입자금은 별도로 확보해 두어야 한다. 대략적으로 창업 후 3개월 내지 6개월이 지나면 점포 성패의 갈림길이 나타날 수 있으므로 그때까지 견디는 자금은 반드시 확보해 두어야 한다.

(4) 가족의 생계비와 자녀의 학비는 확보해 두어야 한다

모든 자금을 총동원하여 점포창업에 투자한 뒤 점포영업에서 소득한 자금으로 생계비와 자녀의 학자금을 충당할 수 있다는 생각을 가져서는 안된다.

앞서 설명한 3개월분 이상의 원자재 대금을 별도 확보해야 할 필요와 마찬가지로 가족의 생계비와 자녀의 학비는 별도로 창업비와 구분해서 확보해 두어야 한다. 점포영업이 단기간에 목표수준을 달성하기가 어렵기 때문에 최소한 수개월 동안의 가족생계비와 자녀의 학비는 기본적으로 확보해 두어야 한다. 물론 일정기간이 지나면 점포의 인지도도 높아지고 고객도 확보되면 자연히 점포의 영업실적이 좋아져서 어려운 문제는 자연히 해결될 수 있다.

(5) 전기, 수도, 가스, 전화료 등의 공과금 지급을 지연해서는 안된다

아무리 영업이 부진해도 각종 공과금 지급은 지급일을 지켜야 한다. 공과금 지급을 제대로 못할 때 전기, 수도, 가스의 공급이 중단될 수 있으므로 이 점은 아무리 어려워도 해결하여야 한다.

(6) 직원의 인건비는 해결할 수 있어야 한다

사실 매월 매출고에서 직원의 인건비조차 해결하지 못한다면 그 영업은 중단하는 것이 좋다. 왜냐하면 평균적으로 매상고의 15~20%에 불과한 인건비조차 해결 못하는 매출이라면 기본계획부터 잘못된 것이기 때문이다. 어떠한 경우에도 직원의 동요를 막기 위해서는 급여만은 날짜를 지켜야 한다. 점포가 어려워지고 가능성이 적다고 생각되면 뒤도 안 돌아보고 점포를 떠나는 것이 외식업 종사자들의 행태이다.

(7) 최악의 경우는 월세를 지급하지 못하면 보증금에서 공제하는 한이 있더라도 인건비, 공과금, 원자재비는 지급할 수 있는 매출고는 달성해야 한다

물론 이러한 최악의 상황은 누구나 바라지 않겠지만 최악의 경우 점포가 일정수준 매출이 확보되는 기간까지는 이런 상황도 예상할 수 있다. 아무리 어려운 여건이라도 일정기간 동안만 전력투구하면 어렵던 상황도 풀리게 되어 성공의 길로 들어서게 된다. 처음부터 너무 실망하여 조기에 포기하기보다는 비상시에는 비상수단으로 대처하면 의외로 어려운 여건이 반전될 수도 있다.

제6절 개점일정표의 작성방법

1. 인테리어 공사일정표 작성이 우선되어야 한다

개점일정표는 우선 인테리어 공사일정표가 작성되어야 그 일정에 맞추어 주방기기 설치, 직원모집교육, 판촉일정, 개점 세리모니, 원자재 입고, 소모품 입고일정 등을 정할 수 있고 최종적으로 개점 D데이를 결정할 수 있다.

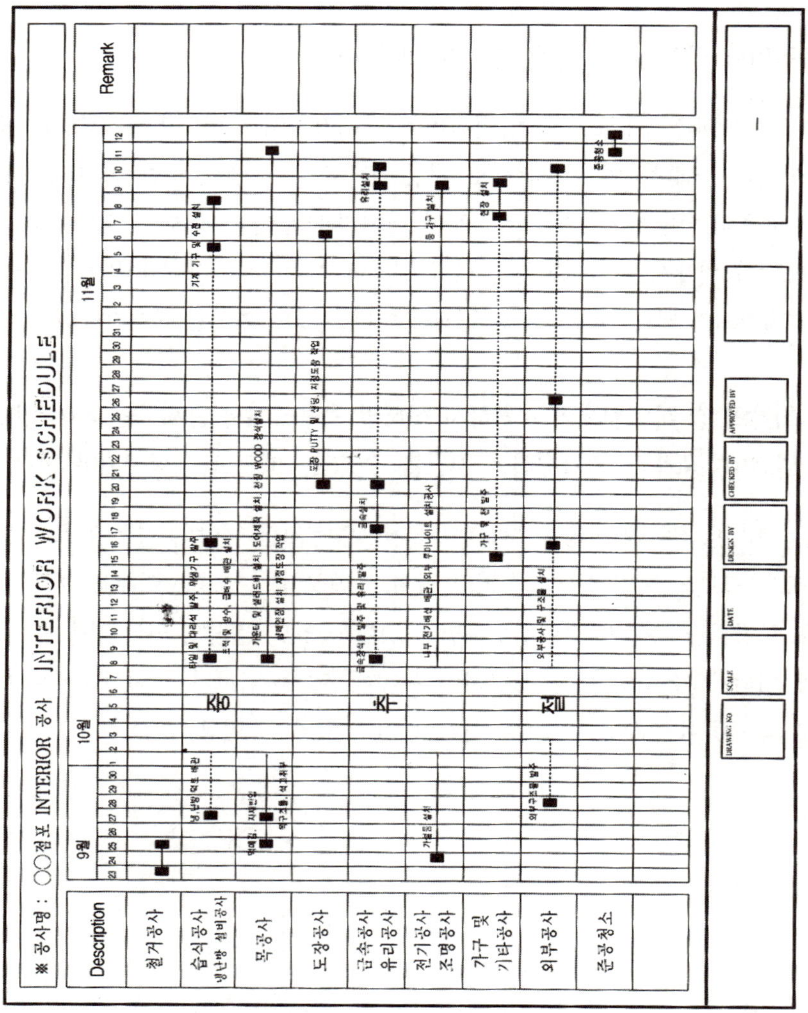

그림 1 인테리어 공사일정표 작성 사례

2. 개점일정표 작성

개점계획서 사례(1)

개업 D-day	공사부문			영업 · 판촉부문				
	내 · 외장	주방 설치	기타 시설	메뉴 · 메뉴북	홀 기물	인허가	종사원	광고
	기본 사업방향 구상							
60일 전	• 시설기본 콘셉트설정 1. 규모 2. 시설수준 3. 주방수준 (조리, 자동조리) 4. 서비스 (레벨)			• 메뉴기본 콘셉트 1. 객단가 2. 품단가		• 건물에 관한 허가 • 지목에 관한 허가		
55일 전	• 점포설계 1. 주방규모 2. 객석규모 3. 기타 규모 4. 냉난방 방식 5. 간판위치 6. 가구배치	주방 레이아웃 설정	• 전화신청 • 공중전화 신청		• 제반공사상의 허가종결			
50일 전	• 철거공사 • 조적공사 • 설비공사	• 주방세부 설계확정 레이아웃, 전기, 수도, 가스, 배수, 배기, 급기 계획	• 인터폰 계획 • 폐쇄회로 계획 • POS계획 • 스피커 및 앰프 계획	• 확정메뉴결정 • 메뉴설계 • 기획메뉴설계	• 메뉴설계 • 식기물 • 리스트 결정		• 조리장 선임 • 관리장 선임 기본콘셉트 교 육	
45일 전	• 전기공사 (분전함 설치) • 간판설계 1. 디자인 2. 구조 3. 인허가		• 전기, 가스, 수도, 증설 신청	• 메뉴북 제작	• 식기물 선전완료		연수교육	• CIP작업
43일 전	• 간판발주 계약	• 주방장비 제작확인 (사이즈, 기능 외)	• 의탁자 디자인	• 메뉴촬영	• 1회용품 선정발주		교육완료	• 유니폼 디자인 협의

40일 전				• 식재료거래처 -LIST UP			• 종사원 모집 • 광고 • 내부 인쇄물결정 • 내부 인쇄발주 (전표, 빌지, 명찰 외)	
35일 전		• 주방장비 제작확인 (사이즈, 기능 외)	• 의탁자 발주					• 개업안내 팸플릿 제작회의 • 개업판촉물 결정 회의
30일 전	• 타일공사 시작 • 주방바닥 타일공사 완료						·종사원 면접	• 개업안내 팸플릿 제작회의 • 개업판촉물 발주 • 개업플래카드발주
25일 전							• 종사원확정 1. 보건증 2. 인사기록 작성 3. 보증인	• 개업안내장 발송처
20일 전	• 간판설치 완료	• 주방기구 설치개시		• 메뉴북인쇄건 점검확인 • 식재료거래처확정			• 종사원 출근	• 플래카드 부착 • 업소명함 발주 • 인쇄물 발주
15일 전	• 인테리어 공사완료 (세부품목 까지)	• 전기연결 • 가스연결 • 배수연결 • 급수연결 • 주방기구 설치완료 • 주방세척 살균	• 인터폰 가동		• 1회용품 입고 • 식기물 입고	• 일반음식점 허가신청 • 사업자 등록 및 등록증교부		• 유니폼 입고 • 개업안내장 입고 • 안내장 발송개시 • 개업식순 결정(자재 준비)

10일 전				• 시제품생산 • 매뉴얼제작		• 각종 신용카드	• 내부인쇄물 입고	• 확정개업일 고시 (플래카드) • 개업판촉물 입고
5일 전	• 주차장 조경공사 완료		• 레지스터 가동	• 메뉴북 입고 • 식자재 발주개시 • 소모품 발주개시		• 공중전화 개통	• 종사원 교육개시	
4일 전	• 인테리어 보완완료	• 주방기구 보완완료	• 의탁자 입고	• 매뉴얼 연출 • 메뉴의 실습개시	• 홀기물 부족분 재구입			
3일 전	• 최종점검 보완	• 최종점검 보완(안전도)				• 각종 신용카드 가맹확인	• 종사원 교육완료	
D-2 D-1						• 허가완료		• 이웃초청 시식회 • 전단지 배포
D-day	개 업 식							
							• 종사원 평가회 • 고객클레임 대책	• 본격판촉 영업개시

개점계획서 사례(2)

D-day	인테리어	주방	홀 기물	메뉴 · 종사원 구성 및 교육	판촉 및 홍보	인 · 허가 및 매뉴얼
90일 전	• 계약체결 • 공사개시일(철거) • 철거완료, 조적, 미장개시 • 목공사닥트, 전기공사, 철물샷시 개시 • 조적, 미장 완료	• 계약체결 • 주방세부 설계개시				• 용도변경 허가종결 • 전기, 가스 증설 공사 신청
61일 전	• 설비공사 개시	• 주방세부 설계종결 • 주방기구 발주		• 메뉴구성 및 가격협의	• 상호협의	

50일 전	• 타일공사 개시		• 의 · 탁자 디자인확정 발주		• 상호 최종 결정 • CI 작업 • 고객대상자 및 초청자 선별작업 개시	
45일 전		• 주방기구 제작 중간확인	• 의 · 탁자 디자인확정 발주	• 메뉴구성 및 가격결정		
40일 전	• 바닥공사 개시(대리석, 유리 포함)		• 홀기물 리스트 작성개시	• 직원모집 공고, 주방장 선임	• 개업안내 팸플릿 제작	• 사업자등록 서류 준비 및 신청 • 공중전화 신청서류 준비 및 신청
35일 전	• 도장공사 개신 • 대리석공사 완료 • 목공사 완료	• 주방기구 설치위치 확정	• 1회용품 (소모품) 리스트 작성			
30일 전	• 보일러공사 개시		• 카운터 마스터 기종 설정 발주 • 의 · 탁자 중간확인	• 주방장 선임완료	• 메뉴판, 안내장, 업소명함 등 인쇄물 시안, 간판 최종시안 확정발주	
25일 전	• 벽도배, 조명공사 개시, 보일러공사 완료		• 홀기물 최종결정 발주 • 1회용품 최종결정 발주	• 종사원 유니폼 선정완료 발주		
20일 전	• 벽도배, 조명공사 완료 • 닥트, 바닥조명 등 완료	• 주방기구 설치개시			•플래카드 부착 •각종 신용카드 가맹	
15일 전	• 냉반방기 설치 • 인테리어 공사완료	• 주방기구 설치완료 • 가스, 후드 연결 • 전기, 배수 연결 • 주방기구미비 점검완료	• 홀기물 납품완료	• 종사원채용 마감 검토 • 주방요리 실습개시 준비, 개시	• 각종 서식, 매뉴얼 작성 개시	• 전기, 가스 증설 확인
10일 전		• 주방기구 시운전 • 주방소품 구입 • 주방세척 살균	• 홀기물 부족분 재구매 • 소품구입	• 종사원 최종결정 • 식자재 발주 개시	• 안내장 발송개시	• 종사원 인적 서류작성 • 종사원보건증 교부서류제출

5일 전	• 인테리어 총공사 완료	• 주방기구 설치 최종완료	• 홀기물, 1회용품 납품완료	• 종사원 교육 계속 • 주방매뉴얼, 연출세트 구성 완료	• 안내장 추가발송 • 각종 서식, 매뉴얼 작성, 전단지 제작완료	• 일반음식점 허가신청 • 거래처 최종확정 • 준공검사신청 허가완료
4일 전				• 유니폼 납품완료	• 판촉물납품완료	
3일 전				• 종업원 교육완료 • 이웃 초청시식회	• 메뉴판납품완료 • 전단지배포	
2일 전				※ 종사원 오리엔테이션		
1일 전				세미오픈		
개업	개업					
1일 후	인테리어 보완점검	주방기구 보완점검	홀기물 미비점 확인	종사원 품평회	전단지 계속 배포, 홍보강화	
2일 후			고객클레임 확인, 수정 및 대책회의			
3일 후			본격 판촉개시 및 영업개시, 메뉴 재검토 및 기타 재점검			

개점일정표 사례(3)

항목	6월	7월	8월
1. 건축준공일자	6/20 완료		
2. 인테리어 공사 1) 도면최종검토 2) 견적 접수, 계약준비 3) 공사개시 및 완료 4) 가구(의자, 테이블) 수량확정 발주 입고 5) 간판설정 로고체 설정 간판규격결정 간판제작 및 부착	 6/20까지 6/20~25 6/20 …… 6/30	 …… 7/1 7/1	 8/5 8/5 8/5
3. 주방기기 1) 구매계약 2) 설치완료 3) 시운전 4) 인수인계	 6/25		 8/10 8/11~12 8/13
4. 메뉴확정(기완료) 1) 메뉴레시피 조정 2) 원자재리스트 작성, 구매처 결정 3) 원자재 입고 4) 시제품 제작 및 맛 테스트	 6/1 …… 30	 7/1 …… 7/20	 8/12~13 8/14 …… 16
5. 주방비품, 소모품, 청소용품 1) 주방비품 리스트 결정 2) 소모품 리스트 결정 3) 청소용품 리스트 결정 4) 식기류 결정 5) 유니폼의 결정	 6/15 6/15 6/15	 7/16~18 7/16~18	 〈입고〉 8/10 8/10 8/10 8/10 8/10
6. 인원 선발 1) 주방장 선정 및 교육 2) 조리 및 서빙요원 선발 3) 조리 및 서빙요원 교육		 7/15……25 7/25 선발 7/26~30	

7. 인허가			
1) 전화기 신청 및 설치		7/10 ······	······8/5
2) 공중전화 설치		7/10 ······	······8/5
3) 영업허가 신청		7/20	
4) 보건증 신청			8/1~2
5) 위생교육(점포 대표)		7/25 ······	······8/
6) 사업자등록증 신청			8/17
8. 영업관리		〈계약〉	〈입고〉
1) 각종 인쇄물 및 양식		7/3 ······	······ 8/3
2) 오픈 플래카드 설치		7/20 ······	······8/20
3) 레지스터 구입 및 설치		7/26 ······	······
4) 각종 카드 사용신청			8/3 ······7
9. 판촉물 제작			
1) 메뉴북제작 계약, 메뉴북 제작 납품		7/15	8/12
2) 리플릿, 봉투 및 납품		7/15 ······	······8/12
3) 판촉권 제작 및 입고		7/15 ······	······8/12
4) DM 발송			8/15
5) 와이드컬러 제작 계약 및 설치		7/15 ······	······8/15
6) 시식회 개최			······8/13 ··· 16
7) 개점전야 최종 점검			8/16
8) 개점			8/17

제 7 절 점포규모, 업종별 투자규모 (주방 Lay-out 및 주방기기 명세)

1. 한식류

(1) 투자규모

(단위 : 1,000원)

규 모	70평	중요메뉴	육류구이, 전골류, 샤브샤브

항목	금액	비고
1. 인테리어	70,000	평당 1,000,000원
2. 주방기기	50,000	객석의 가스로스타는 별도
3. 설비공사	15,000	(전기, 수도, 가스) 도시가스 인입비 별도
4. 주방비품	10,000	
5. 영업비품	15,000	POS 레지스터 핸드터미널
6. 에어컨	4,000	Room은 별도
7. 외부간판	8,000	
8. 식기류	9,000	
9. 기 타	3,000	
합계	191,000	

① 점포 임대료는 별도

② 핸드터미널 시스템은 점포가 1, 2층으로 구분되면 약간 추가될 수 있다.

③ 에어컨은 Room이 많을 경우 Room별 벽걸이 에어컨이 첨부되면 그에 따라 차이가 발생한다.

④ 외부간판도 3~5m의 대형 사인폴인 경우는 20,000,000~30,000,000원의 투자가 추가 소요된다.

⑤ 상기 투자내역은 물가변동이나 자재의 선택에 따라 20~30%의 차이가 있을 수 있으므로 참고로 알아두면 좋다. 이하 설명하는 다른 업태의 투자규모도 이와 같이 해석하면 좋다.

(2) 주방도면 및 주방기기 List

〈한식당 주방 Lay-out〉

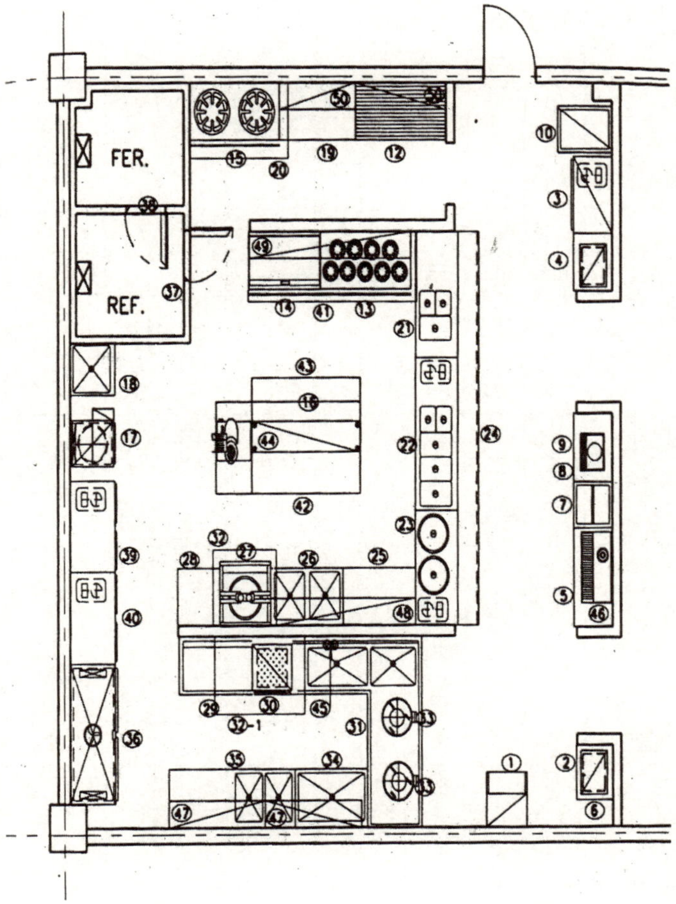

한식류 중규모(육류구이 및 전골류, 샤브샤브 메뉴 중심점포)

No.	Description	Dimension			Qty.	Plunbing			Gas Supply		Electricity			Remarks
		L	W	H		C.W.	H.W.	D.N.	In	Kcal/Hr	Ph	Volt	kW	
1	제빙기				1			32			1	220	1.7	
2	다단식 선반	500	600	1800	1									
3	음료수 냉장고	1000	650	1850	1						1	220	0.38	
4	밥 보온고	750	650	1950	1						1	220	4	

5	작업대/하부선반	1300	650	850	1									
6	키피 언	216	381	495	1						1	220	3.8	CECIL WARE SSB3BT
7	음료 운반차	600	650	850	1									
8	음료수대	700	650	850	1									
9	정수기	443	296	480	1	15		50			1	220	2	SAMSUNG WF500
10	단단식 선반	910	610	1800	1									
11	예비번호													
12	도마작업대	1500	750	850	1									
13	가스테이블/간데기레인지	1500	750	850	1				25	34000				
14	가스그릴러	1200	750	850	1				25	32000				
15	가스낮은레인지	1500	750	850	1				25	9800				
16	2단 밥솥대	90	75	850	1									
17	가스자동밥솥	55인용			2				13	18600				RR-55
18	2조 싱크대	10	75	850	1	15	15	50						
19	작업대	15	75	850	1									
20	배기후드	12	90	850	1									
21	수프보온고	15	65	850	1	15		32			1	220	4.5	
22	샌드위치테이블	21	70	850	1						1	220	0.38	
23	육수 냉장고	15	70	850	1						1	220	0.38	
24	배식준비대/오븐캐비닛	255	35	850	1									
25	작업대	12	75	850	1									
26	2조 세정대	12	60	850		15	15	50						
27	냉면 솥 기계세트	90	90	850	1	15		50			1	220	4	
28	반죽대	75	75	850	1									
29	건조대	12	75	850	1									
30	식기자동세척기	61	61	1370	1	15	15	50	25	24000	1	220	4	
31	잔반처리기/랙준비대	4700	800	850	1	15	15	50						
32	배기후드	1200	1200	600	2	15	15	50						

33	잔반통	450		600	2									
34	1조 세정대	1200	750	850	2			FD50			1	220	4	
35	2조 세정작업대	2100	750	850	1			FD50			1	220	4	
36	다단식 선반	1500	610	1950	1			32			1	220	2	
37	냉장실	1800	2000	2400	1			32			1	220	0.56	
38	냉동실	1700	2000	2400	1									
39	급속 냉동고	1800	750	1950	1									
40	냉장고	1800	750	1950	1									
41	배기후드/필터	2900	1000	600	1									
42	작업대/하부선반	1800	750	850	1									
43	상부선반	1800	350	2단	1									
44	전처리 샤워기				1									

2. 양식류

(1) 투자규모

(단위 : 1,000원)

규 모	25평	중요메뉴	돈가스, 비후가스, 스테이크, 피자

항목	금액	비고
1. 인테리어	25,000	
2. 주방기기	20,000	전기 컨벡션오븐, 제빙기, 샐러드바 등 제외
3. 설비공사	10,000	
4. 주방비품	5,000	
5. 영업비품	5,000	
6. 에어컨	3,000	
7. 외부간판	4,000	
8. 식기류	4,000	
9. 기타	3,000	

10. 의자, 테이블	3,000	
합계	82,000	

(2) 주방도면 및 주방기기 리스트

〈양식당 주방 Lay-out〉

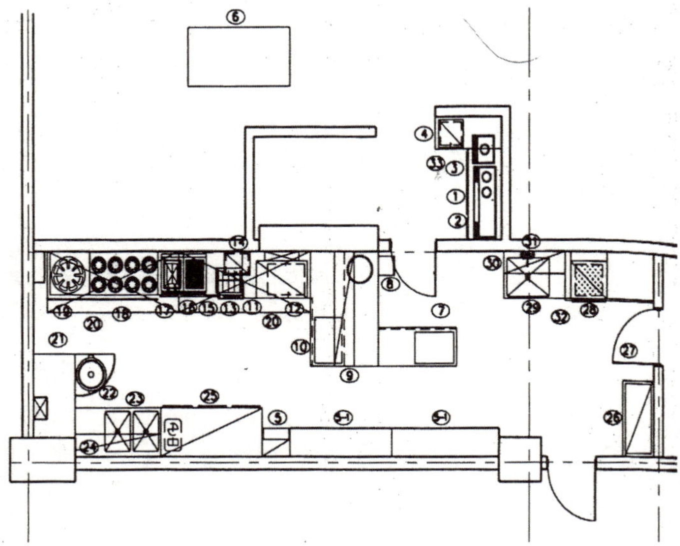

양식 전문점(돈가스, 비프가스, 스테이크, 피자 등)

No.	Description	Dimension			Qty.	Plunbing			Gas Supply		Electricity			Remarks
		L	W	H		C.W.	H.W.	D.N.	In	Kcal/Hr	Ph	Volt	kW	
1	보닝테이블	1500	60	850	1			32			1	220	0.38	
2	커피언	216	38	495	1						1	220	3	CECIL WARE SSB3BT
3	정수기	443	29	480	1	15		50			1	220	3	SAMSUNG WF500
4	컵워머				1						1	220	1	
5	제빙기 50kg				1	15		32			1	220	2	
6	샐러드 BAR				1						1	220	0.75	BY OTHER

7	수프 보온고	1500	70	850	1	15	15	50			1	220	4	
8	배식준비대/서랍	1800	70	850	1									
9	상부선단	1800	350	2단	1									
10	소스보온고/ 하부접시 보온고	1800	70	850	1	15	15	50			1	220	4	
11	작업대	1200	75	850	1									
12	전기컨벡션오븐				1	15					1	220	8	HOBART CN-901
13	가스적외선그릴러				1				25	3000				RINNAI RG-440
14	가스샐러맨더				1				25	2000				ROMMA RSB-923
15	보냉테이블/ 서랍식	1500	75	600	1			32			1	220	0.38	
16	전기그릴러				1						1	220	5	GARLAND
17	전기튀김기				2						1	220	5	GARLAND
18	가스테이블레인지	1200	750	820	1				25	34000				
19	가스낮은레인지	750	750	450	1				25	32000				
20	배기후드	2400	900	600	1									
21	작업대/하부밥솥대	1500	750	850	1									
22	가스자동밥솥	55인용			1				13	6840				RINNAI RR-55
23	2조세정작업대	1500	750	850	1	15	15	50						
24	벽 부착선반	1800	350	2단	1									
25	냉동 냉장고	1800	750	1950	1			32			1	220	0.75	
26	조립식 선반	1200	610	1850	1									
27	건조대	1500	700	800	1									
28	식기세척기/부스타	610	610	1370	1	15	15	50	25	40000	1	220	0.31	JWD-4G
29	RACK 준비대	1200	700	800	1	15	15	50						
30	벽부착 RACK 선반	1200	700	800	1									
31	전처리 샤워기				1	15	15	50						HOBART PR-3
32	배기후드	1200	900	600	1									

3. 돌솥밥 전문점

(1) 투자규모

(단위 : 1,000원)

규 모	15~20평	중요메뉴	돌솥밥

항목	금액	비고
1. 인테리어	20,000	
2. 주방기기	12,000	
3. 설비공사	5,000	
4. 주방비품	3,000	
5. 영업비품	3,000	
6. 에어컨	3,000	
7. 외부간판	3,000	
8. 식기류	4,000	
9. 기타	3,000	
10. 의자, 테이블	3,000	
합계	60,000	

(2) 주방도면 및 주방기기 리스트

〈돌솥밥 전문점 주방 Lay-out〉

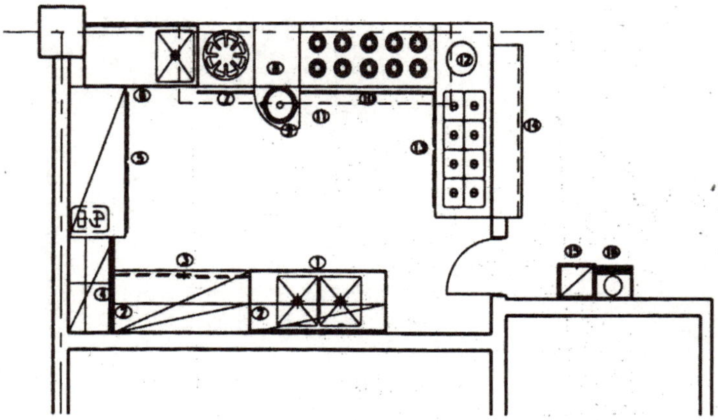

돌솥밥 전문점(15~20평 규모)

투자금액 약 9,000,000~12,000,000원 수준

No.	Description	Dimension			Qty.	Plunbing			Gas Supply		Electricity			Remarks
		L	W	H		C.W.	H.W.	D.N.	In	Kcal/Hr	Ph	Volt	kW	
1	2조세정작업대													
2	벽부착선반													
3	작업대 캐비닛													
4	다단식 선반													
5	냉동 · 냉장고													
6	1조세정작업대													
7	가스낮은레인지													
8	보조대/하부밥솥받침대													
9	가스자동솥밥													RR-55
10	간데기레인지													
11	배기후드/필터													
12	보온밥통													
13	찬 냉장고/하부보냉테이블													
14	배식준비대/오픈캐비닛													
15	컵자외선소독기													DHJ-S1130
16	냉온수공급기													SAMSUNG SWC-200

4. 냉면, 칼국수 전문점

(1) 투자규모

(단위 : 1,000원)

규 모	15~20평	중요메뉴	냉면, 칼국수

항목	금액	비고
1. 인테리어	20,000	
2. 주방기기	12,000	
3. 설비공사	5,000	
4. 주방비품	3,000	
5. 영업비품	3,000	
6. 에어컨	3,000	
7. 외부간판	4,000	
8. 식기류	3,000	
9. 기타	3,000	
10. 의자, 테이블	3,000	
합계	59,000	

(2) 주방도면 및 주방기기 리스트

〈냉면 · 칼국수 전문점 주방 Lay-out〉

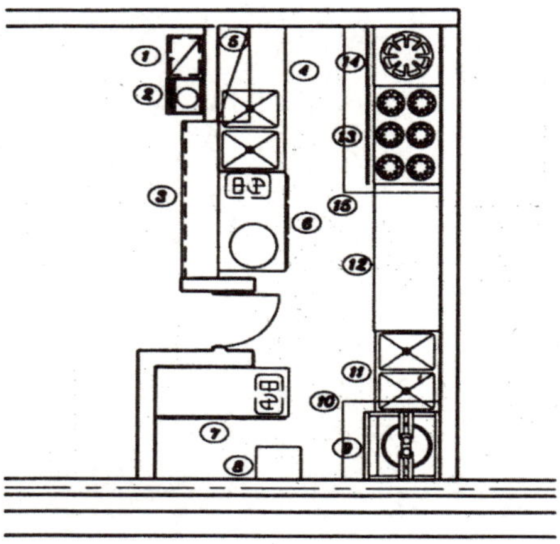

냉면 · 칼국수 전문점(15~20평 규모)

투자금액 약 11,000,000~12,000,000원 수준

No.	Description	Dimension			Qty.	Plunbing			Gas Supply		Electricity			Remarks
		L	W	H		C.W.	H.W.	D.N.	In	Kcal/Hr	Ph	Volt	kW	
1	컵자외선살균기													DHJ-S 1130
2	냉온수공급기													SAMSUNG SWC-200
3	배식준비대/오픈캐비닛													
4	2조세정작업대													
5	벽 부착 선반													
6	육수냉장고/하부보냉테이블													
7	냉동 · 냉장고													
8	반죽기													
9	냉면솥기/기계세트													
10	배기후드													
11	냉면탱크													
12	작업대													
13	가스테이블													
14	가스낮은레인지													
15	배기후드/필터													

5. 돈가스 전문점

(1) 투자규모

(단위 : 1,000원)

규 모	15평 내외	중요메뉴	돈가스, 비후가스, 생선가스

항목	금액	비고
1. 인테리어	15,000	
2. 주방기기	10,000	
3. 설비공사	5,000	
4. 주방비품	4,000	
5. 영업비품	4,000	
6. 에어컨	3,000	
7. 외부간판	3,000	
8. 식기류	4,000	
9. 기타	3,000	
10. 의자, 테이블	3,000	
합계	57,000	

(2) 주방도면 및 주방기기 리스트

〈돈가스 전문점 주방 Lay-out〉

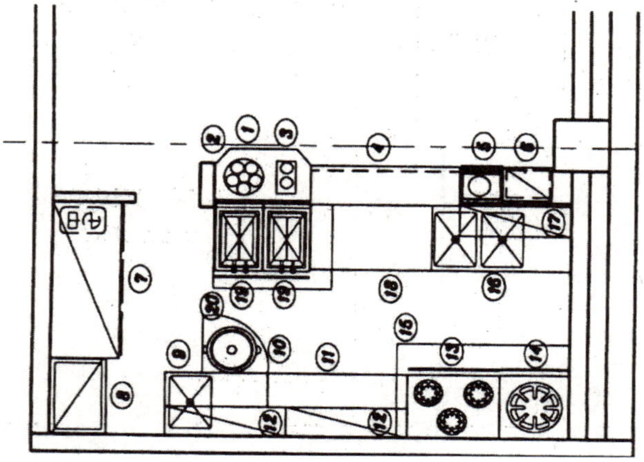

돈가스 전문점(15평 규모)

투자금액 약 9,000,000~10,000,000원 수준

No.	Description	Dimension			Qty.	Plunbing			Gas Supply		Electricity			Remarks
		L	W	H		C.W.	H.W.	D.N.	In	Kcal/Hr	Ph	Volt	kW	
1	커피받침대													BY OTHER
2	컵보온기													HW-420
3	커피언													CECIL WARE SSB3WT
4	배식준비대/오픈캐비닛													
5	냉온수공급기													SAM SUNG SWC-200
6	컵자외선살균기													DHJ-s1130
7	냉동 · 냉장고													
8	다단식 선반													
9	1조세정작업대/하부밥솥대													
10	가스자동밥솥													RR-55
11	작업대													
12	벽부착 선반													
13	가스테이블													
14	가스낮은레인지													
15	배기후드/필터													
16	2조세정작업대													
17	벽부착 선반													
18	작업대													
19	가스튀김기													

6. 우동 · 초밥 전문점

(1) 투자규모

(단위 : 1,000원)

규 모	15 평 내외	중요메뉴	우동, 초밥, 덮밥

항목	금액	비고
1. 인테리어	20,000	
2. 주방기기	12,000	
3. 설비공사	7,000	
4. 주방비품	3,000	
5. 영업비품	5,000	
6. 에어컨	3,000	
7. 외부간판	3,000	
8. 식기류	4,000	
9. 기타	3,000	
10. 의자, 테이블	5,000	
합계	65,000	

(2) 주방도면 및 주방기기 리스트

〈우동 · 초밥 전문점 주방 Lay-out〉

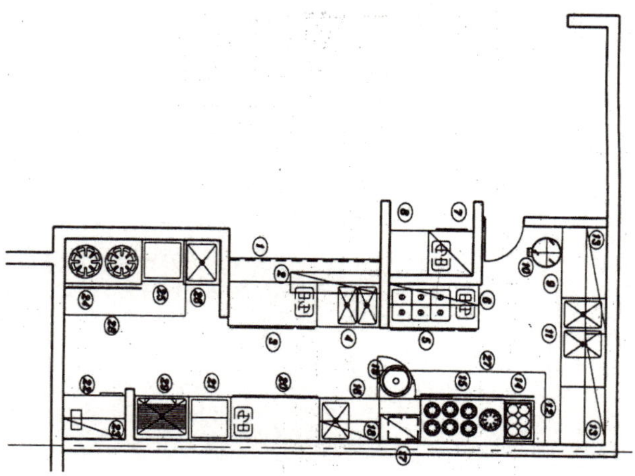

우동 · 초밥 전문점(규모 20평 전후)

투자금액 약 12,000,000~15,000,000원 수준

No.	Description	Dimension			Qty.	Plunbing			Gas Supply		Electricity			Remarks
		L	W	H		C.W.	H.W.	D.N.	In	Kcal/Hr	Ph	Volt	kW	
1	배식준비대/ 오픈캐비닛													
2	냉온수공급기													SAM SUNG SWC- 200
3	컵자외선소독기													DHJ-S 1130
4	찬 냉장고/ 하부 냉테이블													
5	보온밥통													
6	2조세정작업대													
7	벽부착 선반													
8	보조대/ 하부밥솥받침대													
9	가스자동밥솥													RR-55
10	배기후드/필터													
11	가스테이블													
12	가스낮은레인지													
13	다단식 선반													
14	냉동 · 냉장고													
15	1조세정작업대													

7. 냉면 전문점

(1) 투자규모

(단위 : 1,000원)

규 모	15평 내외	중요메뉴	우동, 초밥, 덮밥

항목	금액	비고
1. 인테리어	20,000	
2. 주방기기	20,000	
3. 설비공사	5,000	
4. 주방비품	3,000	
5. 영업비품	3,000	
6. 에어컨	3,000	
7. 외부간판	3,000	
8. 식기류	3,000	
9. 기타	3,000	
10. 의자, 테이블	4,000	
합계	67,000	

(2) 주방도면 및 주방기기 리스트

〈냉면 전문점 주방 Lay-out〉

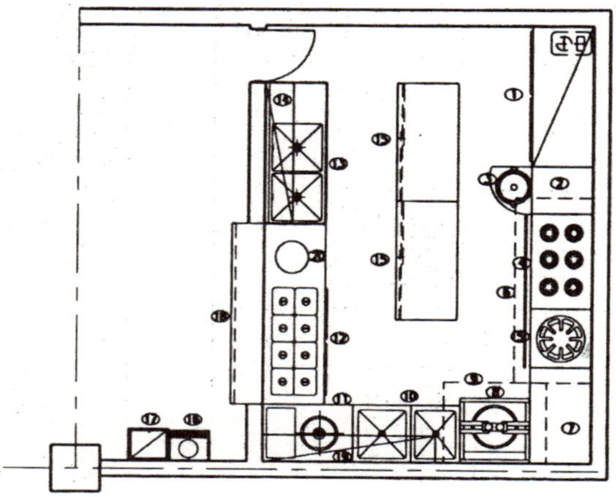

냉면 전문점(25~30평 규모)

투자금액 약 15,000,000~20,000,000원 수준

No.	Description	Dimension			Qty.	Plunbing			Gas Supply		Electricity			Remarks
		L	W	H		C.W.	H.W.	D.N.	In	Kcal/Hr	Ph	Volt	kW	
1	냉동냉장고													
2	보조대/ 하부밥솥받침대													
3	가스자동밥솥													RR-55
4	간데기레인지													
5	가스낮은레인지													
6	배기후드/필터													
7	작업대													
8	냉면솥기 /기계세트													
9	배기후드													
10	2조세정대													
11	육수냉장고													
12	찬 냉장고/ 하부 보냉테이블													
13	2조세정작업대													
14	벽부착 선반													
15	작업대 캐비닛													
16	냉온수 공급기													SAMS UNG SWC- 200
17	컵자외선살균기													DHJ-S 1130
18	배식준비대/ 오픈캐비닛													
19	벽부착 선반													
20	보온밥통													

8. 비빔밥 전문점

(1) 투자규모

(단위 : 1,000원)

규 모	15평 내외	중요메뉴	비빔밥류

항목	금액	비고
1. 인테리어	20,000	
2. 주방기기	9,000	
3. 설비공사	4,000	
4. 주방비품	3,000	
5. 영업비품	3,000	
6. 에어컨	3,000	
7. 외부간판	3,000	
8. 식기류	3,000	
9. 기타	3,000	
10. 의자, 테이블	5,000	
합계	56,000	

(2) 주방도면 및 주방기기 리스트

〈비빔밥 전문점 주방 Lay-out〉

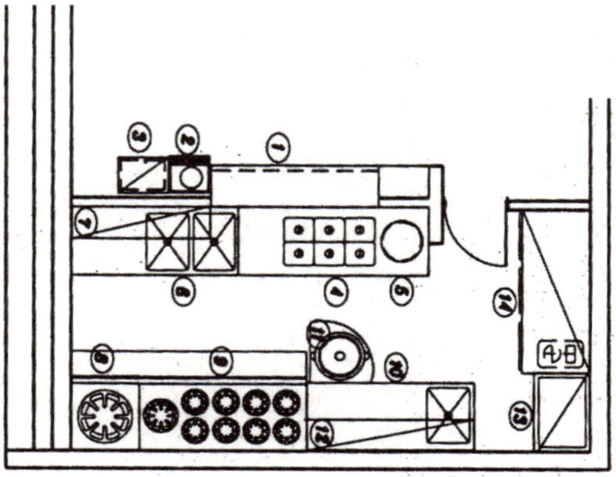

비빔밥 전문점(20평 전후 규모)

투자금액 약 9,000,000~10,000,000원 수준

No.	Description	Dimension			Qty.	Plunbing			Gas Supply		Electricity			Remarks
		L	W	H		C.W.	H.W.	D.N.	In	Kcal/Hr	Ph	Volt	kW	
1	배식준비대/ 2단캐비닛													
2	냉온수공급기													SAMSUNG SWC-200
3	컵자외선소독기													DHJ-S1130
4	샌드위치테이블/ 하부 보냉테이블													
5	보온밥통													
6	2조세정대													
7	벽부착 선반													
8	가스낮은레인지													
9	가스테이블레인지													
10	1조세정작업대/ 하부 밥솥대													
11	가스자동밥솥													RR-55
12	벽부착 선반													
13	다단식 선반													
14	냉동 냉장고													

업종별 투자규모의 정리

앞에서 설명한 업종별 투자규모는 실제 투자 시에는 인테리어나 설비 면에서 가감조정할 수 있고 시행방법에 따라 10,000,000~15,000,000원 정도의 가감이 있을 수 있음을 밝혀둔다. 기존 점포 인테리어 상태를 그대로 인수하는 경우 또는 설비

투자를 건물주가 이미 완료한 경우에는 추가로 시행하지 않는 부분도 있을 수 있기 때문이다. 초심자는 본 난에 기록된 투자내용을 보고 너무 과다한 투자라고 지레 겁먹을 필요는 없으며 시행방법에 따라 얼마든지 가감조정할 수 있다는 점만 알면 된다.

제 4 장

각종 인허가 사항

제1절 영업의 신고 및 허가사항

제2절 관광식당 영업허가

제3절 사업자등록증 허가

제 4 장 각종 인허가 사항

제 1 절 영업의 신고 및 허가사항

1. 일반음식점

음식류를 조리 판매하는 영업으로서 식사와 함께 부수적으로 음주행위가 허용되는 영업을 말하며 주로 탕반류 등의 식사류를 취급하면서 부수적으로 주류를 판매하는 영업인 한식, 일식, 중식 및 경양식 형태의 음식점을 말한다.

① 영업의 신고

일반음식점영업신고를 하기 위해서는 영업에 필요한 시설을 갖춘 후 영업신고서와 식품위생법 제27조 제1항에서 정한 서류를 첨부하여 신고관청에 제출하여야 한다.

② 영업신고서

일반음식점영업신고를 하려는 사람은 「식품위생법」상 식품접객업의 시설기준 및 업종별 시설기준을 갖춘 후 「식품위생법 시행규칙」 별지 제37호 서식에 따른 영업신고서를 작성하고 「식품위생법 시행규칙」 제42조 제1항에 정한 서류를 첨부하여 영업지역을 관할하는 신고관청에 제출하여야 한다. 이 경우 신고를 받은 신고관할 담당 공무원은 「전자정보법」 제38조 제1항에 따른 행정정보 공동이용을 통하여 토지이용계획 확인 및 건축물 대장을 확인해야 한다.

③ 영업신고서 구비서류

ⓐ 교육 이수증-미리 식품위생교육을 받은 경우에 한함(식품위생법 제41조 제2항 및 시행규칙 제42조 제1항 제1호 〈외식업 중앙회 및 각 지부 교육기관〉

ⓑ 수질검사(시험)성적서

「먹는 물 관리법」에 따른 먹는 물 수질검사기관이 발행한 수질 검사(시험) 성적서를 말함. 수돗물이 아닌 지하수 등을 먹는 물로 사용하는 경우 또는 식품 등의 제조과정이나 식품의 조리세척 등에 사용하는 경우에 한함(시행규칙 제42조 제1항 제4호)

ⓒ 액화석유가스 사용시설완성검사증명서

일반음식점을 운영하고자 하는 자 중 「액화석유가스의 안전관리 및 사업법」에 따라 액화석유가스의 사용시설의 완성검사를 받아야 하는 경우에 한함(실제는 행정당국의 위임을 받은 가스안전시설 시공업체가 이에 해당하는 업무를 대행한다.)

ⓓ 유선 또는 도선시설 사업 면허증 또는 신고필증

수상 구조물로 된 유선장 또는 도선장에 일반음식점영업을 하고자 하는 경우에 한함(시행규칙 제42조 제21항 제3호)

ⓔ 안전시설 등 완비증명서

영업장 바닥면적의 합계 100입방미터 이상인 일반음식점영업(다중이용업소의 안전관리에 관한 특별법 시행령). 영업장이 지하층에 설치된 경우에는 사용면적이 합계 66입방미터 이상인 일반음식점인 경우 「다중이용업소의 안전관리에 관한 특별법」에 따라 안전시설을 설치 신고한 후 안전시설 완비증명서를 발급받아 영업허가 또는 신고 시에 제출해야 함(이 업무도 시설담당업체가 업무를 대행해 준다.)

ⓕ 국유재산 사용수익허가서

국유철도의 정거장시설에서 일반음식점영업을 하려는 경우 및 군사시설에서 일반음식점영업을 하려는 경우에 제출해야 한다(시행규칙 제42조 제1항 제13호).

ⓖ 도시철도 시설 사용계획에 관한 서류

도시철도의 정거장에서 일반음식점영업을 하려는 경우에 제출함(시행규칙 제42조)

ⓗ 예비군 식당운영에 관한 서류

군사시설에서 일반음식점영업을 하려는 경우에 제출함(시행규칙 제42조 제1항 제12호)

ⓘ 건강진단서결과서

「식품위생법시행규칙」 제49조에 따른 건강진단대상자의 경우에 제출함

2. 시설기준

가. 식품접객업(일반음식점)공통시설 기준

일반음식점을 포함하여 식품접객업에 공통으로 적용되는 시설기준은 다음과 같다.

영 업 장	조 리 장	급 수 시 설	화 장 실
• 독립된 건물이거나 식품접객업의 영업허가 또는 영업신고를 할 업종 외의 용도로 사용되는 시설과 분리되어야 한다. 다만 일반음식점에서 축산물위생관리법시행령의 식육판매업의 영업을 하려는 경우에는 분리되지 아니한다. • 영업장은 연기, 유해가스 등의 환기장치가 잘 되도록 한다. • 음향 및 반주시설을 설치하는 영업자는	조리장은 손님이 그 내부를 볼 수 있는 구조로 되어 있어야 한다. 단, 제과점영업소로서 동일 건물 안에 조리장을 설치하는 경우와 관광진흥법법시행령에 따른 관광호텔업 및 관광공연장업의 조리장의 경우에는 그러하지 아니하다. • 조리장바닥에 배수구가 있는 경우에는 덮개를 설치해야 한다. • 조리장 안에는 취급하는 음식을 위생적으로 조리하기 위해	• 수도물이나 먹는 물관리법에 따른 먹는 물수질기준에 적합한 지하수 등을 공급할 수 있는 시설을 갖추어야 한다. • 지하수를 사용하는 경우 취수원은 화장실, 폐기물처리시설, 동물사육장, 기타 지하수가 오염될 우려가 있는 장소로부터 영향을 받지 아니하는 곳에 두어야 한다.	• 화장실은 콘크리트 등으로 내수처리를 해야 한다. 단, 공중화장실이 설치되어 있는 터미널, 유원지 등에 위치하는 업소 공동화장실이 설치된 건물 내에 있는 업소 및 인근에 사용하기 편리한 화장실이 있는 경우에는 따로 화장실을 설치하지 않을 수 있다. • 화장실은 조리장에 영향을 미치지 않는 장소에 설치하여야

영업장 내부의 노랫소리 등이 외부에 들리지 않도록 방음장치를 해야 한다.

- 공연을 하고자 하는 휴게음식점, 일반음식점 및 단란주점의 영업자는 무대시설을 영업장 안에 객석과 구분하여 설치하되 객실 안에 설치해서는 안된다.

필요한 조리시설, 세척시설, 폐기물용기 및 손 씻는 시설을 각각 설치해야 하고 폐기물용기는 오물 악취 등이 누출되지 않도록 뚜껑이 있고 내수성 재질로 된 것이어야 한다.

- 1인의 영업자가 조리장을 2개 이상의 영업에 공통으로 사용할 수 있는 경우는 다음과 같다.

ⓐ 동일건물 안의 같은 통로를 출입구로 사용하여 휴게음식점, 제과점영업 및 일반음식점을 하려는 경우

ⓑ 관광진흥법시행령에 의해 전문휴양업, 종합휴양업 및 유원지시설내의 동일한 장소에서 휴게음식점, 제과점업, 일반음식점영업을 하려는 경우

ⓒ 일반음식점영업자가 일반음식점의 영업장과 직접 접한 장소에서 도시락류를 제조하는 즉석판매제조가공업을 하려는 경우

ⓓ 제과점 영업자가 식품제조가공업의 제과제빵류 품

한다.

- 정화조를 갖춘 수세식 화장실을 설치해야 한다. 다만 상하수도가 설치되지 아니한 지역에서는 수세식이 아닌 화장실을 설치할 수가 있다.
- 수세식이 아닌 화장실을 설치하는 경우에는 변기의 뚜껑과 환기시설을 갖추어야 한다.
- 화장실에는 손을 씻는 시설을 갖추어야 한다.

	목을 제조가공하려는 경우 ⓔ 제과점영업자가 기존제과점의 영업신고관청과 같은 관할구역에서 5km 이내에 둘 이상의 제과점을 운영하려는 경우 • 조리장에는 주방용식기류를 소독하기 위한 자외선 또는 전자살균소독기를 설치하거나 열탕세척소독시설을 갖추어야 한다. • 충분한 환기를 시킬 수 있는 시설을 갖추어야 한다. 다만 자연적으로 통풍이 가능한 구조의 경우에는 그러하지 아니한다. • 식품 등의 기준 및 규격 중 식품별 보존 및 보관기준에 적합한 온도가 유지될 수 있는 냉장시설 또는 냉동시설을 갖추어야 한다.		

나. 공통 시설기준의 적용특례

다음의 경우에는 공통시설기준에 불구하고 시장, 군수 또는 구청장이 시설기준을 따로 정할 수 있다.

ⓐ 전통시장 및 상점가 육성을 위한 특별법에 따른 전통시장에서 음식점영업을 하는 경우

ⓑ 해수욕장 등에서 계절적으로 음식점영업을 하는 경우

ⓒ 고속도로, 자동차전용도로, 공원 유원지시설 등의 휴게소에서 영업을 하는 경우

ⓓ 지방자치단체 및 농림축산식품부장관이 인정한 생산자단체 등에서 국내산 농수축산물의 판매촉진 및 소비홍보 등을 위하여 14일 이내의 기간에 특정장소에서 음식물을 조리판매 행위를 하고자 하는 경우

ⓔ 농어촌체험, 휴양마을 사업자가 농어촌체험, 휴양프로그램에 부수하여 음식을 제공하는 경우에는 도시와 농어촌가의 교류촉진에 관한 법률의 시설기준에 따른다.

ⓕ 다음의 경우에는 각 영업소 사이를 분리 또는 구획하는 별도의 차단벽이나 칸막이 등을 설치하지 아니할 수 있다.

- 백화점, 슈퍼마켓 등에서 휴게음식점영업, 제과점영업을 하는 경우
- 음식물을 전문으로 조리하여 판매하는 백화점 등의 일정 장소에서 휴게음식점영업, 일반음식점영업, 제과점영업을 하고자 하는 경우로서 위생상 위해발생의 우려가 없다고 인정되는 경우

다. 일반음식점 시설기준

객 실	칸 막 이	안전시설 등
• 잠금장치 • 일반음식점의 객실에는 잠금장치를 설치할 수 없다. • 특수조명시설 일반음식점의 객실 안에는 무대장치, 음향 및 반주시설 우주볼 등의 특수조명시설을 설치할 수 없다.	• 칸막이 객석에는 높이 1.5m 미만의 칸막이를 설치할 수 있다. • 이 경우 2면 이상을 완전히 차단하지 아니하고 다른 객석에서 내부가 서로 보이도록 해야 한다.	• 영업장으로 사용하는 바닥면적의 합계가 100제곱미터(지하인 경우는 66제곱미터) 이상인 경우에는 다중이용업소의 안전관리에 관한 특례법에 따른 소방시설 등 및 영업장 내부 피난통로 그 밖의 안전시설을 갖추어야 한다. 다만 영업장이 지상 1층 또는 지상과 직접 접하는 층에 설치되고 그 영업장의 주된 출입구가 건축물 외부의 지면과 직접 연결되는 곳에서 하는 영업을 제외한다.

◆ 일반음식점영업장에는 손님이 이용할 수 있는 자막용 영상시설장치 또는 자동반주장치를 설치해서는 안 된다. 단, 연회석을 보유한 일반음식점에서 회갑연, 칠순연 등 가정의 의례로서 행하는 경우에는 그러하지 아니한다.

◆ 기차, 자동차, 선박, 유선장 또는 수상레저사업장을 이용하는 경우
기차, 자동차, 선박, 또는 수상구조물로 된 유선장, 도선장, 또는 수상레저사업장을 이용하는 경우 다음 시설을 갖추어야 한다.

ⓐ 1일의 영업시간에 사용할 수 있는 충분한 양의 물을 저장할 수 있는 내구성이 있는 식수탱크

ⓑ 1일의 영업시간에 발생할 수 있는 음식물찌꺼기 등을 처리하기에 충분한 크기의 오물통 및 폐수탱크

ⓒ 음식물의 재료(원료)를 위생적으로 보관할 수 있는 시설

◆ 영업장 넓이가 150제곱미터 이상인 일반음식점영업소는 「국민건강증진법」에 따라 해당영업소 전체를 금연구역으로 지정하거나 영업장 면적의 2분의 1 이상을 금연구역으로 지정해야 한다.

3. 영업신고 제한기준

가. 영업신고 제한의 필요성

국민의 안전한 식생활을 보장하기 위해서는 일정한 기준에 미달하는 경우와 법령을 위반하여 영업장의 폐쇄 명령이 발행된 경우 등 영업신고를 제한하는 경우가 있다.

「식품위생법」상 일반음식점영업을 하려는 자는 시장, 군수, 구청장에게 신고함으로써 영업을 할 수 있다. 일반음식점영업은 특별한 제한은 없으나 다음과 같은 경우에는 제한을 둘 수 있다.

예컨대 기존에 일반음식점영업을 하던 사람이 법을 위반하여 영업소가 폐쇄된 경우 바로 다시 다른 일반음식점영업신고를 한다면 법집행의 실효성이 문제가 될 수 있고 그에 따른 국민에게 돌아가는 피해도 크게 된다. 따라서 영업신고의 제한사항이 법률상 존재하게 된다.

나. 영업신고 제한 요건

① 식품위생법위반으로 영업장 폐쇄명령을 받은 후 6개월이 경과되지 않은 경우는 동일 장소에서 같은 종류의 영업을 하고자 할 때

② 청소년을 유흥 접객원으로 고용하여 유흥행위를 함으로써 영업장 폐쇄명령을 받은 후 1년이 경과되지 않은 경우 동일 장소에서 식품접객업을 다시 시작하려 할 때

③ 식품위생법령 위반으로 영업소의 폐쇄명령을 받은 후 1년이 경과되지 아니한 자(법인인 경우 그 대표자를 포함)가 폐쇄명령을 받은 영업과 동일한 영업을 하고자 하는 때

④ 청소년을 유흥 접객원으로 고용하여 유흥행위를 함으로써 영업소의 폐쇄명령을 받은 후 2년이 경과되지 아니한 자(법인인 경우 그 대표자를 포함)가 식품접객업을 하고자 할 때

⑤ 위해식품 등 판매, 병든 고기의 판매, 기준규격이 고시되지 않은 화학적 합성품 등의 판매 등을 이유로 영업소 폐쇄명령을 받은 후 5년이 경과되지 아니한 자가 폐쇄명령을 받은 영업과 같은 종류의 영업을 하고자 하는 때

4. 건강진단

① 건강진단 대상자, 항목 및 진단횟수

건강진단 대상자	건강진단항목	횟수
• 식품 또는 식품첨가물(화학적 합성품인 식품첨가물을 제외한다)을 채취, 제조, 가공조리, 저장운반 또는 판매하는데 직접 종사하는 자 • 다만, 영업자 또는 종업원 중 완전 포장된 식품 또는 식품첨가물을 운반 또는 판매하는데 종사하는 자는 제외	1. 장티푸스(식품위생관련영업 및 집단급식소종사자에 한함) 2. 폐결핵 3. 전염성피부질환(한센병 등 세균성 피부질환을 말한다)	1회/년

② 영업에 종사하지 못하는 질병의 종류

- 전염병예방법 제2조 제1항 제1호의 규정에 의한 제1군 전염병
  - 제1군 전염병 : 콜레라, 페스트, 장티푸스, 세균성이질, 장출혈성 대장균 감염증
- 전염병예방법 제2조 제1항 제3호의 규정에 의한 제3군 전염병 결핵(비전염성인 경우는 제외)
- 후천성면역결핍증(성병에 관한 건강진단을 받아야 하는 영업에 종사하는 자는 제외)

  (B형간염 : 취업제한 대상에서는 제외되었으나 영양사 및 조리사의 면허교부시 식품위생법 및 전염병예방법에 의거 면허교부 결격대상임(의사의 진단에 의하여 제한적으로 허용))

5. 위생교육

① 신규영업자 위생교육과정

일반음식점영업 등 식품접객업을 하고자 하는 자는 미리 위생에 관한 교육(식품위생과 개인위생, 식품위생법 등)을 받아야 하며 보건복지부장관이 지정 고시하는 한국음식업중앙회 산하 교육원에서 6시간의 교육을 받아야 한다.
이 제도는 지난 86년도에 식품위생에 대한 기초적인 제반지식을 습득하게 하는 의미도 있으나, 가장 중요한 것은 허가(신고) 후에 당해 영업행위와 관련하여 본인들로 하여금 국민보건 위생 증진에 일익을 담당하게 된다는 사명감을 고취시키는 등 위생관념을 보다 확고하게 심어주자는 데 그 목적을 두고 도입됨

〈신규교육상호 인정 : 신규위생 교육을 받은 자가 교육받은 날로부터 2년 이내에 교육을 받은 업종과 동일한 업종 또는 업종 내의 다른 업종으로 영업을 하고자 하는 때에는 신규위생 교육을 받은 것으로 한다. 업종 내의 다른 업종 : 일반, 휴게음식점영업과 제과점영업〉

② 기존 영업과 위생교육과정

- 각종 규제의 완화차원에서 1999.12.29일자로 폐지되었던 일반음식점영업자에 대한 위생교육이 2004년 1월 20일자로 개정된 식품위생법 제27조 제1항의 규정에 의해 부활되었으며 음식업중앙회 산하 지회·지부에서 실시하는 위생교육을 매년 3시간 받아야 한다.
  교육기관지정 : 보건복지부 고시 제2004-91호(2004. 12.29)

6. 기타

영업자 준수사항이나, 청소년 행위제한, 행정처분기준, 과태료 부과 및 과징금 등에 관한 내용 및 벌칙에 대한 규정은 생략한다. 굳이 창업초기에 그런 문제까지 일부러 알아둘 필요는 없으며 성실하게 영업에 임한다는 의미에서 이 부분에 대한 내용은 생략하였다.

그 대신 최근에 사회적 환경의 변화에 따라 입법된 내용 중 음식점 경영자가 알아두어야 할 내용을 몇 가지만 추려서 소개한다.

① 식육(食肉)의 원산지 표시제도(식품위생법 제10조의2 제1항)

식품접객업자 중 대통령령이 정하는 영업자가 식육을 조리 판매하는 경우에는 일정한 기준에 따라 그 식육의 원산지 및 종류를 표시하도록 함.

② 허위표시등의 금지(법 제11조 제1항 및 제58조 제1항 제1호)

식육의 원산지 등을 표시함에 있어서 허위표시 또는 과대광고 등을 하지 못하도록 하고 이를 위반하는 경우에는 3년 이하의 징역 또는 3천만원 이하의 벌금과 영업허가 취소 등의 행정처분을 할 수 있다.

③ 원산지 등을 표시하지 아니한 경우의 행정처분(법 제58조 제1항 제1호 및 78조 제1항)

식육의 원산지 등을 표시하지 아니한 경우에는 1천만원 이하의 과태료와 영업허가 취소, 영업정지 등의 행정처분을 부과한다.

④ 쌀 원산지 표시의무 등(법 제10조 제3항)

일반음식점영업 중 영업장의 면적이 300제곱미터 이상인 영업자는 쌀을 조리 판매하는 경우 쌀의 원산지를 표시하여야 한다.

⑤ 김치류 등의 식품의 안전관리를 강화하기 위하여 위해요소중점관리기준(HACCP)의 준수대상으로 김치(배추김치) 추가

⑥ 표시방법에 관한 특례

메뉴판, 팻말, 게시판 등 업소의 특성을 살려서 소비자가 알아볼 수 있도록 다양한 방법으로 표시할 수 있다.

⑦ 창업자가 알아야 할 근로기준법의 내용

가. 적용범위 : 상시근로자 1인 이상을 고용하는 모든 사업 또는 사업장에 적용됨

단, 상시근로자 4인 이하 사업장에 대하여는 퇴직금, 부당해고, 연장근로 등 일부조항은 적용되지 않음. 일용직 아르바이트, 계약직 등 명칭 여하를 불문하고 임금을 목적으로 근로하는 모든 근로자에게 적용(동거의 친족만을 사용하는 사업장은 제외)

나. 해고 등의 제한

a. 사용자는 근로자를 해고할 때는 해고하여야 할 정당한 사유가 있을 경우에 한하여 가능하며 이 경우에도 30일 전에 해고예고를 하거나 30일분의 통상임금을 해고수당으로 지급하여야 함

b. 해고의 사유로는 무단결근, 불친절, 공금횡령 등 근로자의 귀책사유, 사업축소, 경영난으로 인원감축 등 경영상 사유 등으로 고용관계 유지가 현저히 어려울 때

c. 부당해고로 판정될 경우 원직복직, 해고기간 중 임금지급, 형사처벌 등 사용자의 불이익이 큼. 음식점의 경우 부당해고 분쟁을 피하기 위하여 최초 근로계약체결시 1년 이내의 기간(예 : 6개월, 1년)을 계약기간으로 하고 계약기간 만료시에 계속 갱신할 것인가의 여부를 결정하면 된다. 만약 이때 근로계약 갱신거절을 하더라도 부당해고에는 해당되지는 않음.

다. 퇴직금

a. 상시 종업원 5명 이상을 고용하는 사업주는 1년 이상 근무하다 퇴직한 종업원에 대하여 30일분의 평균임금을 퇴직금으로 지급하여야 한다.

b. 4인 이하 사업장은 퇴직금 지급의무가 없다.

c. 퇴직금 계산방식은 근무연수 1년에 30일분의 평균임금이고 1년 미만 근무자에 대하여는 지급의무가 없다.

라. 근로시간, 휴가, 휴일

a. 근로기준법상 근로시간은 1일 8시간 주간 44시간이며 1주일에 1일은 유급휴일이며 월 1회의 월차유급휴가, 연 8~10일의 연차유급휴가, 여성근로자에게는 월 1회의 유급생리휴가를 하도록 규정되어 있다(2006.7.1 이후는 100인 이상 사업장, 2011.7.1 이후는 5인 이상 20인 미만 사업장에 주5일제가 도입됨).

b. 법정 근로시간을 초과하는 경우 연장근무수당 야간(밤 10시 이후)에 근무할 경우 야간근무수당, 휴일에 근무할 경우 휴일근무수당을 각각 통상임금의 50%를 할증하여 지급하여야 함.

※ 음식점의 경우 업종의 특수성으로 인하여 1일 8시간을 넘는 근무시간 밤 10시 이후의 근무, 휴일 근무하는 경우가 많은데 근로계약을 체결할 때 업종의 특성에 따라 통상적으로 발생하는 연장, 야간, 휴일 근무에 대한 법정수당을 월 급여에 포함한다는 내용의 근로계약서를 명확히 하여 계약체결을 하면 별도의 연장, 야간, 휴일 근무에 대한 수당은 지급하지 않아도 됨.

마. 재해보상

a. 근로자가 근무 중 부상 또는 질병에 걸린 경우에는 사용자는 요양보상, 휴업보상, 장해보상, 유족보상 등 제반 재해보상을 하여야 함.

b. 재해보상에 대한 사용자의 직접 보상방식에서 산업재해보상보험의 도입으로 상시근로자 1인 이상인 사업장의 경우 사용자는 산재보험료만 납부하고 보상은 국가에서 행하고 있음.

바. 취업 최저연령

a. 연소근로자란 만 18세 미만의 근로자를 의미하며 근로기준법상 취업 최저연령은 만 15세가 원칙임

b. 15세 미만은 고용노동부장관이 발급한 취업 인허증의 소지 없이는 근로자로 채용하지 못함

사. 그 외 산재보험, 고용보험, 국민연금, 건강보험 등 사업자가 부담할 내용을 충분히 숙지하여야 함.

아. 특히 최근 외국인 근로자의 수가 증가함에 따라 외국인 근로자의 고용 등에 관한 법률도 숙지하여 위법사항이 없도록 하여야 함.

제2절 관광식당 영업허가

1. 관광 편의시설의 지정기준

업 종	지 정 기 준
1. 관광유흥음식점업	가. 건물은 연면적이 특별시의 경우에는 330제곱미터 이상, 그 밖의 지역은 200제곱미터 이상으로 한국적 분위기를 풍기는 아담하고 우아한 건물일 것 나. 관광객의 수용에 적합한 다양한 규모의 방을 두고 실내는 고유의 한국적 분위기를 풍길 수 있도록 서화, 문갑, 병풍 및 나전칠기 등으로 장식할 것 다. 영업장 내부의 노랫소리 등이 외부에 들리지 아니하도록 방음장치를 갖출 것
2. 관광극장유흥업	가. 건물 연면적은 1,000제곱미터 아상으로 홀면적(무대면적 포함)은 500제곱미터 이상으로 할 것 나. 관광객에게 민속과 가무를 감상할 수 있도록 특수조명장치 및 배경을 설치한 50제곱미터 이상의 무대장차가 있을 것 다. 영업장 내부의 노랫소리 등이 외부에 들리지 않도록 방음장치를 할 것

3. 외국인 전용 유흥음식점	가. 홀 면적(무대포함)이 100제곱미터 이상일 것 나. 홀에는 노래와 춤 공연을 할 수 있도록 20제곱미터 이상의 무대를 설치하고 특수조명시설 및 방음장치를 갖출 것
4. 관광식당업	가. 인적요건 1) 한국 전통음식을 제공하는 경우에는 국가기술자격법에 따른 해당 조리사자격증 소지자를 고용할 것 2) 특정 외국의 전문음식을 제공하는 경우에는 다음의 요건 중 1개 이상의 요건을 갖춘 자를 고용할 것 ① 해당 외국에서 전문조리사 자격을 취득한 자 ② 국가기술자격법에 따른 해당 조리사자격증 소지자로서 해당 분야에서 조려경력이 3년 이상인 자 ③ 해당 외국에서 6개월 이상의 조리교육을 이수한 자 나. 위생설비 1) 주방과 홀, 식자재보관시설 및 식기의 위생상태를 양호하게 관리할 것 2) 식기세척기와 손 소독기를 구비할 것 3) 주방근무자는 조리복 및 위생화를 착용하고 홀 근무자는 위생적인 복장을 착용할 것 다. 최소한 한 개 아상의 외국어로 음식의 이름과 관련정보가 병기된 메뉴판을 갖추고 있을 것 라. 출입구가 각각 구분된 남 · 여 화장실을 갖출 것

관광편의시설업에는 위에 설명한 외에도 시내순환관광업, 관광사진업, 여객자동차 터미널업, 관광펜션업, 관광삭도업, 한옥체험업 등이 있으나 음식점영업과는 내용을 달리하므로 설명을 생략함.

2. 지정절차

전문관광식당과 일반관광식당업의 지정은 시 · 도 관광협회가 문화체육관광부장관으로부터 그 권한을 위탁받아 집행한다. 또 위 업소에는 시 · 도관광협회 지정 "전문 또는 일반관광식당업"이라는 동판을 발급받아 식당에 부착해야 한다.

(1) 지정을 위한 구비서류

① 신청서(소정양식)
② 법인의 등기부등본 1부
③ 시설의 배치도(사진 또는 평면도) 1부
④ 업종별 면허증, 허가증 또는 사용권을 증명할 수 있는 서류 각 1부
⑤ 사진 각 1매(건물 전경, 홀 내부, 주방 내부, 주차장, 화장실의 양변기)
⑥ 메뉴판사본(국영문) 1부
⑦ 조리사 자격증 사본 및 관광호텔 경력증명서 1부
⑧ 대표자 이력서
⑨ 수수료 신규지정 2만원, 변경지정 1만원

(2) 관광식당업 지정에 따른 혜택

① 관광호텔 용품센터를 이용할 수 있다. 전문관광식당업으로 지정을 받으면, 대외무역관리규정 제5-4-5조의 규정에 의거 관광호텔과 동등한 자격으로 쇠고기, 양고기 등의 육류와 식자재 및 기자재를 적기에 시중보다 20% 저렴한 가격으로 공급받을 수 있다.
② 전문관광업은 외국의 특수전문요리점이므로 각종 국내매체를 통해 홍보효과를 활용할 수 있다. 그러나 일반관광식당업은 이미 보편화된 중화식, 한식, 일식, 양식 등 일반 음식제공 식당이므로 지정에 따른 혜택은 주어지지 않고, 다만 점두에 일반관광식당업으로 표시된 표시물에 의해 외국인의 이용빈도를 높일 수 있거나 내국인에게 능력 있는 주방기술자와 우수한 업체라는 이미지를 줄 수 있어 영업상 유리한 면이 있다고 할 것이다.

관광식당허가신청 사항은 특수한 경우에 해당하므로 설명은 생략하겠다. 특기할 것은 조리부문 종사원 중 관광호텔 근무경력을 필요로 한다는 점이며, 그 외는 관광협회나 각 지부에 문의하면 자세히 설명해 준다. 관광전문식당으로 승인받으면 원자재 등을 관광업체 지정 용품센터 공급처로부터 공급받을 수 있는 이점이 있으나, 사후관리 의무이행도 하여야 하기 때문에 담당기관으로부터 충분한 설명을 들어두는 것이 좋다.

제3절 사업자등록증 허가

1. 신청 및 허가기관 : 점포관할지역의 세무서

2. 구비서류

① 사업자등록 허가신청서

② 영업신고필증 사본

③ 주민등록등본 1부(법인인 경우 법인등기부등본)

④ 주민등록증 사본

⑤ 임대차계약서 사본(임대차계약을 한 경우)

3. 사업자등록증 교부처리절차

사업자등록은 신청하면 특별한 사유가 없는 한 신청 수일 내에 법규에 따라 사업자등록증을 교부받을 수 있다.

사업자등록신청서

[별지 제3호서식(1)](95. 3. 31개정) (앞 면)

관리번호 –	사업자등록신청서(개인사업자용)	처리기간
		7일

① 사업자													
	① 상호				② 등록번호	–	–						
	③ 성명				③ 주민등록번호	–							
	⑤ 사업장소재지	특별(광역)시·도	구·시·군	동·읍·면	가·리	번지	호	아파트·연립·상가	동	호	통	반	전화번호
	⑥ 주소												

② 신청내용											
사업장명세	사업의 종류			⑩ 주류취급		⑪ 개시년월일	⑫ 종업원수	소유구분		규모		
	⑦ 업태	⑧ 종목	⑨ 업종코드	유	무			⑬자가	⑭타가	⑮ 구조	⑯전용면적 (m^2)	⑰대지면적 (m^2)
	임대료지급명세		소유자명세									
	⑱ 전세금(보증금)	⑲ 월세	⑳ 성명	㉑ 주민(법인)등록번호	㉒ 주소							

사업자금	자본금(전세보증금포함)명세			자산명세		
	㉓ 자기자본	㉔ 타인자본	㉕ 계	㉖ 고정자산	㉗ 유동자산	㉘ 계

거래처명세	취급품목		주요매입처		주요매출처		㉟ 거래은행명칭
	㉙ 주요품명	㉚ 취급품목수	㉛ 성명	㉜ 주소	㉝ 성명	㉞ 주소	

과세특례 적용신고	㊱ 연간 공급대가 예상액	㊲ 기타 참고사항

세대주	㊳ 성 명	㊴ 주민등록번호	㊵ 사업자와의 관계	㊶ 직업

부가가치세법(제5조 제1항, 제25조 제3항) 및 동법시행령(제7조 제1항, 제74조 제4항)의 규정에 의하여 위와 같이

ㅁ 사업자등록을 신청

ㅁ 과세특례의 적용을 받고자 신고합니다.

년 월 일

신청인 (서명 또는 인)

세무서장 귀하

구비서류 : 1. 주민등록표 등본 1부 2. 사업허자증 사본(법령에 의한 허가사업자인 경우) 1부	수수료
	없음

기재요령 : 1. 사업장 및 주소지의 약도를 뒷면에 기재하여야 합니다.
2. 과세특례신고란에는 과세특례의 적용을 받고자 하는 사업자만 기재합니다.

22226-0031면
'95. 1. 25. 승인

이 신청서는 무료로 배포합니다.

210mm×297mm
인쇄용지(특급)70mg/m^2

※ 이 면은 사업자가 기재하지 않습니다.

❑ 이 신청서는 아래와 같이 처리됩니다 ❑

1. 민원봉사실 즉시 교부대상
   - 과세특례 신청자(배제기준 해당자 제외)
   - 제조, 도매업을 제외한 일반과세 신청자

민원실 접수 → 즉시(3시간 이내) 등록증 교부 → 민원인

2. 부과과 교부대상(사전조사대상자)
   - 과세특례배제기준 해당자로 과세특례 신청자
   - 일반과세자로서 제조, 도매업 신청자

민원실 접수 → (• 인계) → 부과과 → (• 사업장확인 • 등록증인계) → 민원실 → (• 등록증교부 (7일)) → 신청인

사업자등록 조사복명서(사전조사대상자)

1. 조사대상 유형

• 자료상 혐의 • 위장사업혐의 • 기타

담당	주무	과장

2. 조사내용

<table>
<tr><td rowspan="2">사업자</td><td>본인부담</td><td>개업경력</td><td rowspan="2">개업일</td><td>신고</td><td>..</td><td rowspan="2">특례배제기준</td><td>지역</td><td>·해당
·비해당</td><td rowspan="2">사업장</td><td>건평</td><td>대지</td><td>자가</td><td>타가</td></tr>
<tr><td>여부</td><td></td><td>조사</td><td>..</td><td>종목</td><td>·해당
·비해당</td><td>㎡</td><td>㎡</td><td></td><td></td></tr>
</table>

<table>
<tr><td rowspan="2">보증금</td><td rowspan="2">월세</td><td rowspan="3">임대인</td><td rowspan="2">주소</td><td rowspan="2">성명</td><td rowspan="2">임대인과세</td><td rowspan="2">주요시설</td><td rowspan="2">종업원수</td><td colspan="4">월기본경비</td></tr>
<tr><td>계</td><td>인건비</td><td>임차료</td><td>기타</td></tr>
<tr><td></td><td></td><td></td><td></td><td></td><td></td><td></td><td></td><td></td><td></td><td></td></tr>
</table>

3. 기타조사사항

4. 종합판단

• 신청 : 일반, 특례 • 교부 : 일반, 특례 • 거부

※ 첨부서류 : 1.

2.

20○○. . .

(조사자)직 : 성명 : 인

4. 간이과세자와 일반과세자의 구분

음식업을 운영하려는 자는 사업자등록증신청 전에 일반과세자와 간이과세자 중 사업유형을 결정한 후 사업자등록을 신청해야 한다. 간이과세 적용신고는 사업자등록신청서의 해당란에 그 내용을 표시하면 된다.

개인과세업자는 사업의 규모에 따라 일반과세자와 간이과세자로 구분되지만 세금의 계산방법 및 세금계산서 발행 등에 차이가 있으므로 음식점 창업자는 자기의 사업이 어느 유형에 적합한지를 고려한 뒤에 사업자등록을 하는 것이 좋다.

(1) 일반과세자

① 연간매출액이 4,800만 원을 초과할 것으로 예상하거나 간이과세자가 배제되는 업종 또는 지역에서 사업을 하려는 경우

② 일반과세자는 10%의 세율이 적용되는 반면 물품 등을 구입하면서 받은 매입세금계산서상의 부가가치세액을 전액 공제받을 수 있고 세금계산서를 발행할 수 있음.

(2) 간이과세자

① 주로 소비자를 대상으로 하는 업종으로서 연간매출액이 4,800만 원에 미달할 것으로 예상되는 소규모 사업자

② 간이과세자는 업종별로 2~4%의 낮은 세율이 적용되지만 매입세액의 20~40%만 세액 공제를 받을 수 있으며 세금계산서를 발행할 수 없음.

(3) 과세유형의 전환

① 일반과세자나 간이과세자로 등록되어도 사업자등록한 해의 부가가치세 신고실적을 1년으로 한 금액을 기준으로 과세유형을 변경할 수가 있음.

② 간이과세자로 등록되었다 해도 1년을 기준으로 환산한 매출액이 4,800만 원 이상이면 등록일이 속하는 과세기간의 다음 과세기간부터 일반과세자로 전환되며 4,800만 원 미만이면 간이과세자로 변경할 수 있음.

③ 창업초기에 개업비용이 많이 들어 일반과세자로 등록하여 부가가치세를 환급받는 경우 간이과세자로 변경되면 환급세액 중 일부를 추가로 납부해야 하므로 이를 감안하여 간이과세 포기신고를 할 것인지, 계속 간이과세 적용업자로 남아야 할 것인지를 고려해서 결정해야 한다. 단, 간이과세자가 매출액이 4,800만 원을 초과하는 경우에는 간이과세자로 남을 수 없음.

(4) 간이과세자 배제업종

① 간이과세자사업자가 간이과세가 적용되지 않는 다른 사업장을 보유하고 있는 경우

② 업종 규모 지역 등을 감안하여 대통령이 정하는 사업자

제 5 장

메뉴운영

제 5 장 메뉴운영

제 1 절 메뉴운영의 기본정책

1. 메뉴설정의 기본방향

현대의 외식고객은 식품의 안전성, 건강지향, 식품피해 등에 대해 지나칠 만큼 과민반응을 보이고 있다. 따라서 메뉴개발이 이러한 현대인의 식품에 대한 감각이나 의식에 맞추어서 추진되어야 함은 당연한 얘기다.

(1) 메뉴설정의 3대 방향

메뉴설정은 다음과 같이 세 가지 방향에서 이루어져야 한다.

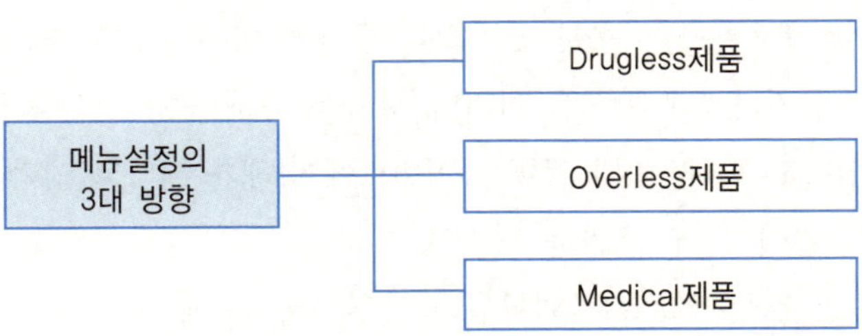

1) Drugless(비약품성) 제품

외식업의 메뉴는 그 식재사용부터 안전성이 있는 것을 선정해야 한다. 즉 메뉴선정 시 사용되는 식재료가 농약이나 중금속이 함유되어 있거나 그러한 가능성이 있는 물품 또는 자연환경오염이 심한 중화학 공업단지 등에서 재배된 원료는 사용해서는 안된다.

그러므로 자기 점포에서 사용하는 식재료는 청정해역 또는 고랭지에서 재배한 해초나 야채, 버섯이라는 것을 판촉의 일환으로(원산지 표시) 점내의 POP으로 고지하면 좋을 것이다. 최근 선진국에서 사용하는 유기야채나 청정야채 등은 재배에서 유통과정에 이르기까지 중금속에 오염되지 않는 시스템으로 연구되어 고객에게 큰 호응을 얻고 있다.

어디까지가 유기야채이고 그 유기야채의 적정 중금속함유량 허용치는 어느 정도인가를 규정하는 데는 애매한 부분이 없지 않으나, 식품의 안정성이 가장 예민한 부분인 것만은 틀림없다. 종전과 달리 비브리오균이 발견되었다든가, 어느 지역에서 생산되는 미역이나 김 등에 허용치 이상의 인체유해물질이 분석되었다는 뉴스만 나와도 산지에 관계없이 그것을 원료로 하는 외식메뉴나 식재료 자체가 슈퍼 등에서 전혀 매매가 이루어지지 않을 정도로 고객의 반응은 민감하다.

2) Overless(비비만성) 제품

미국의 사회적 문제 중 하나가 국민 대다수의 FAT(체중초과)현상이라고 하는 식품영양학자의 이야기를 들은 적이 있다. 이 FAT현상은 미국 국민을 성인병화시키는 요인이라고 하며 이를 퇴치하기 위한 각종 다이어트 식품을 개발하고 있으나 별로 효과가 없다고 한다. 따라서 향후 메뉴개발 방향에서 또 하나 중요시할 것은 지나치게 지방질이 많은 식품류, 체중을 증가시키는 탄수화물이 많이 함유된 원자재 사용메뉴는 피하는 것이 좋다고 한다.

우리나라 청소년들은 남녀구분 없이 체중증가에 대해 공포를 느끼고 있으며 체중감소를 위하여 지나치게 편식을 하거나 식사를 하지 않아 거식증에 걸리는 환자가 증가하고 있다고 한다. 이와 같이 다이어트에 방해가 된다고 생각하는 메뉴선정은 장기적으로 보아 문제가 있을 것으로 본다.

지금 돈육구이 전문점이 IMF 외환위기 이후 성업 중에 있으나 장기적으로 보아 계속 성장할 것인지는 의문시되며, 필자가 알기로는 10대 고객이 돈육전문점을 찾는 경우는 거의 없다고 생각된다.

FAT에 직접 관련되는 원료를 사용하는 외식메뉴는 젊은 세대가 날씬한 체격유지를 위하여 기피하는 것으로 생각할 수도 있겠지만, 사실은 그보다 이 FAT로 인한 각종 성인병 발생이 더 큰 문제가 된다. 따라서 앞으로의 메뉴개발은 FAT이 잘 안되는 측면에서 연구 · 분석되어야 할 것이다.

3) Medical(의약품성) 제품

이것은 일종의 건강식 메뉴개발 방향이라고 설명할 수 있다. 이제까지 우리는 체내에서 생성되지 않는 비타민을 영양소의 제일로 취급해 왔다. 그러나 이제는 약품으로써가 아닌 식품 그 자체가 건강유지에 필요한 제품이 되어야 한다.

예를 들면, 등푸른 생선 등은 DHA(불포화지방산)를 많이 함유하고 있다. DHA는 성인병 예방에 특효가 있다고 하며 이 요소가 많이 함유된 고등어나 참치 등이 건강식 원자재로 널리 사용되고 있다. 또 암 예방이나 성인병 예방에 효과가 있다고 하여 팽이버섯, 표고버섯, 느타리버섯을 원료로 한 메뉴가 개발되어 고객의 호응을 얻고 있다. 최근의 예이기는 하지만 버섯불고기, 버섯 샤브샤브, 팽이버섯 복어찜 등은 약간 고가의 메뉴지만 전 소비계층에 걸쳐 선호되는 메뉴다. 즉 이제는 약효(藥效)보다는 식효(食效)가 인체에 좋다는 방향으로 자연스럽게 전개되고 있으므로 외식메뉴는 이러한 경향을 놓쳐서는 안될 것이다.

(2) 조리사의 경험이나 기술수준을 과신하지 말 것

메뉴의 맛과 메뉴의 종류는 점포의 얼굴에 해당되기 때문에 당연히 가장 중요한 외식서비스업의 상품이 된다. 그런데 이 상품이 주방책임자 또는 조리책임자가 바뀌면 일시에 변경되는 사례가 많아 이제껏 고생해서 확보해 둔 고객을 잃어버리게 되는 예를 종종 볼 수 있다. 이것은 점포 조리의 기본 콘셉트 없이 조리사의 개인능력이나 솜씨에 지나치게 의존했기 때문에 생기는 일이다. 특히 소규모 점포는 이런 양상이 자주 나타난다.

점포 자체에 뚜렷한 메뉴 콘셉트가 설정되어 있으면 고급인재를 채용할 때도 점포수준과 시장여건을 사전에 설명하여 이들의 축적된 기술을 자기 점포의 수준에 알맞게 활용할 수 있으나 자기주장만 하는 조리사는 오히려 점포에 마이너스 요인으로 작용할 수도 있다.

소규모 점포에서 경영자가 요리를 잘 모를 때에는 조리책임자가 자기의 권위와 기술보전만을 위하여 주방업무에 일체 타인의 간섭을 배제하는 경우가 많은데, 이것은 이들의 성장과정(외식업 근무과정)이 충실치 못하였기 때문이며 기술이 부족하고 보잘것없기 때문에 감추려 하고 자기의 좁은 영역을 보존하기에 안간힘을 쓰는 것이라고 생각된다.

따라서 점포의 규모와 시장여건에 맞는 메뉴콘셉트를 명확히 함으로써 요리사의 개인기술에 좌지우지되는 무원칙한 점포가 되지 말아야 한다.

(3) 경영주의 개인기호에 의해 메뉴가 설정되거나 변경되어서는 안된다

경영주 중에는 자기의 기호나 자기방식에 따라 점포의 메뉴를 설정하는 경향이 많다. 특히 전문조리인 출신 경영자 중에는 자기의 기술에만 의지해서 자기가 좋아하는 메뉴, 자기가 자신있는 메뉴만을 고집하는 경우가 많다. 이것이 실패의 커다란 원인이 될 수 있다. 경영주가 좋아하는 메뉴는 경영주 한 사람만이 고객이 될 수 있으나 많은 다른 고객에게 그것이 받아들여지지 않으면 그것은 부적당한 메뉴가 되는 것이다.

또 한 품목을 오랫동안 판매해 온 경영주는 시장여건이 바뀌거나 다른 지역으로 점포를 옮겨도 이제까지 자기가 판매해 오던 메뉴에 집착하는 예가 많다.

어떤 초심자인 경영주는 A지역에서 성공한 어떤 점포메뉴에 집착하여 시장여건이 전혀 다른데도 A지역에서 성공한 타 점포 메뉴만을 고집하는 것을 본 적이 있다.

메뉴는 한 사람의 고객에 불과한 경영주의 기호에 의해 결정될 것이 아니라 점포가 존재하는 지역의 시장여건과 점포규모에 따라 그리고 객단가, 원가율, 조리인의 기술수준 및 주방기기의 성능 등에 의해 적절한 수준에서 설정되는 것이 원칙이다.

(4) 볼륨감과 고객에게 선택의 다양성을 줄 수 있는 메뉴개발이 중요하다

한 개 메뉴를 식사하면서 자연스럽게 다른 메뉴의 추가주문을 가능케 하는 메뉴나 그런 메뉴의 식사코스개발이 중요하며 또 고객이 일부 조리작업에 직접 참여하도록 하는 메뉴 설정도 연구해 봄 직하다.

예를 들면, 국수전골을 조리하는 경우 3인의 젊은 고객그룹이 왔을 때 그들의 왕성한 식사량을 생각해서 3인분 국수 전골을 식사하게 한 뒤 국수국물에 공기밥 2인분 정도와 약간의 야채를 섞어 야채볶음밥을 서비스한다면 젊을 고객들은 공기밥 두 그릇의 추가주문에 지불하는 대가보다 훨씬 큰 만족감으로 식사의 볼륨감을 느낄 수 있을 것이다. 점포 측에는 고객에게 추가주문에 따르는 심리적 부담감을 주지 않으면서 매출을 증가시키는 효과가 있음은 두말할 필요가 없다.

또 하나 현대인의 개성적인 생활을 이해한다면 조리사가 조리한 메뉴를 그냥 그대로 식사하는 것보다 고객이 조리과정의 일부 진행에 참가하는 형태의 메뉴연구도 필요하다고 생각된다.

야채샐러드 제공 시 미리 드레싱(사우전 아일랜드 · 화이트 소스 등)을 토핑(Topping)하여 제공할 것이 아니라 고객이 자기가 좋아하는 드레싱과 드레싱의 양을 결정하도록 하는 방법 등을 생각하면 이러한 조리방법의 테마성을 이해할 수 있을 것이다.

김포에 있는 추어탕 전문점포에 가보면 테이블 위에 추어탕에 넣어서 식사할 수 있는 조미료로 산초가루, 풋고추양념장 그리고 들깨가루 등을 비치해 두고 고객의 기호에 따라 자유롭게 양념을 결정토록 하는 방법으로 서비스하고 있었다. 고객에게 메뉴의 선택은 물론, 맛의 선택까지 일임한다는 발상의 하나일 것이다.

(5) 요리와 기물의 조화를 시도한다

외국에는 '요리디자이너'라는 전문직업이 있다. 아직 우리나라에는 이런 유의 직종은 볼 수 없으나 요리의 구성이나 그릇담기는 뚜렷한 전문직업이 있을 정도로 중요한 내용을 갖고 있다.

요리를 담는 그릇의 모양과 요리내용의 조화는 고객에게 크게 어필할 수 있다. 늘 보던 식기나 컵보다는 뭔가 특수하고 점포의 개성을 나타내는 식기나 컵으로 메뉴를 제공했을 때 고객은 신선한 충격을 받게 된다. 개성이 강하고 언제나 새로운 것을 찾아 이동하는 현대의 외식고객은 진부함을 거부한다.

큰 그릇에 보잘것없는 양을 제공하는 메뉴, 적은 그릇에 넘치듯 제공되는 메뉴는 불신과 불안을 함께 제공하는 꼴이 될 수 있다.

식당의 맛이란 무엇인가? 혀끝으로 느끼는 미각도 중요하지만 요리의 디자인, 그릇의 모양, 보조용기나 보조서빙기구의 색상과 모양(예를 들면, 커피스푼, 이쑤시개의 디자인과 모양), 점포분위기, 접객태도 등에서 오는 감각미도 무시 못 할 맛의 하나다.

앙증맞은 커피잔, 은은하고 고풍스런 한식집의 식기, 정갈한 상차림, 메뉴이름의 참신성, 친밀감 등은 또한 식당의 중요 상품이 될 수 있다.

여기서 한 발짝 더 나아가 한식, 일식, 양식의 고전적인 상차림에 구애됨이 없이 한식류의 육류구이를 양식그릇으로 서빙한다든가, 한식에 일식류 서빙기기(예를 들면, 안심, 등심류를 일식의 회요리 목기로 제공하는 등)로 서빙하는 발상의 전환도 필요하다. 변화 및 대체성이 강한 외식 경쟁시대에 따라가는 전략이 아닌 앞서가는 전략, 즉 무조건 의외성이 아닌 앞서가는 발상의 전환이 필요하다고 생각된다.

(6) 메뉴의 브랜드화를 기도해 본다

메뉴의 브랜드화는 미국, 일본 등 선진국의 단체급식식당에서 채택하는 Branding 시스템을 식당에도 원용하는 메뉴개발방법이다.

브랜딩 시스템은 천편일률적인 메인디시와 반찬류 제공의 1종류 또는 2종류 배식방법에서 탈피하여 단체급식 식당 내에 유명 브랜드 메뉴코너를 도입하여 이용자에게 선택의 다양성을 제공하는 시스템이다.

식당에서도 자기 점포 이름이나 조리기술자의 이름을 붙인 메뉴개발을 시도해 봄직하다. 점포명이 금밭이라면 금밭국수전골, 금밭샤브샤브, 이소선 할매곰탕 등과 같이 메뉴를 계속 개발연구하여 자기 점포의 오리지널 메뉴로 브랜드화하는 전략도 필요하다.

고박사냉면, 명동칼국수, 나주곰탕 등은 이미 브랜드화되어 있는 유명메뉴이다. 다만 춘천막국수, 전주비빔밥, 동래파전, 나주곰탕 등은 상표등록을 할 수 없어 너도나도 이 이름을 사용함으로써 브랜드화는 어렵다고 보나 이명숙철판구이, 명화당칼국수 등의 브랜드는 상표화할 수 있을 것이다.

(7) 다기능의 메뉴를 개발해 본다

우리의 생활환경도 24시간 연속되는 세계화 속에 놓여 있다. 따라서 아침, 점심, 저녁, 심야영업도 계속해서 이루어질 수 있다. 이와 같이 장시간 시간대별로 이용될 수 있는 메뉴를 개발하는 방향도 필요하다.

영업이 장시간화되면 여러 가지 메뉴가 필요하므로 메뉴 수가 증가되고 또 점포 규모도 주방기능을 확대해야 하기 때문에 일정규모 이상이 되어야 하는 문제점도 있고 메뉴 자체에 개성이 없어지는 단점도 있으나, 어떤 테마성을 부여한 다기능의 메뉴개발은 필요할 것 같다.

다만, 테마성 있는 메뉴를 개발하기 위하여는 점포의 인테리어 시공시점부터 테마성 있는 점포 만들기가 선행되어야 할 것이다. 이 테마성을 메뉴의 국적, 시대성, 원자재의 사용종류 등에 따라 만들어갈 수 있는 방법을 찾으면 된다.

예를 들면, 고려시대의 궁중요리를 테마로 한 간이식, 정식, 풍류음식은 원자재를 전부 개성지역(고려의 수도)에서 구입한 것만을 사용하는 메뉴를 만든다는 등의 방향설정이다.

멕시칸 요리의 20종류, 아침, 저녁, 점심, 심야시간대별로 핵심메뉴로 봉사하며 이 메뉴의 원자재 대부분은 야채를 제외하고는 전부 멕시코에서 수입하였다는 등의 캐치프레이즈와 함께 멕시코인 조리사의 이름까지 내놓는다면 하나의 테마성을 갖게 되는 것이다.

물론 소규모 점포에서는 이런 업무가 불가능하겠지만 어떤 형태든 테마성을 만들어가면 개성없는 메뉴는 조리되지 않을 것이다.

(8) 한 가지 핵심 원자재로 여러 가지 메뉴를 조립할 수 있는 방법으로 메뉴를 개발하자

전반적으로 메뉴 수를 적게 운영하는 것이 여러 가지 면에서 좋은 결과가 생성될 수 있다. 그러나 고객의 요구는 다양하다.

따라서 중요 핵심원료를 사용하되 다른 부수자료만 추가하면 바로 여러 가지 메뉴를 만들 수 있는 방법을 찾아야 한다. 이것은 핵심원자재를 많이 사용함으로써 원료조달방법이 간편하고 구입단가를 낮출 수 있는 이점이 있으며 주방의 조리작업도 간편하게 이루어질 수 있으므로 '적은 종류의 원자재로 많은 메뉴를 제공'할 수 있는 장점을 갖게 된다.

예를 들면, 같은 소스와 국수면류를 같은 것을 사용하여도 토핑 부자재만 달리하면 유부국수, 막국수, 김치국수, 나물국수, 칼국수 등을 간단히 조리할 수 있다. 만두류도 같은 만두를 이용하여 만두국, 떡만두, 고기만두, 군만두, 비빔만두 등을 간단히 조리할 수 있는 것이다. 다른 메뉴도 이러한 발상으로 연구하면 소위 '줄줄이 메뉴'가 탄생할 수 있을 것이다.

(9) 고객의 구입단가는 화폐단위를 기준하여 결정하는 경향이 있으므로 메뉴수준을 결정할 때는 이를 참고할 필요가 있다

다른 제품은 다른 제품대로 고객의 구입기준이 있을 것이지만 매일 3회 이상 먹는 건강유지 요소인 식사는 가정내식이 아닌 외식의 경우 고객의 외식메뉴 구매단위는 화폐단위 500원, 1,000원, 5,000원, 10,000원이 기준이다. 10원, 100원 주화가 있으나 외식 메뉴단가 결정에는 영향을 줄 수 없을 것이다.

초·중·고교 학생 중심의 일부메뉴는 분명히 500원, 1,000원에 근접하는 단가 제품이 많다. 그리고 직장인이나 가족단위 메뉴의 가격결정을 보면 5,000원, 10,000원 단위에 가까운 쪽이 많다. 메뉴개발 시에는 이런 고객심리를 파악하여 현재의 경제여건이라면 5,000원 또는 10,000원 15,000원, 20,000원선에 근접하는 중저가, 고가, 특별가격으로 개발되어야 할 것이다.

제 2 절 신규창업 시의 메뉴운영방법

근본적으로는 메뉴운영정책에 의해 메뉴개발을 해야 하겠지만 이 정책은 장기적인 전략으로 채택할 수도 있으나 신규창업 시에는 단기적인 메뉴설정이 별도로 필요할 것으로 본다.

(1) 창업메뉴와 운영메뉴는 구별할 수도 있다

치밀한 계획에 의한 창업메뉴도 실제 영업을 시작해 보면 처음 계획한 대로 매출이 이루어지지 않을 수도 있고 고객들의 반응도 생각처럼 높지 않을 수도 있다. 철저한 준비를 해서 개발한 메뉴도 시장여건에 맞지 않을 수 있기 때문이다. 따라서 처음 제시한 메뉴가 고객에게 잘 받아들여지지 않는다고 하여 무조건 바꾸는 일이 있어서는 안되겠지만, 반응이 신통치 않은 메뉴나 메뉴 맛을 수정 없이 그냥 둘 수는 없다. 처음 시작한 것은 어디까지나 창업메뉴며 이것이 성공하면 두말할 필요없이 그대로 밀고 나가겠지만, 혹시 매출이 생각대로 이루어지지 않아도 실망할 필요없이 고객의 기호를 파악하며 메뉴수정을 계속할 필요가 있다.

(2) 창업 초기에는 메뉴 수를 가능한 최소화하여 운영한다

창업 초기에는 조리부문이나 서빙부분은 준비훈련을 철저히 해도 실전과는 다른 상황에서 실시한 교육이므로 실제 영업에 임하면 서툴기 마련이다. 따라서 메뉴는 가능한 한 가짓수를 적게 하여 개업하는 것이 좋다.

더구나 최근 구조조정이다 뭐다 하여 모든 식당에서 인원축소를 해서 생존을 위한 몸부림을 치고 있는데 많은 메뉴를 조리하려면 주방인원도 많아야 하며 자연히 인건비도 상승한다. 이렇게 되면 원자재관리상 자연히 로스가 많이 발생하게 되어 점포손익에 악영향을 주게 된다.

메뉴 수가 적으면 조리시간도 단축되고 조리시간이 단축되면 자연히 서빙속도가 빨라져 빠른 서비스가 이루어질 수 있다. 빠른 서비스는 바로 객석회전율을 높여 매상고 증가로 이어질 수 있다.

창업 초기이든 영업 중이든 점포규모와 업종에 따라 생각해야 되겠지만, 필자의 주장은 무조건 메뉴 수를 최소화해서 경영하는 것이 그 반대쪽보다 훨씬 유리하다고 본다.

식당에서 메뉴 수가 많다는 것은 그 점포가 메뉴에 자신이 없다는 것을 나타내는 뜻으로 보아도 좋을 것이다.

(3) 점포의 간판메뉴를 만들어야 한다

아무리 작은 규모의 점포라도 또는 대형점포라도 주메뉴나 밑반찬 등 어느 것이든 그 점포의 얼굴이라고 할 수 있는 간판격인 메뉴가 필요하다. 그 점포를 말하면 바로 그 간판메뉴가 떠오르게끔 하는 메뉴가 있어야 한다.

필자는 전남 독천의 독천식당을 누가 말하면 바로 그 식당의 주메뉴인 연포(세발낙지로 만든 메뉴)와 토화젓, 돈베젓이 연상된다. 이것이 바로 간판메뉴다. 이 간판메뉴에 대해서는 별도의 내용으로 후술하기로 한다.

(4) 계량(計量)메뉴를 연구한다

업태 · 업종에 구분없이 메뉴설정 및 가격구조가 딱딱하고 정형적이다. 예를 들면, 안심 200g 18,000원, 등심 200g 18,000원, 설렁탕 4,500원 등으로 메뉴운영이 천편일률적이다.

여기에서 벗어나서 소비자가 요구하면 250g이든 320g이든 g당 단가를 기준하여 그때그때 요구량대로 판매하는 방식을 취한다. 고객이 보는 앞에서 전자저울로 계량(計量)함으로써 고객에게 신뢰를 주는 것이다. 충남 홍성의 홍동한우집과 하계동의 참누렁소가든에서는 이런 방식을 채택하여 고객으로부터 신뢰를 받고 있다.

모든 메뉴를 다 이렇게 할 수는 없겠지만 특수한 형태의 판매기법으로 볼 수 있다. 안심 200g이 18,000원이므로 g당 900원이다. 따라서 고객이 450g을 요구하면 그대로 계량해 주고 450g×900원=40,500원을 받으면 된다. 고객이 선택한다는 데 초점을 맞춘 메뉴전략인 것이다.

(5) 대량(大量)메뉴를 구상해 본다

예를 들면, 갈비 1대 150g 10,000원으로 판매하는 것보다 大형갈비 1대 300g 20,000원으로 하면 같은 g당 단가로 판매하는 내용이지만 고객은 300g이라는 양에 더 매력을 느끼게 된다. 양 중심의 메뉴는 불황기에 선호되는 경향이 있기 때문에 원료사입 능력이 우수하여 염가구입이 가능하다면 1대 300g 18,000원 정도로 약 10% 다운된 가격을 제시한다면 더 매력적인 제품이 될 수도 있을 것이다.

다른 하나의 방법으로는 칼국수 1인분이 150g이고 3인이 같이 와서 3인분 칼국수를 주문한다면 따로따로 그릇을 달리하여 제공할 것이 아니라 150g×3인분=450g을 큰 그릇에 함께 제공하면 볼륨감이 훨씬 크게 보이게 될 것이다. 그리고 3인은 별도의 소분그릇에 자기의 식사량에 알맞게 나누어 식사할 수 있는 방법을 취하면 된다.

대량(大量)메뉴는 버블경기 후 일본 외식시장에서도 인기리에 채택되고 있는 메뉴전략의 하나다.

(6) 세트메뉴를 구상한다

불황기 메뉴제안의 하나이지만 여성이 주고객일 때는 전체적으로 독립된 메뉴량을 소량으로 해서 몇 가지 메뉴를 세트화해서 판매하는 것이 효과적이다.

예를 들면, 칼국수 200g 2,500원, 왕만두 200g 2,500원으로 판매한다고 가정했을 때 이를 칼국수 150g+왕만두 100g, 합계 250g으로 세트화해서 Set당 3,000원으로 판매하면 두 사람의 고객이 와서 칼국수 1개와 왕만두 1개씩을 주문하면 매상고가 5,000원이나 칼국수 세트를 1개씩 주문하면 6,000원의 매상고를 확보할 수 있으며 고객은 세트메뉴를 구입함으로써 두 개의 독립메뉴를 구입하는 느낌을 갖게 되는 동시에 단가 면에서도 유리하다(칼국수 150g(1,875원) + 왕만두 100g(1,250원)은 합계 250g=3,125원이 3,000원이 되어 125원의 할인가격을 적용받게 된다).

(7) 밑반찬을 중시한다

메인메뉴에 못지않게 밑반찬의 맛과 품질은 고객을 유인시키는 데 결정적인 요인이 된다. 경험이 없는 경영주는 밑반찬이 맛이 있어서 고객이 너무 요구하니까 제품원가가 높아져서 곤란하다고 생각하여 김치나 깍두기 등을 맛없게 조리하거나 맛없는 밑반찬을 제공하는 것을 보게 되는데 이것이야말로 나왔다 들어갔다 하는 볼썽사나운 밑반찬이 될 것이다.

고객이 맛있게 식사한다면 또 그것을 계속 요구한다면 몇 번이라도 제공해 준다. 고객이 맛있어서 계속 요구해 온다면 점포 측으로서는 얼마나 기분 좋고 유쾌한 일이 아닌가? 고객은 계속해서 맛있다는 소문을 퍼뜨릴 것이며 많은 고객이 계속 올 것인데 원가가 무슨 문제가 된다는 말인가?

예를 들어 A메뉴 단가 5,000원 원가 35%, 이익률 65% 매상개수 100개라면 이 점포의 A메뉴 이익공헌도는 100개×3,250원(5,000원의 65%)=325,000원이 된다. 그러나 많은 반찬제공으로 원가가 5%로 인상되어도 매상고가 20% 증가된다면 A메뉴 이익공헌도는 다음과 같이 된다.

120개×3,000원(5,000원의 60%)=360,000원이 된다. 매상고 증가가 이루어지면 약간의 원가상승은 문제가 되지 않는다. 그런데 식당 경영주들에게 이런 생각을 깨우쳐주기는 무척 어렵다. 밑반찬 몇 개 더 제공했다고 해서 쉽게 원가율이 5% 또는 10%씩 올라가지는 않는다.

(8) 창업 시 한 번 설정된 메뉴는 매출이 부진하다고 해서 바로 바꾸지 않는다

창업하는 날부터 매출이 많이 오르고 제안된 메뉴가 고객들로부터 큰 호응을 얻으면 신나는 일이 아닐 수 없다. 그러나 그것을 누구나 쉽게 얻을 수 있는 것은 아니다. 아무리 유명한 조리사가 요리한 메뉴라도 고객에게 알려질 때까지는 일정한 기간이 필요하다.

그런데 단기간에 매출성과를 기대한 경영주가 생각한 대로 매출이 오르지 않으면 창업 10일, 15일, 30일도 되지 않아 메뉴를 이것저것 자꾸 바꾸려는 모습을 가끔 볼 수 있다. 이것이야말로 실패의 요인이 된다.

물론 창업 시부터 고객에게 제시된 메뉴가 문제가 있다면 고객반응을 보아가면서 수정작업은 해나가야 한다. 창업 시 메뉴가 절대불변적인 것은 아니기 때문이다. 그러나 고객에게 인지될 때까지의 시간은 기다려야 한다. 너무 조급한 메뉴교환은 실제로 잠재력 있는 메뉴까지 사장시켜 버릴 수 있기 때문이다. 우선 3개월 정도는 맛개선(앙케이트 실시 등으로)을 해가면서 메뉴교체에는 곰처럼 인내하는 자세가 필요하다.

제3절 간판메뉴의 설정방법

점포의 간판메뉴는 영업이 진행되는 과정에서 판매되는 메뉴의 수량과 점포의 이익공헌도를 분석해 가면서 설정해야 하며 또 여름, 겨울, 가을 등 계절에 따라 메뉴 판매수량에 큰 변동이 있을 수 있으므로 어느 정도의 시간이 경과한 뒤 매출상황을 분석하여 설정하는 것이 원칙이다.

1. ABC분석에 의한 간판메뉴의 설정방법

순위	메뉴명	판매수량	단가	금액	%	누계%	비고
1	커피	2,899	4,000	11,556,000	41.6	41.6	
2	스파게티미트소스	311	7,000	2,177,000	7.8	49.4	
3	스파게티나폴리탄	181	7,000	1,267,000	4.6	54	
4	레몬티	312	4,000	1,248,000	4.5	58.5	
5	스파게티그라탕	155	7,000	1,085,000	3.9	62.4	
6	프레시 오렌지주스	112	7,000	784,000	2.8	65.2	
7	술이그라탕	125	6,000	750,000	2.7	67.9	
8	맥주	100	7,000	700,000	2.5	70.4	
9	야채그라탕	125	5,000	687,500	2.5	72.9	
10	토스트	98	7,000	686,000	2.5	75.4	
11	카페오레	98	7,000	686,000	2.5	77.9	
12	프루츠요구르트	108	6,000	648,000	2.3	80.2	
13	밀크	121	4,000	484,000	1.7	81.9	
14	시푸드필라프	111	4,000	444,000	1.6	83.5	
15	오렌지	101	4,000	404,000	1.5	85.0	

위의 표는 A점포의 상위 1위에서 15위까지 메뉴의 판매상황이다.

① 이 점포 매상고 1~5위까지의 메뉴판매고 총합계는 전체 매출의 62.4%를 차지하고 있다(우수점포의 경우 70~75%까지 이르는 경우도 있다).

② 10위까지의 매상고는 전체의 75%를 차지한다.

③ 10위 이하의 메뉴분포는 다음과 같다.

순위	월간판매개수	1일 평균판매개수	비고
11위	98개	3.2개	
12위	108개	3.6개	
13위	121개	4.0개	
14위	111개	3.7개	
15위	101개	3.3개	

11위에서 15위까지 메뉴는 1일 평균 3.2~4.0개이나 이는 어디까지나 평균수치일 뿐 일자에 따라서 하루 4개, 5개, 6개가 판매되기도 하고 전혀 매출이 이루어지지 않을 수도 있어 메뉴로써 가치가 적다고 판단된다.

물론 이 11~15위 메뉴 중 개발해서 신상품으로 제시한 것은 별개의 문제이며 고객에게 제시한 기간이 6개월 이상 되어도 같은 수치를 보인다면 분명 문제가 있는 메뉴이며 개선하거나 신제품을 개발하여 대체해야 한다.

위 메뉴 중 커피는 가장 많이 팔리고 있으나 음료류이기 때문에 식사메뉴 중에서 간판메뉴를 육성해야 할 것으로 본다.

2. 간판메뉴의 선정방법

1) 우선 매상고 1~5위까지의 메뉴를 분석한다.

2) 이 중에서 커피를 제외한 품목을 후보로 선정한다.

3) 선정요건은 다음과 같다.

① 작업성이 편리할 것 : 대량으로 주문이 들어와도 쉽고 빠르게 조리하여 제공할 수 있어야 한다.

② 원자재조달이 연평균적으로 편리한 메뉴일 것 : 아무리 우수한 메뉴라도 원자재조달이 계절적으로 한정되어 있으면 간판메뉴로 선정하기는 곤란하다.

③ 가능한 점포의 분위기(이미지)에 어울릴 수 있는 메뉴일 것 : 시너지효과를 얻으면 유리하다.

④ 이왕이면 이익공헌도가 높은 제품일 것 : 이익공헌도가 높다는 것은 이익액 기준으로 기여도가 높은 제품을 말한다. 예를 들면, A제품 판매가 5,000원, 원가율 30%, 판매개수 10개, B제품 판매가 8,000원, 원가율 40%, 판매개수 10개일 때 A, B제품의 이익공헌도를 계산해 보자(작업시간, 서빙방법 등 모든 조건이 동일하다는 전제에서 계산한다).

A제품 이익액 = 5,000×70%(100－30%)×10개 = 35,000원

B제품 이익액 = 8,000×60%(100－40%)×10개 = 48,000원(이익공헌도가 높다)

이익공헌도는 단일품목의 원가율에 의해서만 결정되는 것은 아니다.

⑤ 맛있는 제품 쪽을 선택한다 : 고객앙케이트 등을 수회 실시해서 결정한다.

3. 간판메뉴의 육성방법

1) 점포의 모든 판촉방법을 간판메뉴 중심으로 실시한다

점포에서 실시하는 판촉방법의 하나인 무료시식권 발행도 간판메뉴 중심으로 실시하고 또 포인트 카드 시스템을 도입할 경우에 간판메뉴를 구입하면 2배수의 가산점을 부여한다든가 또는 일정한 기간 내에 간판메뉴에 대한 집중적인 선전이나 대대적인 할인판촉도 실시한다.

2) 원가율보다는 맛과 양 중심으로 메뉴를 개선한다

맛을 개선하거나 서빙량을 증가시킴으로써 원가가 상승하더라도 맛이 좋아지고 볼륨감이 있어 고객이 좋아한다면 그것으로 충분하며 간판메뉴로 성장하면 판매수량 확대로 원가상승분은 얼마든지 커버할 수 있다.

3) 서빙용기나 숟가락 등도 특별한 것으로 선택하여 타 제품과의 차별화를 시도한다. 또 서빙용기의 고급화를 기도한다

4) 상차리기(그릇에 담기) 등도 특별한 배려가 필요하다

이 메뉴를 제공받은 고객은 최상의 고급감, 볼륨감과 더불어 최고의 만족감

을 얻을 수 있도록 해야 한다(귀족이 된 기분, 백만장자가 된 듯한 기분을 느끼게 한다면 더 말할 나위가 없을 것이다).

5) 서빙속도는 무조건 빨라야 한다

주방을 충분히 정비하고 훈련하여 간판메뉴 오더가 들어오면 단시간 내에 즉시 제공되도록 한다.

간판메뉴는 맛, 분위기, 서빙속도 등에서 고객의 감각을 최대한 만족시킬 수 있도록 설정되고 고도의 훈련을 거쳐야 육성될 수 있다.

4. 간판메뉴의 효과

1) 객석회전율을 높인다

간판메뉴의 판매수량이 증가하면 이에 대한 충분한 사전준비를 함으로써 메뉴조리시간이 단축되고 주문과 동시에 제공되는 서빙시스템을 갖추게 되어 객석회전율도 높아져 판매극대화를 기할 수 있다.

2) 주방의 조리작업과 원자재 정리작업이 쉽게 이루어져 소수인원으로도 다량의 메뉴가 조리될 수 있다

3) 원료사입 숫자가 줄어드는 대신 같은 종류를 대량으로 구매함으로써 대량구매 - 가격다운 - 원가절감의 효과로 이어질 수 있다

4) 소비자에게 안심감을 준다

맛있다, 서빙이 빠르다, 신뢰할 수 있다는 느낌을 고객이 가질 수 있으므로 안심하고 이용할 수 있게 된다.

5) 점포의 지명도를 높인다

6) 전문점 시대에 알맞은 메뉴콘셉트 구성이 가능하다

7) 간판메뉴의 운영이 합리화되고 관리시스템의 전산화가 잘 이루어지면 요일별 · 시간대별 간판메뉴 설정도 가능하다

Fast Food의 경우는 시간대별 간판메뉴를 앞세워 더욱 빠른 서빙을 할 수 있으며, 한식의 경우 중식시간대, 저녁시간대 및 평일과 주일의 간판메뉴를 설정함으로써 매출의 극대화를 기도할 수 있다. 물론 이런 경우는 점포의 간판메뉴관리라기보다는 시간대별 핵심메뉴관리라는 표현이 적절할 것으로 본다.

제 6 장

인원구성과 교육

제 6 장 인원구성과 교육

제 1 절 인원선발 및 확보방법

우리 민족은 유별나게 집단심리가 강하다고 한다. 식당에 가서 메뉴를 주문할 때 자주 보는 현상이지만 일행 중에서 영향력이 있는 사람이 어떤 메뉴를 주문하면 "나도 그것으로 한다."(me too 현상, 일종의 부화뇌동현상)는 휩쓸림으로 나타난다. 책을 선택할 때도 자기가 읽고 싶은 것을 찾는 것이 아니고 출판사의 사재기 전략에 의해 결정되는 베스트셀러를 책 내용보다 베스트셀러니까 구입한다는 것이다. 압구정의 어느 선물점포 경영자가 이런 말을 하는 것을 들은 적이 있다.

"어떤 선물을 할까 하는데 좋은 물건이 있습니까?"라고 묻는 손님은 아주 적고, "요즘 무엇이 가장 인기 있어요?"라고 하면서 무조건 인기 있는 것을 선물로 고른다는 것이다. 외국여행을 하면 자주 보는 예이지만, 어느 주부가 어떤 특수한 물건을 구입한 것을 보고는 "그것 어디서 구입하였는가?"를 묻고는 관광버스가 다음 관광지로 출발하기 직전인데도 아랑곳하지 않고 모두가 몰려가서 그 제품을 너도 나도 구입하는 모습이다. 어느 심리학자는 이를 현상을 두고 "우리의 경우 오랫동안 민주주의가 발전되지 않은 전제주의 국가가 영속되어 온 환경 속에서 지배계급의 수탈과 압제 속에 살아왔기 때문에 소시민은 신변의 안전을 위해 개성창조나 개인의 노력에 의해 자기문제를 해결하기보다는 집단에 몸을 숨기고 안주하는 습관이 몸에 배어왔다. 따라서 책임감, 독창성이 부족하고 감정적으로 한곳으로 휩쓸리는 현상이 지금도 정치 · 경제 · 사회의 여러 현상에서 나타나는 것이다"라고 진단한 것을 읽은 적이 있다. 유달리 많은 향우회, 동창회는 이런 집단 속에 자기를 숨겨 신변의 안전을 추구하였던 습관이 남아 있기 때문이라고 한다. 근년에 이런 행동패턴이 정치현실에서도 그대로 나타나 정치적 선택을 할 때도 정당의 정강정책이나 인물 됨됨이보다는 '내 지역 사람' 혹은 '내가 덕을 볼 사람'을 선택한다고 한다. 우리의 우울한 정치사를 보면 과거 이 나라 지도자를 지낸 사람들이 모두 지역주의를 교묘하게 이용하여 당선된 사람들이 아닌가 하는 생각이 들기도 한다. 우리 국민의 이런 집단적인 행동패턴 때문에 소규모 영세영업인 음식점은 인원관리에 어려움이 많다.

주방장 사람, 주방장과 함께 온 찬모, 사장의 친척 등 이렇게 집단화된 예가 많다. 더구나 좁은 공간에서 매일 같은 사람과 얼굴을 대하는 식당업은 이직률이 높고 대부분 1년 미만의 근무자가 많다. 지금은 달라졌지만 과거 식당업에 퇴직금 문제가 그렇게 심각하게 대두되지 않았던 것은 바로 이런 요인이 있었기 때문이 아닐까? 그리고 이 집단적인 행동패턴은 주방과 홀의 반목으로 흔히 나타나서 점포의 작업효율을 떨어뜨리는 요인으로 작용한다고 한다. 일본에서도 바로 얼마 전까지만 해도 주방중심의 영역 지키기(폭력집단이 지키는 자기영역. 일본말로 '나와바리 : 繩張り'라고 말한다) 때문에 식당업은 점포규모가 크든 작든 인원관리에 어려움이 많았다고 한다. 이런 점을 충분히 알고 음식점의 인원관리는 철저한 조직화를 기준으로 시행되어야 한다.

1. 작은 점포라도 조직도부터 만들기

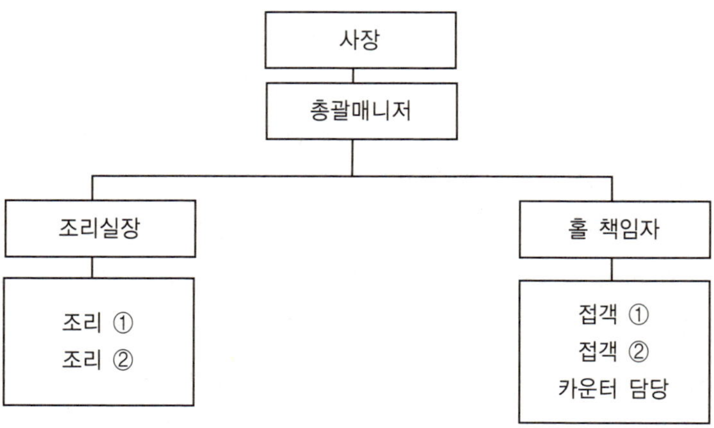

누가 누구의 지시와 명령을 받아야 하는지, 또 업무적으로 어디에 소속되어야 하는지 등 책임과 업무분담을 확실히 할 필요가 있다. 한 사람이 주방과 객석 모두 담당하는 올라운드형 업무를 담당해도 역시 조직은 필요하다. 가장 간단한 점포조직을 생각해 보자(앞의 조직도 참조).

2. 인원선발 및 교육

식당창업업무는 여러 가지로 힘들고 어려운 내용이 많다. 그중에서도 자기 점포에 가장 알맞은 인재(종업원)를 구하는 일은 초심자의 입장에서 보면 참으로 어렵고 때로는 막막한 문제가 아닐 수 없다.

체인기업이나 법인인 경우 연초에 신문 등에 신입사원모집 광고를 한 뒤 1년 중에 개점할 예상점포 수를 감안해서 필요한 인재를 모집하며, 또 그런 일을 전문적으로 취급하는 인사관리부 등이 있어 종업원 수급업무를 취급하고 있으므로 그렇게 어려운 일이 아니다. 또 기존점포가 있는 경우에는 점포 전면에 아르바이트 또는 직원모집 포스터 등을 부착해 종업원 모집 광고를 할 수도 있어 모집업무가 한결 수월할 수 있다.

그러나 개인이 처음으로 식당창업업무를 진행할 경우에는 어디의 누구에게 종업원문제를 의논해야 할지 막연한 경우가 많다. 때로는 주방기기업체 또는 인테리어업체와 의논하거나 식자재납품업자에게 의논하여 조리장을 채용하는 경우도 있고, 자주 가는 식당책임자와 의논하여 이들을 스카우트하거나 이들로부터 추천을 받아 종업원을 채용하기도 한다.

그러나 위에서 설명한 업체들로부터 직원을 소개받는 경우에 그 결과가 좋게 나타난 예는 드물다. 개점 3~4개월 후 이직을 하기도 하고 개중에는 원자재납품업체와 공모하여 원자재가격을 부당하게 높게 책정하거나 수준이 낮은 원자재를 사입하는 경우도 있다.

더구나 점포의 위치가 도심지나 주택지(주거지)에서 멀리 떨어진 교외에 위치하고 있거나 지방도시 점포인 경우는 높은 급여수준에도 불구하고 근무를 기피하는 경향이 있으므로 우수한 인재확보가 어려운 것이 사실이다.

지방의 경우 가족중심의 전통메뉴 전문영업의 유명식당을 제외하고 상당히 규모가 큰 점포에서도 극히 제한적인 품목으로(특성이나 타 점포와 차별성 없이) 기성메뉴를 중심으로 영업하는 점포가 많은 것도 우수조리사 확보가 어렵기 때문에 나타나는 결과로 생각된다. 필자가 관리하는 지방소재 회원사 중에도 우수한 조리요원을 서울에서 파견해서 1년 단위로 교체해 주어야 하는 경우도 있었다.

가족이 서울에 있고 자녀의 교육문제가 복합적으로 작용해서 지방근무는 대부분 단신(單身)으로 하게 되는데, 어쨌든 가족이 이사하여 점포 소재지에서 함께 거주하지 않는 경우에는 결코 좋은 결과를 얻기가 어려운 것이 사실이다.

이러한 인재확보문제는 뚜렷한 해결책이 있는 것이 아니며 점포환경, 경영주의 의지나 영업방침, 종업원의 건전한 의식 등에 의해 해결의 실마리를 찾아야 할 것이다.

3. 인재확보 루트

조리사, 찬모, 허드렛일 종사자, 주차관리요원, 홀서빙 담당 등 메뉴의 구성과 점포의 규모에 따라 다양한 직종과 인원이 필요한데, 사람을 확보하는 방법은 대략 아래와 같다.

① 가족 중에서 동원 가능한 인원을 체크해서 최우선적으로 기초인원을 만들어 본다. 이 경우 '전문성을 요하는 직종의 기능'을 보유하고 있고 기술수준에서 큰 문제가 없다면 인재확보의 반 이상은 해결되었다고 볼 수 있을 것이다.

② 지인, 연고자를 통해서 인재를 확보하는 방법 : 식당경영자나 우수한 조리사 중에 지인이나 연고가 있는 사람을 통해서 인재를 확보하면 비교적 실패가 적다.

③ 자기가 운영하고자 하는 점포와 규모가 비슷하며 같은 업종의 메뉴로 영업하는 점포의 인재를 스카우트하는 방법

④ 한식 · 양식 · 일식 등 조리사협회에 문의하는 방법

⑤ 유사메뉴로 운영하는 점포에서 책임자 밑에 있는 기능인을 승격시켜 자기 점포의 책임자로 스카우트하는 방법

⑥ 컨설팅전문기관에 의뢰하는 방법

⑦ 요리학원 등에 추천을 의뢰하는 방법

⑧ 직업소개소에 추천을 의뢰하는 방법

⑨ 원료납품처의 소개

⑩ 각 지역 음식업중앙회 지부의 담당직원과 협의

⑪ 스스로 일정기간 식당에 취업하여 전문지식을 습득하는 방법(이 경우는 조리사자격증을 취득하고 경험을 쌓는다는 의미에서 시도해 봄 직하나, 요리는 단기간의 어떤 레시피나 기술지도에 의해 간단히 맛을 낼 수 있는 것이 아니라는 점에 유의해야 할 것이다)

⑫ 지역신문 또는 간이신문에 구인광고를 내는 방법(비교적 비용이 적게 소요된다)

⑬ 경제신문 등의 구인란, 취업희망란을 참고하여 필요한 인재를 확보한다.

⑭ 식당관련 전문잡지 등에 구인광고를 내는 방법

⑮ 체인본부로부터 소개를 받는 방법

⑯ 조리전문대학의 담당교수로부터 추천을 받는 방법

⑰ 단기간 유명조리사(요리사)를 채용하여 기술전수계약을 하고 기술습득을 하는 경우 등이 있을 것이다.

위에서 열거한 각종 방법은 그 하나하나가 실행상 장단점은 모두 있으며 집행과정에서 사회적 문제를 유발시킬 수도 있을 것이다.

인재확보에 대해서 몇 가지 방법을 설명하였다. 이 가운데서 그러한 방법을 채택했을 때 발생할 수 있는 문제점이나 유불리한 점에 대해 간단히 기술해 보기로 한다.

① 우선 타 점포로부터 인재를 스카우트하는 방법

가장 간단한 방법이기는 하지만 여기에는 많은 문제점이 있다. 우선 금전적으로 상당한 대가를 지불해야 한다. 우수한 직원을 필요에 의해 선택할 때에는 당연히 비용이 소요되겠지만, 해당 인재에게는 종전에 근무하던 점포에서 받는 급료보다 월등히 높은 금액을 지급해야 하는데, 이것은 이 한 사람에게는 좋을지 모르나 기존 점포종사원의 급료와는 아무래도 차이가 나기 마련이다.

여기에서 발생하는 마찰과 불만은 오히려 점포의 기술력을 약화시킬 수도 있다. 즉 급여에 불만을 품은(오랫동안 성실히 근무해 온) 직원이 점포를 떠나게 되는 것이다.

그리고 경쟁이 격심한 점포, 자기 점포로부터 멀리 떨어져 있지 않은 점포에서 직원을 스카우트하게 되면 상대점포의 영업에 막대한 악영향을 주게 되므로 상도의(商道義)상으로도 문제발생의 소지가 있다.

컴퓨터나 반도체 같은 전문기술자의 스카우트와 같은 큰 문제는 일어나지 않는다 해도 경쟁업체로부터 자기만의 필요에 의해 무조건 인재를 스카우트하는 것은 한번쯤 생각한 뒤 실행해야 할 일이다.

또 하나 여기서 문제가 되는 것은 이러한 인재를 큰 잡음 없이 스카우트했다 해도 우수기술보유자가 일할 수 있는 여건을 자기 점포가 충분히 갖추고 있느냐 하는 점도 생각해야 할 것이다. 주방장의 기술은 맨손으로 발휘되는 것이 아니고 그 기술을 발휘할 수 있는 시스템이 갖추어져야 한다. 즉 주방에서 일하는 다른 주방요원의 기술수준, 주방의 규모, 주방기기의 종류, 주방비품구비 등 우수인재가 자기 기술을 충분히 발휘할 수 있을 만큼 모든 것이 제대로 갖추어져 있어야 한다.

주방장 혼자서 요술방망이만 휘두르면 무엇이든지 나오는 것처럼 필요한 요리를 만들어내는 것은 아니라는 점을 이해해야 한다.

흔히 식당창업 초심자의 경우 주방면적을 가능한 한 축소하고 객석만 넓으면 많은 고객을 받아들일 수 있다는 착각에서 주방설비는 제대로 갖추지도 않고 사람만 스카우트하여 우수제품을 기대한다. 그러나 그것이 제대로 이루어지지 않음으로써 계속적으로 주방장만 교체시키는 예를 자주 보게 되는데, 인재스카우트는 그 인재를 활용할 수 있는 여건이 자기 점포에 구비되어 있느냐 하는 점을 먼저 검토하고 난 후 너무 고급기술자나 너무 낮은 기술자를 선발하는 것보다는 자기 점포의 여건에 가장 알맞은 사람을 선택해야 한다.

② 단기간 요리전문가와 요리전수교육 계약을 하고 조리교육을 지도받는 방법이 있다

이 방법은 고급조리사를 채용하기가 어려운 지방소재 점포나 주택단지에서 떨어져 있고 출퇴근이 어려운 점포에서 채택하면 유리한 방법이 될 수 있다.

또 경영주가 직접 조리를 하나 기술이나 맛내기 솜씨가 미숙할 때, 조리학교를 졸업했으나 경험이 적은 기술자를 채용했을 때 또는 특수기술을 요하는 메뉴를 개발할 때 채택하는 방법이다. 즉 3개월 혹은 6개월 단위로 조리지도계약을 하고 조리 레시피 및 조리실습에 의해 창업 시 또는 영업 중이라도 조리교육을 시키는 방법이다.

컨설팅전문업체나 요리사협회 등에 의뢰하면 우수교사를 추천받아 좋은 결과를 얻을 수 있다. 그러나 지도교사는 계속적인 직업이 아니므로 교육기간 중 연봉에 해당하는 수입을 생각해야 하므로 많은 비용이 소요된다. 우수한 냉면조리사를 채용해 극히 단기간에 냉면육수나 냉면조리 기술을 교육받는 경우에도 최소 1천만 원 이상의 교육비를 요구하는 경우도 있다.

또 지도교사가 자기만의 비법을 100% 지도해 준다는 보장도 없기 때문에 비용만 쓰고 실속있는 결과를 얻지 못할 수도 있다는 점을 알아야 한다. 앞에서도 설명했지만 신용 있는 컨설팅기관에 의뢰하면 컨설팅회사의 신용도가 있으므로 지도교사가 자기 마음대로 강습료를 요구하거나 일방적으로 기술전수를 하는 오류는 예방할 수 있다.

③ 그 외에도 자기 점포와 유사한 메뉴를 판매하는 점포에 자주 가서(가능한 피크타임을 피해서 점포의 분위기가 좀 한가한 시간에 찾아간다) 얼굴을 익힌 뒤 식당업을 하려고 하는데 좋은 주방장이나 직원을 소개해 달라고 하면 주방장의 친구나 후배들 중 우수한 사람을 소개받아 우수인재를 확보하는 경우도 있다

이때 유의해야 할 것은 식당을 그만둔 뒤 오랫동안 휴직해 있었거나 자주 식당을 이동하는 경력의 소유자는 기피해야 할 것이다.

그 외 조리학원 등에 의뢰하는 경우가 있는데, 자기학원 출신자들 중 우수한 사람을 천거하는 경우도 있으나 학원을 졸업한 뒤 어떤 경험을 쌓아왔는지 조리학원에서는 잘 모르는 경우도 있으므로 차라리 요리학원의 우수한 강사로부터 직접 소개를 받는 것이 좋다. 이때 정식으로 소개료를 지불해야 함은 물론이다. 그래야 소개하는 사람이 책임을 지고 뒤탈 없는 사람을 천거하려는 마음가짐을 더 가질 것이기 때문이다.

4. 종업원 선발 시 참고할 항목

음식업은 요리(메뉴)와 서비스(인적 서비스, 물적 서비스)를 주요 상품으로 하는 사업이다. 또 기계적인 작업측면보다는 인간의 정성과 사랑이 함축되어 있는 작업에 의해 영위되는 사업이다. 따라서 여기에 근무하는 경영자나 종업원 모두는 따뜻한 마음을 가져야 하며 남에게 봉사하는 것을 즐겁게 생각하는 마음을 가져야 하고 또 그런 사람들이 운영하는 점포만이 성공할 확률이 높다.

다시 말해서 '음식맛 내기의 최고기술'은 가지고 있으나 성격 면이나 성실성에서 문제가 있는 사람보다는 '기술은 약간 뒤처지나 성실하고 따뜻한 마음의 소유자'를 직원으로 우선 선발해야만 비교적 실패 없는 경영을 할 수 있다는 것이다.

단기간에는 최고의 조리기술자가 유리할 수 있다. 그러나 장기적으로 보면 자기 식당에 자주 오는 고정고객에게 '같은 맛'으로 계속 봉사하기 위해서는 '기술은 우수하나 변덕이 심해 자주 직장을 옮기는 습관성 이동증후군 환자'를 직원으로 채용해서는 안된다.

최근의 일이지만 IMF사태 이후 한 점포에서 겨우 1년도 견디지 못하고 메뚜기처럼 이리저리 점포를 자주 이동하던 소위 '어깨에 힘이 들어가 있던 우수기술의 식당업 종사자'들이 취업을 못 하고 방황하고 있는 현상을 볼 수 있는데, 이는 이들이 스스로 자초한 결과로서 아마 그들이 명예를 회복하고 새로운 기술자로 탄생해 취업을 하기까지는 상당한 기간 고통을 감내해야 할 것으로 생각된다.

또 하나 직원채용 시 유의해야 할 사항으로는 남과의 대화가 가능하고 열린 마음의 소유자를 선택하라고 권하고 싶다. 자기영역 확보에 집착하는 성격의 소유자나 남과의 대화를 기피하는 소심하고 내성적인 성격의 소유자는 되도록 피하는 것이 좋다. 특히 여성종사원들의 자기 편집적인 업무행태는 점포의 개선이나 작업방법의 개선에 커다란 장애요인이 되므로 우수 찬모라는 한마디 때문에 사람을 선택하지 말고 조금은 기술이 떨어지고 경험이 적더라도 밝은 성격, 배우려는 마음을 갖고 있는 사람을 선발하라는 것이다.

이미 설명한 바도 있지만 기술은 빠르게 변화할 뿐만 아니라 항구불멸의 자산이 아니라는 점을 명심해야 한다. 부족한 기술수준은 교육과 훈련에 의해 얼마든지 향상시킬 수 있기 때문에 배우려는 마음가짐만 있다면 기술향상은 큰 문제가 될 수 없다.

필자가 잘 알고 있는 N한식집의 L사장은 자기 점포 찬모의 반찬솜씨를 개선키 위해 서울의 유명 한식집과 한정식 집에 함께 가서 시식도 해보고 주방책임자와 대화를 나누도록 주선해 보았지만, 조금도 변화하지 않고 자기가 이제까지 해오던 작업방법만을 고집하기 때문에 어쩔 수 없었다고 하소연하는 것을 들은 적이 있다. 이 찬모와 같은 성격의 소유자는 결국 자기자신은 물론 '공동의 생계를 위한 광장'인 점포영업마저 실패하게 만드는 말하자면 '꽉 막힌 사람들'이다.

이제 이런 성격의 고집불통은 어느 계통이든 어떤 특별한 기술이나 기능을 가졌다 해도 팀워크에 지장을 주는 요인이기 때문에 설 자리가 없게 된다.

일본의 예가 되겠지만, 오사카에 있었던 A점포의 주방장(경영자)은 초밥(스시)만들기의 최고 대가였다. 자기의 스시솜씨에 대해 그 지역 최고라는 본인의 자부심도 있었고 또 그 지역사람들도 그의 스시 맛내기 기술을 인정하고 많은 사람들이 계속 이용해 왔다. 이 스시기술자는 남과의 대화는 물론 직원들과의 대화조차 꺼리는 무표정함이 그 상징이었던 사람이었다. '말 없는 스시기술자', '최고의 바위 같은 스시기술자'는 60대, 50대 고객에게는 그런대로 매력포인트가 될 수 있었다. 그러나 20~30대의 생기 발랄한 세대의 변화를 읽지 못하고 자기류의 성에 안주해 온 이 '스시 최고기술자'가 운영하는 점포는 신세대 고객에게 지지를 받지 못해 결국 문을 닫지 않을 수 없었다.

극단적인 예가 되겠지만 식당업 및 서비스업 종사자들의 마음가짐과 표정이 어떤 내용이어야 하는지를 시사하는 케이스가 된다고 본다. 그러면 외식업계에 필요한 인재를 선발할 때 전부를 충족할 수는 없어도 실패하지 않는 인선작업을 하려면 어떤 기준은 있어야 하는데, 최소한 다음과 같은 사항은 체크되어야 할 것이다.

① 개인의 식당업 근무경력
② 개인이 갖고 있는 자격증(운전면허증, 조리사 · 영양사자격증 등)
③ 건강상태
④ 해당분야 요리에 대한 지식과 기능
⑤ 해당분야 요리에 대한 공공기관의 교육이수내용(사립기관의 교육이수내용 포함)
⑥ 인품과 근무의욕
⑦ 성실한 인간관계 및 가족관계 등

가능한 한 한 업소에 2년 이상 근무한 경력을 갖고 있을 것(여러 식당을 이동한 경우라도 1개 점포의 평균 근무기간이 2년 이상이면 무난하다. 1년 미만으로 자주 옮기는 사람은 처음부터 배제한다).

개인이 갖고 있는 자격증은 절대적인 내용은 아니나 이왕이면 자격증소지자가 좋으며, 출장요리 판매 등 영업의 영역확대 등을 고려해서 운전면허증도 없는 것보다는 소지한 사람이 더 좋을 것이다(구매업무도 경우에 따라 가능하기 때문이다).

건강상태는 어떤 요소보다 중요한 것이다. 힘든 업무를 체력적으로 감당할 수 없어 결근이 잦거나 육체적 피로에서 오는 짜증을 동료나 부하직원에게 쏟아내는 조리장도 가끔은 볼 수 있어서 하는 말이다.

제2절 종업원의 정착률 높이는 방법

80세의 고령으로 퇴직한 일본제국호텔 객실담당이었던 다케야 도시코氏는『웃는 얼굴이 행운을 가져다준다』라는 저서에서 사람들이 "왜 그렇게 열심히 일하느냐"라는 질문에 이렇게 대답했다. "일이 즐겁고 신나기 때문이다"라고. 전후(제2차 세계대전)의 처참한 경제사회환경 속에서 어려운 가정환경에도 불구하고 처녀의 몸으로 룸서비스 업무를 담당하며 항상 웃으며 열심히 일한 다케야 도시코 씨는 정말 성심성의껏 고객을 대했고 제국호텔을 방문한 수많은 사람들(그중에는 세계 각국의 원수들, 수상들, 재벌들도 포함된다)로부터 제국호텔이 세계일류의 호텔로 인정받을 수 있었고 오랫동안 기억될 수 있었던 점 중 하나가 다케야 씨와 같이 온몸으로 정성을 다하여 자기 직무에 충실했던 직원이 있었기 때문이었다고 말할 정도로 우수한 서비스 담당직원이었다.

결혼도 하지 않고 일에 몰두하며 정년을 몇 번이고 연장한 것은 각국으로부터 이 호텔에 머물렀던 고객들의 요청 때문이었을 정도로 진심어린 서비스는 나라와 인종을 초월해 모든 사람을 감동시킬 수 있었던 것이다.

예를 들면, 전쟁 중 전기시설이 파괴되어 전력사정이 좋지 않았기 때문에 겨울철 호텔의 난방사정이 충분치 못했을 때 다케야 씨는 누가 시키지도 않았는데 열대지방에서 온 고객이 추위에 힘들 것이라 생각하고 고객이 하루의 일정을 마치고 호텔로 돌아오는 시간에 맞추어 작은 난로로 방을 따뜻하게 해주는 정성으로 고객을 응대했었던 것이다.

서비스업에 종사하는 직원은 이런 정신자세를 가져야 하고 이런 직원을 가진 경영주는 행복하며 성공은 보장된다. 그런데 이것이 저절로 이루어지는 것은 아닐 것이다. 종사원 스스로 그런 자질이 있거나 경영자의 직원에 대한 마음가짐에 따라 종업원의 자질이 향상되며 열심히 일하고 점포에 오랫동안 근무하게 된다. 점포에서 직원의 정착률이 높다는 것은 고객에게 질 높은 서비스를 계속적으로 제공할 수 있는 첩경이 된다. 지금부터 종업원의 정착률을 높이는 방법을 연구해 보자.

1. 종업원의 일반적인 불만사항

종업원들의 정착률이 낮은 것은 경영주 측에 책임이 있을 수도 있고, 종업원 측에 책임이 돌아갈 수도 있다. 그러나 경영관리 측면에서 생각해 본다면 종업원의 선발, 관리유지의 모든 책임이 경영주에게 있다는 것은 당연한 결론이다.

종업원들의 직장에 대한 불만 중 가장 큰 항목이 "일주일 내내 사장과 대화 한 번 못했고 계속 야단만 맞고 잔소리만 듣는다", "일의 체계가 없고 잠시도 쉴 새 없이 일만 시키려 한다" 등이라는 내용을 어느 조사자료에서 본 기억이 있는데, 참으로 잘 분석된 내용이라고 하지 않을 수 없다. 경영자가 자기 직원과의 대화에 무관심하고 자기 직원의 현재의 마인드를 이해하지 못하고 급여를 주고 부려먹는 사람 정도로 자기 직원을 대하는 식당이 너무나 많은 것이 오늘의 현실이다. 이러니 식당종사자들의 이직률이 높지 않을 수가 없는 것이다.

습관적으로 한 직장에 오래 붙어 있지 못하고 몇 푼의 월급차이에도 쉽게 직장을 옮기는 상황에 어쩔 수 없지 않느냐고 반문하는 식당경영자도 있을 것이다. 전혀 틀린 말은 아니다. 그러나 많은 번성하는 식당에는 2년, 3년 계속 근무하면서 자기의 고정고객을 관리하는 종사원도 많다는 점을 잊지 말아야 한다.

최근에는 IMF사태로 인해 많은 식당이 폐점하고 고급인력이나 일용근무자 구분 없이 직장을 구하기 어렵기 때문에 식당경영주의 구인난은 한결 부드러워진 상태다. 이런 때일수록 종업원의 인격을 존중하고 오랫동안 함께 일하며 이 난국을 헤쳐나갈 수 있는 방법을 찾아야 한다. 왜냐하면 움츠러든 불황은 언젠가는 타파될 것이며 IMF사태가 해결되면 그 이전 못지않게 우수한 인력이 필요할 것이기 때문이다. "그런 문제는 그때 가서 해결하면 될 일이 아니냐"라고 말한다면 어쩔 수 없겠지만, 종업원을 자기 점포에 가능한 오래 근무시키는 것이 점포영업에는 어떤 경우에도 플러스 알파로 작용한다는 것만은 틀림없다고 생각한다. 이하 종업원의 정착률 제고를 위한 몇 가지 방안을 정리해 본다.

2. 근무시간의 확립문제

이것은 종업원의 근무의욕 고취와 자존심을 만족시켜 주는 데 절대적인 영향을 주는 내용이다.

즉 하루 8시간, 9시간 혹은 10시간 등 각자의 근무시간과 휴일을 명확히 정하고 가능한 한 그 시간을 준수하라는 것이다. 경우에 따라 그 설정된 시간을 초과해 근무할 때는 그에 상응하는 대가를 반드시 지급해야 한다. 이것은 "나는 어떤 경우라도 나의 신성한 노동시간에 공짜로 일하는 경우는 없다"라는 종사원의 자존심을 만족시키는 것과 연결된다. "월급이 얼마인데 시키면 시키는 대로 일할 것이지"라고 말하는 무식한 경영자는 참으로 곤란하다. 손님이 몰려오면 근무시간을 밤 12시, 1시… 등으로 연장시키는 것을 당연하게 생각하는 경영자도 있어서 하는 말이다.

종업원에게 정시근무를 실시케 하면 지각과 결근이 오히려 줄어든다. 인간은 여러 계층과 관계를 맺으며 살고 있다. 자기의 근무시간이 일정하지 않으면 타인과의 약속을 마음대로 정할 수 없다. 그러니 꼭 필요한 때는 근무시간에 관계없이 자기 약속을 지키기 위해 출근을 못 할 수도 있기 때문에 정시근무는 중요한 규정이 될 수 있을 것이다.

3. 명확한 근로계약서의 작성

체인기업이나 기업형 외식업체를 제외하고는 종업원과 근로계약서를 작성하여 종업원을 고용하는 점포는 많지 않은 것이 오늘의 현실이다. 그러나 이런 근로조건이나 노동시장형태가 앞으로 계속 이어지리라고는 생각할 수 없다. 어떤 형태든 외식노동시장은 국내경제 여건변화, 타 산업군의 노동시간 여건변화에 맞추어 새로운 전기를 맞이할 것이다.

현재 소규모 식당의 경우 대부분 월 급여액이 50만 원이든 1백만 원이든 각종 소득세 공제 없이 그냥 총액기준으로 매월 지급하는 경우가 대부분인데 이런 상태도 오래 지속할 수는 없을 것이다. 외식노동시장도 이제는 현대적 법률생활제도 속으로 서서히 이동해 가야 한다(정당한 납세, 원천징수를 해야 한다).

식당이 언제까지나 50대 전후반 부녀자들의 일터로서만 자리매김을 할 수는 없으며 체인기업이나 우수업체에서 채택하고 있는 근로계약서를 작성하여 스스로 신분을 보장받을 수도 있고 또 장기근무를 의무화하는 생활관습도 익혀가야 한다. 만약 근로계약서를 맺고도 계약기간 내에 임의로 점포를 떠나거나 일방적으로 직원을 해고하는 경우 법률상 손해를 보는 사례가 다수 발생하는 여건이 조성된다면 이러한 근로계약서는 외식노동시장에서 하나의 기틀로써 자리 잡게 될 것이다.

보통 1년 이상 같은 점포에 근무하는 외식근로자가 많지 않기 때문에 이러한 계약서를 크게 필요로 하지 않는 환경이지만, IMF 외환위기를 거치면서 취업의 어려움과 고용시장의 불안정 등으로 이러한 근로계약서의 작성이 요구되는 때가 도래하고 있다.

물론 법률적인 생활(의무에 대하여 무책임함)에 대해 크게 구애받지 않는 여건이 외식노동시장에 존재하고 있다. 계약을 했음에도 불구하고 쉽게 사람을 해고시키거나 계약기간에 관계없이 쉽사리 사직하는 것이 관행으로 되어 있는 것이 외식업계의 현실이다. 그래도 일단 근로계약서를 작성해 두면 사용자와 근로자 모두에게 어느 정도 약속이행을 하도록 하는 압박감을 줄 수 있으며 근로자에게는 소속감(계약기간만이라도)을 갖게 하는 효과를 기대할 수 있다.

J시의 모 뷔페레스토랑에 서울에서 조리기술자를 파견했을 때 1년간(근로계약서에 의거) 근무를 의무화하도록 묶어두었더니 무난히 임기를 마칠 수 있었던 예가 있었다. 물론 그 이전에 근무하였던 조리담당자들은 평균 6개월을 넘지 못하였었다.

식당 종사자들의 입장에서 보면 근무위치, 퇴직금, 상여금, 근무시간, 휴가, 포상, 승급승진에 관한 내용을 기록한 근로계약서를 작성할 수 있다면 미래에 대한 기대감을 갖게 되므로 오히려 정착률이 높아질 수 있는 환경을 스스로 만들어갈 수도 있을 것이다.

개인식당 어느 곳도 근로계약서를 작성하는 쪽이 없는 편이나 향후에는 개인별로 계약서 작성을 하지 않는 경우라도 '우리 점포 근무 시 귀하가 받아야 할 급여 운영방침' 등의 기록물을 만들어 직원탈의장이나 대기실 등에 부착해 두면 확실히 점포운영에 도움을 줄 것이라 생각한다. 참고로 근로계약서의 간이서식을 소개해 본다.

근로계약서

회사(점포)의 발전과 번영을 기하고 직원의 기본생활보장과 개인의 성취를 위하여 회사(점포)를 (갑)이라 칭하고 원에 의해 입사한 ○○○를 (을)로 하여 (갑)(을) 상호간 근로기준법 및 회사의 제반규정을 성실히 준수할 것을 약정하며 다음의 내용으로 근로계약을 체결한다.

-다 음-

1. 근무지
   1-1. (을)의 근무지는 ○○○로 한다.
   1-2. 업무사정상 (을)의 근무지를 변경할 수 있다. 단, 근무지 이동은 출장요리 등 점포 밖의 업무를 말하며 (갑)의 타지역소재 점포로의 이동을 의미하지 않는다(이 내용은 체인점포 운영시에는 해당되지 않는 내용이다).

2. 근무 및 휴식시간
   2-1. (을)의 근무시간은 휴식시간(30분~1시간)을 제외한 1일 8시간을 기준으로 한다. 단, (갑)의 사정상 (을)에게 근로기준법의 범위내에서 시간외 근무, 휴일근무, 야간근무를 명할 수 있다.

3. 근무기간
   (을)은 20○○년 ○월 ○일부터 ○○○○년 ○월 ○일까지 (갑)의 점포에서 정히 근무한다.

4. 성실한 근무자세
   4-1. (을)은 (갑)의 점포관리규정을 준수하고 (갑)의 정당한 지시에 대해 이를 착오 없이 수행하며 성실한 자세로 근무해야 한다.

5. 임금(급여)

5-1. (갑)은 (을)에게 근무의 대가로 월급여(일급여) 또는 연봉 ○○원을 매월 25일에 지급한다. 단, 승진, 승급, 기타 사유에 의해 그 지급조건이 변경될 때에는 그 시기 및 변경된 금액으로 지급한다.

6. 기타사항은 근로기준법 및 취업규칙 등의 규정을 준용한다.

7. (갑)(을)은 상기사항을 준수하기 위하여 상호 노력하며 이를 증명하기 위해 본계약서 2통을 작성하고 각각 날인하여 각 1통씩 보관한다.

서기 20○○년 ○월 ○일

(갑) 김○○

(을) 이○○

4. 작업환경 개선과 점포 근무수칙의 명확화 작업

우리나라 식당은 대부분 영세규모다. 아마 전국적으로 30평 미만의 점포가 약 60% 정도, 월평균 매상고 750만 원 미만이 50%선에 육박할 것으로 본다. 점포소유도 자가소유 건물은 10%선에도 이르지 못하며 대부분이 점포를 임대하여 영업을 하고 있다.

이러한 여건이기 때문에 자기 점포에 대하여 장기전망에 의한 투자를 하지 못하고 있고 투자의 필요성 내지 효율성에 대하여 깊은 관심을 가질 수도 없는 여건이다. 따라서 작업환경은 극히 열악한 상태며 냉난방시설도 객석 위주로 구비되어 있고 주방 쪽 종업원을 위한 배려는 거의 하지 않고 있다.

필자의 경험에서 볼 때 주방 내에 종업원의 작업편의를 위해 에어컨을 설치하자고 말한다면 지금도 정신 나간 사람쯤으로 생각하는 경영주가 상당수 있을 것으로 본다. 여름철 외부온도가 30℃에 이르면 주방의 온도는 35~40℃선에 이른다. 이런 상태에서 작업효율이 오를 수 없으며 이 온도에서 원자재 선도관리가 제대로 될리 없을 것이다. 결국은 맛없고 조악한 메뉴가 고객에게 제공되는 것이다.

필자가 외식사업 전개를 위해 D사의 임원으로 근무할 때 해외연수를 할 기회가 있었는데, 그때 연수하던 점포 내 원자재 작업장에 선도관리상 필요한 부분에는 반드시 에어커튼 등을 설치하여 영상 10℃ 정도의 온도관리를 하고 있는 것을 보고 한없이 부러워한 적이 있었다.

지금 우리나라도 쾌적한 작업환경을 만들어 고객을 맞이하고 직원들을 위하여 작업환경을 최대한 좋게 하려고 노력하는 경영주가 없는 것은 아니지만, 필자가 아는 한 또는 보아온 바에 의하면 주방 내에 에어컨시설을 갖춘 점포는 호텔의 부속레스토랑 등 대형 시설물의 점포를 제외하고는 거의 없는 것으로 알고 있다. 이것이 우리 식당업의 현주소이며 식당 경영주들의 의식수준이기도 하다.

말로는 자기 직원에 대해 '내부고객'을 만족시켜야 외부고객을 충분히 만족시킬 수 있는 서비스가 창출될 수 있다고 하면서도 이런 기초적인 작업환경조차도 마련해 주지 못하고 있는 것이 우리의 현실이다. 식당 종사자들이 한곳에 오래 머물지 못하는 원인은 여러 가지가 있겠지만, 작업환경이 열악한 것도 한 원인으로 볼 수 있을 것이다.

필자가 책임자로 있으면서 개점한 점포는 어떤 경우든(그것이 충분한 시설이라고 볼 수는 없어도) 객석의 냉난방시설과는 별도로 주방 내에 냉방시설을 고집스럽게 설치해 왔는데(난방시설은 주방기기 자체열기로 해결한다) 그것이 때로는 기업 내에서 과잉투자라고 지탄받은 적도 있었다.

식당직원을 위한 환경문제로서 또 하나 생각해야 할 것은 탈의실 또는 휴게실을 갖추는 것이다.

규모가 적은 소규모 점포라면 어쩔 수 없겠지만, 20명 이상의 남녀직원이 동시에 근무하는 식당에서는 최소한 탈의실은 갖추어주어야 할 것이다. 탈의실을 갖추기 어려우면 주방 뒤쪽이나 창고 일부에 옷을 갈아입을 수 있는 커튼 정도는 설치해 주어야 한다.

때로는 화장실에서, 때로는 객석의 룸에서 옷을 갈아입는 형편이 대부분의 식당 환경이다. 그러면 벗어둔 옷은 어디에 보관하고 있는가? 종이백에 넣어서 적당한 곳에 놓아둔다. 자연히 금전분실 등의 사고가 나기 마련이다. 주방이나 홀에 근무하는 직원은 가능한 한 반지나 귀걸이 등 장식을 하지 않도록 하는 것이 위생관리상 좋다고 생각되는데, 그것을 보관할 장소가 마땅치 않으니 그대로 착용하고 있는 것이다.

진정 외식업을 핵심사업으로 육성하고 생업으로 성공시키려면 우선 종업원이 기분 좋게 일할 수 있는 환경을 만들어주어야 한다. 종업원의 정착률을 높이는 방법의 하나로서 정시근무시간의 확립을 들 수 있다. '출근은 9시, 저녁 퇴근은 영업이 끝나야'라는 식의 애매한 근무행태도 종업원의 정착률을 낮추게 하는 요인이 된다.

종업원의 근무자세가 반듯하고 질서정연하다면 그것이 곧 고객서비스에 연결되기 때문에 확실한 근무수칙을 정해두고 가능한 한 경영주 자신부터 솔선수범하여 지키도록 해야 한다. "나는 사장이니까 규칙과는 상관없다. 규칙은 부하직원이나 지켜야 하는 게 아니냐?"라는 식의 사고방식은 곤란하다.

가장 간단한 근무수칙의 예를 열거해 보자.

① 아침 출근시간 9시 30분 : 모든 직원은 업무개시 10분 전에 출근해야 한다.
② 어떤 경우에도 점포 안에서는 지정된 유니폼을 착용해야 한다.
③ 근무복을 입은 채 객석에 앉아 손님과 대화를 해서는 안된다.
④ 퇴근시간은 오후 9시로 한다.
⑤ 조퇴를 할 때는 주방은 주방장, 객석 서빙담당은 홀 책임자에게 사전승인을 받아야 하고, 결근을 하게 될 경우에는 적어도 하루 전에 그 사유를 각 책임자에게 보고해야 한다(긴급사태에 의한 경우는 별도).
⑥ 휴일은 주 1회로 하되, 사전에 각 책임자와 협의하여 해당 요일을 지정받아야 한다.
⑦ 일요근무는 최소한 월 2회 이상 해야 하며(특히 일요일에 고객이 많은 점포의 경우) 일요근무 시에는 평상급여(수당)의 1백%를 추가지급한다.
⑧ 근무시간을 초과하여 근무할 때는 야근수당 또는 연장근무수당을 지급한다.
⑨ 지각 3회는 결근 1회로 처리하며 3일 이상 무단 결근 시에는 징계회부한다.
⑩ 기타 상벌사항의 명시

제3절 급여산정기준과 지급방법

1. 급여산정기준

식당경영 경험이 없는 초심자의 경우 개점에 임해서 확보해야 할 종업원의 급여수준을 어떻게 결정할 것인가는 상당히 고민스럽고 어려운 문제다. 자기 점포의 시장성(점포가 위치한 지역의 평균적인 가격대, 주요 고객의 소비성향, 외식경향이나 그 빈도 등 가격결정에 영향을 줄 수 있는 경향치)에 알맞은 조리기술이 있는 주방요원과 점포규모나 품질수준에 알맞은 접객을 할 수 있는 서빙 경험자를 어떤 수준의 급여로 선발할 것인가는 각각 중요한 문제일 것이다.

예를 들면, 80평 규모의 징기스칸요리 전문점과 30평 규모의 설렁탕 전문점의 서빙기술수준은 많은 차이가 있다. 당연히 같은 한식이지만 식당근무경력이 비슷하고 영업시간(근무시간)에 많은 차이가 없어도 양자의 급여수준은 차이가 나기 마련이다.

대규모 점포에서 기술수준이 낮은 직원(상대적으로 급여수준이 낮은 직원)을 선발하여 인건비 비율이 낮다고 좋아할 수도 없고 소규모 점포에서 기술수준이 높은 고급인력을 채용할 경우는 기술과 맛에서는 고객에게 호평받을 수 있을지 모르지만 고액의 인건비 부담 때문에 채산성에 악영향을 줄 수도 있을 것이다. 이만큼 사람확보와 급여수준 결정은 식당경영상 대단히 중요한 문제이다.

또 한두 사람에게 고급인건비를 지급하다 보면 나머지 직원과의 격차가 너무 커져서 직원의 단결과 화합에 나쁜 영향을 줄 수도 있을 것이며, 창업 초기의 어려움 때문에 낮은 수준의 인건비로 직원을 채용할 경우에는 최소인원의 모집도 어렵게 될 것이다. 그러나 몇 가지 기준을 정할 필요는 있으며 자기 점포 주변의 유사한 메뉴나 동일규모 점포의 인건비 수준(직급별), 타 지역의 같은 업태·업종의 일반적인 급여수준을 발로 뛰며 조사한 자료를 기초로 인건비를 결정해야 할 것이다.

인건비 수준을 결정할 때 참고해야 할 항목은 다음과 같다.

(1) 최저생계비 보장문제

우선은 정부가 지도하는 산업별 · 업종별 최저임금수준을 참고해 본다. 소규모 점포나 벽지의 가족경영형 점포는 거의 최저생계비수준에 해당하는 인건비를 겨우 지급하는 점포가 없지는 않았으나, 아무리 IMF사태하에서 직장 구하기가 어렵다고 해도 직원의 기초적인 생계조차 유지하기 어려운 수준으로 인건비를 지급한다면 무엇보다 우수한 직원을 확보하기가 어려울 것이다.

여기서 강조하는 내용은 정부의 가이드라인에 의해 최저 생계비를 보장하는 선(線)이 아니고 인근 타 점포의 인건비 수준에 비해 10~15% 이상의 격차가 있어서는 안된다는 점을 설명하기 위한 것이며, 자기 종업원에게 최소한 생계유지에 필요한 급여조차 지급할 수 없는 수준의 영업이라면 처음부터 시작하지 말아야 할 것이다.

(2) 기술수준과 생산성을 참고한다

사람에 따라서는 기술수준이 같아도 타인을 잘 관리하여 전체적인 생산성을 향상시키는 능력이 있는 사람도 있고 자기 혼자서는 1.5~2사람 몫을 일할 수 있으나 부하의 관리나 타인과 팀워크를 이뤄야 할 부분에서는 생산성을 향상시키지 못하는 사람도 있다.

점포규모가 큰 경우는 전자가, 점포규모가 작을 때에는 후자가 그 점포의 생산성 향상에 플러스 측면으로 작용한다고 볼 수 있을 것이다. 같은 기술수준이지만 성격상 또는 작업능력상 차이가 있을 때에는 어느 편이 자기 점포에 적합한지를 참고하여 선택해야 한다. 그러나 개점 초기에는 그 사람의 성격이나 기술수준을 파악할 수 없으므로 전 근무처의 사장이나 직원에게 문의해 이를 파악할 수밖에 없다.

아르바이트사원을 채용할 때도 개인의 능력이 아주 중요하다. '시간급은 높게 근무시간은 짧게'가 우수 아르바이트 선발의 기준이다. 예를 들면, 0.8의 능력을 가진 3인의 아르바이트를 채용하면 그 작업능력은 0.8×3인=2.4가 되며, 1.5인의 능력을 가진 아르바이트 두 명을 채용했다면 그 작업능력은 1.5×2=3.0이 될 수도 있기 때문이다. 시간급은 높으나 능력 있는 소수인력을 선발하는 것이 우선은 유리하다. 시간급은 적으나 능력이 떨어지는 인원을 다수 선발하는 경우 그들에게 추가로 지급되는 식대, 유니폼대, 기타 복리후생비를 생각한다면 이 의미를 이해할 수 있을 것이다.

(3) 이전 직장의 급여수준을 참고해야 한다

필요로 하여 사람을 채용하려고 하면 그에 상응하는 대가(그 사람에게 알맞은 급여수준)를 지급해야 함은 당연한 얘기다. 그런데 식당종사자 중에는 경영주가 사람문제로 어려운 처지에 놓인 것을 알게 되면 무리하게 급여를 요구하는 경우가 있다.

경영주가 초심자인 경우는 특히 심하다. 월급여 150만 원 수준의 인재가 220~250만 원의 높은 급여를 요구하는 경우도 있다. 이것은 대개의 경우 양자에게 좋은 결과를 주지 못한다. 경영주에게는 낮은 기술의 종업원에게 높은 인건비를 지급함으로써 생산성 낮은 영업을 하게 하며 종업원은 자기 기술은 생각하지 않고 항상 고임금을 갈구하며 이리저리 직장을 옮기는 습관을 갖게 되어 안정적인 직장생활을 못하게 된다. IMF사태로 이런 성격의 식당종사자는 대부분 지금 휴업상태다.

따라서 채용하려는 종업원의 요구가 부당하게 느껴지면 직원의 갑종 근로세 지급영수증(직장의 급여대장에 기록되어 있다)을 참고하거나 전 직장의 급여수준을 조사한 뒤 그보다는 어느 정도 높은 수준으로 양자가 협의하여 급여수준을 결정할 수밖에 없다(실제로 전 경영주에게 문의해도 대부분 정확하게 알려주지 않지만 친밀한 대화를 통해 알아낼 수밖에 없다).

2. 급여지급방법

IMF사태 이후 식당업의 인건비 수준은 일반기업의 급여체계의 변화 못지않게 거품이 빠져 있는 상태다. 예를 들면, A급 한식주방장의 경우 월급여 3백만 원선은 240~250만 원으로, 250만 원 수준은 2백만 원 수준으로, 180만 원은 150만 원 수준으로 낮아졌고, 찬모 등 여성인력의 급여수준도 월평균 15~20만 원이나 낮아진 상태이다.

임금수준(점포 전체의 인건비 비율)과 개인별 지급액을 결정한 뒤에는 그 지급에 대한 명확한 룰을 정하여 이를 종업원에게 알림으로써 상호 간 신뢰를 구축할 수 있게 하고 종업원들로 하여금 자기의 생계비 확보에 대한 불안감을 갖지 않도록 해야 한다.

급여수준(개인별)을 결정할 때에는 막연히 월급여 1백만 원으로 정하는 것보다 이를 본봉+제수당으로 구분하는 것이 좋다.

이는 근무기간(경력)이 같으나 기술수준이나 직종에 따라 차등적 급여를 지급할 필요가 있을 때 본봉은 같게 하고 차등지급하는 수당은 어디까지나 개인별 기술과 능력에 대한 차이임을 설명할 수 있는 단서가 될 수 있어 편리하다고 생각한다.

수당은 점포규모, 동일 업종 · 업태의 임금지급관행을 참고해야 되겠지만, 직원의 근무의욕을 높이고 조조근무나 심야영업, 일요일 및 휴무일의 근무참가율을 높이기 위해 휴일근무수당, 야간근무수당, 근속수당 등으로 구분관리하면 좋다고 본다.

특히 근속수당은 연차별로 차이를 두어 장기근속을 유도하는 데 활용하면 효과가 클 것으로 생각된다. 예를 들면, 1년 근속자는 급여+2만 원, 2년 근속자는 급여+3만 원 등으로 구분관리하는 방법이다. 3년 이상 근속자에게 급여+5만원을 지급한다고 가정했을 때 연간 추가지급액은 5만 원×12개 월=60만 원이나 같은 점포에서 3년 이상 근속한 직원이라면 생산성 및 작업효율 면에서 총지급액 60만 원의 수배 내지 수십 배의 플러스가 생길 수 있을 것이다.

대부분의 식당에서는 직원의 퇴직 등 이동이 심하기 때문에 입사 시 정한 급여를 변화 없이 그대로 유지하고 있는데 장래에 대한 조그마한 기대감도 갖지 못하게 하는 임금지급방법이 아닐 수 없다.

급여지급에 대한 몇 가지 요령을 정리해 본다.

① 총지급액이 150만 원이라면(그 직급이 주방조리 실장이라면) 이를 조리실장 급여본봉 95만 원, 실장 수당 55만 원, 합계 150만 원으로 표기한다면 훨씬 매력 있는 표현이 될 것으로 본다.

② 앞에서도 설명했지만 장기근속자에 대한 배려를 어떤 형태로든지 규정화한다.

③ 입사 시 입사대상자와 급여수준을 협의할 때에는 그 결정된 금액이 총액인지 실수령액인지를 분명히 밝혀야 한다.

총액에서 갑종 근로소득세, 원천징수, 국민연금의 개인분담금, 보험료 등을 공제한 후 실수령액 1백만 원으로 착각한 입사자가 실제 입사 후 첫 달의 급여가 94만 원밖에 되지 않아 회사를 그만둔 예가 있다.

소규모 식당에서 원천징수나 국민연금 등을 계산하지 않고(그런 제도를 활용하지도 않고 있다) 관행적으로 총액 얼마로 급여를 정해왔으나, 이러한 사회적 병폐도 앞으로는 없어질 것이기 때문에 지금부터라도 법령에 의한 임금지급방법을 채택해 나가야 한다.

④ 지급기일을 명확히 정하고 반드시 이를 지키도록 한다.

점포 자금사정이 어렵다는 이유로 지급일자보다 급여지급을 늦추거나 언제 지급할지 모르는 상태가 되면 점포관리는 이미 불가능해지기 쉽다. 점포경영을 계속하는 한 돈을 빌려서라도 약속된 날짜에는 반드시 직원의 급여를 지급한다는 경영주의 각오는 중요한 테마가 된다.

⑤ 퇴직금에 대한 확실한 방침설정이 필요하다.

이미 상당수 식당에서 퇴직금제도를 채택하고 있으나, 전체 외식업체 중 그 비율은 극히 미미한 수치일 것으로 생각된다. 그러나 이제부터는 모든 부문에서 새로운 질서가 형성되는 환경이 도래하므로 식당업도 예외없이 이제까지 불법 또는 탈법으로 행해오던 관행은 없애버려야 한다. 퇴직금도 직원이 퇴직할 때 한꺼번에 그 금액을 조달할 것이 아니라 법이 정한 대로 퇴직충당금을 조금씩 비축해 가는 방법을 채택해서 직원이 퇴직할 때 과도한 자금부담을 없애도록 해야 한다.

⑥ 상여금 지급규정을 확립한다.

예상이익에 대한 경영주와 종업원의 계산방법이나 감각은 상이하기 마련이다. 언제나 경영주는 이익이 적은 것으로 평가하기 쉬우며 종업원은 산출된 이익보다 많은 수치를 계상하기 마련이다. 왜냐하면 종업원이 생각할 수 없는 여러 가지 비용이 별도로 발생하기 때문이다.

대다수 종업원은 자기들이 점포 내에서 취식하는 하루 세 끼의 식사대금, 피복비, 의료보험, 복리후생비, 교통비 등은 급여로 생각하지 않는 경향이 있다. 따라서 이런 내용을 사실 그대로 떳떳이 밝혀서 쓸데없는 오해를 갖지 않도록 할 필요가 있다.

예를 들면, 직원에 대한 상여금 지급기준은 연 2백%로 정한다. 다만, 이익발생이 분기별로 얼마 이상 발생하면 몇 %를 추가지급한다. 반대로 손실이 발생하면 상여금 지급은 유보한다는 등의 문서화된 규정을 종업원에게 고지시키는 등 공개경영체질로 바꾸어가야 할 필요가 있다.

제4절 인건비 구성과 필요인원 산정방법

인건비에 대한 경영주와 종업원의 시각차이는 크다. 따라서 인건비 구성에 대한 명확한 이해와 노동시간의 합리적인 관리에 의해 급여는 다른 점포수준에 뒤떨어지지 않게 하면서 점포 또는 회사 전체의 인건비율을 낮추는 연구가 필요할 것이다. 인건비에 대한 경영주와 직원의 시각차는 다음과 같다.

	경영주 측	종업원 측
급여에 대한 개념	① 인건비의 하나다. ② 능률을 향상시키는 요인으로 생각한다. ③ 점포수지에 가장 큰 영향을 주는 요소다.	① 개인수입의 원천이다. ② 사회적 신분상승을 위해 꼭 필요한 요소다. ③ 인격향상을 위해 필요한 요소다.
급여지급 및 수령에 대한 원칙	① 노동의 질과 양에 대한 상응되는 수준이다. ② 생산성, 능력에 의해 지급하는 것이 원칙이다. ③ 점포의 지급능력을 기초로 해야 한다.	① 생계를 유지하기 위한 수준이 되어야 한다. ② 안정적인 급여수준이 되어야 한다. ③ 사회적인 균형에 맞춘 급여수준이 되어야 한다.

1. 인건비의 구성요소

인건비는 기본급여와 제수당 그리고 상여금 등으로 구성된 직접인건비부문과 간접인건비로 구분할 수 있다.

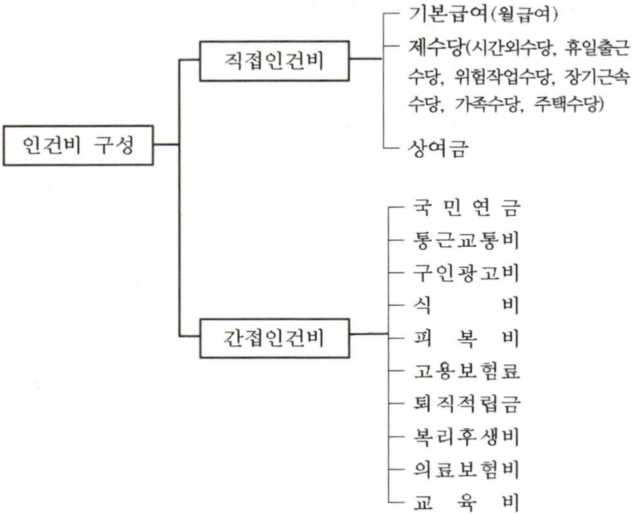

위 표에서 보는 바와 같이 보통의 경우 점포인건비는 주로 월급여만을 생각하기 쉬우며 소규모 점포는 이것으로 인건비에 대한 생각을 끝마친다. 약간 규모가 큰 점포에서는 퇴직금, 상여금 수준까지는 생각한다.

그러나 이외에도 간접인건비가 큰 비중을 차지한다고 생각하는 경영자는 그렇게 많은 것 같지 않다. 간접인건비에 대한 지급범위를 다음과 같이 설정하는 예도 있다.

(1) 간접인건비 기준

예를 들면, 기본급이 월정액으로 800,000원인 경우 실제 본인에게 지급되는 인건비는

구 분 / 점포규모	개인식당	법인체	비고
소규모 점포	기본급×1.5배	기본급×1.2배	
중규모 점포	기본급×1.2배	기본급×1.3배	
대규모 점포	기본급×1.25배	기본급×1.35배	

800,000×1.2(중규모 점포)=960,000원으로 생각해야 한다. 이런 문제에 대한 경영주의 인식전환이 필요하다. 간접인건비 중 몇 가지 항목만 분석해 보자.

(2) 식비

식비는 식당업이니까 하루 2식 또는 3식을 제공하는 것은 당연하다는 생각이 지배적이다. 그러나 여기에 원가의식을 넣어서 생각하는 경영자나 종업원은 많지 않은 것 같다. 간단히 예를 들어 설명해 보자.

종업원 10명, 1일 2.5식(점심, 저녁, 아침은 1/2만 공급한다고 가정)을 제공하는 경우,

1일 제공식수(食數) = 10명×2.5식(食) = 25식(食)

1개월 제공식수 = 25식(食)×30일 = 750식(食)

연간 제공식수 = 750식(食)×12개월 = 9,000식(食)

연간 직원 식비예상액 = 9,000식(食)×2,000원(원가기준)

= 18,000,000원

이것을 판매가 기준으로 계산하면 더 많은 금액이 될 것이다. 따라서 직원에게 원가의식을 주입시키려면 이러한 문제까지 설명하여 납득시키는 교육이 필요할 것이다.

그 외 교육비, 의료보험비, 퇴직급여 충당금, 피복비 등은 무심히 지나치기 쉬운데, 이 비용도 중요한 간접인건비 부문이므로 세밀한 체크가 필요하다.

2. 인건비에 대한 인식전환의 필요성

(1) 인건비에 초(秒), 분(分)단위의 개념을 도입한다

중소기업인 삼원정공에서는 노동시간의 초(秒)단위 관리로 대단한 생산성 향상을 기하고 있고 대기업에서조차 이를 벤치마킹하고 있다. 식당 경영자나 종업원은 최소한 인건비의 분단위 개념 정도는 인식할 필요가 있다.

예 월급료 800,000원 지급하는 경우 분단위 인건비계산

① 총급료 = 월 800,000×1.3(간접인건비 배부)=1,040,000원

월 25일 근무(휴무 4일)

② 1일 급료지급액 = 41,600원(1,040,000원÷25일)

③ 1시간 급료지급액 = 5,200원(41,600원÷8시간) − 노동근로시간 기준

④ 1분당 급료지급액 = 86원(5,200원÷60분)

※ 극히 순간적인 시간에 지급하는 직원의 인건비는 86원이다.

⑤ 하루의 Loss시간인건비를 계산해 보자.

1일 대기시간 최소 2시간(2시간×60분)=120분

화장실 3회 가는 시간(3회×5분)=15분

잡담, 식사, 기타 시간(추정)=50분

합계=185분

Loss시간 인건비 185분×86원=15,910원/1인당

(실제는 이 금액보다 클 수 있다)

직원이 10명이라면,

※ 1일 Loss시간 인건비 총액 = 159,100원(15,910원×10명)

1개월 Loss시간 인건비 총액 = 4,773,000원(15,910원×30일)

1년간 Loss시간 인건비 총액=57,276,000원(4,773,000원×12개월)

물론 위의 계산은 단순한 계산수치다.

합리적인 노동시간 관리에 의해 대기시간 축소, 인원배치의 합리화, Loss시간을 축소할 수 있으나, 생산성이 전혀 없는 시간에도 인건비가 지급되고 있다는 것을 전체 종사자가 인식하는 것이 인건비 관리의 기초가 된다.

(2) 인건비관리는 단순한 관리기법만으로 이루어지는 것은 아니다

점포의 원가 중 가장 중요한 것은 인건비와 원자재비다.

이것을 FL Cost(Food and Labour Cost)라고 하며 평균적으로 60~65%에 이르면 이상적이라고 말하고 있다. 이 중 원자재 관리는 물자관리의 합리화에 의해 컨트롤이 가능하다.

정확한 물자관리 시스템만 확립되면 관리 가능한 원가이다. 예를 들면, 표준원가 관리시스템이 정립되어 있으면 비교적 합리적인 원가관리가 가능하다.

그러나 인건비관리는 단순한 관리기법만으로 관리할 수 없는 부문이 있다. 인간에게는 개성과 감정이 있다. 따라서 각기 다른 개성과 감정을 갖고 있는 사람을

관리한다는 것이 원자재관리처럼 그렇게 쉬운 것은 아니라는 점이다.

사람을 관리함에 있어 왕왕 경영자가 빠지는 함정은 그것을 식자재관리처럼 규율과 시스템에 묶어두면 가능하다고 생각하는 데 있다.

인간은 기계가 아니다. 노동시간을 합리적으로 관리하되 인간의 개성과 감정관리에 유의해 가며 관리해야 한다는 것이다.

(3) 인건비관리는 급여관리에서 끝나지 않고 합리적인 노동시간관리에 초점을 맞추어야 한다

노동시간관리는 정사원과 파트타임 아르바이트의 합리적 배치에 의해 효율성 있는 시간관리를 함으로써 급여를 축소시키지 않고 전체 인건비를 감소시키는 방법으로 전환되어야 한다.

우리가 합리적인 노동시간을 관리하는 목적은 인건비가 부당하게 지급되어 인건비 지급의 비합리성이 나타나는 것을 배제하고 노동생산성을 높이기 위한 것이다.

또한 내점객수와 매출규모에 알맞은 노동시간을 관리함으로써 부당한 과대인건비를 축소시킬 수 있도록 하기 위한 것이다.

과대인원을 모집하거나 과소인원을 모집함으로써 필요 이상 많은 인원을 투입하여 과다인건비를 지급하게 되고 너무 적은 인원을 투입함으로써 서빙업무가 제대로 이루어지지 않아 매출기회를 놓치는 것을 방지하기 위하여 노동시간관리가 필요한 것이다.

(4) 인건비를 매출의 몇 %로 설정하여 관리하는 것은 문제가 있다

식당업은 각 점포마다 원자재 원가율에 차이가 있으므로 인건비관리를 단순히 매출의 몇 %로 계산하여 관리하는 것은 문제가 있다.

총매출액에서 원자재 원가를 가미해서 산출되는 노동분배율이나 노동생산성에 의해 인건비를 설정해야 한다. 예를 들면, A, B 두 점포의 매출이 5,000만 원으로 동일하고 인건비가 다 같이 총매출의 15%라면 A, B 두 점포의 인건비는 7,500,000원이 된다.

여기서 A점포, B점포의 원가율이 각각 35%, 40%라면 노동분배율은 큰 차이가 생긴다.

$$노동분배율 = \frac{인건비}{총매상고 - 원자재비} \times 100$$

$$A점포의\ 노동분배율 = \frac{7,500,000}{50,000,000 - 17,500,000} \times 100\% = 23\%$$

$$B점포의\ 노동분배율 = \frac{7,500,000}{50,000,000 - 20,000,000} \times 100\% = 25\%$$

로 차이가 생긴다.

※ 종업원 수 5명일 때의 노동생산성을 생각해 보자.

$$노동생산성 = \frac{매출액 - 원자재비}{종업원\ 수}$$

$$A점포\ 노동생산성 = \frac{50,000,000 - 17,500,000}{5명} = 6,500,000$$

$$B점포\ 노동생산성 = \frac{50,000,000 - 20,000,000}{5명} = 6,000,000$$

원자재비가 낮은 A점포가 같은 매출이지만 B점포에 비해 노동분배율이 낮고 노동생산성이 높게 나타난다.

이 경우 상대적으로 A점포의 인건비율이 B점포의 인건비율보다 낮게 될 것은 당연하다.

(5) 인시생산성(人時生産性)의 허구성을 이해해야 한다

인시생산성(人時生産性) : 종업원 1인당 1시간 생산성(판매고)
종업원 1인당 1일 생산성(판매고)

이것은 평균생산성 개념으로 산출된 수치다.

종업원 1인당 생산고는 평일과 토요일, 일요일 또는 시간대별로 다르기 때문에 그것을 평균하여 1일 인시생산성이 ₩200,000선이면 적당하다고 판정하면 적절한 노동시간관리를 할 수 없다.

다음의 예에서 인시생산성의 허구성을 설명해 보자.

A점포의 요일별 매상고가 다음과 같다.

종업원 5명, 1인당 평균노동시간(8시간 기준)

① 요일별 매상고

구분 요일	매 상 고	비고
월요일	1,000,000	
화요일	1,000,000	① 1日 매상고 : 1,428,570원(10,000,000÷7日) ② 1인당 1日 평균매상고 : 285,714(1,428,570÷5명)
수요일	1,200,000	
목요일	1,300,000	
금요일	1,500,000	
토요일	2,000,000	
일요일	2,000,000	
합계	10,000,000	

② 요일별 1인당 생산고

구분 요일	매상고	인원(명)	인시생산성	비고
월	1,000,000	5	200,000/1日	평균개념의 인시생산성으로 보면 인원이 남아돈다.
화	1,000,000	5	200,000/1日	
수	1,200,000	5	240,000/1日	
목	1,300,000	5	260,000/1日	
금	1,500,000	5	300,000/1日	① 인원부족으로 서비스가 나쁠 수 있거나 ② 평균보다 소수인원으로도 작업이 가능하다고 평가할 수 있다.
토	2,000,000	5	400,000/1日	
일	2,000,000	5	400,000/1日	

위의 내용을 분석해 보면,

① 일반적인 방법으로 계산하면 A점포의 종업원 1인당 1일 생산성은 285,714원이라고 볼 수 있다(평균개념으로 계산된 것이다).

② 그러나 이것을 요일별로 계산해 보면 월요일부터 목요일까지는 생산성이 1日 200,000~260,000밖에 되지 않아 평균보다 낮다.

③ 금요일에서 일요일의 생산성은 300,000~400,000원이 되어 평균생산성보다 훨씬 높다.

④ 따라서 평균개념의 인시생산성을 기준으로 인원을 배치하면 인원이 남아도는 요일, 인원이 부족한 요일이 발생하는 불합리성을 찾을 수 있을 것이다.

⑤ 합리적인 노동시간관리는 평균개념의 인시생산성 개념으로 노동시간을 관리하는 것이 아니고 요일별 · 시간대별로 합리적인 인원배치(예컨대 정사원+파트타임)에 의해 생산성을 극대화함으로써 인건비비율을 최소화하는 개념이다. 인시생산성의 평균개념과 허구성을 경영자는 이해해야 한다.

3. 노동생산성에 기초한 인원배치방법

(1) 인원조정과 인건비 축소방법

• 필요한 요소

① 간접인건비를 우선 파악한다.

② 대기시간, 가동시간, 준가동시간을 구분하여 시간의 효율성을 계산한다.

③ 시간대별 인건비율과 노동분배율을 계산한다.

사례 : A점포

① 월 매상고 32,508,000원

② 원재료비 8,777,000원(26.99%=27.0%)

③ 인건비 13,000,000원(33.9%=40%)

④ 고정직 5명 P/A 1명(1日 2시간×4명=8시간 기준으로는 1명)

⑤ 영업일수 25日

ⓐ A점포 노동분배율 $= \frac{13,000,000}{32,508,000 - 8,777,000} \times 100 = 54.8\%$

ⓑ 노동생산성 $= \frac{32,508,000 - 8,775,000}{6\text{명}(\text{정사원 } 5\text{명} + P/A1\text{명})} = 3,955,000$

ⓒ 원료비율+인건비율 = 27%+40%=67%

※ 인원조정과 인건비

① A점포의 P/A 인건비=2시간×4명×@8,000×1.1×25일

=1,760,000

(주 ① 시간급 8,000원은 상당히 높다. ② 1.1인은 아르바이트 간접인건비율)

② 고정직 인건비=전체 인건비−P/A 인건비

=13,000,000−1,760,000

=11,240,000원

ⓐ 고정직 1인당 평균인건비

11,240,000÷5명=2,248,000원

1인당 평균급여 2,248,000원 $\times \frac{100}{130}$ =1,730,000원

(너무 높다. 간접인건비율 1.3배)

ⓑ 원자재 비율이 27%로써 너무 높다. 따라서 일류 조리사가 필요 없다.

ⓒ 우선 정사원 5명을 2명으로 하고 2명 중에서 1명은 1,700,000원, 1명은 1,600,000원 급여로 결정하고 나머지 3명은 P/A로 보충하는 방법을 연구한다.

ⓓ 조정된 인건비=월급여 정사원(1,700,000+1,600,000)×1.3+P/A 인건비(8,000×3인×8시간×1.1×25일)=4,290,000+5,280,000=9,570,000

③ 급여 총계

ⓐ 아르바이트 인건비 1,760,000+조정된 인건비 9,570,000=11,330,000원

④ 인건비율 $= \frac{11,330,000}{32,508,000} \times 100 = 34.85\%$

⑤ 판정=원료비율+인건비율=27%+34.85%=61.85%가 되어 종전의 67%보다는 훨씬 좋아진 상태다.

(2) 매상고에 기초한 종업원 수 결정사례

사　　례 : 총 필요 노동생산성을 월 40,000,000원으로 했을 때 원자재 비율을 25%로 한다.
근무일수 : 25일

① 1인당 1일 매상고 계산

$$노동생산성 = \frac{노동분배율}{종업원\ 수}$$

$$40,000,000 = \frac{매상고A(100-25)\%}{1명}$$

$$매상고\ A = \frac{40,000,000 \times 1명}{75\%}$$

월매상고 A＝53, 300,000원

1인당 1일 매상고＝53,300,000÷25일＝213,200원

② 이 점포의 요일별 매상

요일	1일 매상	비고
일	2,030,000	
토	1,880,000	
금	1,550,000	
목	1,100,000	
수	1,070,000	
화	1,110,000	
월	1,050,000	1日 평균 매상고 1,399,000

③ 요일별 필요 근무인원 수

	매출액	소요인원	비고
평균	1,399,000	6.6명(1,399,000÷213,200)	7명
일	2,030,000	9.5	9명
토	1,880,000	8.8	9명
금	1,550,000	7.3	7명
목	1,100,000	5.2	5명
수	1,070,000	5	5명
화	1,110,000	5.2	5명
월	1,050,000	4.9	5명

위를 분석하면,

① 목~월요일까지는 평균 6.6명으로는 근무대기시간이 많아 인원을 줄일 필요가 있다. 일단은 5명으로 인원을 산출한다.

② 토, 일요일은 피크타임이기 때문에 서빙을 원활히 하기 위하여 그날에 맞춘 P/A 인원을 추가시킨다.

③ 1日 매상고 213,200원

1日 8시간 기준시간당 매상고 213,200원÷8시간=26,650원

1日 213,200원 매상고를 달성하기 위한 시간당 인원은 3.8인이 된다.

(213,200÷26,650=3.8인)

④ 시간대별 매상고와 소요 인원 수

구 분 / 시 간	매상고	소요인원(명)	비고
20~21	250,000	9.4	9명(250,00÷26,650)
19~20	266,000	10	10
18~19	352,000	13.2	13
17~18	108,000	4.1	4
16~17	88,000	3.3	4
15~16	124,000	4.7	4

14~15	100,000	3.8	4
13~14	250,000	9.4	9
12~13	330,000	12.4	10
11~12	22,000	1	11:30 준비 4명

위를 분석하면,

① 11~12시까지는 실제 4명 출근했으나 매상고가 22,000원이므로 계산상으로는 1명만 필요하다. 그러나 준비업무관계로 4명이 출근했다. 그러므로 이 시간대 영업은 하지 않는 것이 좋다.

② 아침 11:30분에 정사원 4명을 출근시켜 1일 8시간 30분 근무토록 한다.

③ 이렇게 해서 조정한 것이 비고란의 시간대별 인원조정이다.

제5절 교육 및 교육Manual 작성법

1. 교육의 목적

외식업은 이미 설명한 바와 같이 업무의 전문성을 요하는 인재집단에 의해 업무가 집행되므로 교육하지 않으면 지속적인 기업성장은 어떠한 경우에도 불가능하다. 그것은 외부로부터 우수한 인재를 스카우트해 와도 곧 실무에 투입할 수 없는 문제가 있기 때문이다. 외식기업에서 고객이 없으면 점포는 존재할 수 없으며, 점포 없이는 기업은 존재의 의미가 없다. 외식기업은 고객의 마음을 만족시킨 결과, 고객의 성원에 의해 계속기업으로서의 위치가 정립되는 것이다.

이러한 이념을 철저히 이행하는 방법은 외식기업의 입장에서 교육 이외에 신뢰할 만한 독특한 방법은 없다고 본다. 이 이념은 외식업에 종사하는 사람이면 경영자에서부터 관리자, 종업원 모두가 항상 갖고 있어야 하는 기본정신이며, 교육이 중요하다는 것은 상식에 속하는 일이라고 보고는 있지만, 그 중요성에 따라 구체적인 교육을 시행하는 기업은 그렇게 많은 것 같지 않다.

이런 이념은 기업 내부에서 철저하게 교육되고 점포에서 실천됨으로써 고객이 이를 느끼게 할 수 있는 수준까지 이르러야 한다. 한 사람 한 사람이 매일매일의 언행에서 교육목표달성과 교육성과를 확인할 수 있는 수준에 도달하지 않으면 안된다.

기업이념이 이러한 수준에 이를 때 비로소 외식기업은 외식서비스업으로서 성공할 수 있는 기반이 구축될 것이며 그 기반이 교육을 실시하는 기본목적이 될 것이다. 외식기업의 교육은 점포운영만을 위하여 존재하는 것이 아니며 통일전략을 기초로 하여 전사적인 수준향상을 실현하기 위해서 존재한다. 교육의 목적이 단순히 점포운영이나 본부의 방침전달에 그친다든지, 전사적인 호응과 의식의 개혁이 없다든지, 경영자가 이에 대한 인식을 충분히 갖지 못하고 있다면 모르긴 해도 경쟁이 치열해진 시장여건하에서는 구심점이 없는 기업으로 전락하게 될 것이다.

외식기업이 실시하는 교육은 단순히 업적을 올리기 위한 전문교육이나 단순한 필요에 의해 실시하는 외국어 교육 혹은 복리후생이나 단합적 측면에서 실시하는 교육과는 차원을 달리해야 한다.

외식기업이 실시하는 교육은 자기기업의 콘셉트를 정립해 가는 교육으로써 정신적인 면, 봉사적인 면 그리고 기술적인 면 등 모든 부분에서 필요한 전인적 교육이다. 즉, 기업이 추구하는 인간상을 정립해 가는 과정이라고 볼 수 있다. 따라서 계속적 · 정기적으로 교육을 실시하여야 한다. 또한 기업의 진로에 대해 동참하는 교육이므로 일종의 경영교육이라고 볼 수 있다.

오늘날 우리나라 외식기업의 실무자들이 당면하는 문제는 외식기업의 교육이 타업종에서 실시하고 있는 교육과 동일하다고 생각하는 톱 매니지먼트들의 교육에 대한 고정관념이다. 내부적으로 실시하는 교육이 무슨 효과가 있느냐는 식의 고정관념에 사로잡혀 교육을 터부시해서는 안된다.

단언하지만 현재 약간의 성과를 얻고 있는 기업이 '외식기업 교육의 특수성'을 인식하지 못한다면 향후 경쟁격화의 시대에 돌입할 때 반드시 도태할 것이다. 외식기업의 교육은 교육을 실시하는 방법의 문제 이전에 교육시스템 자체를 정립해 가는 과정이라고 보아야 한다.

즉 교육시스템의 정립이 기업이념의 정립이라고 보아도 좋다. 따라서 교육담당자나 관리자는 정열적이고 적극적인 사고의 소유자여야 하며 교육시설 및 교육기자재에 대한 투자에 인색해서는 안된다.

2. 교육과 훈련

교육 · 훈련이라는 말은 보통 같은 의미로 쓰이지만 교육과 훈련은 그 개념이 명확히 다른 것이다. 교육은 일반상식 · 일반교양 · 전문지식을 습득함으로써 주로 정신적인 측면에서 수준을 향상시키는 것을 목표로 하며, 훈련은 조리 · 서비스 · 관리 등 구체적이고 기술적인 면의 수준향상을 그 목표로 하고 있다. 외식서비스업은 여러 가지 의미에서 균형이 요구되는 산업이다.

이것은 종업원 교육 · 훈련에 있어서도 동일하다. 교육에 의해 정신적 측면을 강조하고 훈련에 의해 기술적 측면의 향상을 이룩하여야 조화를 이룰 수가 있다. 바꾸어 말하면 정신이 깃들지 않는 훈련은 형식적인 것이 되고, 훈련이 따르지 않는 교육은 무용한 것이 된다.

일선 점포에서는 이러한 교육과 훈련의 조화가 잘 되어 있느냐, 잘 되어 있지 않느냐의 효과를 금방 알 수 있다. 예를 들어 고객이 점포에 입점할 때 단순히 훈련적 표현으로 “어서 오세요”라고 인사한다고 가정하자. 입으로 “어서 오세요”라고 말하면서 얼굴은 굳어져 있고 딱딱한 자세로 접객한다면 곧 그러한 어색한 모습을 고객은 인지하게 된다.

실제 굳은 얼굴로 아래만 내려다보고 있는 세일즈걸은 너무나 많다. 부드럽고 친절한 얼굴 · 마음가짐으로 외식업에 종사하는 종업원이라는 자부심을 갖고 남을 위해 즐겁게 일하는 자세 등이 충분하게 교육되었다면 “어서 오세요, 안녕하세요, 무엇을 도와드릴까요” 등의 말과 함께 부드러운 눈인사가 고객에게 전달되어질 것이다.

고객의 기분은 상쾌할 것이고 같은 돈을 지급하고서도 물적 서비스 외에 정신적인 만족감에서 즐거운 한때를 보낼 수 있을 것이다. “인사하기”, “○○수칙”, “접객 5대 용어” 등의 많은 교육자료는 대부분의 점포에 준비되어 있다. 그러나 이들 구호가 강제적이고 억지춘향이격으로 이행되어서는 안될 것이다. 따라서 정신적 교육과 기술적 훈련의 차이를 확실히 알고 이에 대한 대책을 강구함이 필요하다고 생각된다.

위에서도 말했지만 그저 매뉴얼을 작성해서 그것을 보고 암기시키는 것을 교육이라고 착각하는 톱 매니지먼트가 많으며 대기업 등에서도 제조업이나 소매업에서 사용하고 있는 일반직 관리직용의 세미나에 점장을 출석시켜 교육을 하면서, 우리는 점장까지 이런 정도의 교육을 시키고 있다고 자랑하는 경영자가 의외로 많다.

선진 구미에서는 외식 서비스기업에 대해 여러 교육기관이 충실히 교육내용을 가르치고 있으며 대학, 전문학교, 단체, 협회 등에 외식서비스의 기초 · 전문지식을 습득시키는 기관이 많이 있다. 외식산업에 대한 기초교육은 이미 전문교육기관에서 마치고 기업에 입사해서는 주로 훈련적인 측면을 강조하는 것이다.

외식기업에서 실시하는 의식교육내용은 다음과 같은 것들이 있다.

① 외식서비스업은 호스피탤리티(친절하며 정성이 깃들어야 한다)를 어떻게 발휘하느냐에 달려 있다는 것을 인식시킨다.

② 자신의 업무가 다른 사람에게 얼마나 큰 영향을 주는가를 인식시킨다(좋은 서비스는 사람의 마음을 즐겁게 하고, 나쁜 서비스는 불쾌감을 일으키며 분노마저 일으킨다는 것을 인식시킨다).

③ 업무와 개인적인 일은 처음부터 확실히 구분시킨다(업무수행 중에는 자기의 역할을 인식하여 열심히 일해야 하고, 사적인 업무를 결부시켜서는 안된다).

④ 자기자신의 인간성 · 인격의 수양을 주지시킨다(태도 · 언어사용 · 몸가짐 등은 직접 고객에게 평가되며, 자신의 태도는 기업의 실체를 고객에게 보여주는 것임을 인식시켜야 한다. 신문이나 잡지, 교양서적을 읽고 교양을 쌓아야 이것이 자연스럽게 표출된다는 것을 인식시킨다).

이러한 정신적 측면을 강화시키기 위해 기업 내에서 교육프로그램을 작성하여 교육에 임하며 각 점포에서는 미팅에 의해 종업원들 상호 간에 모랄 업을 시도한다.

또한 훈련은 일반적으로 트레이닝이라고 부르는 것인데, 일상의 업무 중에 항상 이것이 이루어진다고 보아야 할 것이다. 고객에 대한 서비스수행 훈련 중 한 가지 방법은 어떤 종업원 한 사람의 태도가 그 수행방법상 기본이 이루어지지 않았다고 생각되면 그 자리에서 고치게 하거나 가르쳐줄 필요가 있다. 이때 물론 접객 매뉴얼을 갖추고 있어야 함은 당연한 얘기다. 점포 지휘자의 기분이나 생각에 의해 훈련방법이 달라진다면 종업원에게 혼란만 야기시키기 때문이다. 따라서 훈련의 제1보는 매뉴얼을 완비하는 것이다.

훈련에는 다음과 같은 것이 있다.

(1) 오리엔테이션 트레이닝

도입교육으로써 매뉴얼을 교재로 최대한 활용하여 업무의 흐름을 확실히 이해시키거나 오퍼레이션 하나하나를 가르친다.

(2) OJT(On the Job Training)

실제 몸을 움직여 시범을 보이면서 가르치는 트레이닝기법이다. 이것은 먼저 트레이너가 올바른 방법을 실연해 보이고 그것에 의해 훈련생들이 실제로 따라서 습득하는 방법으로써 1회에 그치지 않고 몇 번이고 반복케 하여 체득시키는 것이다.

종업원 전체가 참여해서 고객과 서비스맨의 입장을 바꾸어 연습하는 이른바 롤플레잉도 효과적인 방법이다.

(3) FUT(Flow Up Training)

1회에 그치는 것이 아니라 일정수준의 기술을 습득할 때까지 계속해서 실시하는 교육방법이다.

3. 교육훈련 매뉴얼의 사례

(1) 웬디스의 교육훈련 매뉴얼

미국의 패스트푸드기업인 웬디스의 점포관리자 교육은 16주간에 걸친 장기간 교육센터와 점포 실습을 통해 행하여진다. 그 핵심내용은 다음과 같다.

[스토어 매니저 교육과정]

제1단계: 파트 타이머에 필요한 기초지식

테이블 마무리 정리방법, 메뉴제공 방법에 대하여, 프렌치프라이 조리방법, 햄버거 제조방법, 그리들 조작방법, 레지스터 취급방법, 점포 개점폐점 업무순서, 메뉴조리 조리방법, 점포 내의 위생관리에 대하여, 메인터넌스의 순서에 대하여

제2단계 : 경영관리(1)

아르바이트 채용기준, 트레이닝 방법, 직원의 동기부여방법, 효과적인 원가관리방법, 위생관리지식, 설비 비품의 취급요령, 조리방법과 그 핵심 포인트

제3단계 : 경영관리(2)

회계처리의 순서, 매상고 관리기법, 재고관리기법, 원자재 주문방법, 효율적인 인원배치방법, 점포 직원의 업무 스케줄표 작성방법

제4단계 : 경영관리(3)

효과적인 커뮤니케이션과 동기부여 방법, 조직 문제해결 능력향상방법, 경영기술을 몸에 익히는 방법

(2) 패밀리레스토랑의 교육훈련 매뉴얼

패밀리레스토랑은 패스트푸드에 비해 오퍼레이션이 더 복잡하고 조리방법의 종류도 많아 전반적으로 교육훈련기간이 장기간이다. 하기 내용은 미국 패밀리레스토랑 Q사의 교육 매뉴얼을 정리한 것이다.

[교육내용]

[제1단계]

스토어 매니저로서 점포의 오퍼레이션을 수행하기 위하여 필요한 기능을 몸에 익히는 트레이닝과 점포실습내용이다.

가. 청소에 대하여

- 식기세척에 관하여
- 점포의 청소방법에 대하여
- 화장실 청소방법에 대하여
- 폐기물 처리방법
- 깨끗한 식기의 준비와 작업스테이션의 보충

나. 재고관리에 대하여

- 원재료의 준비에 대하여

- 원재료 로스관리 및 품질관리에 대하여
- 원재료 stock방법

다. 조리방법

- 조리기술에 대하여
- 익숙한 제품담기에 대하여
- portion control 지식과 방법
- 품질관리 실천방법

라. 서비스 방법

- 웨이트리스 또는 웨이터의 업무기준
- 베스트 서비스의 순서

마. 플로어 컨트롤

- 고객 대응방법
- 테이블에 요리 운반방법
- 캐셔의 취급방법
- 전체 오퍼레이션의 감독과 조정방법

바. 판매촉진

- 레스토랑체인에 있어서 본부에서 보내지는 판매촉진 재료의 사용방법

사. 메인터넌스에 대하여

아. 본부방침과 스토어 매니저의 직무에 대하여

자. 경영관리 순서

- 컨트롤 북
- 우편마감일과 절차
- 금전취급방법

차. 오퍼레이션 컨트롤

- good control에 대하여

- 전표관리방법
- 안전관리에 대하여

제1단계 교육훈련을 마치면 본부의 트레이닝센터와 인근의 점포에서 실습을 한다.

[제2단계]

가. 섹션 1 : 인사스태프의 소개

- 제2단계 교육훈련의 목적
- 테스트 및 트레이닝 순서
- 메뉴의 약자(略字)와 가격에 대하여
- 본부방문, 부속시설방문

나. 섹션 2 : 회사의 역사에 대하여, 회사의 서비스센터에 대하여, 자회사와 관계 회사에 대한 지식

다. 섹션 3 : 레스토랑 오퍼레이션의 도입(이미지, 매상과 이익)에 대하여

- flow control 방법
- good food control 방법
- 안전의 방법, 월별 업무에 대하여
- 대차대조표, 장표관리
- 손익계산서와 조정방법
- 기계설비의 오퍼레이션과 maintenance 방법
- 건강과 위생에 대하여

라. 섹션 4 : 레스토랑 체인의 조직과 스태프에 대하여

- 노동시장의 지식, 채용순서와 방법
- 최초의 트레이닝에 대하여
- 업무에 관한 인터뷰, 업무 전의 인터뷰에 대하여
- 기능향상과 유지에 대하여
- 트레이닝 스태프의 효과적인 활용방법
- 트레이너로서의 훈련방법

- 스태프의 안정과 보충방법
- 스태프의 예의범절에 관하여
- 퇴직 시의 면접방법에 대하여

마. 섹션 5 : 매니저의 업무에 대하여

- 목표에 대하여, 계획과 구체화의 방법, 감각의 필요성
- district manager 업무에 대하여
- district direct의 업무에 대하여
- 책임과 권한의 위양에 관하여
- 종업원평가와 카운슬링에 관하여
- 시스템의 사용방법
- 매니지먼트 매뉴얼과 참고가이드
- 이익계획수립방법
- 문제해결의 방법
- 매니저의 의사결정을 성공시키는 방법

바. 섹션 6 : 동기부여의 원리에 대하여

- 적극적인 태도 만드는 방법
- 통찰력을 통한 동기부여
- 스태프의 인센티브프로그램
- 동기부여에 관한 참고서
- role playing의 방법

사. 섹션 7 : 마케팅 가이드에 대하여

- 마케팅과 광고의 원리에 대하여
- 이미지의 향상에 대하여
- 인스토어마케팅의 방법
- 로컬 비즈니스로서 레스토랑의 위치
- 고령자에 대한 마케팅방법
- 바겐세일에 대하여
- 효과적인 세일즈프로모션 방법

[제3단계]

제2단계를 종료하면 매니저의 어시스턴트로서 신규점포 오픈의 어시스턴트와 매니저의 휴가나 병원입원 시에 대리매니저로서 임무를 수행하기 위한 내용을 교육한다. 이때 강조하는 것은 '귀하는 독립적인 매니저와 똑같은 업무를 수행하여야 하고 뒤에 공석이 있을 때 매니저로 승격시킨다'는 내용을 알려 책임감을 높이고 근무의욕을 향상시킨다.

(3) 맥도날드의 교육훈련 매뉴얼

세계적인 외식기업인 미국의 맥도날드는 교육훈련의 중요성을 인식하여 상당히 엄격한 교육을 실시한다.

가. 매니저 트레이니

맥도날드에서는 사원이 입사하여 스토어 매니저가 되기까지 평균 2~3년이 소요되며 그 제1보가 입사하여 바로 시작하는 점포의 교육훈련이다. 보통 2~3개월이 소요되며 이 이간을 manager trainee라고 부른다. 당해 스토어매니저가 교육책임자가 되고 햄버거의 작업부터 접객방법까지 전체 점포 오퍼레이션에 관한 기술을 습득하게 하고 동시에 매니지먼트 기초지식을 가르친다.

나. BOC(Basic Operation Course : 기초코스)

점포에 있어서 오퍼레이션을 습득하고 본사의 트레이닝 센터인 햄버거 유니버시티(시카고 본사)에 입소하여 매니저 트레이니 기간에 습득한 업무를 체계적으로 정리하는 코스이다. 이 목적은 세컨드 매니저의 육성이며 기간은 3주간에 70점 이상을 얻어야 햄버거학사(學士)의 칭호를 얻고 졸업한다.

[교육내용]

상품제조방법, 상품판매방법, 원재료 품질관리, 원재료재고관리, 위생과 안전, 아르바이트 노무관리, 고객관리(클레임 처리방법), 이익관리(판매예측 포함), 점포의 보전과 수선, 정보관리

다. OJT(제2회째)

맥도날드의 점포조직은 스토어 매니저, 어시스턴트 매니저 세컨드, 어시스턴트 매니저의 순위로 되어 있다. BOC를 졸업하면 이 세컨드 어시스턴트 매니저가 되고 어시스턴트가 되기까지의 교육훈련에 3~4개월의 기간이 소요된다. 이 기간은 일상의 햄버거 제조와 판매의 업무에 추가하여 아르바이트의 채용계획, 면접, 판매계획 등 오퍼레이션과 동시에 매니지먼트의 공부를 한다.

라. AOC(Advanced Operation Course : 상급코스)

입사해서 8개월이 되면 한 번 더 햄버거대학에서 어드밴스트 오퍼레이션 코스를 수강하게 된다.

AOC의 목적은 우수한 스토어 매니저로서 매니지먼트는 물론 점포의 오퍼레이션에도 통달할 수 있는 스토어 매니저의 직무 전반에 관하여 3주간의 스케줄에 의해 시행한다.

[교육내용]

① 설비, 기계에 대하여 : 음료기기의 지식과 취급방법
프라이야의 취급방법
그릴판의 취급방법
설비기기의 보수방법과 수리에 대하여

② 상품의 제조와 판매방법에 관하여 : 상품의 제조에 대하여
서비스의 업무에 대하여

③ 계수관리에 대하여 : 경영에 관한 기초저인 계수에 관한 복습

④ 경영에 관하여 : 높은 생산성을 위한 방법
스태프의 트레이닝 방법
리더십의 발휘를 위한 기술
스태프를 위한 커뮤니케이션과 동기부여에 대하여
맥도날드 발전을 위하여

⑤ 시스템과 마케팅에 대하여 : 맥도날드의 마케팅철학에 대하여
경쟁점포 대책에 대하여
에너지 절약방법에 대하여

⑥ 정부의 법규에 관한 내용

(4) 부하 지도 · 관리능력 향상을 위한 교육훈련기법의 연구

교육훈련기법에는 여러 가지가 있다. 지식이나 개념 등에 관한 것으로는 강의법(lecture method), 견학실습, 프로그램학습 등이 있고, 문제해결에 관한 기법으로는 사례연구(case study), incident process, project method, business game, 창조성 개발을 위한 기법으로는 brain storming, gordon법, MM법, 그리고 태도변용, 기초지식, 가치의식에 관한 기법으로는 집단토의법(group discussion), 역할연기법(role playing), 감수성훈련(sensitivity training), 교류분석(transaction analysis), managerial grid, 부하지도 관리능력 향상기법 등 많은 기법이 있으나, 외식산업에서는 이들 모든 기법을 동원하여 교육훈련을 실시할 수 없는 형편이며, 이 중에는 집단토의나 role playing기법 등은 어느 정도 수준에서 실시하고 있다.

본란에서는 부하지도 및 관리능력 향상을 위한 기법의 내용을 간단히 정리하기로 한다.

1) 면접 카운슬링

교육훈련이라든가 슈퍼바이징에서 말하는 면접 카운슬링이란 관리자가 부하와의 면접을 통해서 과제해결을 명확히 하거나 슈퍼바이저가 프랜차이즈 가맹점의 개인적인 고민을 상담하는 것으로서 일반에게 직업으로써 행하는 카운슬링과는 성격이 다른 것이다.

면접 카운슬링은 일반 업무를 통해서만 행하는 것이 아니고 목표관리제도, 예산관리제도, 자기신고제도를 채택하고 있는 기업이 관리자와 부하가 면접을 통하지 않으면 할 수 없으며 상호 커뮤니케이션을 하는 중에 상호이해를 증진시키는 업무를 조직적으로 활성화해 가는 제도이다. 이 관리자의 면접 카운슬링에서 중요한 것은 카운슬링 마인드와 면접기술이다. 미국의 칼스 로저스 박사는 카운슬링마인드와 그 자세에 대하여 다음과 같은 조건을 제시하고 있다.

① 자기일치=상대를 자기의 기존 관념에 묶어서 보지 않는 자세를 가질 것.

② 긍정적인 수용=상대에게 자신의 생각이나 발언이 긍정적으로 수용될 때 인간은 처음으로 마음을 열고 이야기를 하게 된다.

③ 공감적 이해=상대의 입장에 서서, 상대의 이야기로부터 상대의 기분을 적극적으로 이해하는 자세. 이것을 적극적 경청이라고 한다.

가. 카운슬링의 기본: 카운슬링은 사람에 관한 기본문제를 해결하는 능력을 갖게 하는 것으로 인간 본래의 능력이 발휘될 수 있도록 원조하는 것이다.

나. 카운슬링 시 유의할 점

① 상대가 안심하고 이야기할 수 있는 장소와 분위기를 만들어줄 것
② 상대의 말을 잘 들어주고 상대의 입장에 서서 상대의 감정이 되어 들어줄 것
③ 상대의 말 이외의 감정과 진의를 믿고 상대를 결코 비판하지 말 것
④ 때때로 상대의 이야기를 정리해 줄 것
⑤ 상대가 자신의 문제를 스스로 해결할 수 있도록 유도할 것

다. 기본 순서

① 참가자 중에서 희망자 4~5명을 선발하여 참가자 앞 사람들에게 나오게 해서 대담이 이루어지도록 하는 자리배치를 한다.
② 앞에 있는 사람들에게 테마를 주고 자유롭게 대화하게 한다.
③ 두 번째의 대화를 하도록 한다. 발언하고 싶은 사람은 그 앞에 발언한 사람이 확실하게 말한 것을 자신의 의견으로 답하는 방법으로 발언을 시킨다.
④ 두 번째 대화가 끝나면 발언자와 참가자가 서로 감상을 말하도록 한다.
⑤ 참가자를 4명의 그룹으로 나누어 그 가운데 2사람은 실습자, 다른 두 사람은 관찰자로 해서 대화를 나누도록 한다. 끝나면 교대하여 대화를 나눈다. 그 시간은 대개 5분 정도가 좋다.

2) MTP(Management Training Program : 관리자 훈련계획)

MTP는 관리의 기본적인 지식을 광범위한 범위에 걸쳐서 종합적으로 연구함과 동시에 관리자의 관리능력과 부하의 업무에 대한 의욕을 향상시키고 부하가 구비하여야 할 능력을 높이기 위한 내용을 교육하는 기법이다. 대상은 주로 과장, 대리, 계장급 등의 중간관리자로서 부하가 있는 관리자들이다. 정형훈련이라 불리는 MTP에서는 관리자로서 필요한 지식과 능력의 습득을 위하여 정해진 교본에 의해, 정식으로 자격을 갖춘 지도원에 의해 집행된다.

가. 시간 : 지도형 토의(회의식) 20회합 40시간이 표준

나. 내용

제1부(관리의 기초) : 관리의 기본사고방식
조직의 원칙
조직의 검토와 개선

제2부(업무 개선) : 업무의 구성과 개선
업무처리방법의 개선
창조성의 발휘
업무의 기준

제3부(업무 관리) : 기획, 지시, 통제, 조정, 회의지도

제4부(부하육성) : 부하육성방안
개인능력 육성
조직능력 육성

제5부(인간관계) : 부하의 행동을 이해하는 방법
좋은 태도 개발
인간문제처리
직장의 성취의욕

제6부(관리의 전개) : 리더십

다. 특징

① 경영관리 면의 지식이 체계적으로 된다.
② 관리의 기본적인 사고방법을 이해할 수 있다.
③ 원리원칙의 지식을 습득할 수 있다.
④ 직장의 인간관계가 중요하다는 것을 배운다.
⑤ 리더십을 발휘하는 역할을 한다.

3) TWI(Training With in Industry supervisor : 감독자 훈련)

TWI는 제2차 세계대전 후 미국에서 발전한 교육제도이다. 직접 기업 내의 직장에서 미경험자의 훈련에 활용되는 제도이다. 이는 감독자로서의 기능 향상을 목적

으로 하는 훈련방식이기 때문에 회의, 실습을 중심으로 해서 10명 전후의 그룹에서 1회 2시간씩 5회 합계 10시간으로 기능이 습득될 수 있도록 하는 시스템이다.

업무 지시방법 : job instruction

가. **목적** : 신입사원, 전보배치자(轉補配置者), 미경험자를 대상으로 작업기준대로 작업을 행하고 품질, 코스트, 수량이 항상 정확하게 확보될 수 있도록 지도하고 flow up하는 것이다.

나. **기본실행방법**

① 실습 준비를 시킨다.
② 작업을 설명한다.
③ 실현시켜 본다.
④ 가르친 뒤를 다시 체크한다.

업무 개선방법 : job methods

가. **목적** : 부하는 한 사람 한 사람 전부 다른 개성을 가진 존재이다. 부하를 개인으로서 인간으로서 대면함으로써 부하를 통해서 성과를 올리는 감독자의 역할을 자각하고 인간으로서 대우하는 기본적인 마음이 몸에 배게 하는 것이다.

나. **지도방법** : 사실을 만든다.
잘 생각하여 결정한다.
처리방법을 취한다.
뒤처리를 확인한다.

4) OFF JT(off the Job Training)

가. **이는 기업이 기업 내의 스태프진에게 행하는 교육훈련 가운데 직장을 떠나서 별도의 연구소나 장소에서 타인들과 함께 연구하게 하는 집합연수를 말한다.**

방법으로는 강의법, 회의법, 사례연구법, 인시던트 프로세스(incident process), 감수성 훈련, 역할연기법, 매니지먼트 게임 등이 활용된다.
OJT의 특징은 새롭게 필요한 지식과 기능을 체계적으로 습득할 수 있으며 새로운 관점에서 자신의 업무처리방법을 개선할 수 있도록 하는 것이다.

나. 유의해야 할 사항

① 기업의 교육체계가 확립되어 있고 그 교육체계의 위치가 명확히 정립된 상태일 것
② 참가자에게는 교육의 목적을 명시하고 종료 후에는 리포트를 제출토록 한다.
③ 종료 후 어느 일정기간이 지나면 업무개선점을 리포트로 제출하도록 한다.
④ 외부에 파견하는 경우에는 파견 당사자가 세미나 내용을 숙지하고 있을 것
⑤ 외부 파견의 경우 타사와의 커뮤니케이션 파이프를 만들도록 할 것

5) OJT(On the Job Training)

가. 이는 관리자가 일상의 업무진행을 하면서 부하의 업무를 할당하고 그것을 실행시키면서 부하의 능력(지식, 기능, 태도, 문제해결능력)을 계획적 · 의도적으로 개발하기 위해 교육훈련과 지도를 하는 것을 말한다.

나. OJT 시 기본방법

① 업무방침의 명확화
② 업무목표의 설정
③ 개인능력개발의 설정
④ job promotion(계획적 배치이전)의 명확화
⑤ 과제의 설정

다. OJT 시 유의할 점

① 종합적인 문제해결능력을 주제로 삼는다.
② 업무를 수행할 때 칭찬을 하고 자신을 갖게 한다.
③ 수행할 수 없을 때는 힌트를 주고 생각하게 한다.

④ 여러 번 실패를 반복할 때는 질책하는 용기를 가질 것

⑤ 변명은 듣지 않는 것이 원칙이나 상담에는 응할 것

라. OJT 교육내용

① 원리원칙을 직장에서 응용시킨다.

② 원리원칙과 현실의 차이를 수정시킨다.

③ 업무계획, 실행, 반성을 행하게 한다.

④ 독립적으로 행하도록 지도를 한다.

⑤ 자기계발을 행하게 한다.

마. OJT의 특징

① 실무에 밀착한 교육이다.

② 개인 능력수준에 맞추어서 하는 교육이다.

③ 계획적, 계속적으로 행하는 교육이다.

④ OJT는 관리감독자의 업무이다.

⑤ 직장 내 커뮤니케이션의 중요한 수단이다.

⑥ 업무개선에 연결된다.

⑦ 직장의 좋은 전통을 계승시킨다.

⑧ 관리자와 감독자의 자기계발에 연결된다.

제6절 매뉴얼과 매뉴얼 작성기법

1. 매뉴얼의 정의

매뉴얼에 대한 정의는 여러 가지이나 몇 가지 이에 대한 정의 내용을 소개하면 다음과 같다. 일반적으로 소책자, 편람, 핸드북 등이라고 말한다. 프랜차이저(franchisor)는 점포운영 매뉴얼, 상품관리 매뉴얼, 접객서비스 매뉴얼, 제조가공 매뉴얼 등의 매뉴얼을 프랜차이지(franchisee)에게 제공한다. 이러한 매뉴얼은 계약

서의 일부인 운영규칙이나 운영규정과는 다른 것이다. 그것은 프랜차이즈 시스템에 있어서 하나의 도구이다. 프랜차이저가 프랜차이지에 대여하는 매뉴얼은 프랜차이지 내지 그 종업원이 그것을 읽고 습득하여 프랜차이즈 사업운영상의 작업, 동작, 사무, 기타의 업무를 그 프랜차이즈 시스템이 정하는 바에 따라 또는 기대하는 표준에 의해 정확, 확실하고 효율적으로 실시하기 위하여, 업무를 행하기 위하여 기본적 기초적인 수순, 수속방법 등을 구체적 · 실제적으로 기재한 것이므로 그 표현방법 형식 내지 체제는 프랜차이지 내지 그 종업원이 실제 활용하기 용이한 취지로 만들어진 것이다.

매뉴얼이란 회사의 경영이념, 비전, 경영전략, 마케팅전략, 경영전략 기본방침 등의 제반정책을 달성하기 위하여 형성되어진 체인오퍼레이션 시스템을 수행해서 고객에게 최선의 상품과 서비스를 제공하기 위한 표준화되어진 룰이다. 프랜차이즈 사업은 경영이념 공동체인 이상 경영이념 전달사업(傳達事業)이며 또한 독립경영자 육성을 목표로 하는 교육산업이라고 표현할 수 있다.

2. 매뉴얼의 필요성과 목적

한때 매뉴얼의 불필요론이 일어나기도 하였으나 이는 패스트푸드의 서비스가 너무 매뉴얼에 얽매여 고객이 한 사람 오거나 두 사람 오거나 접객용어대로 "몇 분 손님이시지요?"라고 한다고 하여 '로봇 서비스'라고 힐난하는 것과 같은 논거에서 한때 유행한 적이 있었으나, 이는 만약 매뉴얼이 없었다면 체인비즈니스가 성립할 것인지를 한번도 생각해 보지 않은 무경험자의 말하기 좋아하는 모양새일 뿐이다.

가맹업자가 아무리 독립적인 경영자일지라도 본부가 개발한 프랜차이즈 패키지를 활용해서 사업을 운영하는 이상, 하나하나의 점포가 그 점포가 직영점, 가맹점 구분 없이 고객의 눈으로 보면 똑같은 통일된 이미지를 갖게 함으로써, 고객이 언제나 안심하고 그 체인의 점포를 이용할 수 있는 것이 프랜차이즈 최대의 특징이고 장점이다. 즉 프랜차이즈 체인은 통일된 이미지를 유지 · 발전시키지 않으면 오퍼레이션 시스템의 룰이 이루어지지 않으므로 아무리 해도 표준화가 필요하며 그 표준화 내용을 문서화한 것이 매뉴얼인 것이다.

프랜차이즈 체인의 경우 본부란 독립된 경영자이지만 프랜차이즈 시스템을 이용해서 비즈니스를 운영하는 이상 가맹점의 오너 또는 점포책임자는 본부시스템을 자기 점포에서 사용하여야 하며, 가맹점의 직원이나 아르바이트에게 그 내용이 정확하게 전달되어야 한다. 매뉴얼은 그 교육훈련을 위한 교과서인 것이다.

만약 매뉴얼을 사용하지 않고 교육훈련을 행한다면 개점하기 전에 본부로부터 오너 또는 매니저가 아무리 엄격한 교육훈련을 이수한다 해도 100% 자기 몸에 익숙해졌다고 말할 수 없을 것이다. 아무리 훌륭한 프랜차이즈 시스템을 본부가 개발해도 점포의 실제 오퍼레이션에 표현되어지지 않으면 아무것도 이룰 수 없으므로 매뉴얼이 가장 좋은 교과서가 되는 것이다.

3. 무엇을 프랜차이즈할 것인가?

① 고유한 상표와 서비스마크의 사용

프랜차이즈 패키지의 중요한 요소 중 하나이며 서비스마크도 등록되어 마케팅전략의 기능으로써 전략화되지 않으면 안된다. 상표와 서비스마크는 체인의 얼굴이므로 사람이 익히기 쉽고 친근감 있도록 제작되는 것이 원칙이다. 가능하다면 고객이 귀엽게 생각하는 심벌마크와 캐릭터로 제작되면 가장 좋다.

② 상품과 원자재의 사입 루트의 사용

'이익은 원가에 있다'라고 말하는 것과 마찬가지로 프랜차이지가 되려는 사람으로서는 상표와 서비스마크와 같이 대단히 중요한 요건이다. 특히 경험이 없는 사람으로서는 그 상품의 구입 루트조차 알지 못하며 가령 같은 비즈니스타입의 경험자라도 자신이 직접 식자재 루트를 개발하지 않아도 되며 그 시간만큼 경영에 전념할 수 있다. 본부로서는 가맹점이 이 루트를 즐겁게 사용할 수 있는 메리트를 구축하지 않으면 안된다. 본부와 가맹점의 트러블 가운데 본부의 루트에서 사입하는 것이 가격이 높은 데 있는 경우가 가장 많다.

③ 상품구성, 판매가, 판매량에 관한 정보의 사용

경험이 없는 사람은 어떻게 제품을 만들며 어떻게 판매하는가를 잘 모른다. 또 제품에 라이프사이클이 있는데 연간 어느 시점에 얼마의 판매가 이루어지는지 잘 알 수 없다. 그러나 프랜차이즈 본부는 신규로 가맹점이 오픈할 때 매달 혹은 계절별로 신제품을 개발하여 상품을 구성해 주고 개점하면 POS시스템을 활용하여 판매량분석과 가장 잘 팔리는 제품을 알게 해주는 등 판매에 관한 정보를 제공하여 가맹점의 영업이 활성화되고 이익이 발생하도록 하고 있다.

④ 점포 디자인, lay out, 통일된 이미지의 사용

고객의 입장에서는 점포의 간판을 보고 이 체인이라면 어떤 점포를 이용해도 안심하고 메뉴를 구입할 수 있으며 이는 점포의 광고탑이며 고객 신뢰의 이미지탑이 되기도 한다. 이것은 개인점포는 결코 생겨날 수 없는 체인의 독특한 요소이다. 이것이 있음으로 해서 개인점포보다는 개점 후 고객의 획득이나 흡입을 위한 에너지가 어느 정도 적게 소모되는 특성도 있다.

이 통일된 이미지 만들기 가운데 점포디자인의 소구 공헌도가 높기 때문에 반드시 무경험자가 이 디자인을 개발하려면 막대한 비용도 발생하지만 개인이 쉽게 레이아웃을 알 수 있는 것이 아니며, 주방기기나 설비 개발 코스트도 결코 적은 것이 아니다. 이것을 사용하는 것은 자력으로 개발하는 코스트뿐만 아니라 시간과 공간과 인재가 있어야 가능한데 개인점포는 이것이 어려운 것이다. 이것을 가맹하는 사람에게 사용하게 하는 것은 하나의 독점적 권리를 인정하는 것이다. 고객으로부터 인정받은 신뢰감과 안심감은 결코 금전으로 획득될 수 없는 무형의 자산이다. 말하자면 하나의 good will이라고 할 수 있다.

⑤ 점포 오퍼레이션에 관한 시스템과 노하우 사용

개인점포는 점포 오퍼레이션을 독자적으로 만들어야 하나, FC 비즈니스는 전혀 경험이 없는 사람이라도 본부의 교육훈련을 받으면 프로와 같은 오퍼레이션이 가능하다. 가장 기본적인 점포 오퍼레이션의 시스템과 노하우는 체인점에 가입함으로써 사용할 수 있다.

⑥ 점포의 직원 면접, 채용, 교육훈련에 관한 방법의 사용

가맹점의 직원이나 아르바이트의 모집방법, 면접방법, 채용방법, 교육훈련방법에 대해 본부는 오랜 경험에 의한 시스템을 확립하고 그것을 가맹점에서 사용하도록 하는 것이다.

실제 가맹점에서 이를 위하여 교육훈련을 할 때 필요한 것은 본부가 제공하는 교육용 비디오나 매뉴얼이다. 가맹점은 이를 사용할 수 있는 것이다.

⑦ 판매촉진, 광고활동방법의 사용

체인 전체의 광고활동과 판매촉진활동은 매상고 증가에 크게 기여한다. 특히 대중매체의 CM 방영은 점포의 매상고 증진에 크게 기여한다. 연간 수차례 판매촉진 캠페인을 실시하거나 신제품 발매 고지광고 등을 본부에서 기획 실시한다. 이것을 점포 단독으로 실시한다는 것은 비용 및 기술적으로 어려울 것이다. 이것이 프랜차이즈의 이점이다. 경제적 약자가 모여서 대기업에 대항할 수 있는 시스템이 바로 프랜차이즈 시스템이라고 할 수 있을 것이다.

⑧ POS(판매시점관리)시스템의 사용

이는 지금의 프랜차이즈 체인으로서 없어서는 안되는 기능이 되었다. 이 시스템은 하드웨어는 메이커의 것이나 소프트웨어의 개발은 프랜차이즈 본부에서 행한 것이다. 그것은 해당 체인의 독자적인 것이며 개발비용도 막대하다. 당연히 독립점포는 개발이 어렵다. 이 POS를 사용함으로써 가맹점으로서는 상품구성방법, 재고관리, 인원배치 등의 계획이 가능한 것이며 매상고의 확대 및 이익 증대에 가장 크게 기여하는 역할을 하는 것이다.

⑨ 회계, 총무 등의 경영관리시스템의 사용

본부가 이를 교육시킴으로써 가맹점의 경영상황을 명확히 파악하여 적극적으로 경영에 관한 어드바이스를 할 수 있다.

⑩ 점포 오퍼레이션에 관한 지도원조시스템의 사용

가맹점 희망자가 체인에 가맹해서 무경험자라도 안심하고 점포를 오픈하면 그것

으로 끝나는 것이 아니라 더 중요한 것은 오픈 후에도 계속 지도하고 지원하여 반드시 성공점포로 만드는 일이다. 가맹점 오너가 아무리 열심히 영업에 임해도 경험 부족 방법 미숙으로 실패할 수도 있기 때문에 본부가 계속해서 경영지도를 하는 것은 가맹점 성공의 필수적인 사항이다.

우수한 프랜차이즈 시스템을 사용하여 훌륭하게 성장하기 위해서는 기존의 비즈니스에 없는 유니크하고 참신하며 수준 높은 서비스 특성을 갖고 다른 체인과의 차별화, 경쟁우위화, 개성화가 이루어져야 후발체인과의 격차가 있는 전략이 확립될 수 있으며, 확립된 시스템과 노하우를 가맹점이 이용하도록 하는 것이다. 이런 제반 업무를 집대성해야 할 필요성이 매뉴얼이 만들어지게 하는 요인이 되는 것이다.

4. 매뉴얼의 체계

경영시스템이 형성되면 바로 매뉴얼화가 기도되지 않으면 안된다. 이 매뉴얼에는 가맹본부가 필요한 것과 가맹점포가 필요한 것으로 양분된다. 이것은 동시에 개발되는 것이 원칙이다.

학교로 말하면 가맹점용 매뉴얼은 학생용 교과서이고 본부용은 선생용 교본에 해당된다.

본부용 매뉴얼 체계

no	매뉴얼 명칭	내용
1	매니지먼트 매뉴얼	경영이념, 비전, 경영전략, 회사방침에 관한 내용
2	마케팅 매뉴얼	마케팅전략, 마케팅리서치, 머천다이징, 세일즈프로모션
3	정보시스템 매뉴얼	정보시스템전략, POS시스템의 효과와 취급지도요령, POS 데이터의 분석과 활용방법의 지도요령
4	스토어 개발시스템 매뉴얼	개발전략, 입지조사, 경쟁점 조사, 매상고계획, 이익계획, 설비투자계획, 점포오픈에 따른 비용계획 가맹점 모집방법, 선정방법. 교육훈련방법, 개점준비계획, 개점지도방법
5	스토어 오퍼레이션 시스템 매뉴얼	스토어 오퍼레이션 시스템, 매뉴얼개발 시스템, 교육훈련 시스템, 슈퍼바이징 시스템, 경쟁점 조사 시스템

6	물류관리매뉴얼	사입관리, 생산관리, 품질관리, 배송관리, 주문관리
7	경영관리매뉴얼	재무관리, 사무관리, 인사관리, 노무관리
8	인재개발시스템 매뉴얼	인재개발, 자기계발, 목표관리
9	커뮤니케이션시스템 매뉴얼	고정처리 리더십, 커뮤니케이션
10	계약매뉴얼	프랜차이즈 계약의 처리 순서

가맹점용 매뉴얼 체계

no	매뉴얼 명칭	내 용
1	매니지먼트 매뉴얼	경영이념, 비전, 회사의 방침, 서비스마크의 의미, 회사의 역사, 회사의 조직
2	오너 매뉴얼(점장매뉴얼)	점포의 조직, 오너(점장)의 역할, 오너(점장)의 직무내용
3	머천다이징 매뉴얼	상품구성계획, 진열방법, 재고관리, 발주관리, 품질관리, 검품, 검수관리
4	접객서비스 매뉴얼	고객의 의미, 접객서비스의 기본, 접객서비스 마인드, 접객서비스 응용방법, 고정처리방법, 팀워크 구성방법
5	판매촉진 매뉴얼	판매촉진자료 취급방법, 지역행사참가, 이벤트기획방법, 판촉입안에 대한 본부지원요청 요령
6	교육훈련 매뉴얼	스태프의 모집 채용, 교육훈련, 하우스, 룰 취업규칙 승급 상여 제수당 복리후생 작업 할당 모티베이션 요령
7	POS시스템 매뉴얼	POS시스템 취급방법, 데이터 분석 및 활용방법
8	점포유지관리 매뉴얼	설비기계의 취급방법, 메인터넌스 방법, 고장 시 조처요령
9	클린리니스(cleanliness) 매뉴얼	클린리니스의 기본사고, 스케줄, 방법, 용구와 세제의 사용방법
10	사무관리 매뉴얼	보고서 작성법, 금전관리, 회계처리, 임금 · 기타 경비의 지불방법, 대관청 업무처리, 각종 세무관리
11	긴급사태발생처리 매뉴얼	화재발생 시의 처리방법, 도난 강도발생 시의 처리요령, 고객사고 시의 처리방법
12	창고작업 매뉴얼	선입선출의 원칙, 반입반출의 룰, 온도관리 청소방법, 정리정돈방법
13	결산처리 매뉴얼	결산처리방법, 손익계산서, 대차대조표 작성 및 분석방법, 세무신고방법

14	쿠킹 매뉴얼(조리매뉴얼)	기계 기구의 취급방법, 준비방법, 조리방법, 조리 레시피 운영방법, 온도관리, 품질관리, 위생관리
15	티슈 머신 오퍼레이션 매뉴얼	기계의 취급방법, 세제의 종류와 취급방법, 세정방법, 식기관리

5. 매뉴얼 작성 시의 기본원칙

① **고객의 입장에서 생각할 것** : 매뉴얼을 사용하는 것은 고객과의 접점에 있는 사람들이다. 우선 고객의 입장에 서서 매뉴얼이 작성되어야 하는 것은 당연한 이야기이다. 예컨대 접객서비스 가운데 고객에게 인사를 하지 않으면 안 될 때 어떻게 하는 것이 명확하게 정해지지 않으면 안 된다.

② **업무의 우선순위를 정할 것** : 고객에게 서비스하고 있을 때 다른 손님이 옆 테이블에 앉는다. 이때 계속 현재의 서비스를 할 것인가 새로운 고객을 응대할 것인가, 아니면 다른 동료에게 응원을 청할 것인가 등 어떤 서비스를 우선할 것인가를 명확히 한다.

③ **3S주의에 철저할 것** : 단순화(simplification), 표준화(standardization), 전문화(specialization)에 철저할 것

④ **업무의 목적을 명확히 할 것** : 업무의 목적과 목표가 명확하지 않으면 그것은 그림의 떡에 지나지 않는 매뉴얼이다. 업무의 중요성을 명확하게 하여야 도전정신이 일어난다.

⑤ **현재의 관행을 중시할 것** : 현재의 진행업무를 그대로 따르는 내용이어야 한다. 단, 비과학적 · 비합리적인 내용이 있으면 수정하는 것이 원칙이지만, 수정하기까지는 매뉴얼대로 업무진행을 하는 것이 원칙이다. 악법도 법이다.

⑥ **도면이나 일러스트를 충분히 활용할 것** : 작업순서만을 명기한 매뉴얼은 읽기 어렵고 쉽게 익힐 수 없다. 여기에 쉽게 흥미를 끌 수 있는 도면이나 일러스트 등을 넣으면 문자로 된 것보다는 더 성공적인 작품이 나올 수 있다.

⑦ **영상화할 것** : 위에서 설명한 것과 마찬가지로 문자로 된 매뉴얼보다 작업내용인 서비스방식을 영상화하여 교육하면 훨씬 효과적이다.

⑧ **예상되는 일이나 응용조건은 가능한 포함시킬 것:** 매뉴얼 불필요론자들은 응용조건이 적기 때문에 특히 서비스 면에서 고객이 어른이나 어린이에게 획일적으로 이루어진다고 말한다. 이러한 것을 배제하기 위하여 예상될 수 있는 일이나 응용할 수 있는 조건은 전부 열거하는 것이 바람직하다.

⑨ **핵심적인 것을 기록할 것:** 중심이 되는 작업내용을 기준으로 정리할 것. 예외 없는 것은 없으므로 특수한 작업내용은 예외로 정하여 정리할 것

⑩ **항상 개정과 수정을 염두에 둘 것:** 한번 만들어진 매뉴얼은 영구불변하는 것이 아니고 언제나 현장 작업에 맞추어 수정해야 한다. 매뉴얼은 수정하기 위해 존재한다는 말처럼 수시로 변화하는 시장여건과 점포현장 작업의 수정에 따라 새로운 매뉴얼이 만들어져야 한다.

제 7 장

매출계획과 창업판촉업무

제 7 장 매출계획과 창업판촉업무

제 1 절 시장범위의 결정

자기 점포의 시장범위를 결정하는 요소에는 공간적 요인과 시간적 요인이 있다.

1. 시장범위의 공간적 제한인식

현대는 경쟁격화의 시대이며 경쟁격화에 의한 소상권시대다. 자기 점포의 영업영역이 과거처럼 무한정 넓은 것은 아니며 같은 상권 내에 여러 형태의 음식점이 존재한다. 고객의 선택폭이 넓어지는 대신 점포경영의 입지는 점점 좁아지고 있다.

"우리 점포는 유명점포니까 큰 문제 없이 지금까지 영업을 해오고 있다. IMF 외환위기 이후 약간 저조하나 곧 회복될 것이다."

"우리 점포는 역사 있는 점포다. 남이야 무슨 방법을 택하든 우리는 우리 방법대로 영업을 해나갈 것이다."

성공한 경영자 중에는 시대여건을 생각하지 않고 이렇게 자기 주장에 강한 사람들이 많다. 그러나 이 상태가 언제까지 계속될까? 식당 이외의 다른 변화된 여건을 생각하고도 계속 이런 주장이나 이런 생각에 잠겨 있어야 할까?

외식업에 직접 영향을 주는 몇 가지 경제데이터를 예로 들어보자.

① 자동차 등록대수 : 1948년도 12,300대

1997년도 10,413,400대(승용차 7,586,500대)

이 수량은 점점 증가하여 1가족 1차가 아닌 성인가족 1인당 1차가 될 것이며 이는 도로교통, 통행 등 외식업에 절대적 영향을 주게 되는 요소이다.

② 국민 총생산 : 1953년도 $14억, 1인당 GNP $600
1997년도 $4,374억, 1인당 GNP $9,511

③ 남녀성비 불균형 : 1996년 여아 100명당 남아 111.7명

④ 10대 인구의 감소 등을 예로 들 수 있다.

식당업의 외부요건은 이렇게 변화해 왔고 또 계속 변화할 것이다. 이제까지 성공한 집단에 속해 있던 식당도 경제여건 및 사회여건의 급격한 변화 등으로 계속 명성을 유지할 수는 없다.

우리 점포의 주고객이 30대라면 10년 전의 30대와 2000년대 30대의 의식구조와 생활패턴이 근본적으로 다른 점을 이해해야 한다. 또한 점포를 둘러싸고 있는 여러 가지 공간적인 제한이 시대에 따라 달라지기 때문에 자기 점포의 시장점유율이 높다고 현재의 영업에 만족해서는 안될 것이다.

처음 개업하는 초심자는 음식업에 대해서 비교적 낭만적인 생각을 가지고 있는데, 이제부터는 최소한의 시장여건을 알고 지나친 기대감을 버려야 한다.

1차 공간적 상권 설정

① 점포 주변 반경 0.5km 이내

② 점포까지의 도보거리 10분 이내

③ 점포까지의 자동차 주행거리 10분 이내

위 1차 상권에서 점포매출의 60~70%를 확보할 수 있어야 안정적인 경영을 할 수 있다.

그 다음 점포인지도, 경영능력, 광고판촉의 확대 등으로 제2차 공간상권을 설정해야 한다.

2차 공간상권 설정

① 점포 주변 반경 1km 이내(또는 2km 이내)

② 점포까지의 도보거리 15~20분 정도

③ 점포까지의 자동차 주행거리 15~20분 정도

(도심과 교외 지역은 물론 다른 공간상권이 설정된다)

위에서 설명한 공간적인 상권도 결국 최종적인 귀결은 시간적 상권범위에 직결된다. 점포 주변 반경 0.5km라는 거리도 주변에 산책로가 있거나 동선이 있으면 10분 이내에 도달할 수 있겠지만, 큰 도로가 가로놓여 있고 지하도나 육교 등으로 복잡하게 연결되어 있으면 거리는 짧으나 시간이 많이 소요되므로 공간적 요소 외에 시간적 요소를 함께 생각해야 할 것이다. 또 건물 자체가 좁거나 1층, 2층, 3층 등 어디에 위치하느냐에 따라 점포의 공간적 시장범위는 달라질 수 있다.

핵심은 우선 공간적인 시장범위를 최소화하여 매출계획을 수립해야 한다는 점이다.

2. 시장범위의 시간적 제한 인식

시장범위를 설정할 때는 공간적 제한(장소적 제한)도 중요하지만, 그 공간적 제한에 근거한 시간적 제한도 크다는 점을 인식해야 한다.

우선 점포위치가 사무실 군집지역인 경우 시장조사란에서 설명했지만 1개월 영업일수가 20일밖에 되지 않는다. 이것은 분명히 매출계획수립에 있어 시간적 제한에 해당된다.

만약, 1일 매상고 800,000원×30일=월간매상고로 계산하면 전혀 맞지 않는 계획이 될 것이다. 또 은행가, 정부기관 집합지역은 오후 5시면 정문을 닫기 때문에 거리가 어두워지고 통행인이 줄어서 영업이 활성화되지 않는 것도 시장의 시간적 제한요소가 될 수 있다.

이와 같이 점포의 매출계획을 수립할 때에는 이러한 시간적 제한요소가 분명히 있으므로 그에 상응하는 적절한 매출범위를 설정할 필요가 있다. 어떻게 되겠지 하는 막연한 기대치로 매출계획을 수립할 수는 없기 때문이다.

제 2 절 판매계획 수립방법

1. 투자액을 고려한 최소목표 매출액

이것은 투자액을 의식한 최소목표 매출액이다. A점포 창업 총투자액이 다음과 같다고 예를 들어보자.

(단위 : 1,000원)

항 목	금 액	비 고
보 증 금	30,000	
권 리 금	20,000	
인 테 리 어 공 사	20,000	
주 방 기 기	15,000	
설 비 비 품	10,000	
가 맹 금	3,000	
기 타	3,000	
합 계	101,000	

A점포는 총투자액이 101,000,000원이므로 총투자액에 대한 은행금리 이상의 이익은 확보해야 한다. 예를 들면, 목표이익을 연 15%로 희망하면 기대예상이익은 101,000,000×15%＝15,150,000원이 된다. 이 점포는 최소 연간 15,150,000원의 이익은 달성해야 한다. 이 점포의 원자재비, 인건비, 기타 관리비는 총매출의 80%로 계획하고 있다.

이 점포의 연간이익목표 15,150,000원(월 1,262,522원)

희망매상고 A

A－(원자재비＋인건비＋관리비)×80%　　A＝15,150,000원

A(1－80%)＝15,150,000원

$$A = \frac{15,150,000}{1-80\%}$$

연간 희망최소 매상고 A=75,750,000원이다. 그러나 여기에 만족하는 경영자는 없다. 확대 재산성을 위한 잉여이익이 필요하다.

101,000,000원을 투자하여 연간 매상고 75,750,000원을 희망하는 경영자는 없을 것이다. 중규모 점포의 경우는 개략적으로 총 투자금액의 150% 연간 매출고가 달성되면 우수하다고 평가한다.

A점포 매상고=101,000,000×150%=151,500,000원
이 정도의 매상고가 필요한 것이다.

2. 손익분기점 매출액

점포가 창업한 뒤 달성해야 될 일차목표는 손익분기점 매출액이다. 이것은 말 그대로 매출과 제비용이 일치하여 손익이 제로가 되는 매출고이며 이 손익분기점을 넘어서는 매출고가 달성되면 점포에 많은 이익이 발생한다.

A점포 비용구성

(단위 : 1,000원)

구 분 / 항 목	고정비	변동비	비고
1. 원료비		29%	
2. 인건비	8,000		
3. 제경비		15%	
4. 임차료	2,200		
5. 감가상각비	2,000		
6. 지급이자	700		
7. 기타 경비	1,000		
합계	13,900	40%	

$$\text{A점포 손익분기점 매출} = \frac{\text{고정비}}{1-\text{변동비율}} = \frac{13{,}900}{1-40\%}$$

A점포 손익분기점=23,166,000원

A점포는 최소한 월평균 23,166,000원 매상고를 달성하여야 적자를 면할 수 있으며 점포존속을 위한 기초가 마련되는 셈이다. 점포개점 3~6개월 이내에 손익분기점 매출고에 도달하면 일반적으로 평균이상 수준의 점포로 평가할 수 있다.

3. 도산분기점 매출

개점 후 일정기간까지는 고객에게 점포가 인지되지도 않고 직원들의 숙련도도 미숙하여 점포영업이 활성화되지 못할 수도 있다. 또 불경기 여파로 기대매출 달성이 어려울 수도 있다. 그러나 점포로서는 원자재구입비, 인건비, 월세, 광열용수비 등은 반드시 지급해야 한다. 이와 같은 현금이 지출될 수 있을 정도의 매출을 달성해야 우선은 점포존속이 가능할 것이다. 비록 손익분기점까지 달성하지는 못해도 현금지출을 요하는 경비를 충당할 수 있는 매출을 달성해야 일정기간까지는 버틸 수가 있다. 이 수준의 매상고가 도산분기점이다.

점포에서 계산되는 각종 비용 중 감가상각비나 자기 자금에 대한 이자는 현금지출이 일어나지 않으므로 당분간은 이를 제외한 판매고만 달성하면 된다. 여기서는 자기 자금에 대한 이자는 생각하지 말고 우선 감가상각비를 제외한 고정비를 기초로 도산분기점을 산출해 본다.

$$\text{도산분기점} = \frac{\text{고정비} - \text{감가상각비}}{1 - \text{유동비율}}$$

$$= \frac{13{,}900{,}000 - 2{,}000{,}000}{1 - 40\%} = 19{,}833{,}000\text{원}$$

즉 A점포는 손익분기점(월 매상고 23,166,000원)에는 이르지 못하지만 현금경비를 충당할 수 있는 매상고로써 월간 19,833,000원은 최소한 확보해야 당분간은 점포영업을 계속할 수 있다. 그러나 이것도 장기적으로는 어려운 일이며 창업 후 3개월 이내에 이 도산분기점에 도달하면 현재와 같은 경기여건에서는 좋은 평가를 받을 수 있다.

4. 기대이익 분기점 매출

A점포의 경우 최소한 월 3,000,000원의 이익을 확보하려면 어느 정도의 매출규모가 되어야 하는가를 알아보는 방법은 다음과 같이 산출할 수 있다.

A점포의 기대 이익액 월 3,000,000원(부가세 포함)

$$\text{기대이익 분기점매출} = \frac{\text{고정비} + \text{기대이익} - \text{감가상각비}}{1 - \text{변동비율}}$$

$$\times \frac{13{,}900{,}000 + 3{,}000{,}000 - 2{,}000{,}000}{1 - 40\%} = 24{,}833{,}300$$

5. 운영분기점 매출

매출액에서 고정비 투자원금 기간별 반제금액을 고려한 매출액분기점을 말한다. 고정비와 투자금액 101,000,000원을 5년간 균등 분할하여 반제한다면 1개월분 원금 반제금은 101,000,000원÷5년(60개월)=1,683,000원이다.

$$\text{운영분기점은} = \frac{\text{고정비} + \text{기대이익} + \text{원금 반제금액} - \text{감가상각비}}{1 - \text{변동비율}}$$

$$= \frac{13{,}900{,}000 + 3{,}000{,}000 + 1{,}683{,}000 - 2{,}000{,}000}{1 - 40\%} = 27{,}638{,}300$$

6. 이상분기점 매출

기대이익+원금 반제금액+세금부담액까지 고려한 매출액을 말한다.

월간 세금부담액이 500,000원이라고 가정하면

$$\text{이상 분기점매출} = \frac{\text{고정비} + \text{기대이익} + \text{원금반제} + \text{세금부담액} - \text{감가상각비}}{1 - 40\%}$$

$$= \frac{13{,}900{,}000 + 3{,}000{,}000 + 1{,}683{,}000 + 500{,}000 - 2{,}000{,}000}{1 - 40\%} = 28{,}471{,}660$$

7. 점포규모, 객석규모에 의한 매상고 산출법

① A점포 현황

구 분 / 층 별	주방면적	객석평수	부대시설 (화장실, 계단)	총평수
1층	10평	16평	4	30평
2층	2평	24평	탈의실 6	30평
합 계	12평	40평	10평	60평

② 객단가 중식 10,000원, 석식 15,000원

③ 매출추이 : 토·일요일 매출은 평일의 20% up

④ 점포만석률 계산

구 분 / 층 별	비고
1층	객석 16평÷2평×4인석=32석(총 객석수) 테이블당 2평 소요 만석률 70%(32석×70%)=22석/회전율(중식 2회전+석식 1회전) 총가동 만석률=22석×3회전=66석
2층	객석 24평÷2.5평×4인석=38석 만석률 75%(38석×75%)=28석/회전율(중식+석식=1.5회전) 〈0.5회전+석식 1회전〉 총가동 만석률=28석×1.5회전=42석
1일 총 가동만석률	1층 66석+2층 42석=108석(명)

⑤ 1일 매상고 및 월 매상고 산출

구분	1일 매상고		월간 매상고	비고
	평일	토·일요일		
중식	2.5회전×10,000원 (44+14)×10,000 =₩580,000	580,000×120% =₩696,000	(평일) 1,330,000×22일 =₩29,260,000	

석식	2회전×15,000원 (22+28)×15,000 =₩750,000	₩750,000×120% =₩900,000	(토 · 일요일) 1,596,000×8일 =₩12,768,000	
합계	₩1,330,000	₩1,596,000	₩42,028,000	

⑥ 연간 매상고 산출

• 계절변동지수의 체크(A점포는 5월 매출을 100으로 계산하였음)

(단위 : 1,000원)

계절	1월	2월	3월	4월	5월	6월	7월	8월	9월	10월	11월	12월	합계
변동 지수	90%	90%	95%	95%	100%	105%	110%	110%	105%	90%	90%	120%	
매상고	37,825	37,825	39,926	39,926	42,028	44,129	46,230	46,230	44,129	37,825	37,825	50,433	353,030

※ 1,000단위 이하 절사

위에서 본 예와 같이 평범한 계획보다는 그래도 여러 변동요소를 체크해서 매출계획을 입안해야 한다.

예를 들어,
- 1일 매상고 800,000원
- 1개월 매상고 800,000원 × 30일 = 24,000,000원
- 연간 매상고 24,000,000원 × 12개월 = 288,000,000원

과 같은 계산방법은 경영의 기초도 모르는 무식한 발상에 의한 방법이라고 볼 수 있을 것이다.

8. 창업 일정기간 후의 매출분석법

창업 개업 후 일정기간 동안 이루어지는 매출을 보고 향후 6개월, 1년 후의 매출추이를 분석함으로써 점포를 이대로 운영할 것인가, 아니면 수정작업을 해야 할 것인가를 결정해야 할 것이다.

지나치게 자주 하는 수정작업도 문제이며, 그렇다고 매출부진이 계속되는데도 점포를 그냥 내버려 두는 것도 큰 문제다.

(1) 개점 3개월간의 매상고 추이를 계산하여 도표화한다

① 1개월 경과 후 연간매상고 추정 = 1개월 매상고×12개월

② 2개월 경과 후 연간매상고 추정 = 2개월 매상고×6개월

③ 3개월 경과 후 연간매상고 추정 = 3개월 매상고×4개월

예 : 1개월 매상고 10,000,000원×12개월 = 연간매상고 120,000,000원

2개월 매상고 21,000,000원×6개월 = 연간매상고 126,000,000원

3개월 매상고 34,000,000원×4개월 = 연간매상고 136,000,000원

④ 매상고 추정도표

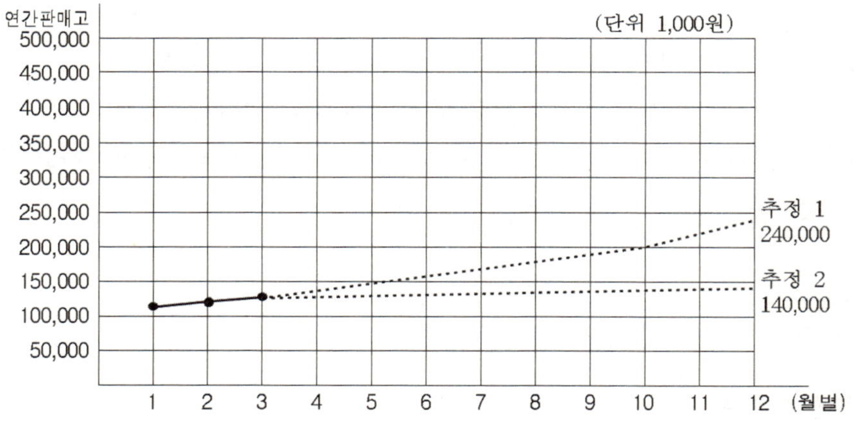

위 그래프를 분석하면,

① 3개월 실적이 있으면 매출 신장세의 진행선을 현상에 근접하게 맞출 수 있다. 이 도표의 그래프대로 진행한다면 12월에는 매상고를 약 240,000,000원까지 달성할 수 있다고 추정할 수 있다.

② 이것은 너무 희망적이기 때문에 제2의 추정치로 직선을 그려 140,000,000원의 월 매상고 목표치를 정하여 6개월 후의 실적치에 의해 재분석해 본다.

(2) 6개월간의 매상고 추이를 계산하여 이를 도표화한다

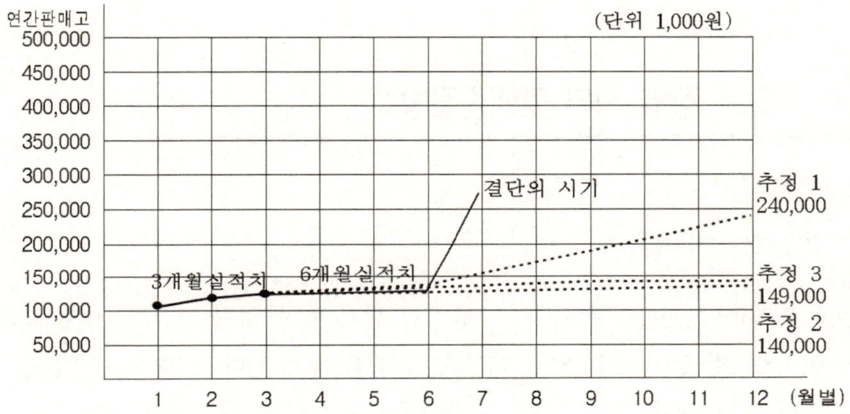

위의 그래프를 분석해 보면,

① 6개월 실적치를 기준하여 경향치를 도표화해 보면 '추정 3'(판매예측 149,000,000)이 된다. 이 추정치가 3개월 실적치를 기준한 '추정 1'(240,000,000)에는 현저히 미치지는 못하나 3개월 실적치에 의한 '추정 2'보다는 높다.

② 여기서 경영자는 추정 3 매상고로 점포의 영업을 계속할 수 있는가? 또는 앞으로 더 이상 매출이 증가할 수 있는가, 없는가를 냉철히 분석해서 다음의 여러 가지 방법을 생각해 본다.

(3) 결단의 방향

① 이대로 영업을 계속해도 추정 1까지의 매상고 달성이 가능하다. 단, 판촉 등 영업을 위해 과감한 투자를 해야 한다.

② 일부 메뉴 수정, 신규메뉴의 도입 등을 기도한다.

③ 점포 전체의 50% 수준까지 메뉴, 단가, 운영방법까지 통틀어 수정작업을 시도한다.

④ 점포 전체를 수정해 본다. 업종, 업태, 메뉴, 운영방법까지 전반적으로 수정해 본다.

⑤ 결단의 각 방향에 따른 시뮬레이션(도상연습)을 작성하여 그 상황에 따른 점포의 위치를 재점검해 본다.

제3절 창업 시의 판매촉진방법

1. 판촉의 기본방향

점포 인테리어공사도 완료하고 주방기기 설치 및 종업원 인선, 원자재 입고 및 제반 인허가사항 등이 차질없이 완료되면 개점을 하게 된다. 이때 점포개점을 알리기 위해서 어떤 형태로든지 홍보 · 판촉활동이 필요한데, 우리나라 식당의 경우 대부분 판촉업무 쪽에 치우치는 경향이 많다.

판촉은 점포의 위치, 대도시와 중소도시, 교외점포와 시가지 점포, 체인점포와 개인점포, 점포의 규모차이에 따라 방법을 달리한다.

그런데 개점 초기의 판촉내용을 보면 거의 대동소이하다. 예를 들면, 전단지를 제작해 직접 배부하거나 신문 등에 끼워넣어 배부하는 방법, 약간 규모가 큰 점포의 경우 직접 조사한 고객데이터를 이용하거나 DM발송업체의 데이터를 기초로 직접 고객에게 DM을 보내는 방법, 무료시식권 배포, 무료음료권 배포, 현수막 설치, 웰컴폴 깃발의 점포주변 설치 등이 고작이다. 그리고 이 판촉업무를 개점 초기 1회만 실시하고 만다.

최근 통계청 자료에 의하면 97년도 1년 중 서울시 인구의 25%가 주거지를 이동한다고 한다. 따라서 개점 초기 1회성 판촉업무가 얼마나 무의미한 기획업무인지를 판단할 수 있을 것이다.

필자의 외식업 판촉에 대한 의견은 다음과 같다.

첫째, 판촉은 대부분 영업실적이 부진해지기 시작할 때 실시하는데, 아무리 강력한 판촉을 실시해도 매출하락 시에는 그 하락을 멈추게 하는 효과 이상은 기대하기 어렵고 더구나 매출신장에 대한 기대는 버려야 한다.

둘째, 판촉은 영업이 활성화되고 있는 시점에서 더욱더 박차를 가하기 위한 수단으로 활용되어야 하고 영업이 잘 될 때 메뉴개발 및 직원 수 등을 최대로 확보해 최대한 매출을 끌어올리는 방법으로 실시되어야 한다. 또 그 판촉의 진행방법, 효과, 실시 시의 문제점, 고객의 반응 등을 자세히 기록해 두고 후일에 참고토록 해야 한다.

셋째, 판촉은 그 업무를 시행함으로써 비용이 발생한다. 얼마의 비용을 투자하여 어느 정도의 매출을 상승시키려는 목적은 당연히 가져야 하나 비용과 그 효과에 지나치게 얽매이게 되면 유효한 판촉방안을 실행하기 어렵다. 여기서 우리는 판촉비를 소모성 경비로 생각하지 말고 장단기간 동안 점포에 유효한 결과를 가져오게 하는 투자로 생각하는 인식전환이 필요하다.

넷째, 판촉은 연간 · 분기별 · 월별로 일정한 프로그램에 의해 계획적으로 진행되어야 한다. 앞에서도 설명했지만 개점 초기에 전단지나 무료시식권을 배부하고 계속해서 고객이 오기만을 기다리는 자세는 능력있는 점포경영자가 취할 일이 아닐 것이다. 고객의 이동이 심하고 고객의 기호가 수시로 변하는 현대 마케팅에서는 최소한 연간 4회 이상의 판촉업무(그것이 어떤 형태든 간에)가 행해져야 최소한 점포의 존재여부만이라도 고객에게 알릴 수 있다는 점을 이해해야 할 것이다.

다섯째, 판촉은 불특정 다수고객에 대한 서비스차원이기보다는 점포에 대한 이용도 또는 친밀도에 따라 차등 실시하는 것이 효과적이라고 생각된다. 창업판촉은 별도의 문제지만 모든 고객에게 30% 또는 40%씩 할인가격(소위 가격파괴)으로 판매하는 것은 고객에게 단기적으로 어떤 반응을 불러일으킬 수도 있겠지만, 장기적으로 보면 솜씨 좋은 판촉은 아닐 것이다.

점포에 한 번 오는 고객이나 세 번 오는 고객이나 똑같이 30% 할인가격을 적용하는 것은 미숙한 고객관리기법일 것이다. 처음에는 일단 고객을 점포에 오게 하는 방법, 2~3번 들른 고객을 고정고객으로 만드는 방법, 고정고객을 점포의 준주주(準株主)로 만들어 점포의 팬으로 만드는 전략을 단계적으로 구사하는 판촉업무를 연구해야 한다.

판촉에 대한 세밀한 기법은 여러 가지가 있겠지만, 오랜 기간 외식업에 종사하다 보니 나름대로 생각한 점이 있어 두서없이 기록했으니 독자의 양해를 구한다.

식당창업 시 행하는 판촉업무내용을 기록하면 대체로 다음과 같은 것들이 있다. 이를 하나씩 설명해 보자.

- 현수막(플래카드) 설치
- 전단지 제작배포
- 무료시식권 배포
- 시식회 개최
- 식당주변 극장 CF상영
- 농악대 또는 고적대 동원 퍼레이드
- 각종 선물제작
- 프리미엄권 배포
- CR활동
- VIP회원 모집
- 유명 연예인 동원
- 라디오 등 대중매체 광고선전
- 경품 실시
- 특별 이벤트 실시

이외에도 여러 가지 방법이 있으나, 대체로 위에 적은 방법이 현재 외식업계에서 행해지고 있는 창업판촉내용이다.

이 중 어떤 방법을 선택하든 그것은 경영주의 자유의사에 달려 있겠지만, 다른 점포에서 실시한 것을 흉내내거나 멋으로 행하는 판촉행위는 곤란하다. 어디까지나 자기 점포의 여건에 맞는 개성을 연출하는 것이 창업판촉의 기준이 되어야 한다.

2. 개점판촉업무

앞에서 개점 시의 판촉업무에 대해 개략적인 설명을 했으므로 이제부터는 그 항목 하나하나에 대한 내용을 기술해 보기로 한다.

(1) 현수막

현수막은 보통 개점예정 20~30일 전에 점포에 부착해 점포 인근을 지나는 행인 또는 자동차 운전자들에게 언제쯤 어떤 점포가 이 지역에 개점한다는 것을 알리는 사전 홍보수단으로 흔히 활용된다. 가능한 크기를 대형화해서 원거리에서도 볼 수 있도록 건물 외벽에 설치한다.

대로변에서 한 블록 들어간 이면도로의 경우에는(대략 도로 폭이 15~20m 정도) 도로 양쪽의 전신주 등에 현수막을 가로로 걸어놓는 경우도 있다. 선거철에 흔히 보이는 정당기호나 후보자 표시 또는 아파트나 연립주택 분양고지물로서 시가지에 이 현수막이 많이 보여지고 있다. 현수막은 외부에 노출되어 부착하므로 사용기간도 30일이 경과하면 비바람에 의해 때가 묻거나 찢어지기 쉬우므로 관리에 항상 주의를 하여 깨끗한 상태를 유지토록 해야 한다.

어떤 경우에는 '○○식당 개점예정 7월 중순' 등으로 기록된 현수막이 8월 중순에도 그대로 가로수 양쪽으로 가로로 또는 건물외벽에 부착되어 있는 모양을 볼 수 있는데, 이는 경영주의 무관심 내지 부주의를 넘어 고객에 대한 서비스정신의 결핍을 스스로 나타내는 행위로 볼 수밖에 없을 것이다.

개점일자를 확실히 예측할 수 없을 때는 '○월 ○일'에 해당되는 숫자만 별도 제작해 붙여두는 성실성은 보여주어야 할 것이다. 가능한 건물외벽에 붙여두는 편이 편리하며, 가로수 양쪽이나 전신주 양쪽을 이용해 가로로 현수막을 부착하는 경우 사람의 이동방향이 많은 쪽에 정면으로 보이도록 부착한다. 때로는 현수막 뒷면의 글자가 방향이 다른 곳에서 이동하는 사람들에게는 우습게 보일 수도 있기 때문이다. 이 경우에는 방향에 따라 정면으로 보이도록 하는 두 개의 현수막을 일정 간격을 두고 설치하는 것이 효과적이다.

또 지나치게 큰 현수막이나 전신주 등에 임의로 부착하는 현수막은 도로교통법상 문제가 되어 관할관청에서 철거를 하는 경우가 있으므로 이 점도 유의해서 부착토록 한다.

현수막을 제작할 때는 주메뉴를 중심으로 해 이동갈비, 등심, 안심, 버섯불고기 등 3~4개를 표시하고, 한국음식점(업종표시), 개점예정일, 전화번호 등을 내용에 삽입하고 점포명의 로고체가 있으면 처음부터 이를 사용하여 고객에게 인지시키는 것이 좋다. 제작비용도 크기에 따라 차이가 있겠지만 5~10만 원 이내의 금액이므로 필히 신규개점 점포의 개점 전 고지물로 활용할 것을 권한다.

(2) 전신주 부착-1회용 깃발

점포 인근 50m 이내에 전신주 등이 나란히 있으면 이 전신주에 걸어두는 소형 깃발도 개점판촉 툴(Tool)로 활용되기도 한다. 이것은 구체적인 개점내용이나 메뉴 품목을 표시하는 고지물이 아니고 축제분위기를 연출하기 위한 소모성 고지물이다. 개점 3일 전 또는 5일 전부터 점포 주변 좌우에 현란하게 나부끼는 깃발로써 지나는 행인에게 점포 개점을 알리는 역할을 하는 것이다. 대부분 소모성 도구이므로 장기부착은 어려우며 소규모 점포개점에는 이용되지 않으나 대규모 점포 고지 전략 툴로써 사용되기도 한다.

(3) 웰컴 폴(Welcome Pole) 깃발

일본의 중고자동차매매소나 고속도로 휴게소 및 주유소 등에서 수년 전부터 사용돼 오던 깃발형 고지물로 최근에는 우리나라에서도 일부 수입해 여러 형태의 점포에서 사용되고 있는데, 바람의 유무에 관계없이 깃발에 점포이름과 점심메뉴 등을 삽입해 고객이 볼 수 있도록 제작돼 있고 약간의 바람에도 깃발이 펄럭여 시각적 효과도 크다. 또 이동도 자유로워 제작단가는 약간 고가이나 점포 외부 고지물로는 간판 못지않게 효과가 있는 판촉툴이라고 생각된다.

다만 대로변이나 인도, 교통이 번잡한 곳에서는 도로교통법에 저촉되므로 설치가 곤란하다. 그러나 도심지라도 주차장 전체에 사방으로 설치하든가 교외점포인 경우 50m 전방부터 좌우로 이 깃발을 설치해 두면 자동차 운전자의 눈에 쉽게 보일 수 있으므로 많이 사용되고 있다. 일본의 중고자동차 매매시장에 가보면 차량 대기장에 비키니 차림의 젊은 여성을 모델로 제작한 안내깃발을 웰컴 폴에 부착해 고객을 유인하고 있는데 상당히 효과 있는 판촉수단이라고 생각된다.

(4) 전단지 또는 리플릿 제작배포

자기의 점포특성, 위치, 특별판촉할인 또는 개점일자 등을 기록해 수천 내지 수만 매 정도를 제작해 신문의 삽지로 끼워 사무실 또는 가정에 배포한다. 너무나 잘 아는 내용이겠지만 대도시의 경우 신문삽지로 배포되는 전단지는 어떤 내용이든 간에 회수율이 3~4%선을 넘지 않으며 중소도시의 경우는 내용에 따라 회수율이 5~6%선에 이르는 경우도 있다.

여러 업종 · 업태에서 무수하게 많은 전단지를 동시에 신문삽지로 배포하기 때문에 사무실 또는 각 가정에서 거의 전단지를 읽지 않으며 어떤 경우에는 일종의 인쇄물 공해로 취급될 정도로 귀찮은 물건이 되기도 한다.

또 전단지 작성 시에도 남의 점포가 제작한 것을 흉내만 낼 것이 아니라 자기 점포의 개성을 살리고 최소한 다음의 내용이 기재되어야 할 것으로 생각된다. 판촉기획의 캐치프레이즈, 판촉의 내용, 특전 등 판촉기간, 점포이름, 점포콘셉트(무엇이 주요 메뉴인지, 어떤 점포인지), 점포위치 표시, 점포영업시간, 주소 및 전화번호, 추천메뉴, 기타 서비스 소개(홈 딜리버리, 연회, 파티, 회원제) 등이 포함되어야 한다.

전단지에 관해서는 앞에서 조금 설명했으나 초심자들에게는 좀 더 자세하게 이해시키는 것이 좋다고 생각되어 추가로 기술해 보기로 한다. 앞에서도 얘기했지만 식당을 개점할 때 또는 식당영업이 부진할 때 거의 대부분의 점포에서 행하는 판촉업무가 전단지 제작배포다.

그것도 차분히 준비하거나 내용을 충실히 연구하지 않고 허겁지겁 제작해 신문 등에 끼워 넣어 배포한다. 이는 도시생활에 무수히 배달돼 오는 여타 전단지와 함께 읽혀지기도 전에 쓰레기통에 버려지고 만다. 따라서 전단지 광고에 의한 판촉은 철저히 준비해서 시행해야 효과가 있다.

전단지의 제작내용에 대해서는 앞에서 설명했으나 여기에 첨가해서 몇 가지 제안을 하고 싶다.

전단지는 그 내용을 간단명료하게 작성토록 한다. 이것저것 여러 가지 내용을 욕심내어 기재하고 싶겠지만, 고객들은 그것을 성실하게 읽어줄 이유가 없는 것이기 때문에 큰 글자로 기록된 내용만 대충 읽어보게 된다. 따라서 핵심내용을 큰 글자로 표시해 정곡을 찌르도록 해야 하며 제작비용이 다소 많이 소요되더라도 만화 캐릭터 혹은 의인화(擬人化)된 그림을 그려서 표현하면 흥미를 갖고 읽게 된다. 최근 신문 등을 보면 어려운 증권시장 내용이나 세무문제 등을 만화로 설명하는 것을 자주 볼 수 있는데 상당히 효과적인 방법이라고 생각된다.

이렇게 제작된 전단지는 원칙적으로 점포 인근 50~100m 반경의 지하철역이나 버스정류장에서 승하차하는 고객이나 점포 앞을 지나는 행인에게 직접 전달하는 방법이 가장 효과가 크다.

이때 점포 바로 앞에서 배포하는 것도 좋겠지만 오히려 점포 전후방 5백m 혹은 1백m 떨어진 곳에서 배포하는 것이 효과적이다. 점포 앞을 지나는 고객에게도 배포를 해야겠지만, 점포 인근의 샛길로 지나가는 고객에게도 개점 혹은 판촉업무를 알릴 수 있기 때문에 점포에서 약간 떨어진 곳이나 점포 건너편 인도에서 배포하는 것이 효과적일 것이다.

실제 아침 출근시간(7:30~8:30)이나 저녁 퇴근시간(6:30~7:30)에 전단지를 행인에게 직접 배포하는 것은 굉장히 어려운 작업이다. 하루 30~50명에게 한 사람이 전단지를 배포한다면 광장한 성과를 거두었다고 보아도 좋다. 전단지를 건네줘도 바쁜 걸음으로 출근하는 직장인은 거들떠보지도 않고 지나가기가 일쑤다.

전단지 배포 시 참고해야 할 또 하나의 방법은 직원 전원이 계속해서 10일 또는 15일씩 사장부터 전원 참가해서 배포해야 하며 배포 전에 전달하는 방법에 대한 교육을 철저히 실시해야 한다. "저희 ○○○점포가 ○월 ○일 개점합니다. 한번 들러주시면 고맙겠습니다." "고맙습니다. 안녕히 가십시오" 등 세일즈용어에서부터 단정한 몸가짐 등 몇 가지를 준비한 후에 전단지 배포에 임해야 하고 적어도 개점 후 3개월간 매월 10일 정도는 배포업무를 계속해야 한다.

이때 특히 유의해야 할 것은 전단지를 점포 내 카운터 위에 놓아두고 내점고객이 가져가게 하는 행위는 절대 금지해야 한다. 이런 행위처럼 게으르고 불성실한 태도는 없을 것이다.

자기 점포에 온 고객에게는 최대의 서비스로 다시 방문하게 하는 동기를 만들어 주는 것이 당연한데, 힘들게 만든 전단지를 카운터 위에 놓아두고 가져가게 하는 것은 책임있는 점포경영자의 자세가 아닐 것이다. 어떤 체인점포에 가보면 본부의 전단지 배포 강압에 못 이겨 전단지를 쓰레기통에 그냥 버리거나 카운터 위에 두고 식사를 마치고 나가는 고객에게 한 장씩 배포하는 모습을 보게 되는데 외식인의 한 사람으로서 안타까운 마음을 금할 수 없었다.

서울에서 체인점을 경영하고 있는 B사의 경우 신규점포를 개점할 때는 사장 이하 전 간부가 신규점포에 출근하여 전 점포 직원과 함께 매일 전단지를 배포하고 있는데, 계속 3개월을 시행하니까 아무리 어려운 환경에 있는 점포라도 창업기초 매출을 확보할 수 있었다는 사례를 필자가 직접 확인한 바 있다.

이와 같이 어떤 방법이든 전단지는 1회성이 아니고 계속해서 배포한다는 기초전략 위에서 제작되어야 한다.

전단지 배포에 있어 또 하나의 방법은 점포 주변 반경 0.5km 이내를 1차 공략대상으로 하고 반경 1km 이내를 2차 공략대상으로 한 뒤, 직접 조사한 시장분석 내용을 기초로 해 대상고객, 잠재고객에게 1차로 점포로 오게 하는 방법으로 DM(Direct Mail)을 보내는 방법을 권장하고 싶다.

비용은 좀 소요되겠지만 효과가 상당히 높을 것이다. 억지로 비교한다면 신문에 끼워서 2만 매의 전단지를 배포하는 것보다는 그 10분의 1인 2천 매를 직접 고객에게 편지로 보내는 DM쪽이 훨씬 효과가 높다고 생각된다. 직원이 적은 소규모 점포라면 시장조사할 여력도 없을 것이다.

이때에는 점포 인근에서 찾아보면 DM발송 전문업체가 있을 것이다. 우체국에 문의하거나 거리의 쪽신문, 지역상공신문에 보면 우편물 발송전문업체의 광고가 나와 있다.

이들 업체에 가서 자기 점포 주고객이 가족중심이라면 주로 주택가에, 또 중심고객이 직장인이라면 인근 사무실에 5백 단위, 또는 1천 단위로 DM을 보내면 훨씬 효과적이다.

또 점포를 중심으로 동서남북으로 4등분해 순차적으로 DM을 보내보면 동서남북 어느 지역에서 회수율이 가장 높은지를 알게 되어 차후에 판촉을 집중적으로 우선해야 할 곳도 파악할 수 있을 것이다.

(5) 무료시식권, 상품권, 초대권 등의 제작배포

신규점포를 개점할 때는 우선 타깃으로 하는 고객이 한번은 점포에 오도록 하는 것이 중요하다. 이때 전단지, 또는 리플릿을 제작해 직접 고객에게 전달하거나 DM으로 고객에게 전달하는 방법은 앞에서 설명한 바 있다.

여기서 우리는 한 단계 더 치밀한 생각을 할 필요가 있다. 전단지 또는 리플릿을 직접 전달 또는 DM으로 고객에게 배포했지만 실제로 점포를 찾아오는 고객이 적다면 낭패가 아닐 수 없다.

즉 이것은 회수율이 지극히 낮다는 것을 의미한다. 이렇게 낮은 회수율을 높이기 위한 판촉기법이 무료시식권, 상품권, 초대권 등을 개점안내 팸플릿과 함께 보내는 방법이다. 물론 이 세 가지를 한꺼번에 보내는 것이 아니고 대상고객에 따라 함께 실시하든가 단계별로 실시할 필요가 있다.

1) 무료시식권

실제 이용자의 입장에서 보면 한 사람이 시식권 한 장을 지참하고 점포에 오거나 두 사람이 두 장의 시식권을 지참하고 점포에 오는 것은 어쩐지 낯간지럽고 어색할 수도 있으므로 시식권은 누구에게나 다 배포하는 것이 아니고 특별한 고객(예를 들면, 아파트의 부녀회장, 지도층 부녀자, 학부형회 간부, 회사의 총무인사 책임자, 거래은행 여직원 등)에게만 배포한다는 내용을 기록토록 하여 이를 지참하고 오는 고객들이 점포입구에서부터 어색하지 않도록 분위기를 만들어주어야 한다.

가능한 한 사용에 제한을 두지 말고(단, 1인 1매 또는 2~3개 품목한정) 이용자가 계산 시에 제시하면(또는 주문 시에 제시하면) 아주 기분 좋게 "잘 알겠습니다. 잠시만 기다려주십시오" 등으로 응대해야 한다. 제시한 무료시식권을 받고서 "이 메뉴는 원자재가 아직 입고되지 않아 준비가 안 되었습니다"라든가, "이 메뉴는 시간이 많이 소요되는데요" 등의 태도는 고객의 기분을 불쾌하게 만들어서 오히려 역효과를 낼 수 있다.

특히 창업 시에는 조리실습을 충분히 하지 않고 홀서빙과 주방인원이 손발을 충분히 맞추지 못한 상태이므로 반드시 점포가 서빙할 수 있는 품목을 한정해 무료시식권을 발행해야 한다.

무료시식권은 1~3개 품목 중 택일하는 내용, 아예 품목을 정해서 발행하는 방법 등이 있는데, 품목선정의 기준은 주방에서 조리하기가 가장 편리하고 점포에서 자신하는 간판상품, 재고관리가 원활한 메뉴, 그리고 동시에 많은 양을 빨리 조리할 수 있는 메뉴를 선택하는 것이 편리하다.

무료시식권은 정중히 DM을 통해 전달하는 것이 좋은데, 직접 전달하거나 신문에 끼워넣어 전달하는 방법은 품위도 없고 고객을 존중하지 않는 듯한 기분을 주기 쉽기 때문에 배포할 때 특히 유의해야 한다. 어떤 경우는 사장이 큰 인심을 쓰듯이 무료시식권을 자기주머니에 넣고 다니면서 친지나 친우, 거래처 사람들에게 배포하기도 하는데, 이것은 배포하는 범위도 좁아질 수밖에 없고 신규고객 창출에도 효과적일 수 없다.

이렇게 해 초청된 고객은 당연히 접대받는 고급고객(?)이기 때문에 점포의 고정고객화 전략에 연결되지 않는 경우가 많다. 점포반경 0.5km 이내 또는 1km 이내 잠재고객을 대상으로 치밀한 준비를 한 뒤 무료시식권을 배포하는 것이 기본이다.

또 시식권의 제작상태도 디자인, 초청안내문, 종이의 질 등을 가능한 겸손한 내용과 고급재질로 만들어 고객이 지참하고 다니다가 어떤 기회에 입점해 이용할 수 있도록 하면 좋을 것이다.

창업 시 무료시식권의 배포기간(유효기간)은 길어도 30일 이내가 적당하다. 대략 개업 초기 여러 가지 판촉전략이나 홍보전략을 실시했다면 1개월 정도 경과하면 점포의 성공가능성 여부가 어렴풋이 떠오르기 때문이다.

2) 상품권

상품권은 무료시식권과 유사한 내용이고 배포도 같은 방법을 쓰고 있지만 품목을 지정하지 않고 고객 스스로가 선정토록 하는 것인데, 무료시식권보다는 고급이며 회전형 점포보다는 객단가형 점포에서 개점 시 또는 평소 영업할 때 시행해 봄직한 판촉기법이다.

이는 점포메뉴의 수준이나 품단가(品單價) 또는 객단가(客單價)에 따라 5천 원권, 1만 원권, 1만 5천 원권, 2만 원권을 시중 백화점이나 구두전문점의 상품권과 같은 수준으로 깔끔하게 제작해 고객들에게 배포, 신규고객, 고정고객으로 변화시키는 전략구사에 사용된다.

백화점 상품권이나 구두상품권처럼 현금을 받고 판매하는 것이 아니고 그 모양을 모방해 제작한 뒤 무료로 배포하는 것이다. 따라서 상품권 발행에 따르는 행정당국의 허가나 규제에 얽매일 필요가 없다.

이 상품권은 사용기간을 1년 정도 장기화해도 큰 문제는 없다. 단 상품권 금액이 큰 경우 "1개 테이블에 1매만 사용할 수 있다," 또는 "한 가족에 1매만 1회 사용할 수 있다"는 내용을 기록해 두는 경우가 있는데, 필자의 생각으로는 우선 고객을 자기 점포에 한번 오게 하는 것이 목적인 이상 어떤 제한을 둘 필요는 없다고 본다.

5명이 단체로 와서 총금액 7만 5천 원의 식사를 하고 2만 원권 상품권 2매를 제시한 뒤 현금은 3만 5천 원만 제시해도 새로운 고객이 5명 정도 내점했으므로 손익을 떠나서 상품권 발행목적은 달성했다고 생각해야 할 것이다.

(6) 시식회 및 앙케이트 실시

이것은 무료시식권 배포와는 별도로 정식개업 전(보통 그랜드 오픈이라는 말을 사용한다) 점포훈련과정의 하나로 채택되는 판촉방법이다. 점포개업업무는 너무나 복잡하고 지지부진하게 진행되는 경우가 많기 때문에 그냥 놔두면 언제 개점할지 모르게 된다. 인테리어업체, 가스설비업체, 주방기기업체들의 공사일정이 제멋대로여서 7월 20일이던 개점예정이 8월 20일로 보통 1개월 정도 연기되는 일은 비일비재하다.

이러한 난맥상도 없애고 개점일자를 확실히 하기 위해 일단 개점일을 7월 1일로 정하면 6월 25일에서 6월 27일까지를 프리오픈(Pre Open)일자로 잡고 이 기간에 요리실습, 정돈 등 평상시 영업과 똑같은 조건에서 실시하는 예행연습이 필요하다.

이때 가장 핵심적인 것이 주방기기의 가동(열관리, 작동관리 등)에 연결된 조리실습인데, 이는 그 이전에도 타 점포 또는 자기 점포에서 부분적으로 실시하겠지만 정식 오더에 의해(무작위에 의한 오더) 메뉴조리가 이루어지고 목표로 하는 맛 테스트를 하는 것이 필요하다.

이 기간에 이루어지는 것이 시식회다. 시식회에는, 예컨대 지역 내 유지, 학부형회 간부, 회사의 오피니언리더그룹, 아파트 부녀회 간부 등을 초청해야 하며, 또 점포건설 중에 흔히 발생하는 이웃과의 마찰 등 불화를 해소하는 기회로 활용하기 위해 점포 주변 이웃들을 초청해서 시식을 하도록 한 뒤 메뉴에 대한 의견을 듣는 것이 좋다.

또 경영자의 친지, 외식업 관련 전문가(요리 및 운영 등)를 초청해서 ‘요리맛에 대한 구체적 평가’를 듣는 기회로 시식회를 활용해야 한다. 일반적으로 시식초대권을 발행해 직접 전달하거나 DM으로 송부하는 방법이 있는데, 여기에 초청된 사람들은 “요리맛이 어떠냐”라고 물으면 초청해 준 데 대한 고마운 마음에서 대부분 “괜찮다”, “좋다”라는 반응을 나타낸다. 이런 결과는 시식회 개최의 의미가 없는 것이다.

기탄없이 의견을 제시할 수 있도록 분위기를 조성하는 일이 필요하고 각자의 의견을 간단히 기록할 수 있는 앙케이트지를 사전에 준비하면 좋다. 대답도 “좋다”, “그저 그렇다”, “나쁘다” 등의 천편일률적인 내용보다는 구체적 설문에 답변이 나올 수 있도록 설정한다. 또 지나치게 설문내용에 욕심을 내어서는 안되며 5~7개 항목 정도의 설문이 좋다고 생각한다.

예를 들면, 시식한 제품이 생선찌개라면,

a. 맛은 좋은데 국물이 너무 탁한 것 같다( )

b. 약간 짠 것 같다( )

c. 1인 분량으로는 너무 많다( )

d. 이웃에 있는 ( )식당의 생선찌개와 비교해 보면 약간 뒤처지는 느낌이 든다( )

e. 그릇의 모양이 너무 투박한 것 같다( )

f. 맛이 탁월하다( )

g. 이 정도 맛이면 자주 오고 싶고 다른 사람에게도 권하고 싶다( )

설문에 대해 느끼는 대로 2개 항목이든 3개 항목이든 해당항목을 자유로이 선택토록 하여 종합지수를 작성 · 분석해도 무방하며 또 억지로라도 나쁜 항목을 설정해 고객이 냉정한 평가를 해주도록 유도함이 좋을 것이다.

(7) 극장 CF 상영

규모가 크고 경쟁점포가 바로 이웃해 있는 경우, 젊은 세대 고객이 중요 타깃인 경우나 체인점포로서 전략적으로 출점한 점포의 경우, 내부정비(조리가 고객의 요구에 따라 부드럽게 제공될 수 있는 수준, 주방기기 작동이 완전하고 서비스 담당자들의 서빙작업이 혼란없이 이루어질 수 있는 상태)가 고객을 맞이하는 데 문제가 없을 만큼 사전 개점준비가 철저하게 이루어지는 시스템이라면(개인점포인 경우도) 개점 초기부터 점포 인근 극장에 극장용 CF를 방영할 수도 있을 것이다.

CF제작비가 문제가 되나 적극적 전략구사를 함에는 시각적인 효과가 큰 CF상영이 가장 강력한 무기가 된다. 이 극장 CF는 추후 TV에도 방영될 수 있도록 설정함이 좋다.

극장 CF를 방영할 때 CF를 보고 점심시간, 저녁시간에 맞추어 점포에 오는 고객도 있지만, 그것보다는 무엇인가 확실치는 않지만 극장 CF를 본 고객이 해당점포에 대해 우수한 점포, 재정이 건실한 점포로 인식하는 감각은 훨씬 높게 나타날 수 있을 것이다.

지방의 유명점포 중에는 전국 네트워크를 갖춘 TV방송에 CF를 방영하고 있는 점포도 있다. 아마 그 방송 CF를 보고 그 지방까지 식사를 하러 가는 고객은 많지 않을 것이다. 그러나 왜 이런 전력을 구사하는 것일까? 그것은 최소한 해당지역에서만은 타의 추종을 불허하는 유명점포, 실력있는 점포, TV에 선전을 할 만큼 경영을 잘하는 점포로 인식되어 강력한 경쟁력을 갖추게 될 수는 있는 것이다.

각종의 판촉비용을 합친 것과 TV CF(극장 CF 포함) 방영료를 비교해 보면 큰 차이가 있는 것은 아니다. 왜냐하면 구태여 SA타임, A타임, B타임 등의 방송시간에 구속받지 말고 C타임에 방영해도 관계없기 때문이다(C타임 방영료는 그렇게 고가가 아니다). 지역한정 영업인 외식업에서 그것도 지방도시인 경우 TV방송을 했다는 그 자체만으로도 훌륭한 판촉전략을 구사한 것이기 때문이다.

(8) 기타 창업판촉의 실시

이상에서 설명한 각종 창업판촉은 항목별로 단독 실시해도 좋고 때로는 몇 가지를 묶어서 실시할 수도 있다. 단, 점포의 규모, 자금사정, 종업원들의 숙련도 등에 의해 그 실시방법을 취사선택하면 될 것이다.

1) 각종 이벤트의 실시

개점 판촉업무는 우선 점포의 존재를 새로운 시장(새로운 고객)에게 어떻게 알리는가가 중요한 테마가 된다. 앞에서 몇 가지 설명한 내용도 주로 창업 시에 신규고객을 만드는 방법이다(물론 영업 중인 점포에서 실행하는 판촉내용도 있다).

여러 가지 방법 중 연예적이며 시각과 청각에 의해 고객을 동원하는 방법도 있다. 예를 들면, 개점 전일 · 개점 당일 · 개점 후 1~2일 동안 농악대 행진, 고적대 행진, 밴드동원, 치어걸 공연 등이 그것이다.

그러나 이 방법은 연예행위를 할 수 있는 어느 정도의 공간이 필요하며 교통이 번잡한 도심지나 사람의 왕래가 많은 중심가의 인도에서는 연출이 어렵고 이웃점포나 사무실 등에 소음공해를 줄 수도 있기 때문에 사전준비가 철저해야 된다. 인근 파출소에 사전신고, 이웃사무실을 방문해 개점인사와 초청장 등을 배포하면서 개점일 몇 시의 10~20분 동안의 행사를 이해시키는 등의 준비가 필요하다. 그러나 점포 앞 주차장 등 공간이 혼잡하지 않은 곳에서의 이러한 연예행위 등의 연출은 깜짝스럽기는 하지만 충분히 집객효력은 가질 수 있다고 생각된다.

그 외 이미용강좌 실시, 다이어트강좌 실시(유명강사 초청), 어린이 초청행사(미술실기대회나 글짓기대회), 유치원생 초청(반드시 자모동반조건을 넣는다), 중장년 및 노인층의 건강관리세미나 등이 있는데, 이 역시 점포규모나 자금사정, 고객의 수준 등에 의해 그 실시여부를 판단해야 할 것이다.

2) 개점선물의 제공

점포 개점일부터 일정기간 내점하는 모든 고객에게 전부 개점선물을 제공하는 경우, 어린이 동반고객에게만 선물을 제공하는 경우, 일정구매단위 이상의 고객에게만 특별한 선물을 제공하는 경우, 신년 초에 개점하는 경우에는 소띠해 출생, 범띠해 출생자 모두에게 선물을 제공하는 경우 등 여러 가지 방법이 있다.

일반적으로 제공되는 개점선물은 성냥, 이쑤시개, 어린이용 풍선, 열쇠고리, 오프너, 전화카드, 메모지, ID카드 등이 있다. 그러나 여기서 주의할 것은 꼭 개점 시에 개점선물을 제공할 필요는 없다는 점과 다른 점포를 흉내낼 필요도 없다는 점이다. 자기 점포의 개성을 살릴 수 있는 물품, 저가제품이지만 고가품의 이미지가 있는 제품 등을 선택할 것과 경우에 따라서는 경영주의 판단에 따라 다양한 판촉행사를 실시한다면 구태여 개점선물을 제공할 필요는 없다고 생각된다. 너무 흔하게 제공해 고객이 당연한 것으로 받아들인다면 선물을 제공하는 효과는 의미를 찾을 수 없을 것이다.

3) CR활동

21세기 외식산업시장은 격심한 경쟁과 고객의 기호변화 등 이제까지와는 전혀 새로운 환경 앞에 놓여 있다. 또한 격심한 경쟁이란 결국 시장이 축소된 소상권 영업을 의미한다. 이러한 경쟁격화, 소상권하에서 살아남는 방법은 소상권 내에서 사랑받는 점포가 되지 않으면 안될 것이다. 즉 그 지역사회의 일원으로서 공존공생하는 자세가 필요하다.

경쟁업종과는 물론 다른 산업군의 업체와도 좋은 관계를 유지해야 한다. 특히 중규모 도시에서는 이러한 이웃점포 또는 주위와의 좋은 관계 유지가 점포영업에 직접적인 영향을 줄 수 있다. 지역사회에서 "건방지다, 콧대세다, 되먹지 않았다"라는 평가를 받는다면 그 영업은 끝이다.

그것이 경영자의 행동이나 경영자 가족 특히 경영자 부인의 행동 또는 종업원의 잘못된 행동에서 온 결과라도 결과는 마찬가지다. 이와 같이 지역사회와의 좋은 관계유지를 위한 활동이 CR활동이다. 인근 사무실 방문, 노인정 방문, 공공단체 방문, 주부클럽과의 연합이벤트 실시, 지역장학회 참가, 지역상공인협의회 참석, 지역친목운동회 참가, 지역조기축구회 가입 등 여러 가지 CR활동은 확실히 지역기반을 확립하는 좋은 판촉행위가 된다. 이것을 단순히 판촉전략으로 생각하기보다는 지역에서 사랑받는 점포로서 생존을 위한 방안이라고 생각하는 것이 좋을 것이다.

대학 인근 점포인 경우는 대학동아리회를 적극 지원하는 방법도 CR활동의 하나일 것이다.

이 중 영업과 직결되는 것은 예컨대 점포 인근 5백m 이내에 있는 각종 사무실을 정기방문해 할인권, 초청권, 쿠폰 등을 배포하는 CR활동이다. 앉아서 기다리는 자세가 아닌 적극적인 점포활성화전략이다. 예컨대 사장과 간부가 솔선해 하루 5개처를 방문해 명함과 초청장을 같이 제시하는 것은 아주 사소한 것처럼 보이나 1개월 150처(5개처×30일) 연간 1천7백 곳 방문이라는 커다란 거래집단을 만들어갈 수 있는 전략이다.

그 외에도 점포를 대외에 알리는 판촉물로서는 점포의 간판(특히 Pole Sign간판), 음식물 샘플케이스, 점포명함, 전화카드, 점내 각종 POP, 각종 디스플레이, 미니매체광고, 버스고지광고, 지하철역 구내 와이드컬러, 지하철 내 광고, 점포 내 와이드컬러 및 판넬, T/O판촉, 홈 딜리버리 등이 있다. 앞에서도 말했지만 남의 흉내내기 판촉이벤트는 해서는 안되며, 장기계획에 의거 자기 점포 특성을 살리는 개점판촉이 되어야 한다.

3. 장기 판촉계획의 수립

이미 설명한 바 있지만 매출을 증가시키기 위한 깜짝쇼적인 판촉은 버블경기가 붕괴된 현재의 상황(우리나라는 더구나 IMF사태하의 최고 불황상황에 놓여 있다)에서는 큰 반응을 얻지 못하고 있다. 이제는 최소한 6개월 계획, 3개월 계획에 의거 정기적인 판촉업무를 진행해야 점포의 존속이 가능한 시대가 되었다.

이러한 시점에서 판촉에 대한 이제까지의 통념을 없애고 새로운 정의를 정립해 보자.

외식업 판촉업무 내용을 정리해 보면 다음과 같다.

① 외식업의 판촉업무는 교육이다.

② 외식업의 판촉업무는 모든 관계자들 간의 커뮤니케이션이다(사장과 간부, 간부와 직원, 주방과 홀, 직원과 직원, 점포와 고객, 점포와 원자재 납품업자).

③ 외식산업의 판촉업무는 극히 사소한 점포업무를 집행하는 것이다(고객이 무엇을 시키면 바로 대답하고 낯을 찡그리지 않고 미소로써 응대해 주는 것 등).

④ 판촉업무는 점포 전체의 잠재된 실력을 종합해서 밖으로 나타내는 것이다.

⑤ 판촉은 점포의 개성을 연출하는 것이다.

⑥ 철저한 위생관리도 판촉업무의 하나이다.

⑦ 안전성 있는 원자재 확보도 판촉업무의 하나다.

⑧ 판촉업무는 사장과 간부, 지원 간의 합의에 의해 도출되는 점포의 응집력이다.

⑨ 판촉은 연평균계획에 의거, 집행되는 장기적인 투자업무의 하나다.

우선은 외식업 판촉에 대한 일반적인 의미 또는 개념과 상이한 내용이 아닐까 하고 생각되어진다. 앞에서 열거한 관점에서 판촉업무를 계획해 보자.

판촉업무는 돌발적 사태에 대응하는 방법으로는 곤란하고 최소한의 기간계획을 세워 집행한다.

(1) 최소한 3개월 정도의 사전계획을 수립한다

• 판촉은 성수기에 씨를 뿌려 비수기에 거둬들이는 계획판촉이 되어야 한다.

• 사전에 철저히 준비하면 비용도 줄일 수 있다.

(2) 판촉의 목적과 타깃을 명확히 한다

판촉의 목적은 다양하다.

- 기존 고객에 대한 봉사의 목적
- 신규고객 창출 목적
- 경쟁점과의 싸움에서 이기기 위해
- 자기 점포를 고객에게 알리기 위한 고지전략 등이 넓은 의미의 판촉목적이다.

따라서 이러한 목적에 의해서 그 대상 타깃을 명확히 정해야 할 것이다.

3개월 판매계획 준비사례

3개월 전	2개월 전	1개월 전	실시
• 집행책임자 결정 • 이벤트기획 결정 • 고지방법 결정 • 필요한 식자재 파악 및 조달방법 강구 • 예산안 편성	• 이벤트 메뉴 실험제작 • 조리매뉴얼 작성 • 고지 툴 작성 • 교육스케줄 확인 • 서비스 매뉴얼 작성 • 식재조달처 계약 • 고지툴 제작발주	• 조리교육훈련 • 고지활동 개시 • 오퍼레이션교육 • 이벤트 근무표 작성 • 깃발 · 플래카드 · POP준비 • 필요비품 납품확인	판촉 실시

(3) 판촉목표를 수치로 정한다

판매목표 : 3개월 매출목표(판촉에 의한 목표)
1개월 매출목표
주간매출목표
일매출목표

구체적인 예 : 판촉실시 전 일요일 고객평균 2백 명을 10% 증가시켜 220명으로 한다. 모든 직원이 1일 5개 품목 권유판매목표를 달성한다.

(4) 직원의 참여의식을 높여야 판촉효과가 증가한다

➔ 판촉계획서 샘플

제목	창업 1주년기념	판촉이벤트
기획의 배경	경쟁점포 출현	판촉실시이유
시장타깃	가족고객	판촉의 타깃
목적	신규고객 개척	판촉의 목적
목표	신규고객 1백 명 증대	목표의 수치화
기본테마	메뉴 2만 원 구입 시 외산 ○○선물	전단지에 그 내용을 캐치프레이즈로 한다.
장소	○○점포	위치, 전화번호, 주변 중요건물
대상상품	디너시간 전메뉴	판촉의 메뉴
경품	외국산 사진틀	
판촉 툴	전단지, 포스터, 현수막, POP	판촉고지 도구
예산	원	
실시일자	○월 ○일부터 ○월 ○일까지	

판촉집행안을 사장과 지배인이 수립해 무조건 집행을 강요하는 업무형태는 종사원의 참여도를 낮게 한다(참여의욕이 낮아진다). 그것은 사장과 지배인의 희망사항이지 직원이 동의한 내용은 아니기 때문이다. 주방과 홀의 모든 직원에게 판촉의 필요성, 진행요령, 협조업무 등을 명확히 설명한 뒤 종업원 스스로 참여토록 하는 계획이 효과를 높이는 판촉이다. 예를 들면, 판촉을 고지하는 전단지를 배포할 때 직원에게만 지시할 것이 아니라 사장 이하 전 간부가 솔선하여 배포업무에 임하고 직원에게 이 배포업무의 중요성을 설명한다면 기꺼이 배포업무에 임하게 될 것이며 배포숫자도 훨씬 많아질 것이다.

또 판촉기간 중 메뉴 판매개수가 25~35% 증가할 것으로 예상된다면 이 수치를 주방책임자 및 조리요원에게 교육시켜 평소보다 빠른 작업을 할 수 있게 준비 · 점검업무를 철저히 하고 목표달성 때는 직원에게 보상하는 인센티브 실시도 설명한다면 모든 종사원이 기꺼이 목표달성을 위해 전력투구할 것이다. 종업원의 자발적 참여 없는 판촉은 결국 흉내내기 판촉, 경영주의 단순한 매출확대 욕망에 불과한 것이다.

4. 상권별 판촉방법

점포개점 판촉업무를 설명하면서 몇 차례나 강조하고 되풀이해서 한 이야기지만, 판촉은 자기 점포가 위치한 시장여건에 맞추어서 실시해야 하고 자기 점포규모에 알맞은 방법이 강구되어야 함은 물론 자기 점포의 개성이 강조되어야 판촉의 효과가 증가된다. 같은 시장여건이지만 자기 점포와 경쟁점포의 실력에 따라 차이가 있고 평소 또는 장기적으로 고객관리를 어떤 방법으로 해왔느냐에 따라 같은 판촉전략을 구사해도 그 효과는 상이할 수 있다는 것이다. 따라서 판촉업무는 점포의 개성 또는 차별화에 맞추어서 시행되어야 함이 기본원칙이다.

다음에 설명하는 상권별 판촉방법도 극히 일반론적 내용이며 자기 점포에의 적합여부는 별개의 문제라는 점을 우선 전제한다.

(1) 상점가 · 번화가 점포의 판촉포인트

번화가에는 여러 업종 · 업태의 소매 전문점이 많다. 서울의 명동을 예로 들어도 명동에는 대형점포 · 소형전문점, 드레스메이커, 화장품전문점, 구두전문판매점, 고급 안경점, 미용실, 란제리제품판매업 등 중소소매점부터 큰 회사의 선전용 점포인 일종의 쇼룸역할 점포도 많다. 또 은행지점, 증권회사, 보험사 등의 사무실도 많다.

따라서 점포영업의 핵심은 지역상주 소매점 근무자들과 오피스에 근무하는 사무직 그리고 오후시간대 또는 휴무일에 집중적으로 모이는 젊은 세대가 주류를 이루게 된다.

고정 고객화 대상은 이 지역 상업시설 근무자들이며 중식시간대는 주로 이 지역 사무실 근무자를 대상으로 한 영업에 초점이 맞추어지게 된다. 또 오후시간대나 휴일시간에는 유행을 찾는 젊은 세대가 가장 중요한 타깃이 될 것이다. 따라서 중심타깃이 위에서 설명한 고객층 전부라고 가정하고 그들을 수용할 수 있는 규모의 점포라면 그 고객층 각각에 대한 전략을 구사해 가야 할 것이다.

우선 각종 소매업에 근무하는 고객들은 대부분 전통이 있거나 고급제품 취급자들이며 한 점포 근무자는 많아야 1~2명 또는 2~3명 정도밖에 되지 않는다. 또 역사가 오랜 점포가 많기 때문에 전통 있는 번화가는 토박이 기질이 강하고 지역상인 중심의 단결력이 강한 것이 특징이다.

따라서 이들 상점가에 근무하는 직원들과의 인간관계 형성이 중요한 판촉전략이 된다. 이는 고객과의 격의 없는 대화, 평소의 친교, 정기적인 할인쿠폰의 직접전달, 지역상인 친목회 등의 적극 참여, 지역문화행사 등의 적극적인 참여 등이 필요한 업무가 되며 한 사람용의 식사주문도(특히 중식시간) 배달할 수 있는 시스템을 구축해야 하며 필요하다면 점포출입구에 도시락형 식사를 판매하는 시스템 구축도 연구해 볼 만한 과제다.

또 인근의 노래방, 단란주점과의 연합판촉전략도 행해봄 직하다. 때로는 미용실, 패션점포, 구두전문점 등과 공동으로 전단지 제작 또는 판넬 등을 합동판촉점포에 교환배치(벽면에 부착하는 등)하는 방법도 구사해 볼 필요가 있다.

요컨대 배타성이 강한 지역이므로 거리 상점가의 경영자나 종업원들에게 인심을 얻는 작전이 필요하다(이것은 전략문제 이전의 마인드 문제가 되지만). 이런 번화가에는 이면 골목에 극히 소규모 가족경영식당이 많은데 맛있고 저가의 식당이며 상당히 오랜 역사가 있는 점포들이다.

이들 점포와 싸워서 이기는 전략은 바쁜 직장인들을 위한 간이식사, 편리성, 값의 유연성 등을 판촉의 항목으로 내세우는 것이다.

또 토요일, 일요일 등 휴무일과 일과시간 후의 유동고객이나 일과성 고객을 흡입하는 수단은 간판의 특이성, 출입구의 편리성, 외부에서 점포의 내부사정을 알 수 있게 하는 시계성(視界性)이 중요 판촉수단이 될 수 있다. 너무나 화려한 거리고 모든 점포가 네온간판이나 첨단형 간판을 부착하고 있으므로 자기 점포의 특성을 나타내기란 여간 어려운 문제가 아니다.

그러나 적어도 보행인에게는 20m 전후방에서, 자동차가 주행하고 있다면 2백m 전방에서 점포의 위치는 확인될 수 있어야 할 것이다. 또 휴일 등에 내점하는 고객은(대부분 젊은 층이 많으므로) 점내에 사람이 없으면 입점을 꺼리는 경향이 많다(특히 여성고객의 경우는 더 그렇다). 이러한 특성을 알고 저녁피크타임이 7시 30분부터라면 영업피크 1시간 전에 입점하는 고객에게 어떤 특별한 접객(가격할인 또는 서비스제품 제공)을 연구하여 피크 전 입점고객이 피크시간 고객유입에 연결되도록 하는 전략연구도 필요하다고 본다.

또 하나 기본적인 발상은 화려한 지역이기 때문에 인테리어나 의자, 테이블은 마땅히 고급스럽게 꾸며져야 한다고 생각하기 쉬운데, 유행의 단명성을 이해한다면 여기에 대응하는 방법을 생각할 수 있을 것이다.

고급스런 분위기도 좋지만 고객의 대부분이 유행과 개성을 쫓는 젊은 세대들이다. 오히려 심플하면서도 어떤 화제성 있는 디자인을 필요로 할 것이다. 그리고 1회에 많은 투자를 하기보다는 계절별로 점포 분위기에 변화를 주거나 리뉴얼(개장업무)의 연차가 짧아도 시행할 수 있는 방향으로 적은 투자의 개성있는 점포 인테리어 꾸미기가 필요할 것이다.

금방 싫증을 내기 쉽고 새로운 테마성을 찾아 끊임없이 이동하는 고객을 유입할 수 있는 전략은 자연히 계절적 변화, 시대적인 변화에 맞추어 변화해 가는 것이다.

(2) 학원가 점포의 판촉포인트

학원가는 남녀 중 · 고교가 많은 지역, 대학입시학원의 집결지, 대학 캠퍼스가 있는 지역, 지방도시의 대학 캠퍼스가 있는 외곽지대, 대학가는 아니지만 대학로 주변, 관철동 지역처럼 학생들이 많이 모이는 곳 등에 위치한 점포가 학원가 점포에 해당될 것이다.

이 중 중 · 고등학교 소재지는 학교생활 여건상 극히 소규모 베이커리 전문점이나 분식점을 제외하고는 식당다운 식당이 존재하기 어렵고 대학입시 중심의 학원가도 패스트푸드점포 등이 개점하고 있으나, 이들의 학업생활도 고교생들과 별 차이가 없기 때문에 식당이용시간은 극히 한정적일 수밖에 없다. 노량진의 학원지역에 가보면 분식 중심의 소규모 식당이 몇 개 있고 패스트푸드점포가 몇 개 영업중이나 그렇게 활성화되어 있는 것 같지는 않으며 영업부진으로 폐업하는 패스트푸드점포도 있다. 따라서 학원가 점포라고 말할 때는 대학캠퍼스가 있는 지역의 상권에 출점한 점포를 중심으로 설명해야 할 것이다.

학원가(대학가)의 출점은 점포개발항목에서 설명했지만 생각보다 어려운 여건임을 알아야 한다. 아무리 계절 구분 없이 학생들이 등교한다지만 역시 여름 및 겨울방학 중에는 구내식당은 물론 인근 식당도 영업이 잘 되지 않는다.

서울 근교의 대학 인근이나 지방도시의 대학캠퍼스 인근에 위치한 식당도 역시 영업이 활성화되지 못하고 있다. 여러 가지 요인이 있겠지만 학생층은 어쨌든 자기수입이 없는 소비층이므로 외식비나 용돈이 넉넉한 편이 아니다.

또 하나의 문제는 학교 앞에는 식당보다는 당구장, 볼링장 등의 영업이 오히려 활성화되고 있다는 점이다. 그만큼 대학가의 식당영업은 어려운 점이 많다.

또 다른 특색은 대학생들은 어쨌든 4년이 지나면 학교를 떠나며 평균적으로 매년 25%의 새로운 고객이 유입된다. 따라서 이러한 새로운 고객을 개척하는 것이 결코 수월한 문제는 아닌 것이다.

항상 유동하며 새로운 테마를 찾아 이동하는 젊은 소비집단이기 때문에 고전적인 분위기보다는 심플하고 편리한 분위기를 선호할 것이며 메뉴의 질보다 메뉴의 제공량에 신경을 써야 할 것이다. 대학가의 식당경영자는 젊은 세대와의 대화를 즐길 수 있어야 하며, 특히 대학 내 동아리집단과 계속적인 유대를 가져야 한다. 신학기의 동아리모임, 향우회모임 등의 고객을 흡수하지 못하면 경영이 어렵게 된다.

대학가에는 대형식당이 없고 각종 설비(에어컨시설 등)가 충분치 못한 점도 지적되고 있다. 주로 염가 위주의 식당이므로 채산성확보가 어려운 때문인지는 모르겠으나 냉난방시설이 완전한 식당이 많지 않기 때문에 이러한 점도 판촉의 대상으로 삼아야 할 과제다. 연세대나 홍익대, 이대 등의 대학캠퍼스 인근 식당 중 영업이 어느 정도 활성화되어 있는 점포도 있으나, 이는 대학생고객 확보로 인한 결과가 아니고 인근 사무실 또는 영업소 등에 근무하는 일반고객의 이용에 의한 결과라는 점에 유의해야 한다.

대학 인근에 유명점포가 거의 없다는 것은 대학 근처의 점포운영이 그만큼 어려워 경영주가 자주 바뀐다는 것을 보아도 알 수 있다.

식당업보다는 하드락카페나 맥주홀 등 주장(酒場) 중심 영업으로 현상을 유지하고 있는 여건이다. IMF 외환위기 이후는 학생생활도 많이 달라졌지만, 어쨌든 식당보다 약간은 퇴폐성(?) 있는 이러한 주류 중심의 업종이 성행하는 것은 안타까운 일이다.

일본의 와세다대학 앞, 도쿄제국대 앞, 오차노미수(お茶の水)의 대학가에 가보면 학생용 식당이 많으나 카페나 맥주홀 등은 거의 보이지 않는다는 점은 한 번쯤 생각해 볼 문제다.

대학가 식당은 단품 위주의 저단가 한식류, 경식 중심의 식사와 드링크류, 양 중심의 육류구이 점포 등이 유망한 업종이 될 것으로 본다. 외국처럼 베이커리 레스토랑이나 푸드가라오케 점포, 아이스크림과 커피 등 음료류의 CO-Branding(복합브랜드)점포가 법률상 허가될 수 없어 대학가에 출점하지 못하고 있는데, 이런 법률적 제약만 없다면 시도해 볼 만한 업종으로 생각된다.

대학가는 위에서 설명한 대로 시장의 제한성, 고객의 유동성 등 판촉전략 구사에 어려운 점이 많으나, 몇 가지 시행할 수 있는 전략은 있다.

① 동아리 그룹과의 친밀한 연대 : 동아리와 긴밀한 연락을 취하며 이들의 연례모임, 월례모임 등을 적극 유치한다(핵심멤버 초대 등을 가끔 실시한다).

② 학교행사 등에 적극 협조하여 이미지를 높인다(찬조금 등의 적극지원).

③ 대학신문 등에 점포의 특성을 알리는 광고를 낸다.

④ 점포분위기를 젊은 세대에 맞게 꾸민다. 특히 여학생들이 혼자서도 쉽게 들어갈 수 있는 분위기 만들기 또는 금연석과 흡연석을 구분해 고객에게 서로 피해가 없도록 할 것(흡연여성을 배려하는 분위기 연출도 필요하다).

⑤ 젊은 연인이나 5~10명 그룹이 대화를 할 수 있고 토론을 할 수 있는 룸 구성

⑥ 학생들의 긴급한 사정을 감싸안는 역할도 담당한다. 긴급히 용돈을 융통코자 하는 학생들에게 일정한도의 용돈을 빌려주는 방법연구(그러한 일도 가능하다는 점포이미지를 만들어간다)

⑦ 식사 후 조용한 시간(다음 강의시간을 기다리며 공부할 수 있는 시간)을 가질 수 있도록 하는 분위기 연출

⑧ 젊은 층이 좋아하는 명곡이나 조용한 음악의 소개

⑨ 대학졸업 후에도 연결될 수 있는 고정고객운영 시스템의 실시 등이 대학가 판촉수단의 예가 될 것이다.

(3) 주택단지 주변 점포의 판촉(I)

주택단지, 아파트단지 점포 주고객은 주부층과 그 가족이다. 평일의 중식, 저녁 외식, 휴일의 외식 결정권을 갖는 것은 주부인 경우가 많다. 따라서 주부층을 핵심 고객으로 유입하는 전략이 주택단지 점포의 핵심 판촉업무가 된다.

특히 주부층은 입으로 전달하는 살아 있는 광고팀이므로 이들의 구설수에 한번 오르게 되면 그 점포의 발전은 크게 기대할 수 없다. 음식점 경영자의 기본자질은 뭐니뭐니해도 겸손이다. 그런데 특히 주부층 고객이 많이 내점하는 주택지 점포의

경우 경영주의 몸가짐이나 예의 바른 행동이 더 중요한 판촉요소가 될 수 있다.

종업원 특히 여성직원의 접객태도도 주부층 고객을 확보하는 중요 판촉요소가 될 수 있다. 그리고 만약 부부가 현장에서 공동으로 점포를 운영하는 경우 또는 여성이 경영주인 경우는 특별한 자세가 필요하다. 너무 화려한 옷이나 얼굴화장, 또는 귀걸이, 목걸이 등 장신구의 호사스러움은 여성고객에게는 절대로 불쾌한 요소로 작용한다. 자기보다 화려한 옷을 입고 짙은 화장을 했으며 요란한 액세서리로 치장한 여성경영주가 버티고 있는 식당을 기분 좋게 찾아갈 여성고객은 그리 많지 않을 것이다.

수수한 옷차림으로 여성고객의 섬세한 감정의 기폭을 이해하는 마음씀씀이가 필요하다.

주택가 점포에서 가끔 나타나는 트러블 중 하나가 여성종업원과 고객의 마찰문제인데, 극히 사소한 일로 발단되는 예가 허다하다.

예를 들면, 갈비전문점의 경우 여성은 가끔 생각지도 못한 엉뚱한 행동을 하는 경우가 있다. “이 갈비는 전번에 내놓았던 것보다 훨씬 작아보이잖아. 바꿔줘요.”

종업원이 생각하면 어이없는 요구지만 여성의 감정이란 순간적으로 나타나는 경우도 있기 때문에 이때 종업원이 “아닙니다. 우리 점포 갈비는 거의 기계작업으로 제품하기 때문에 양이 다를 리가 없어요”라고 대답한다면 트러블이 발생하는 것은 당연하다. 여성 고객은 “그러면 내가 쓸데없는 거짓말을 한다는 얘기예요? 이 사람 정말 예의가 없어…”라고 반말이 나온다. 이렇게 되면 어지간히 훈련된 직원이 아니면 “별꼴이야. 요구할 것을 요구해야지.” 하면서 언쟁이 시작된다.

이것은 최하위의 접객자세다. 언쟁이 붙은 당사자들은 영원히 그 점포의 고객이 될 수 없고 그 고객과 관계가 있는 마을주민, 아파트단지의 주부층도 고객화시키기 어려우며 동석한 다른 고객에게도 불쾌감을 주게 된다.

이때는 “혹시 실수했을지도 모르겠습니다. 바로 바꾸어 드리겠습니다. 죄송합니다”라고 밝은 태도로 대답하고 바로 다른 갈비를 교환해 제공하면 더 이상 그 고객은 군말이 없게 되고, “내가 고정고객이니까 고쳐달라면 바로 고쳐주니 오히려 기분이 좋아진다”라고 생각할 것이다.

이와 같이 주택지 점포는 주부층 고객에 대한 이런 섬세한 접객자세가 가장 중요한 판촉수단이 된다.

주택지 점포에서 또 하나 유의해야 될 사항은 주부층들이 오랫동안 점포에 머무는 것을 어떻게 현명하게 대처하는가 하는 문제다.

어느 통계조사에서 찾아보면 주부들은 식사 후 보통 30분 이내에 점포를 떠나는 경우가 25%이고 30분 이상 1시간 정도 머무는 경우가 약 27%나 된다고 한다. 더구나 연령층이 30대, 40대에 이르면 30분에서 1시간 이상 머무는 경우가 30%에 이른다는 것이다. 주부 고객들은 육아문제 등으로 많은 스트레스를 받고 있으며 이웃 또는 친구들과 식사를 하면서 이 스트레스를 발산하곤 한다. 점포에 좌석의 여유가 있고 혼잡하지 않으면 관계없으나, 고객으로 넘쳐나는 시간대에 식사 정도(주부들은 주류나 음료를 많이 주문하지 않아 비교적 객단가가 낮다)를 하면서 1시간 이상 머물면 점포로서는 난처한 입장이 아닐 수 없다. 이때 점포의 대응방법이 문제가 된다.

특히 50대 주부들은 웃고 떠들며 거의 옆 손님을 의식하지 않고 제멋대로 행동하는 고객이 많다. 이때의 대응방법은 정말 난감한 문제가 아닐 수 없다.

식사를 마친 뒤 그릇을 치우려고 하면 소량의 요리가 남아 있어도 "그냥 두고 가라"고 하며 "뭐 마실 것이라도"라고 주문을 유도하면 "냉수나 더 갔다줘요"라는 요구만 하기 일쑤다. 이런 유의 고객에게 자리를 좀 비켜달라는 표정을 하면 오히려 역효과를 가져온다. "식사를 했으니 너의 점포에 매상을 올려주었고 한 달에 적어도 한 번은 오는 고정고객인데 좀 앉아서 얘기하는데 무슨 문제가 있느냐? 억지로 나가달라고 하면 더 오래 앉아 있을 거야"라고 생각하고 있기 때문에 역효과를 가져온다.

이때에는 가장 겸손하게 솔직히 사정을 말하는 것이 좋을 것이다. "죄송합니다. 즐거운 이야기꽃을 피우는 데 방해가 된 것 같습니다만, 지금 손님이 많이 와서 좌석이 좀 부족하군요. 저희 점포 고정손님이신 사모님들께서 양보해 주시면 다른 손님에게 서비스를 할 수 있겠습니다만…", "양보를 부탁드립니다"라고 밝고 정중하게 얘기하면, "응 우리가 너무 오래 앉아 있었나? 어머나 벌써 시간이 이렇게 됐네. 자 일어나세." 하면서 대부분은 자리를 양보해 준다. 특히 이 경우 경영주가 직접 대화를 하는 것이 좋을 것이다. 여성종업원이 정중하게 얘기해도 받아들이는 여성고객의 감정은 전혀 다르게 나타날 수 있다.

또 다른 주택단지 점포의 문제점 중의 하나가 유치원생 이하 정도 연령의 장난기가 심한 어린이 고객을 대동했을 때의 접객방법이다. 어린이들의 천진난만한 행동이 부모들에게는 용인되겠지만 다른 고객에게는 감내하기 어려운 불편을 줄 수 있기 때문이다.

(4) 주택단지 주변 점포의 판촉(II)

주부고객은 식사패턴이 다양하다.

소득에 관계없이 패션의상이나 핸드백, 구두 등을 구입할 때는 고급지향이지만, 식사는 단독으로 하는 경우가 거의 없고 대부분 2~3명 그룹으로 와서 값비싼 메뉴는 거의 주문하지 않는다. 따라서 주부의 식사패턴에 대한 연구가 필요하다.

주부의 식사패턴은 같은 이웃 주부층 2~3명과 함께 식사하는 경우, 학교 동창생 몇 명과 함께 식사하는 경우, 가족과 함께 식사하는 경우, 그리고 결혼기념일 등 특수한 날 남편과 단둘이서 식사하는 경우 등 여러 형태가 있고 이 형편에 따라 이용하는 시간, 이용하는 식당, 구입메뉴가 전혀 달라진다.

가족과 식사하는 경우 또는 결혼기념일 등에 하는 식사는 약간 고급메뉴를 선택하기도 하며 결혼기념일 등에는 상당히 고급이거나 무드가 있는 식당을 선호하기도 한다.

한편, 동네 주부나 동창회 모임 등에서는 그다지 고급스런 메뉴를 선택하지 않는다. 위 두 경우는 회비를 모아 공동외식하는 형태가 많으므로 고급메뉴보다 누구나 다 같은 수준의 식사를 하는 공통메뉴 쪽을 선택하는 경향이 많다.

점포입장에서는 이러한 여성의 외식형태에 맞춰 적절한 메뉴 선택이 이뤄지도록 도와주는 서비스가 필요할 것이다. 또 주부들은 티타임에도 입점하는 경우가 있으므로 이들에 대한 선심가격 메뉴설정도 연구해 봄 직하다. 레이디스 스페셜 메뉴를 도입하여 티타임에 오는 주부들에 한해 가격 및 서비스에서 월등히 우수한 메뉴를 제공할 수 있도록 하는 판촉방안도 연구되어야 한다.

또 주부들에게 가장 강한 이미지를 심어줄 수 있는 요소로서 화장실이 타 점포보다 뛰어나다는 평을 듣도록 해야 한다. 이것도 고객에게 제공하는 우수한 공간판촉 요소의 하나이다. 반드시 여성종업원으로 하여금 1시간 1회 이상 점검토록 하여 비누 및 화장지가 떨어지지 않게 보충에 유의해야 한다.

어떤 A급 점포는 여성고객이 전체 고객의 70% 이상인데 경영주의 배려로 화장실 내에 생리용품까지 준비해 두고 고객들이 이용토록 하고 있다. 그만큼 여성고객에게 최대한 관심을 갖는다는 뜻을 고객에게 전달하는 판촉기법이라고 볼 수 있을 것이다.

여성고객 중에는 발언권이 강하고 사교적인 여성이 많은데, 이들 고객은 점포의 여성종업원에게 반말을 하거나 함부로 대하는 경향이 있다. 앞에서도 얘기했지만 이런 고객의 '제멋대로 행동'에 감정을 나타내는 것은 절대 피해야 할 것이다.

이런 힘든 고객을 어떻게 접대하여 우리 점포 고정고객으로 만들까 하는 전향적 자세를 갖고 여성직원을 잘 교육시키면 의외로 점포의 고정팬이 되어 많은 사교클럽이나 여성회원들을 대거 몰고 오는 경우도 있기 때문에 '가장 힘든 고객이 가장 중요한 고객'이 될 수 있다는 점도 간과해서는 안된다.

또 하나 유의해야 할 사항은 여성고객은 식사를 주문한 뒤 추가로 김치 등 밑반찬과 음료수를 요청하는 비율이 높다. 자기가 사용하는 금전의 대가를 어떻게든 많이 확보하려는 욕심이 있으므로 이런 여성고객의 요청에 대해 싫어하거나 불쾌한 기색을 보이면 그것으로 그 손님집단은 영원히 그 점포의 고객이 될 수 없다.

오히려 음료수나 밑반찬의 잔량을 보면서 "사모님 김치 더 갖다드려요?" 혹은 "물을 더 드릴까요?" 등 적극적으로 응대하면 자기를 최대로 귀하게 여긴다고 생각하여 흡족한 기분을 느끼게 되며 추후 가족회식 시에도 그 점포를 이용하게 되는 것이다. 여성고객은 어디까지 마인드쉐어를 어떻게 확보하는가가 판촉의 포인트가 된다.

어떤 조사에서 본 여성의 외식점포 선택요인을 분석한 자료는 다음과 같다.

그 점포의 어떤 점이 마음에 드는가(복수응답)?

① 음식맛이 마음에 든다(7.2%)

② 천천히 오래 머물 수 있다(36.1%)

③ 서비스가 좋다(32.0%)

④ 점포의 인테리어나 분위기가 좋다(29.5%)

⑤ 음식의 볼륨감이 있다(23.7%)

⑥ 음식 단가구성이 마음에 든다(7.5%)

⑦ 혼자라도 가벼운 마음으로 이용할 수 있다(7.5%)

⑧ 기타(15.8%)

여기서 보는 바와 같이 음식보다 분위기나 여성의 기분과 관련되는 항목이 많은 수치를 차지하고 있다는 점은 여성고객의 외식 이용동기를 그대로 반영한 내용으로 볼 수 있을 것이다.

또 음식점에서 이것만은 용서할 수 없다는 내용을 분석한 자료를 보면 다음과 같았다(복수응답).

① 종업원의 태도나 말씨가 나쁘다(32.2%)

② 점포 내 청소상태 불량(19.4%)

③ 음식 제공 시간이 느리다(12.6%)

④ 식사가 끝났으니 나가달라는 태도를 보일 때(8.2%)

⑤ 화장실의 청결감이 없다(8.0%)

⑥ 종업원을 불러도 오지 않는다(4.6%)

⑦ 객석을 지정해서 안내하지 않는다(2.6%)

⑧ 사람들과 뒤섞여 기다리게 한다(1.2%)

이러한 여성의 섬세한 감정 컨트롤을 판촉집행의 중요 포인트로 하는 방법 외에도 고정고객을 위한 고객카드시스템을 도입해 평생고객으로 관리하는 방법도 필요할 것 같다.

(5) 대도로변 주변 점포의 판촉

대도로변 주변 점포의 핵심고객은 역시 점포 앞을 통행하는 자동차 이용고객과 통행인이 주고객이 된다. 물론 도심지 대로변과 외곽순환도로는 기본적으로 판촉 방법이 상이하다.

도심지 대로변 점포는 자동차 통행고객보다 오히려 주변 상업시설 거주자나 점포 앞 보행자가 주고객이 될 수 있으므로 번화가나 오피스가 전략을 준용하면 될 것이다.

외곽순환도로(예를 들면, 남부순환도로) 주변 점포는 여행 · 출퇴근자 등 점포이용시간이 짧은 고객이 있는 반면 토 · 일요일, 휴일을 이용한 나들이 가족고객도 있다. 여행고객에게는 메뉴북의 간편성, 분위기의 편리성, 식사제공의 스피드가 중요한 판촉수단이 되며, 주차시설의 편리성도 중요한 판촉포인트가 될 것이다. 따라서 주차장 출입구에 고정인원을 배치하여 대도로 주행차량과 점포주차장 출입차량과의 충돌예방 등 안전관리가 필요할 것이다.

로드사이드 점포는 주로 점포의 시계성, 인지성, 동선도로의 교통편리성을 점포에서 어떻게 확보해 나가느냐가 중요 판촉포인트가 된다. 예를 들면, 여름철 수목이 우거져서 점포전면이나 점포간판이 전혀 보이지 않을 때 어떤 대책을 강구할 것인가 등이 판촉포인트가 된다.

이때에는 높은 입간판보다는 점포 앞에 1~2m 높이의 점멸간판(번쩍번쩍 전등이 점멸하는 간판)이나 점포 전후방 2백m 거리에 유도간판 등을 설치하여 자동차 운전자에게 점포위치를 예고시키는 방법을 강구해야 한다.

도심지 대도로변이나 외곽순환도로 모두 외식점포입지로써 우수하다고 말할 수는 없다. 우선 도심지 대도로변은 점포임대료나 월세가 고가이기 때문에 채산성 확보가 어렵다는 것은 입지론에서 설명한 바 있다.

또 외곽순환도로는 외국의 경우 드라이브인(Drive-In)이나 드라이브스루(Drive-Through)형 점포가 있기는 하나, 사람관리 문제도 있고 지나친 차량폭주로 인해 점포출입에 많은 위험부담을 갖게 되므로 고객의 입장에서는 특별히 이용할 이유가 없는 입지가 된다. 다만, 여행자들의 만남의 약속장소 또는 간단한 식사를 위해 잠시 이용하는 장소로서의 역할은 가능하므로 앞에서 설명한 대로 시계성 확보와 간이식사 및 빠른 서비스가 이뤄지도록 하는 운영력이 판촉의 중요 요소가 될 것이다.

그러나 대로변 점포라도 대단위 주택단지나 아파트단지가 배후에 있고 충분한 주차장 확보가 가능하다면 F.R.의 영업은 충분한 승산이 있을 것으로 본다. 이러한 주택단지 입구와 대로가 함께 연결되는 위치에 있는 점포라면 여러 가지 판촉방법을 구사할 수 있다. 아침 출근자를 위한 조식메뉴, 토요일, 일요일에 등산, 낚시, 여행을 떠나는 사람들을 위한 종합도시락 또는 세트메뉴 개발, 만남의 장소로 활용할 수 있도록 메모판의 설치 또는 메모용지 보관판 설치, 각종 여행안내서 비치 등 여행사와 연합하여 판촉전략도 구상할 수 있을 것이다.

(6) 기타의 판촉방법

연회고객, 테이크아웃 고객, 저녁 귀가길의 가벼운 한잔 분위기를 만들어주는 판촉방법도 연구할 수 있다. 연말, 크리스마스 등 특별한 기간의 고객유치를 위해서는 적어도 2개월 전부터 단체고객의 연회유치활동을 전개해야 한다.

1차 편지(DM)를 보내고 2차로 현장을 직접 찾아가는 성의를 보이면 단체연회고객이 찾아오기 마련이다. 해당일자에 가까워져서야 점포 전면에 '단체고객환영', '주차장 및 좌석완비'라는 플래카드 정도를 부착하는 등의 판촉업무는 무성의하고 무계획적인 것으로 볼 수 있다.

적어도 DM 등을 보내어 1인당 연회비용은 어느 수준이며 A, B, C 3개 정도의 코스와 주요 메뉴내용을 알려주고 주류를 포함해서 10명 단위, 20명 단위, 30명 단위 또는 1백 명 단위, 그 이상 그룹고객의 예산을 제시해 주면 고객의 선택에 많은 편의를 제공할 수 있게 된다. 또 전체 그룹의 취향에 알맞은 메뉴가 없다면 오히려 이러저러한 메뉴로 구성할 수는 없느냐, 그런 경우 예산은 얼마냐고 역제안이 제시될 수도 있다. 이런 경우 연회고객의 확보는 틀림없이 이뤄질 것이다.

또 다른 많은 경쟁점포도 연말에는 회식연회고객을 유치하려고 노력할 것이기 때문에 남보다 한 발 앞서 기민하게 움직이는 것이 연회고객 획득의 지름길이다.

그 외에도 테이크아웃 메뉴의 개발, 가정배달 판촉 등은 불황기에는 시도해 봄직한 판촉전략이다. 테이크아웃전략은 점포가 협소하여 중식시간대에 많은 고객을 소화할 수 없을 때 도시락제품을 점두에 진열하여 고객이 구입토록 하는 판매방법이다.

주변에 공원이나 쉼터가 있으면 봄, 여름, 가을철에는 직장인들이 좁은 공간을 피해서 휴식 겸 식사하는 모습을 볼 수 있는데, 테이크아웃 제품도 상당한 시장이 있음을 알아야 한다.

홈딜리버리(택배) 판촉도 중요하다. 비록 한 개를 주문해도 열심히 배달해 주어야 한다. '한 개는 배달 안됩니다'라는 것이 얼마나 건방진 행동이고 바보스런 행동인가? 한 개 주문해서 맛이 좋다고 평가하면 나중에 많은 식구가 모였을 때, 손님이 많이 방문했을 때 전에 주문했던 메뉴를 많이 주문할 것이므로 앞을 내다볼 줄 알아야 한다.

5. 판촉의 새로운 접근사례

(1) 점포 입구의 정리로 고객의 점포 접근성을 높이는 판촉방법

점포 입구에서 고객이 가벼운 마음으로 쉽게 점포에 들어갈 수 있는가 없는가에 따라서 점포 매출은 큰 차이가 발생할 수 있다. 흔히 판매촉진을 말할 때는 전단지를 배포하고 개업기념품을 제공하거나 점포입구에서 개업을 알리는 캠페인을 시행하는 것을 창업초기의 판매촉진으로 생각하기 쉬운데 그에 앞서 생각하여야 하는 것은 점포 입구상태의 정리정돈이다. 이는 고객의 입점을 쉽게 하는 것이 상당히 중요한 판촉요소라는 점이다.

점포에 들어가는 것을 방해하는 요소에는 물리적인 요소와 심리적인 요소가 있는데, 이것은 점포 측 입장에서는 자칫 간과하기 쉬운 것이며 오직 고객의 입장이 되어야 그것을 발견할 수 있다.

점포에 출입을 손쉽게 하는 어프로치(approach)이다. 어프로치의 정의는 점포에 출입하는 것이 쉽거나 어렵거나 하는 조건에 의해 매상고에 영향을 주는데 이는 곧 점포 출입의 난이도에 의한 매상변동요인이라고 말할 수 있다. 이것에 대하여 생각할 점은 점포의 매상고를 구성하는 요소에는 입지요인과 상권요인이 있는데 이 요인 중에서 어프로치는 매상고 달성에 상당히 높은 영향을 주는 요소에 해당된다.

어프로치가 매상고에 끼치는 영향은 고객이 주로 걸어서 점포에 오는 도시형 점포의 경우와 자동차로 내점하는 교외형의 경우는 크게 차이가 있다. 특히 교외형 점포는 어프로치의 좋고 나쁨이 점포실적에 크게 영향을 준다는 것은 입지연구에서 설명한 바 있다.

점포출입의 쉽고 어려움이란 어떤 내용인가? 입점하기 어렵다는 것은 무엇을 의미하는가? 입점이 어렵다는 것은 고객이 점포에 입점하는 것을 방해하는 어떤 장해가 있다는 것을 의미하며, 그 장해를 제거함으로써 고객이 점포에 쉽게 들어갈 수 있게 하는 것이 새로운 의미의 판매촉진이다.

입점을 방해하는 장해에는 두 가지 종류가 있다. 즉 물리적 장해와 심리적 장해이다.

물리적 장해란 어떤 물건이 점포의 입점을 어렵게 하는 케이스이다. 점포 입구 근방에 있는 각종 건조물의 구성상의 문제이며 고객의 눈으로 볼 때 점포의 존재를 확인하기 어려운 사각이 되어 있든가, 점포 앞에 철책이나 목책과 같은 물건이 있어 입구까지 최단거리로 걸어가기 어려운 경우가 여기에 해당된다.

심리적 장해란 처음에 입점함에는 용기가 있어야 하며 어프로치에 무엇인가 어려운 점이 있어서 들어가려는 기분이 들지 않는 것과 같이 인간의 심리 면에서 기인하는 내점 방해요인을 말한다.

이 두 종류의 장해는 서로 독립해서 존재하는 것이 아니고 오히려 많은 경우 물리적 장해가 인간의 심리를 압박해서 심리적인 장해를 일으키는 경우가 많다. 예컨대 점포 앞에 무질서하게 놓여 있는 자전거 등은 물리적인 장해물인 동시에 고객의 내점의욕을 감소시키는 심리적인 장해요인도 되는 것이다.

물리적인 장해물은 어프로치의 자전거와 같이 배제하려고 생각하면 가능한 작업이 되나 많은 경우 그것을 배제하기가 어렵다. 여기서 어프로치 개선의 최대 포인트는 고객의 내점의욕을 방해하는 심리적 장해를 어떻게 부드럽게 조성하는가 하는 문제이다.

심리적인 장해는 눈에 보이지 않는 부분임으로 점포 스태프가 고객의 입장에 서서 생각하지 않으면 알아차리기 어렵다. 이것을 알아내는 것은 순수하게 고객의 입장에서 다른 점포를 이용할 때 자기가 생각하는 네거티브 요인과 포지티브 요인을 자기 점포의 입장에서 분석해 보아야 알게 되는 것이다.

어프로치의 개선대책은 도시형 점포와 교외형 점포와는 전혀 다른 것이므로 여러 가지로 생각하여야 한다. 즉 입지의 차이에 의해 어프로치의 어떤 부분을 개선해 가는 것이 좋은가를 생각해 보아야 한다는 점이다.

건물 앞 도로 폭을 협소하게 하는 장해요인을 주의해야 한다

도시형 점포의 어프로치를 개선함에 고려해야 할 것은 점포 앞의 도로 폭이다.

도로 폭(幅)에서도 도로 전체의 폭이 아니고 보행가능한 도로 폭이 어느 정도인가 하는 점이다. 점포 앞에 자전거가 놓여 있으면 보행자의 보행가능 폭은 실제의 도로 폭보다 아주 협소해진다. 인도에 있는 물리적 장해물은 자전거만이 아닐 것이다. 또 전체의 도로 폭은 그런대로 넓으나 점포 바로 앞에 화단이나 자전거 등이 놓여 있는 경우 보행가능 폭이 협소해지기도 한다. 이외에 점포 바로 앞에 전주(電柱)나 전화박스, 우편박스 등의 공공기물이 있으면 점포로서는 대단히 장해를 받게 된다.

일반적으로 사람의 흐름은 물의 흐름과 같다. 강폭이 넓으면 강물이 천천히 흐르는 것과 같이 폭이 넓은 도로에서는 사람의 흐름도 천천히 흐른다. 도로 폭이 좁으면 사람의 걸음도 빨라지는데 이는 도로 폭이 좁은 것보다 넓은 쪽이 안전하다고 생각하는 인간의 본능에 의한 것이다. 도로 폭이 좁으면 점포로서는 큰 문제가 아닐 수 없다. 인도는 보행자만이 아니고 자전거도 통행한다. 마찰의 위험도 많으므로 이것을 피하기 위하여 어린이를 대동하고 나온 사람들은 조금이라도 빨리 이 도로를 벗어나고 싶어서 이런 길은 스피드를 높여 지나간다. 따라서 이런 도로면에 있는 점포로 들어가려는 여유가 전혀 없어진다. 따라서 좁은 인도는 매상에 큰 마이너스 요소가 된다.

보통의 경우 인도는 3m 정도가 좋다고 하는 조사결과가 있다. 예컨대 친구와 같이 대화를 나누며 걷는 경우 3m의 폭이 되면 앞에서 사람이 걸어와도 접촉할 위험성이 적으며 자전거가 지나가도 여유를 갖고 피할 수 있다. 그러나 보행가능 폭이 2m라면 두 사람이 나란히 걸어가기가 어려운 여건이다. 인도를 걸어갈 때 심리적인 부담이 있는가 없는가 하는 인도 폭의 한계선은 폭이 3m 정도라고 생각한다. 그런 측면에서 점포 앞 도로는 3m 이상을 확보하는 것이 좋다.

물리적인 장해물은 배제가능한 것과 배제하기 어려운 것, 배제 불가능한 것이 있다.

가로수와 공적장해물은 배제 불가능한 장해이나 배제하기 어려운 것 중에는 자기 점포 단독으로는 배제하기 어려운 부분인데, 이 부분은 상점가 협의체 혹은 관할 경찰서에 의뢰해서 무엇인가 가능한 방법을 찾아야 한다. 예를 들면, 점포 앞에 막대와 점멸등(點滅燈)이 들어간 전선을 연결하여 자전거나 다른 방해요인을 접근하지 못하게 하는 방법도 있을 것이다. 이런 기구는 낮은 가격으로 얼마든지 구입할 수 있다.

또 점멸등의 전선에 자전거 주차금지라는 팻말과 점포이름을 적어 걸어둠으로써 점포의 존재를 알리는 간판 역할을 할 수도 있을 것이다.

만약 점포의 측면에 사람의 흐름이 많다면 측면에 출입구를 하나 더 만드는 것도 어프로치를 좋게 하는 방법이다. 이때는 경우에 따라 좌석 수가 줄어들거나 공사기간이 수일간 소요되므로 이 기간 중에 영업을 중지하거나 야간에만 공사를 해야 하는 어려움이 없는 것은 아니다. 이런 경우 개점초기에는 발견하지 못하였으나 개점 후 난 어프로치에 문제점이 발견될 때에는 장기적인 측면에서, 고객의 입점을 쉽게 함으로써 매상고가 증진될 수 있다는 확신이 있으면 과감하게 이를 개선하여야 한다. 추가 비용의 어려움 또는 고객의 입장이 아닌 점포의 입장에서만 문제를 생각하면 이런 문제는 해결될 수 없다. 경우에 따라 단골고객에게 진심으로 어프로치의 문제점을 물어보고 문제점을 발견하면 며칠간 영업을 못 하는 경우가 발생하더라도 과감히 어프로치를 개선하여야 한다. 이것이 새로운 각도에서 검토되는 판매촉진전략의 하나이다.

(2) DM(Direct Mail) 판촉전략의 새 패턴 모색

A. **DM 판촉의 기본** : '이것은 귀하에게만 제공하는 것이다'. 혹은 '이것은 특별한 케이스이다'라는 감을 고객이 느끼도록 하는 것이 포인트가 된다.

어느 점포에서 몇 년 전에 식사한 적이 있는데 몇 년 후인 지금까지 DM이 송부되어오는 경험이 있을 것이다. 그러나 그 점포에 다시 가고 싶은 마음이 없다면 이 DM은 많은 비용만 소비하고 아무 쓸모없는 것이 되어버린다. 다이렉트 메일은 고객을 1대 1로 상대하는 점에 메리트가 있다. 원래 외식점포의 서비스는 모든 고객을 평등하게 대우하는 것이 절대적인 원칙이나 고객의 '남보다 중요하게 대접받고 싶다'라는 심리를 자극하고 '우리 점포가 귀하만을 특별하게 생각하고 있다'는 것을 고객이 느끼게 하는 것이 DM의 전략적 장점이다.

가. DM의 메리트

① 고객에게 개별적인 소구가 가능하다.
② 실시 타이밍을 자유로 선택할 수 있다.
③ 고객을 자유롭게 선택할 수 있다.
④ 전단지와 달리 타 점포가 경쟁하기 어렵다.
⑤ 전단지와 달리 반응이 장기간 계속되고 유효기간을 장기적으로 설정할 수 있다.
⑥ 형태가 자유이므로 모양이 다양다기하다.
⑦ 반응이 빠르고 결과분석이 확실한 데이터에 의해 진행될 수 있다.
⑧ 예산규모를 자유자재로 조정할 수 있다.

나. 고객의 반응률이 높은 DM

① 점포를 찾아주신 데 대한 감사의 인사 DM(앙케이트에 기입된 내용에 따라 점포의 잘못을 사과하는 DM이 되는 경우도 있다)
② 고객을 사랑하는 마음의 DM
③ 생일기념 DM(생일축하 카드 등)
④ 기념일 DM(입학 · 졸업 축하, 성인축하, 결혼기념일 등 축하)
⑤ 이벤트 DM

처음 점포에 오시는 고객(앙케이트를 작성하는 경우 내점 항목에 처음이다라고 답한 고객과 고객 데이터베이스에 신규로 등록한 고객)은 앞으로 고정고객이 될 가능성이 있으므로 이들 고객과의 관계형성의 출발점으로서 감사의 인사를 보낼 것을 권장하고 싶다. 물론 감사의 인사장에는 프레즌트 특전을 첨부한다. 실제 그러한 감사장을 지참하고 내점하는 율이 30% 이상 되는 점포도 있다. 손으로 직접 쓴 감사의 인사장, 사과의 인사장을 앙케이트에 기입한 전원에게 보낼 필요는 없으나 앙케이트에 점포의 잘못을 시정해 달라는 요구와 그것에 대한 어떤 보상을 요구하면 반드시 사죄의 DM을 보내는 것을 룰(rule)화할 필요가 있다. 고객의 요구를 무조건 들어주는 것이 아니라 점포로서 어떤 수준까지 대응하여야 할 것인지에 대한 일정한 룰이 필요하다는 것이다. 이는 직원 각자의 판단에 의해 개인 임의대로 대응하는 것을 사전에 방지하기 위한 것이다. 사죄의 DM을 보내지 않는 것은 시간이 없다거나 귀찮다고 생각하기 때문이다. 이러한 고객과 인간관계를 구축하여 가는 것은 점포 측에서는 당연한 일이다.

생일 DM의 본래 목적은 '생일을 축하합니다' '해피버스데이'의 메시지를 전하는 것이다. 당연히 음식점이라면 '저희 점포에서 생일축하회를 하지 않으시겠습니까'라는 메시지와 내점동기가 되는 선물을 고지한다.

그리고 이벤트DM은 DM 엽서를 발송한 후에 전화로 확인하면 내점률이 높아진다.

다. 이벤트DM

DM은 이벤트 내용에 따라 고객을 대상별로 나누어 송부할 수가 있다. 남녀별, 연령별, 지역별, 회수율별, 반응별, 내점 빈도별, 최근 내점일별, 가족구성별 등이다.

예 ① 런치에 여성고객용 세트메뉴를 충실하게 하여 고지하는 경우 직정여성과 가정주부(어린아이가 없는)를 대상으로 발송한다.

② 아이돌타임에 집객을 위하여 디저트를 충실히 한 고지DM은 여성을 대상으로 연령별 · 지역별로 묶으면 높은 효과가 있다.

③ 고객데이터를 동일가족별로 추출할 수 있다면 이벤트DM은 1가족에 1통의 DM을 보낼 수 있으며 경비절감도 가능하다.

④ 어린이용 이벤트DM은 가족을 연령별로 추출하여 초등학생 이하의 어린이가 있는 모친 앞으로 송부하면 효과가 크다.

⑤ 신규메뉴를 도입하기 전에 고정고객만을 대상으로 시식회의 고지DM을 발송할 수 있다.

⑥ 인근의 경쟁점포가 출점하는 경우 경쟁점포 오픈 전에 일반객, 계속 오는 고객에게 DM을 보냄으로써 조금이라도 경쟁점포에 가지 않도록 할 수 있다.

라. DM판촉을 성공시키는 4개의 포인트(AIDA의 법칙)

DM을 성공시키는 4가지 포인트가 있다. 성공을 확실히 하는 100%의 요인이다.

이 중 50%의 비중을 차지하는 요소가 고객 리스트이다. 이는 다른 말로 표현하면 DM의 타깃이다. 그 다음 20%의 비중을 차지하는 것이 DM의 오퍼이다. 즉 점포 측이 고객에게 제공하는 내용과 특전이다. 그 다음 20%의 요소가 DM의 퀄리티이다. 이는 DM에 표시되는 문장의 디자인과 사진이다. 나머지 10%는 타이밍이다. DM을 발송하는 날짜이다.

[리스트] 리스트는 타깃이다. 성공하는 요인의 반 정도는 리스트에서 결정된다. 오래된 데이터를 사용하지 않고 주소불명으로 되돌아오는 데이터의 삭제는 항상 행하여야 한다. 따라서 고객정보를 축적해 가고 고객의 랭크를 구분하

는 것이 중요하다.

DM에서는 제공하는 상품에 알맞은 타깃을 묶어서 회수율을 높여야 한다. 또한 DM은 보내는 상대를 사전에 결정하므로 그 사람들에 대한 흥미를 나타내도록 하는 효과적인 DM을 만들어야 한다.

[오퍼] 오퍼는 문자 그대로 제공하는 내용이다. DM을 상대에게 보냄으로써 무엇을 제공하는가를 밝힌다. 그것은 상품이며 서비스이다. 우선 DM이 보내지면 즉석에서 제공한다는 내용(언제 어디서 누가 무엇을 어떻게 얼마)을 상대방에게 이해시켜야 한다.

또 하나의 의미는 특전(DM을 지참하신 고객에게는 OO을 선물한다, 며칠까지 내점 주문하시는 고객에게는 OO을 할인해 준다) 등이다.

[퀄리티] 퀄리티는 카피, 디자인, 사진과 그러한 것을 조합해서 작성하는 것이다. 판촉 DM을 이용하는 경우 카피를 먼저 생각하고 카피에 알맞은 디자인을 작업한다. 우선 우수한 카피를 고객에게 소구하지 않으면 안된다. 퀄리티를 결정하는 특수능력이 필요한 것은 전문가만은 아니다. 소비자를 이해할 수 있고 그들의 마음을 알아내는 것이 작업자에게 요구되는 제1의 조건이다.

[타이밍] 이는 DM을 발송하는 시기의 문제이다. 예를 들면, 이벤트가 주말의 토요일에 시작하는 경우에는 3, 4일 전에 발송하도록 한다. 그렇게 하면 DM을 보고 점포의 방문을 주말의 예정에 넣을 수가 있고 예약을 할 수 있다.

생일축하 DM은 생일 2, 3주 전에 보내는 것이 포인트이다.

또한 DM은 신문 삽지(挿紙)로 보내는 전단지와 달리 회수가 장기간 계속될 수 있다. 단, 유효기간은 장기로 정해도 발송에서 1~1.5개월이 적당하다. 그 경우 이벤트 실시 초일에 DM이 도착해도 관계없다. 그리고 계절적인 타이밍도 고려하여야 한다. 여름이 무덥다는 기상예보가 있다면 여름 이벤트에 생맥주 페어 등의 재빠른 판촉계획이 필요하다. 기타 타이밍에는 동업타 점포와의 타이밍도 고려하여 경쟁점포보다 먼저 시행하는 것이 기본이다. 여기에는 물론 오퍼 내용이 경쟁점보다 상회할 것이 전제가 된다.

DM의 'AIDA의 순서법칙'

AIDA의 순서법칙은 DM의 창조성을 고려하는 경우의 심리작전에 필요한 불가결한 법칙이다. DM의 반응률을 높이기 위해서는 캐치, 카피 문장, 사진, 레이아웃 디자인 등이 아주 중요하다.

A(attention : 우선 주목받도록 할 것)
I(interest : 흥미가 있을 것)
D(desire : 욕망을 일으키게 할 것)
A(action : 행동을 일으키게 할 것)

고객이 내점할 때까지는 명확한 순서가 있으며 DM의 내용은 고객이 주목받도록 하고 흥미를 포함시켜야 한다. 그리고 무엇인가 고객에게 욕망을 일으키게 하는 내용이 있어야 한다. 이러한 기분이 들게 함으로써 최종적으로 행동으로 이어지는 것이다(내점으로 이어진다). AIDA와 같은 내용으로 AIDMA라는 용어가 있는데 이때 추가되는 M에는 메모리(기억)가 포함된다.

제 8 장

원가계산과 손익계산서 작성방법

제 8 장 원가계산과 손익계산서 작성방법

제 1 절 원가계산방법

1. 외식업 원가의 특징

① 음식점 원가는 단품 메뉴 원가율의 평균에 의해 산출되지는 않는다.
예를 들어,

A메뉴 원가율 30%
B메뉴 원가율 40%
C메뉴 원가율 35%
평균원가율(30%+40%+35%)÷3=35%

이러한 개념은 잘못된 것이다.

② 음식점 원가는 작업장 환경, 주방요원의 숙련도, 원료상태에 따라 차이가 발생할 수 있다.

③ 음식점 원가는 주방기기의 성능, 생산능력, 작동방법의 숙련도에 따라 차이가 발생할 수 있다.

④ 음식점 원가는 품목별 원가와 판매량에 따라 수시로 변할 수 있다.

[예 1]

품목	제품원가율	판매비율	평균원가율
A메뉴	30%	40%	12.0%
B메뉴	35%	30%	10.5%
C메뉴	20%	30%	6.0%
합계			28.5%

[예 2]

품목	제품원가율	판매비율	평균원가율
A메뉴	30%	30%	9.0%
B메뉴	35%	40%	14.5%
C메뉴	20%	30%	6.0%
합계			29.0%

A, B, C제품의 원가는 각각 30%, 35%, 20%로 같아도 매출비율이 예 1, 2에서 보는 바와 같이 다른 경우 총평균원가는 [예 1], [예 2]에서 각각 28.5%와 29.0%로 다르게 나타난다.

⑤ 동일한 메뉴를 취급하는 체인점의 평균원가도 계절별 · 지역별로 차이가 발생할 수 있다.

⑥ 식자재원가는 개별품목의 원가율과 제품판매비율에 의해 작성하는 표준원가율에 의한 관리를 함으로써 표준과 실적의 차이를 분석하여 차이발생 원인파악 및 원가절감의 대응책을 강구할 수 있다.

⑦ 총 식자재원가를 '기초재고액+당월구입액−기말재고액'의 계산법으로 관리하면 여러 가지 오류가 발생할 수 있다. 예를 들어보자.

예 기초재고액 13,000,000원
기말재고액 8,000,000원
당월구입액 20,000,000원
당월매출액 60,000,000원
당월식자재원가=(13,000,000+20,000,000−8,000,000)
=25,000,000원

$$\text{식자재원가율} = \frac{25,000,000}{60,000,000} \times 100\% = 41.66\%$$

여기서 발생할 수 있는 오류는 다음과 같다.

① 기말재고, 기초재고 조사가 정확히 이루어지지 않을 수 있다. 품목별 규격차이, 단가차이, 중량차이, 그리고 개수로 환산할 수 없는 품목 등의 재고조사가 제대로 이루어질 수 없다.

구입일자	품 목	규 격	수 량	단 가	비 고
7. 10	야채(무)	단	2단	5,000	2kg/단
7. 20	야채(무)	단	1단	8,000	2.5kg/단
7. 21	기름	l	1	10,000	
7. 25	기름	l	2	15,000	

위와 같은 경우 기말재고 파악 시 규격이 다르고 구입단가가 다르기 때문에 수많은 원자재의 정확한 재고파악을 할 수 없다.

② 월말이 지나야 원자재 총원가를 알 수 있고 제품별 판매액은 산출될 수 있으나 제품별 원가를 모르기 때문에 제품별 공헌이익(점포에 이익을 기여하는 정도)을 파악할 수 없다.

③ 기말재고를 간단히 조정함으로써 원가율을 얼마든지 조작할 수 있으므로 부정발생의 소지가 있다.

위에서 기말재고를 12,000,000원으로 보고하면,

$$\text{식자재 원가율} = \frac{13,000,000 + 20,000,000 - 12,000,000}{60,000,000}$$

$$= \frac{21,000,000}{60,000,000} = 35\%$$

이 되어 간단히 식자재 원가율이 41.66%에서 35%가 될 수 있다.

④ 원자재 품목별 로스율을 파악할 수 없어 원자재 정리작업이 제대로 이루어지는지를 체크할 수 없다.

야 채	구입량	수 율	사용량	비 고
배추(A)	200g	70%	140g	우량
배추(B)	200g	60%	120g	불량

같은 야채라도 작업방법에 따라 수율이 다르고 수율에 따라 원가가 크게 달라진다. 개별 원가계산을 하게 되면 수율을 체크할 수 있어 원자재작업 로스를 줄일 수 있다.

2. 표준원가와 실적원가

(1) 표준원가와 실적원가 도표

<table>
<tr><td>이론원가</td><td>표준손실</td><td></td></tr>
<tr><td colspan="2">표준원가</td><td>실작업손실</td></tr>
<tr><td colspan="3">실적원가</td></tr>
</table>

(2) 표준원가

① 표준원가는 표준적인 원자재 사용원가다.
② 표준원가는 표준 레시피에 의해 작성된 원가다.
③ 표준원가는 점포가 지켜야 할 기준원가다.
④ 표준원가는 표준적인 조리매뉴얼 작업에 의해 작성된 기준원가다.
⑤ 표준원가는 개별품목 원가와 제품판매액 백분비에 의해 산출된 기초원가다.
⑥ 표준원가는 점포관리(회사관리) 및 원자재관리의 기준이 되는 원가다.
⑦ 표준원가는 장기간 점포의 경험과 합리적 작업에 의해 정리된 원자재 사용수율에 기초한 작업원가다.
⑧ 표준원가는 원자재의 대체나 표준의 수정에 의해서만 변경되어야 하는 준칙원가다.
⑨ 표준원가의 정확도는 점포노하우 수준을 나타내는 바로미터가 된다.

(3) 실적원가

① 점포단위의 실제작업에 의해 작성된 표준과의 차이원가다.
② 실적원가는 표준과의 차이가 플러스, 마이너스로 최소화했을 때가 좋은 수치라고 평가한다.
③ 실적원가는 표준보다 낮다고 하여 좋은 평가를 받을 수 없다.
④ 매출액 배분비가 변동이 없다는 전제에서 사전 경험치에 의해 작성한 표준원가와 실적원가의 차이 발생이 최소화되었을 때 우수한 품질관리가 이루어졌다고 평가할 수 있다.

(4) 표준원가와 실적원가의 차이분석

① 가능한 표준원가에 맞추는 노력이 점포단위에서는 필수적으로 실현되어야 한다.
② 표준원가와 실적원가의 차이가 최소화되었다는 것은 균일 품질생산과 맛의 균일성이 실현되고 있다는 것을 의미한다.
③ 표준원가와 실적원가 차이가 클 때에는 조리작업 미스 및 원자재관리에 있어 미스가 있다는 것을 증명하는 것이다.
④ 정확하게 매뉴얼대로 작업이 이루어지고 있는데도 장기간 표준원가와 실적원가 차이가 클 때에는 표준 자체의 설정이 잘못될 수도 있으므로 이때에는 표준원가의 수정이 이루어져야 한다.

3. FL Cost의 중요성

① FL Cost란 Food+Labour Cost, 즉 '원자재원가'와 '인건비원가'를 합친 기초원가를 의미한다.
② 식당업에서 FL Cost는 보통 65%~70%에 이르기 때문에 식당영업 이익의 핵심요소가 되며 FL Cost관리가 곧 점포이익관리라고 말할 수 있다.
③ FL Cost는 관리가 가능한 원가이므로 합리적 작업과 합리적 시스템에 의해 축소될 수가 있다.
④ FL Cost 다운은 원자재의 합리적인 수율관리와 노동생산성을 향상시킴으로써 가능하다.

4. 표준원가의 중요성과 작성방법

점포의 메뉴별 원가에 기초하여 메뉴별 이익공헌도를 파악하기 위해서는 표준원가 관리가 필요하며 원자재 사용 전체량을 일괄계산하는 방법(원자재 사용액=기초재고액+당월 구입액-기말재고액)은 현대의 계수관리경영에는 맞지 않는다. 현대는 컴퓨터 시대이기 때문에 표준원가는 적절한 프로그램만 개발하면 간단하게 작성할 수 있는 내용임을 경영자는 인식해야 한다.

(1) 표준원가 계산순서

① 각 메뉴별로 정확한 레시피를 작성한다.
② 각 원자재의 정확한 작업수율을 작성한다.
③ 원자재 수율에 의한 메뉴별 원자재 실제사용량을 계산한다.
④ 원자재 실제사용량에 단위당 구입단가를 곱한다.
⑤ 메뉴별 개별원가를 계산한다.
⑥ 메뉴별 판매가에서 V.A.T를 공제한 금액을 매출단가로 계산한다.
⑦ 각 메뉴별 매출금액의 백분비를 계산한다.
⑧ 메뉴별 표준원가와 메뉴별 매출금액의 백분비를 곱하여 점포의 종합표준원가를 산출한다.

(2) 메뉴별 표준원가 작성사례

[품명 : 샐러드]

원자재명	레시피	원자재 실제 사용량	구매단가	원가부담액	비고
레터스	80g	88g	@10/g	880원	수율 90%
토마토	60g	75g	@10/g	750원	수율 80%
오이	10g	12.5g	@10/g	125원	수율 80%
아스파라거스	2개	2개	@10/개	20원	수율 100%
적캐비지	10g	14.2g	@50/g	710원	수율 70%
파슬리	1개	1개	@10/개	10원	수율 100%
드레싱	40g	57g	@10/g	570원	수율 70%
합계				3,065원	

메뉴가격				@10,000	(V.A.T 별도)
기초원가율				30.65%	
특기사항	① 실제 구입 시 야채류는 kg으로 구입하나 계산의 편의상 g으로 환산하여 g당 단가를 기록하였음. ② 메뉴가격이 V.A.T 포함가격일 때에는 매출가격을 10,000÷1.1=9,090원으로 계산한다. 이때의 품목원가율은 33.71%가 됨((3,065÷9,090)×100%).				

(3) 점포 종합표준원가 작성사례

구분 품목	판매개수	판매단가	매출액	매출비율	품목원가	점포 표준원가
① S햄버거	100개	750원	75,000원	4.0%	30.0%	1.28%
② A햄버거	200개	700원	140,000원	7.4%	35.0%	2.59%
③ 드링크	300개	600원	180,000원	9.5%	25.0%	2.37%
④ 샐러드	100개	10,000원	1,000,000원	52.7%	30.6%	16.12%
⑤ 디저트	100개	5,000원	500,000원	26.4%	20.0%	5.28%
합계			1,895,000원	100%		27.56%

(4) 원가를 틀리게 하는 여러 요인

① 매출액 로스(레지스터 금액차이 매상전표 집계미스)

② 금전등록기 조작 차이(매출 자체를 과대 · 과소로 계산)

③ 금전사고(도난, 분실)

④ 재고조사 미스(품목착오, 수량착오, 단위착오)

⑤ 검수 시 수량 체크미스(입고량 차이)

⑥ 납품전표와 실물의 차이 미스(타원료입고)

⑦ 대체전표의 착오(품목 착오, 수량기재 미스)

⑧ 폐기 감모분의 처리 미스(조리 미스, 서빙 미스)

제2절 손익계산서 작성법

1. 손익계산서 양식

월차 손익계산서

항목	금액	비고
1. 매출액		
2. 매출원가 1) 직접재료비 2) 점포인건비 3) 조리직접경비		
3. 매출이익		
4. 일반관리비 및 판매비 1) 광고선전비 2) 운반비 3) 복리후생비 4) 감가상각비 5) 임차료 6) 수선비 7) 그릇파손비 8) 소모품비 9) 광열용수비 10) 기부접대비 11) 조세공과금 12) 수수료 13) 보험료 14) 통신비 15) 교통비 16) 기타 경비		소모품비에 포함시켜도 좋다.
5. 영업이익		
6. 영업외 비용 지급이자		
7. 당기순이익		

2. 손익계산서 작성요령

(1) 매출액

실제 총매출액에서 할인금액을 제한 금액이 총매출액이다. 이때 주의해야 할 것은 소비자가 지불하는 메뉴단가를 그대로 매출액으로 산정할 수는 없고 이 금액에서 부가세를 제한 금액으로 매출액을 계산하여야 한다.

예를 들면, 총매출액에서 부가세를 제한 금액산출은 다음과 같이 계산한다.

총매출액 30,000,000원
순매출액 30,000,000÷1.1＝27,272,720원(부가세를 제한 금액)

이 순매출액을 매출액으로 계산해야 원가율 계산이나 손익계산이 정확하게 산출될 수 있다.

(2) 원자재비

원자재비는 표준원가가 계산되어 있다면 매출계수와 매출계수별 금액의 백분율에 의해 총 식자재원가율을 산출할 수 있으므로 이를 매출총액에 곱하면 쉽게 원자재비를 계산할 수 있다. 그러나 소규모 점포나 표준원가계산이 시스템화되어 있지 않은 점포라면 총괄주의를 채택하지 않을 수 없다. 총괄주의로 계산할 때 가장 문제가 되는 것이 월말재고자산 파악방법이다. 재고자산 파악방법을 명확히 해두어야 총액기준으로 원자재 사용량을 계산할 때 의의가 있는 것이지, 월말재고를 적당히 조정하면 원자재 사용량이 임의로 늘어나거나 축소되기도 하여 점포의 식자재 원가율 계산도 명확히 할 수 없게 된다. 총액기준 식자재 사용계산은 극히 간단하다.

당월 총원료사용액＝(기초재고액＋당월 중 사입액)－(기말재고액)

이러한 계산방법으로 각 품목의 당월 사용액을 파악하고 그것을 합계하면 된다. 이때 파악된 수량 중에 각 구입단계마다 구입가격에 차이가 있을 때는 어떻게 처리해야 할 것인가가 문제가 된다.

그러나 이것은 단순평균법, 이동평균법, 가중평균법 등 여러 가지 회계처리, 원가계산방법이 있으나, 그렇게 복잡하게 생각할 필요없이 전반적인 점포현황을 파악할 정도라면 구입가격의 단순평균가격을 적용하는 정도로 계산해도 큰 차이가 없을 것이다. 최종적으로는 경리에서 선입선출로 출고에 따른 매입가격을 적용해서 계산하면 되기 때문이다. 단순평균계산은 감자를 예로 들어 설명해 보자.

일 자	품목	구입량	단가(원)	금액(원)
2. 14.	감자	20kg	@1,000	20,000
2. 25.	감자	10kg	@950	9,500
2. 28.	감자	5kg	@900	4,500

으로 구입해서 구입가격의 평균을 계산할 때에는 실제 선입선출 기준으로 적용시키는 계산은

2월 15일 출고 15kg, 15kg×1,000원

2월 22일 출고 10kg, 10kg×1,000원

5kg× 950원

으로 계산되어야 하나, 이것이 계속 반복되면 남아 있는 감자가 언제 구입했는지, 또 입출고가 더 복잡하게 이루어지면 경리장부나 출고대장에는 선입선출로 계산할 수 있을지 모르나, 점포단위에서 수많은 품목을 이런 수준까지 계산할 수는 없으므로 월말 재고조사에서 남은 수량에 단순평균단가를 곱해도 된다.

월말재고 감자 15kg

단순평균가격(1,000＋950＋900)÷3＝950원

따라서 월말재고액은 15kg×950＝14,290원으로 계산할 수 있다.

재고자산 파악 시의 단수(端數)처리방법이 문제가 되는데, 이것도 기준률을 정해야 한다. 예를 들어 무게를 달아서 계산할 수 있는 것은 저울로 계량하면 된다. 쇠고기 몇 kg 등으로, 또 낱개로 헤아릴 수 있는 것은 더 쉽다.

햄, 소시지 규격 500g, 20개

규격 250g, 15개

로 체크가 가능하다. 문제는 부피로 재고량을 파악해야 하는 물품의 재고파악이 어려운데 이것은 일정한 규칙을 정해 놓고 계산하면 당월조사에는 약간의 차이가 있을 수 있으나, 2개월치를 평균해 보면 비슷한 수량으로 계산되므로 큰 문제는 없을 것 같다.

부피로 재고파악을 하는 경우, 예를 들면, 간장통의 규격이 1L인데 30%만 사용했다고 했을 때 재고조사단위가 통 단위라면 이를 1통으로 계산할 것인가, 1/2통으로 계산할 것인가를 결정할 수 있는 규칙이 필요하다.

재고조사는 조사대상품목의 규격이 일정하게 정해져야 한다. kg이면 kg으로 계속 조사되어야 하고, '통'이나 '갤런'으로 규격이 정해져 있으면 그 규격을 기준으로 재고파악이 되어야 한다. 즉 그 규격은 구입 시의 구입단위가 될 수밖에 없다. 한 묶음에 5백 개짜리 나무젓가락 재고파악 시 사입 시 규격 한 묶음(500개)이 2천5백 원이었다면 재고도 한 묶음(5백 개)으로 하여 1/2묶음, 1/3묶음에 단가 2천5백 원을 곱해서 계산해야지, 이것을 낱개로 헤아려서 257×단가 5원으로 환산하는 것은 계산의 복잡성도 문제되겠지만, 재고자산 조사시간이 너무 오래 소요되어 본래의 취지를 살리지 못하게 되기 때문에, 사입 시 규격을 그대로 적용하는 것이 편리하다고 생각한다.

간장의 경우 1/3 정도 사용했다면 재고조사 시는 0.5통으로 처리한다. 또는 1/5 정도 사용했다면 재고량은 1통으로 계산한다는 규칙을 정해두면 그대로 시행하여 당월 사용 자재량을 계산하면 큰 무리는 없다고 본다.

점포에 따라서는 이 재고조사방법이 귀찮고 또 어렵게 생각되어 당월 사입액을 당월의 원료사용량으로 전부 계산해 버리는 경우가 많은데, 정확한 원가액 산출과 작업로스를 줄이는 대책강구를 위해서는 이러한 방법을 써서 원자재 사용액을 계산해서는 안될 것이다.

원자재에 따라서는 1회 사입량이 정해지고 이를 6개월 정도 사용할 수도 있으므로 당월 사입량을 기준으로 원료사용량을 산정하는 경우 이와 같은 물품을 사입한 달은 원가액이 높아질 수밖에 없으며, 나머지 5개월은 실제보다 식자재원가율이 낮아지는 불합리한 결과를 초래하므로 당월 구입액=당월 재고액으로 파악하는 방법은 이제 지양되어야 할 때가 되었다고 생각한다.

점포관리시스템이 표준원가를 산정할 수 있으면 간단하게 제1절에서 설명한 총 표준원가와 매출금액 백분율에 의해 복잡한 재고조사 없이 간단히 원자재비를 계산할 수 있다.

(3) 인건비

점포운영에 직접 투입되는 인원에게 지급되는 경비다. 월급여, 모든 수당, 복리후생비, 퇴직금월할계산액 등을 포함시키면 된다. 복리후생비에는 점포종업원이 식사하는 식대, 회사부담 국민연금기금, 건강진단 등 모든 비용이 포함되며 퇴직금도 월할계산하여 포함시켜야 한다. 현금 지출이 이루어지지 않아도 월차손익계산서 작성 시는 일단 비용항목으로 계산해야 하며 경리에서는 이를 충당금항목으로 설정한다.

기타 경비는 발생주의를 원칙으로 하되, 저장품이나 장기간 소요되는 품목은 반드시 당월에 사용하는 분량만 당월의 비용에 삽입시켜야 한다. 원자재 기말재고 파악 시 또 하나 유의해야 할 것은 보통 제조기업에서는 재고자산 회전율을 영업소 평가요소 항목에 넣어 우수영업소 선정기준의 한 항목으로 삼고 있는 예가 많은데, 이들 제조기업에서 성장해 온 관리자들이 빠지는 함정 중의 하나가 식당업에서도 이 방법을 그대로 적용시켜 월말 재고량을 극도로 축소시키므로 다음달 초부터 재고부족으로 식당영업을 어렵게 하는 웃지 못할 행태가 발생하는 예도 있다.

(4) 감가상각

이는 정률법으로 할 것이냐 혹은 정액법으로 할 것이냐의 문제인데, 회사의 경우는 회사의 룰에 따르면 되고 개인점포의 경우는 정액법을 채택하는 것이 무난하다고 생각된다. 예를 들어, 총투자 고정자산이 다음과 같다고 하자.

인테리어 50,000,000원
주방기기 50,000,000원
주방비품, 기타 50,000,000원
합계 150,000,000원

인테리어부문, 주방기기부문은 그 내용에 따라 내용연수가 다르므로 일괄계산은 어렵다고 보나, 보통은 인테리어 5년, 주방기기 7년, 주방비품은 5년으로 내용연수를 설정해서 감가상각액을 계산한다(물론 세법상 정해진 경우는 가능한 그 룰에 따른다). 건물의 경우는 보통 20년을 기준으로 내용연수를 산정한다.

① 인테리어부문 감가상각액(잔존가액 10%)

$$\frac{50{,}000{,}000-5{,}000{,}000}{5\text{년}}=9{,}000{,}000\text{원}$$

② 주방기기부문 감가상각액

$$\frac{50{,}000{,}000-5{,}000{,}000}{7\text{년}}=6{,}428{,}500\text{원}(1{,}000\text{단위 이하 절사})$$

③ 주방비품부문 감가상각액

$$\frac{50{,}000{,}000-5{,}000{,}000}{5\text{년}}=9{,}000{,}000\text{원}$$

연간 감가액 합계=24,428,500원(①+②+③)

원간 감가액 합계=2,035,700원(24,428,500÷12월)

(5) 지급이자

총투자 금액에 대한 연 12% 또는 12.5%의 금리를 적용한다. 자기자금 또는 타인자금 구분없이 일단은 전체 투자액에 대한 금리를 계산해 본다. 총투자액이 점포임대보증금 1억 5천만 원, 설비투자 1억 5천만 원으로 합계 3억 원이라면

연간 지급금리=3억 원×12%=36,000,000원

월간 지급금리=36,000,000원÷12개월=3,000,000원

이 된다.

그 외 경비는 지출 시마다 장부에 기록해 둔다.

이렇게 해서 숙련이 되면 매월의 손익계산서가 작성되며 동시에 식자재원가율, 평균경상비 등이 일목요연하게 파악된다. 그렇게 되면 각 비용항목별로 전월과의 비교도 할 수 있고 연평균과도 비교할 수 있고, 전년도 사용액과도 비교가 가능해져 부실관리부문이 어디에 있는지를 파악할 수 있다.

예를 들어, 4월의 전력수도요금이 25만 원이었는데 5월에 이 비용이 40만 원이 되었다면 수도배관이 파열되었거나 수도꼭지를 잠그지 않고 계속 작업을 했거나 가동시간만 사용해야 될 전열기구를 하루종일 스위치에 꽂아둔 상태로 방치하였거나 하는 원인을 찾아낼 수 있을 것이다.

원자재부분이 이제까지 평균 35%인데 당월에 계산된 수치가 40% 이상이 되었다면 그 원인파악도 하여야 할 것이다. 이렇게 문제점을 파악하고 그러한 문제점을 수정해 가는 업무형태가 이루어진다면 그 점포의 경영은 탄탄대로를 걸을 수 있을 것이다. 명확한 계수파악은 판촉전략 수립이나 경쟁점포 제어전략 구사도 가능케 한다.

예를 들어, 자기 점포의 식자재 원가율이 30% 정도라고 가정하자. 이러한 경우 이웃 경쟁점포에서 고객을 유치하기 위해서 디스카운트전략을 구사한다고 했을 때 우리 점포는 몇 %의 디스카운트전략을 구사해도 점포이윤을 확보할 수 있다는 계수파악이 가능하기 때문에 안심하고 과감하게 맞대응이 가능하다. 그러나 자기 점포 식재원가도 파악되지 않은 상태에서 옆 점포에서 가격파괴전략을 하고 있으니 우리도 뒤질 수 없지 않느냐고 충격요법을 무작정 시행한다면 오히려 점포의 존립을 위태롭게 하는 결과만 초래할 것이다. 지나친 가격파괴전략은 결국은 자금경색으로 연결되며 점포폐업이라는 최악의 경우를 낳게 되는 것이다.

이와 같이 최소한 음식점경영자는 매월차 자기 점포의 손익계산서를 작성해야 하는데, 경리, 회계실무경험이 없으면 어렵게 생각될지 모르나, 한두 번 계산서를 작성해 보면 그렇게 어려운 작업이 아니므로 새롭게 식당업을 창업하는 분들은 반드시 월차손익계산서만은 처음부터 작성하는 노력이 필요하다고 생각한다.

제 9 장

외식업에서 사용하는 각종 장표류

제9장 외식업에서 사용하는 각종 장표류

1. 손익계산서

<table>
<tr><td colspan="3">매상고(1)</td><td></td><td colspan="2">지출내역</td><td></td></tr>
<tr><td colspan="3">식자재구입비(2)</td><td></td><td rowspan="6">원재료비
(식자재비)
(%)</td><td>육류</td><td></td></tr>
<tr><td rowspan="2"></td><td colspan="2">식자재</td><td></td><td>야채류</td><td></td></tr>
<tr><td colspan="2">음 · 주류</td><td></td><td>향신료</td><td></td></tr>
<tr><td colspan="3">원가공제액 (3) (B－A)</td><td></td><td>곡류</td><td></td></tr>
<tr><td rowspan="4"></td><td rowspan="2">기초재고
(A)</td><td>식자재</td><td></td><td>음 · 주류</td><td></td></tr>
<tr><td>음주류(잡류)</td><td></td><td>소계</td><td></td></tr>
<tr><td rowspan="2">기말재고
(B)</td><td>식자재</td><td></td><td rowspan="5">인건비
(%)</td><td>사원(임원)급여</td><td></td></tr>
<tr><td>음주류(잡류)</td><td></td><td>P. A 임금</td><td></td></tr>
<tr><td colspan="3">※ 조이익 (4) (1－2+3)</td><td></td><td>상여금, 수당</td><td></td></tr>
<tr><td colspan="3">총인건비 (5)</td><td></td><td>복리후생비</td><td></td></tr>
<tr><td colspan="3">일반경상비(제경비) (6)</td><td></td><td>소계</td><td></td></tr>
<tr><td rowspan="7"></td><td colspan="2">수도광열비</td><td></td><td rowspan="5">수도광열비</td><td>전기</td><td></td></tr>
<tr><td colspan="2">비품, 소모품</td><td></td><td>가스</td><td></td></tr>
<tr><td colspan="2">지급수수료</td><td></td><td>수도</td><td></td></tr>
<tr><td colspan="2">접대비(판공비)</td><td></td><td>열탄, 석유</td><td></td></tr>
<tr><td colspan="2">세금</td><td></td><td>소계</td><td></td></tr>
<tr><td colspan="2">교통 통신비</td><td></td><td colspan="2">비품, 소모품</td><td></td></tr>
<tr><td colspan="2">잡비</td><td></td><td colspan="2">지급(カド)수수료</td><td></td></tr>
<tr><td colspan="3">영업판촉비(광고선전비) (7)</td><td></td><td colspan="2">접대비(판공비)</td><td></td></tr>
<tr><td colspan="3">임대료 (8)</td><td></td><td colspan="2">세 금</td><td></td></tr>
<tr><td colspan="3">※ 매상총이익 (9)
(4-5-6-7-8)</td><td></td><td colspan="2">교통 통신비</td><td></td></tr>
<tr><td colspan="3">잡수입 (10)</td><td></td><td colspan="2">영업판촉비(광고선전비)</td><td></td></tr>
<tr><td colspan="3">감가상각비 (11)</td><td></td><td rowspan="2">잡비</td><td>청소유지비</td><td></td></tr>
<tr><td colspan="3">투자이자 (지급이자) (12)</td><td></td><td>기타</td><td></td></tr>
<tr><td colspan="3">※ 순이익 (13)
(9+10-11-12)</td><td></td><td colspan="2">총계</td><td></td></tr>
</table>

2. 판매일보

19　　일　　월　　일 작성자　　　　　(인)

점 (단위 : 원)

품목	단가 A	수량 B	금액 C	할인금액 D	당일 판매액 E
국수전골	7,000				
상치정식	8,000				
소고기모듬구이	28,000				
소고기모듬구이 (안주용)	28,000				
샤브샤브	12,000				
떡갈비	18,000				
냉면	4,500				
돌솥비빔밥	5,000				
등심	15,000				
합계					

<table>
<tr><td colspan="2" rowspan="2">일지조건표</td><td>맑음</td><td>흐림</td><td>비</td><td>눈</td><td>때로비</td><td>때로눈</td><td>객수</td><td>판매금액 누계</td></tr>
<tr><td>0</td><td>1</td><td>2</td><td>3</td><td>4</td><td>5</td><td></td><td></td></tr>
<tr><td rowspan="5">현
금
수
지
현
황</td><td colspan="2">① 전일현금보유액</td><td colspan="3">② 점장 판촉권</td><td colspan="2">③ 기타판매</td><td colspan="2"></td></tr>
<tr><td colspan="2"></td><td colspan="3"></td><td colspan="2"></td><td colspan="2"></td></tr>
<tr><td colspan="2"></td><td colspan="3"></td><td colspan="2"></td><td colspan="2"></td></tr>
<tr><td colspan="2">④ 현금판매</td><td colspan="3">⑤ 카드판매</td><td colspan="2">⑥ 합계 ④+⑤</td><td colspan="2">금일현금보유액 ①+④</td></tr>
<tr><td colspan="2"></td><td colspan="3"></td><td colspan="2"></td><td colspan="2"></td></tr>
<tr><td>판
촉
비
내
역</td><td colspan="9"></td></tr>
</table>

3. 예약대장

( )월 ( )일 고객예약 현황

순 번	예약자	전화번호	단체명	예약시간	예약인원	특기사항	비 고

4. 고객카드

작성일자 년 월 일

고객카드		가족구성, 가족정보
성 명		
주 소	Tel :	
회사명	Tel :	
기호 · 취미		
좋아하는 음식류		

이용기록							
내점일자	이용형태	인원/W.M	요리	음료	금액	DM · 방문 판촉기록	
						일 자	내 용

5. 면접체크표(P/A)

작성일자 년 월 일

<table>
<tr><td>일 자</td><td></td><td>면접 담당자</td><td></td><td colspan="4">면접평가표</td></tr>
<tr><td colspan="4" rowspan="2">1. 업무에 대한 의욕, 동기</td><td>항 목</td><td>평가포인트</td><td>평 가</td><td>비고</td></tr>
<tr><td>의욕</td><td></td><td>A, B. C</td><td></td></tr>
<tr><td colspan="4" rowspan="2">2. 점포 대한 이해도</td><td>태도</td><td></td><td>A, B. C</td><td></td></tr>
<tr><td>끈기</td><td></td><td>A, B. C</td><td></td></tr>
<tr><td colspan="4" rowspan="2">3. 근무시간, 휴일</td><td>건강</td><td></td><td>A, B. C</td><td></td></tr>
<tr><td>협 조 성</td><td></td><td>A, B. C</td><td></td></tr>
<tr><td colspan="4" rowspan="2">4. 건강</td><td>근무조건</td><td></td><td>A, B. C</td><td></td></tr>
<tr><td>적 극 성</td><td></td><td>A, B. C</td><td></td></tr>
<tr><td colspan="4">5. 업무경험</td><td rowspan="4">특기사항</td><td colspan="3" rowspan="4"></td></tr>
<tr><td colspan="4">6. 가족상황</td></tr>
<tr><td colspan="4">7. 기 타</td></tr>
<tr><td colspan="4">8. 근무 가능일자
월 일부터</td></tr>
<tr><td colspan="4" rowspan="2">9. 기타</td><td>종합평가</td><td colspan="3">① 채용 ② 보류 ③ 불채용</td></tr>
<tr><td colspan="2">1차면접자 印</td><td colspan="2">2차면접자 印</td></tr>
</table>

6. 인건비 계획표

성명	직종	정사원, P/A	월급여액	총액	연 간 급 여
급여액 합계				① (　)	③ (　)
	P/A			② (　)	(　)
상여금 계획 ⑥					
정사원 급여총액 × [　]개월분 = [① - ②] × [　] 개월분 = ④[　]					
복리후생비 산출 ⑦					
P/A 연간 급여총액 × [　] 개월 = [②] × [　] 개월 = ⑤ [　]					
총소요 인건비 ④+⑤+⑥+⑦					

7. 구매요청서

No. ________

____월 ____일 구매 요청 및 보고서

요청자소속____ 성명________

구 매 요 청					사 입 결 과					검 수
순위	구 분	품 명	규 격	수량	규 격	수량	단 가	금 액	비 고	확인자
1										
2										
3										
4										
5										
6										
7										
8										
9										
10										
11										
12										
13										
14										
15										
16										
17										
18										
19										
20										

구분란 작성요령 : 원재료, 부재료, 소모품, 비품, 직원식사용 등의 사용처를 명기할 것	결재	구매요청부서		구매부서		
		담당	부장	담당	부장	사장

8. 재고조사표

20○○년 ○○월 ○○일

_______________ 점점장인

_______________ 작성자인

냉동품 (냉장품, 상온품)				
품명	규격	단위	BOX	단수
합계				

9. 조리레시피

제 품 명 :				
명				
재료명	가 공 상 태	중 량 (g)	직 접 조 리	조 리 순 서
주 의 사 항				
참 고 자 료				

제 10 장

개점 최종 체크리스트

제10장 개점 최종 체크리스트

1. 개점 전의 최종 체크항목

이제 인테리어공사도 완료하고 주방기기 설치 및 가동실험도 끝냈다. 주방요원과 서빙담당 인원구성과 훈련도 완료했다. 원자재 입고도 끝냈고 조리실습도 완료했다. 개점 판촉물도 입고되었으며 인사장, 안내장도 인쇄완료했고, D데이에 맞추어 발송할 계획이다. 개업 축하연회 준비도 완료했으며 이제 개점축하 테이프를 자르고 개점하는 일만 남아 있다.

그런데 최종 개점일을 맞아서 준비 안된 돌출변수가 의외로 튀어나온다면 큰일이 아닐 수 없다. 이제 마지막으로 한번 더 최종 확인이 필요하다. 최종적으로 어떤 면에서 확인할 것인지를 기록해 본다. 우선은 개점 10일 전, 5일 전, 개점 2일 전을 계속 체크해서 미비된 부문은 수시로 보완해 간다.

2. 개점 전 최종 확인 점검표

① 보험은 확실히 가입했는지 : 인테리어, 설비, 비품 및 평균 재고량을 감안한 원자재까지 화재보험에 가입했는가? 보험증서는 수교받았는가?

② 인테리어부분 수정작업은 완료되었는가?

③ 가스, 전기 등의 허가 및 설치는 완료되었는가? 가스안전협회로부터 봉인을 뜯었는가?

④ 주방기기의 실험테스트결과 온도 및 열관리상 어떤 하자도 발견되지 않았는가?

⑤ 냉난방설비의 기기에 이상은 없는가?

⑥ 음향기기, 비디오, 냉장 쇼케이스, 급배기, 전화기 등의 오퍼레이션에 문제는 없는가?

⑦ 개업축하 파티준비는 다 되었는가? 파티요리, 음료, 안내장, 초대권 발송, 파티장 준비, 필요한 화분, 비망록 등은 준비 완료되었는가?
⑧ 직원의 유니폼은 몸에 맞는가? 몸에 맞지 않는 것은 수리 의뢰했는지? 그 후 입고는 다 되었는가?
⑨ 식기, 조리기구, 서비스용 비품, 청소용구, 공구, 레지스터 비품, 사무용품, 소화기 등은 입고 완료되어 지정된 장소나 위치에 설정되어 있는가?
⑩ 간판의 점등은 최종 확인했는가?
⑪ 입간판, 메뉴안내판(점포 앞) 등은 깨끗이 정리되어 있는가? 먼지 등이 쌓여 있으면 재차 깨끗이 청소되어 있는가?
⑫ 샘플용 쇼케이스의 유리청소는 깨끗하며 가격표시카드와 샘플메뉴는 정리정돈이 완료되어 있는가?
⑬ 테이블 위의 좌석번호표는 제대로 부착되어 있는가?
⑭ 음식점 영업허가는 이상 없이 해결되었는가?
⑮ 물수건은 입고되었는가? 물수건이 1회용이면 충분한 양이 입고되었음을 확인했는가? 기계식이면 저장량을 충분히 물수건 디스펜스 및 하단부에 비치하여 두었는가?
⑯ 메뉴북은 인쇄완료되어 입고되었는가?
⑰ 전체 메뉴는 조리테스트 및 시식테스트를 완료했는가?
⑱ 전기는 스위치 ON했을 때 문제는 없는가? 용량부족은 없는가?
⑲ 주방기기는 가스압력이 전부 알맞게 조정되어 있는가(특히 냉면이나 국수의 면제조기 등의 압력은 이상 없는가)?
⑳ 냉난방장치의 온도는 알맞게 가동되는가?
㉑ 전단지는 입고되었는가?
㉒ 전단지 배부계획은 완료하였는가?
㉓ 담배는 종류별로 비치하여 두었는가?
㉔ 테이블 위 소금, 간장, 소스, 냅킨, 설탕, 밀크팩 등은 완비되어 있는가?
㉕ 개점일의 원자재는 충분히 입고되었는가?
㉖ 거스름돈 준비는 완전한가?
㉗ 판매일보 기타 인쇄물은 전부 입고되어 있는가?

㉘ 금전등록기는 가동에 지장이 없는가? POS의 메뉴단가 입력은 완료되었는가?

㉙ POS훈련은 충분하게 되어 있는 상태인가?

㉚ 은행의 입금통장은 준비완료했는가?

㉛ 점포 내 청소는 완전한가?

㉜ 화장실 청소는 완전한가? 특히 화장실 바닥의 물기는 전혀 없는가? 화장실의 비품은 완전히 비치되어 있는가? 화장실 유리(거울)는 깨끗이 청소되어 있는가? 청소작업이 제대로 이루어지고 있는가?

㉝ 개점준비 포스터 또는 플래카드 등은 첨부되어 있는가?

㉞ 레지스터용지는 준비되어 있는가? 영수증용의 고무인은 준비되어 있는가?

㉟ 의자, 테이블이 흔들리고 있는 것은 없는가?

㊱ 테이블은 모서리 등에 파손부분은 없는가?

㊲ 화분의 진열상태는 잘되어 있으며 나뭇잎이나 꽃에 있는 먼지는 깨끗이 청소되어 있는가?

㊳ 교육은 잘되어 있다고 보는가? 미숙한 부분의 보완책은 충분한가?

㊴ 주차장은 깨끗이 정리되었는가? 주차장 안내원과 차량관리인은 제대로 배치되어 있는가?

㊵ 개점일의 각자의 역할분담을 확실히 해두었는가?

㊶ 인허가사항은 문제가 없는가?

㊷ 각종 신용카드 사용은 아무 문제없이 가능한가? 거래은행과의 교섭은 완료되었는가?

㊸ 이지체크는 제기능을 다하고 있는가?

㊹ 영업시간표시는 부착되어 있는가?

㊺ 각종 신용카드 사용표시 스티커는 입구에 가지런히 부착되어 있는가?

㊻ 서빙용 왜건은 바퀴소리가 귀에 거슬리지 않는가?

㊼ 직원들의 머리, 손톱, 면도, 구두, 유니폼의 청결상태는 최종확인했는가?

㊽ 각종 장표류는 완전히 비치되어 있는가?

㊾ 영업허가, 조리사면허증 등 법령에 의해 외부에 표시되도록 규정한 내용은 잘 이행된 상태인가?

물론 위의 항목 외에도 체크할 것이 많을 것이다. 그러나 그것은 어디까지나 경영주가 개업준비 단계에서부터 진행업무를 기록하면서 처리했다면 더 많은 항목에 대하여 최종확인할 수 있을 것이다.

마지막으로 식당업을 개점하는 신참자에게 부탁하고픈 얘기는 초기단계에서부터 매출만을 생각하지 말고 점진적으로 종업원의 숙련도를 감안하면서 점포운영을 해나가야 한다는 것이다. 업무가 숙련되기 전에 너무 많은 고객이 내점하면 종업원의 피로가 겹치게 되고 결국은 회사(점포)를 그만두게 된다. 또 영업시간도 오후 늦게까지 연장하는 등 지나치게 과욕을 갖지 말 것을 권하고 싶다. 저녁 9:30 혹은 10:00, 10:30 순으로 월차적으로 영업시간을 연장해 가야지 처음부터 저녁 11:00까지 영업시간을 정하여 두면 손발이 맞지 않고 훈련되지 않은 종업원들의 피로가 누적되어 쉽게 사직하는 경우가 많다.

식당업은 천천히 튼튼하게 영업을 해가야 한다. 단기이윤과 단기실적달성에 급급해서는 아무런 결과도 얻을 수 없다. 그래서 Slow & Steady라는 모토로 점포업무를 집행해 간다면 반드시 창업에 성공할 수 있을 것이다.

부록 식당창업 성공사례, 실패사례

1. 성공사례(1) : 성동구 G점포(서울)

① **점포규모** : 1층 + 2층 약 75평(이면도로에 위치)

② **경영주** : 건설회사 직원(45세)

③ **실제경영** : 경영주의 부인(43세)

④ **핵심메뉴** : ⓐ 국수전골 ⓑ 상추쌈정식 ⓒ 쇠고기 모듬구이 ⓓ ㅇㅇ샤브샤브 ⓔ 버섯샤브샤브 ⓕ 떡갈비 ⓖ 냉면 ⓗ 전통비빔밥 ⓘ 주류와 음료

⑤ **성공요인**

a. 경영주의 적극적인 노력(고객개척)

b. 점포 콘셉트의 확실성(컨설팅업체의 조언)

c. 명확한 시장분석(컨설팅업체의 조언)

d. 지역의 소규모 식당 군집현상에 반대되는 중규모 식당 콘셉트 설정

e. 계속적인 판촉과 DM전략(경영주)

f. Consultant의 지도에 대한 전폭적인 신뢰(경영주의 성실성)

⑥ **시장분석과 콘셉트 설정의 개요**

※ 상권분석

(1) 후보지역은 근린생활, 주거전용 지역의 중간형태

(2) 후보지역의 중심고객

a. 성내 3동 연립주택 주민 일부

b. 둔촌 2단지, 주공APT 1단지, 주공 APT 2단지 주민 일부

c. 오륜동 올림픽 APT단지

d. 둔촌로 및 강동대로변 상가 건물의 상주인원 원거리, 고개유입은 시계성이 나빠 곤란함

(3) 교통기관

a. 둔촌로 좌석버스 정류장으로부터 거리 400m(지도상 A지점)
좌석버스노선 : 64, 64-1, 70

b. 둔촌로 일반버스 정류장으로부터 거리 300m(지도상 B지점)
버스노선 : 21-2, 813-2, 67, 555-2, 416, 21-5 571, 21

c. 지하철 5호선 둔촌역에서 약 450m

※ 좌석버스 및 지하철 역세권에서 약간 벗어나 있으나 일반버스 정류장이 300m 이내에 있으므로 유동인구 유입은 약간 기대 가능

(4) 주차장 면적이 두 대 정도밖에 안되어 원거리 고객확보가 어려우므로 우선 주차장 임대가 필수적이다.

(5) 점포 주변은 소형식당(15평 전후)이 다수 분포되어 있고 일부 중형식당은 돈육중심메뉴, 위생상태 불량, 냉난방시설 불량상태
따라서 깨끗한 분위기 연출, 중저가 메뉴전략을 도입한다.

⑦ 중심고객

a. 중식은 점포중심 0.5㎞ 이내에 있는 상업시설인구(회사, 금융기관, 병의원, 약국, 교회, 기타 시설) 약 2,000명

b. 석식과 휴일은 APT단지 상주인구, 성내 3동 단독주택상주인구, 직장인을 타깃으로 설정한다.

⑧ 주변식당의 메뉴분석

a. 영○횟집 : 오징어, 우럭회 등 55,000~60,000원
한○봉 새등심 : 15,000원, 곱창전골 8,000원
○○식당 : 막국수, 닭갈비 4,000원
스파게티 : 5,500원
피자 콤비네이션 : 18,000원

※ 메뉴단가가 낮은 편이 아니므로 중 · 고단가 메뉴의 가능성이 있다고 판단된다.

b. 영업활성화 점포

○미 숯불갈비 : 돼지갈비 5,000원

갈비탕 : 4,000원

왕족발 : 막국수 3,500원

쟁반국수 : 9,000원

왕족발 : 15,000~20,000원

궁밭왕족발 : 보쌈 10,000원

콩국수 : 4,000원

보쌈정식 : 5,000원

※ 인근 사무실, 공장직원의 석식, 저녁회식에 주로 이용되고 있다.

⑨ 영업 콘셉트의 설정

(1) 후보지역이 핵심 교통권에서 약간 벗어나 있고 인근 대단위 주거전용지역에서도 떨어져 있으나, 점포 주변에 뛰어나게 훌륭한 식당이 없고 기존 소규모 식당의 시설이 극도로 불량한 상태다. 따라서 깨끗하고 특색있는 점포환경을 만들면 가능성이 크다고 본다(규모가 크고 투자를 많이 하면 어렵다는 일반적인 평가를 뒤집는 발상을 도입함).

(2) 영업핵심 포인트는 주차장 확보가 급선무(고급고객 유입목적)

(3) 중식메뉴는 중저가, 석식메뉴는 중저가+일부 고가메뉴

(4) 지역 특성으로 보아 한식메뉴가 최적합

(5) 우수한 주방장 선발, 맛의 우수성, 환경의 우수성으로 차별화전략을 기도한다.

⑩ 개업 후의 매출상황

(1) 당초 계획수치를 상회하는 목표달성

(2) 경영주는 제2점포 출점을 준비하고 있다.

(3) 창업 5개월 만에 정상궤도 진입

2. 성공사례(2) : 관악구 H점포(서울)

① **점포규모** : 1층+2층 약 80평(대도로변)
주차장 약 6대(점포 후면에 위치함)

② **경영주** : 타 업체(식당)를 10년간 운영해 온 경험이 있다.(42세)

③ **핵심메뉴** : 등심, 안창살, 버섯불고기, 국수전골, 모듬구이, 할매곰탕, 상추정식, 수육, 냉면

④ **성공요인**

a. 경영주의 성실성
b. 초기에 컨설턴트와 메뉴관계로 약간의 이견이 있었으나 컨설턴트의 제안에 동의함
c. 지역에서 가장 깨끗한 점포지향의 성공
d. 가격정책의 성공
e. 지하층 노래방과 Tie-up(연합판촉) 전략구사

⑤ **시장분석과 기본 콘셉트의 설정**

※ 상권분석

a. 동 지역의 대로변에 위치한 점포 중 주차장을 보유하고 있는 극소수의 점포 중 하나로 그 자체가 경쟁성을 갖고 있다.
b. 점포규모도 80평으로 동 지역에는 대규모에 속하는 점포다.
c. 점포 주변에 주택지가 적고 상업시설, 위락시설이 집중적으로 산재해 있어 고정고객보다는 유동고객이 많을 것으로 본다.
d. 본건 점포 주변의 식당은 갈비와 냉면이 주메뉴, 메뉴의 질과 수준에서 서울의 타 지역보다 떨어져 있다.
e. 주고객은 지하철 신림역 중심으로 이동하는 봉천지역, 상도동 지역, 신림동 일부지역의 주민과 보라매공원 내 대형 상업시설 근무자로 구성될 것이다.
f. 특기사항은 점포 건너편 도로변에 의류패션거리가 구성될 것으로 보며 현재 입주가 계속되고 있다.

※ 점포 건물평가(매출 구성요소)

(1) 유도시설 : 보라매공원 내 상업시설
보라매공원 내 스포츠시설
롯데백화점
지하철 신림역
가야쇼핑
평가 : 우수

(2) 교통망 : 점포 앞 전면도로
지하철 신림역
버스정류장 20m거리
평가 : 최상의 요소

(3) 시계성 : 인근 주유소 → 점포방향(우수)
신림역 → 보라매공원 방향(나쁘다)
보라매공원 → 신림역(우수)
평가 : 중간 정도

(4) 유동인구 : 실측 → 평가 : 우수

(5) 건물구조 : 외부수리 석조구조로 변경 → 평가 : 우수

(6) 기 타

(7) 종합평가 : ① 인지성, 상권의 질은 중 이하로 평가
② 그 외 요소는 우수평가
③ 건물 자체의 경쟁성(주차장 보유, 점포규모)은 우수평가
④ 종합적인 평가는 중 이상으로 평가됨
⑤ 판촉전략, 메뉴전략을 합리적으로 구사하면 성공가능성 높음
⑥ 개업 후의 매출상황
a. 상권 내 최고의 매출실적을 달성
b. 중고급 점포로써 확고한 위치를 갖추게 됨
c. 계속 신장세(IMF와 무관)
d. 개업 3개월 만에 정상궤도 진입

3. 실패사례(1) : 경기도 S점포

① **점포규모** : 150평(1, 2층)

② **경영주** : 출판업경영(46세)

③ **핵심메뉴** : 양식류

④ **실패요인**

(1) 경영주가 타 사업을 겸해서 운영, 식당경영에 시간을 낼 수 없었다.

(2) 동업자와의 의견충돌로 판촉이나 점포활성화를 위한 전략을 구사할 수 없었다.

(3) 점포건축의 부실공사로 인해 우천 시 비가 새고 냉난방 열효율이 불량하였다.

(4) 여러 가지 문제점을 지적했으나(컨설턴트) 경영주의 고집으로 수정작업이 이루어지지 않았다.

(5) 경영주가 외식업에 대한 기본 이해를 하지 못했으므로 부실 자초(예를 들면, 원자재도 전혀 식당 자재취급 경험이 없는 친·인척으로 하여금 납품케 함으로써 처음부터 문제점 잉태).

(6) 개점 후 15~20일 안돼서 매출부진을 이유로 경영주의 부인이 매일 출근, 직원들을 혹사하기 시작하여 1개월 후 주방장이 퇴사하였음.

(7) 매출부진이 계속되자 고급인건비를 지급하는 주방장 후임을 선발하지 않고 20대 초반의 경험이 적은 직원으로 하여금 조리를 하도록 하였음.

(8) 고객이 점점 증가하는 과정에서 주방장이 퇴직함으로써 Repeat고객이 2회 이상 오지 않게 되어 고객 수가 점점 축소되기 시작함.

(9) 도심지에서 원거리 지역이고 유흥 오락지인데도 고정고객확보를 위한 판촉전략을 전혀 실시하지 못하였음.

(10) 경영주는 자기가 투자한 자금만 생각하고 이자도 안 나오는 사업을 왜 해야 하느냐는 푸념만 계속함.

(11) 우수한 영업지배인을 추천했으나 급료가 높다는 이유로 채용하지 않고 여직원 2명이 Hall 담당을 하게 되므로 영업전략이 없었음.

(12) 직원의 건강관리 및 청결한 몸가짐을 위하여 직원숙소에 샤워시설을 갖추도록 했으나 이를 이행치 않아 일과가 끝난 후 직원들은 승용차로 인근 도시까지 목욕을 가야 했으므로 직원사기가 전혀 올라가지 않았음(1개월 후 8명 직원 가운데 2명만 남고 전원 사직함).

⑤ 개업 후의 매출상황

(1) 개업 후 1개월 1일 평균 620,000원
개업 후 2개월 1일 평균 780,000원
개업 후 3개월 1일 평균 430,000원
개업 후 4개월 1일 평균 280,000원
개업 후 5개월 1일 평균 170,000원

(2) 6개월 후 양식 요리부를 없애고 직원 2명으로 Coffee Shop으로 전환운영

(3) 개업 8개월 후 폐업

저 / 자 / 소 / 개

김 헌 희

- 경북 포항시 청하 출생
- 고려대학교 경영학과, 우송대학교 국제경영 외국어대학원 졸업
- (주)롯데리아 창설멤버, 총괄이사 역임
- 한국외식정보(주) 컨설팅사업본부 컨설턴트
- 서울특별시 식품산업기금 심의위원

현) 사단법인 한국외식산업학회 회장
현) 우송대학교 관광컨벤션학과 교수

〈논문 및 저서〉

- 외식서비스산업(한국마케팅연구원)
- 외식업판촉 이렇게 하면 성공한다(백산출판사)
- 외식산업 경영의 이해(백산출판사)
- 외식프랜차이즈 경영전략(백산출판사) 외 논문 다수

이 유 경

- 경북 안동 예안 출생
- 경기대학교 관광전문대학원 관광사업경영 석사/박사
- 워커힐 KOEX점 근무
- 충남 도고호텔 근무
- 영동호텔 근무
- 대한민국재향군인회 근무(상무)
- 뉴-월드호텔예식장 경영관리

현) ㈜호연관광레저산업 대표이사
현) 오산대학교 호텔조리학과 겸임교수
현) 중국 호북성은시민족대학 객원교수

〈논문 및 저서〉

- 외식사업 경영과 서비스이론과 실제(도서출판 G.C.S)
- 외식사업경영자의 경영 요인에 관한 연구
- 금강산관광특구의 외식사업 육성방향에 관한 연구 외 다수 소논문 학술지 발표

외식창업실무

2014년 3월 15일 초판 1쇄 발행
2017년 1월 10일 초판 3쇄 발행

지은이 김헌희 · 이유경
펴낸이 진욱상
펴낸곳 백산출판사
교　정 성인숙
본문디자인 편집부
표지디자인 오정은

등　록 1974년 1월 9일 제1-72호
주　소 경기도 파주시 회동길 370(백산빌딩 3층)
전　화 02-914-1621(代)
팩　스 031-955-9911
이메일 edit@ibaeksan.kr
홈페이지 www.ibaeksan.kr

ISBN 978-89-6183-892-4
값 25,000원